中国外交

China's Foreign Affairs

2015年版

中华人民共和国外交部
政策规划司编

世界知识出版社

《中国外交》（2015年版）指导委员会

《中国外交》（2015年版）编辑委员会

政策规划司编辑小组 / 孙安林　谢曼青　钟旭辉　蒋书婉

外交部长序

2014年，国际形势风云激荡，和平与发展的问题更加突出，合作与变革的呼声更加高涨，建立利益与命运共同体的诉求更加强烈。在以习近平同志为总书记的党中央坚强领导下，2014年中国外交气势恢宏、新风扑面。中央外事工作会议胜利召开，明确了新形势下我国对外工作的指导思想、基本原则、战略目标和主要任务，提出中国特色大国外交这一时代命题。我们成功举办上海亚信峰会和北京亚太经合组织领导人非正式会议两大主场外交，积极应对乌克兰危机、中东极端恐怖势力蔓延、埃博拉疫情三大国际热点，有力推进同美、俄、欧、金砖国家等四大力量关系，着力加强周边利益共同体和命运共同体建设，实现同发展中国家整体合作机制的全覆盖，初步构建起遍布全球的伙伴关系网络和以“一带一路”构想为统领的互利合作网络，有力维护了国家主权、安全、发展利益，在国际舞台上彰显了中国特色、中国风格、中国气派。

展望新的一年，我们将在以习近平同志为总书记的党中央领导下，深入贯彻中央外事工作会议精神，积极践行中国特色大国外交理念，为实现中华民族伟大复兴的中国梦提供有力保障，为维护世界和平、促进共同发展作出新的贡献。

2015年版《中国外交》深入分析2014年国际形势发展演变，全面介绍中国外交全方位、宽领域、多层次推进的丰硕成果，集中展现国际舞台上的中国智慧、中国作用，是系统阐述中国外交的权威读物。

在此，谨对关注《中国外交》的国内外广大读者朋友致以诚挚的谢意！期待中国外交继续得到您的关心和支持。

中华人民共和国
外交部长
王毅
2015年1月

目 录

外交部长序

第一章 2014年的国际形势

（一）概述……1
1. 地缘政治较量异常激烈……1
2. 各国经济走势显著分化……2
3. 国际体系变革深入推进……2
4. 国际思潮演变更趋多元……2
（二）全球各地区形势……2
1. 亚洲地区形势……2
2. 西亚北非地区局势……3
3. 撒哈拉以南非洲地区形势……4
4. 欧亚地区形势……6
5. 欧洲地区形势……6
6. 北美大洋洲地区形势……8
7. 拉丁美洲和加勒比地区形势……12
（三）专题评述……13
1. 乌克兰问题严重冲击国际地区格局……13
2. 中东反恐形势更加严峻复杂……14
3. 世界经济分化调整……14
4. 伊朗核问题全面协议谈判延期……15

5. 国际社会共同抗击埃博拉疫情……16
6. 网络安全重要性凸显……17
7. “网空海极”协调合作深入推进……19

第二章 2014年的中国外交

（一）概述……21
1. 以中国特色大国外交为指引弘扬中国理念……21
2. 成功举办两大主场外交彰显中国影响……22
3. 深化全方位对外交往完善中国外交布局……22
4. 为促进世界共同发展作出中国贡献……23
5. 为解决热点和全球性问题发挥中国作用……24
6. 扎实践行外交为民维护中国海外利益……24
（二）中国与各地区国家关系……24
1. 中国与亚洲地区国家关系……24
2. 中国与西亚北非地区国家关系……26
3. 中国与撒哈拉以南非洲地区国家关系……28
4. 中国与欧亚地区国家关系……29
5. 中国与欧洲地区国家关系……30
6. 中国与北美大洋洲地区国家关系……35
7. 中国与拉丁美洲和加勒比地区国家关系……37
（三）专题评述……38
1. 习近平主席出席俄罗斯索契冬季奥林匹克运动会开幕式……38
2. 习近平主席出席核安全峰会……39
3. 习近平主席出席金砖国家领导人第六次会晤……40
4. 习近平主席出席上海合作组织成员国元首理事会第14次会议……41
5. 习近平主席出席二十国集团领导人第九次峰会……42
6. 习近平主席同建交太平洋岛国领导人举行集体会晤……43
7. 李克强总理出席东亚领导人系列会议……43
8. 李克强总理出席第十届亚欧首脑会议……45
9. 李克强总理出席第三次中国—中东欧国家领导人会晤……46
10. 李克强总理出席大湄公河次区域经济合作第五次领导人会议……47
11. 中国主办亚洲相互协作与信任措施会议第四次峰会……48
12. 中国—阿拉伯国家合作论坛第六届部长级会议举行……49
13. 中印缅三国领导人共同出席和平共处五项原则发表60周年

纪念活动……51
14. 中国成功举办第二届夏季青年奥林匹克运动会……52
15. 中国承办阿富汗问题伊斯坦布尔进程第四次外长会……52
16. 中国主办亚太经合组织第22次领导人非正式会议……53
17. 习近平主席特使、国务院副总理张高丽出席联合国气候峰会……55
18. 杨洁篪国务委员出席第四轮中欧高级别战略对话……56
19. 王毅外长提出解决巴以冲突的五点和平倡议……56
20. 王毅外长出席东亚外长系列会议……57
21. 王毅外长出席第69届联合国大会一般性辩论……58
22. 中央外事工作会议召开……60
23. 中国稳步推进“一带一路”重大合作倡议……63
24. 中国应对菲律宾所提南海仲裁案管辖权问题……64
25. 扎实推进公共外交，讲好中国故事……65
26. 构建中外人员往来新秩序……66
27. 坚持一个中国原则，促进两岸关系和平发展……67
28. 大力开展安全外交，维护国家主权和安全……68
29. 中国加强反腐败国际追逃追赃工作……70

第三章 中国与各建交国家的关系

阿富汗(Afghanistan)……73
阿尔巴尼亚(Albania)……74
阿尔及利亚(Algeria)……75
安道尔(Andorra)……76
安哥拉(Angola)……76
安提瓜和巴布达(Antigua and Barbuda)……77
阿根廷(Argentina)……78
亚美尼亚(Armenia)……79
澳大利亚(Australia)……80
奥地利(Austria)……82
阿塞拜疆(Azerbaijan)……83
巴哈马(The Bahamas)……83
巴 林(Bahrain)……84
孟加拉国(Bangladesh)……85
巴巴多斯(Barbados)……86

白俄罗斯(Belarus)......86
比利时(Belgium)......87
贝　宁(Benin)......88
玻利维亚(Bolivia)......89
波斯尼亚和黑塞哥维那(Bosnia and Herzegovina)......89
博茨瓦纳(Botswana)......90
巴　西(Brazil)......91
文　莱(Brunei Darussalam)......92
保加利亚(Bulgaria)......92
布隆迪(Burundi)......93
柬埔寨(Cambodia)......94
喀麦隆(Cameroon)......95
加拿大(Canada)......95
佛得角(Cabo Verde)......97
中　非(Central African Republic)......98
乍　得(Chad)......98
智　利(Chile)......98
哥伦比亚(Colombia)......99
科摩罗(Comoros)......100
刚果共和国(Congo)......101
库克群岛(Cook Islands)......102
哥斯达黎加(Costa Rica)......102
科特迪瓦(Côte d'Ivoire)......103
克罗地亚(Croatia)......104
古　巴(Cuba)......105
塞浦路斯(Cyprus)......107
捷　克(Czech)......108
丹　麦(Denmark)......109
吉布提(Djibouti)......110
多米尼克(Dominica)......111
朝鲜民主主义人民共和国(DPRK)......112
刚果民主共和国(D. R. Congo)......112
厄瓜多尔(Ecuador)......113
埃　及(Egypt)......113
赤道几内亚(Equatorial Guinea)......114

厄立特里亚(Eritrea) 115
爱沙尼亚(Estonia) 115
埃塞俄比亚(Ethiopia) 116
斐 济(Fiji) 117
芬 兰(Finland) 118
法 国(France) 120
加 蓬(Gabon) 122
格鲁吉亚(Georgia) 123
德 国(Germany) 124
加 纳(Ghana) 127
希 腊(Greece) 128
格林纳达(Grenada) 129
几内亚(Guinea) 130
几内亚比绍(Guinea-Bissau) 130
圭亚那(Guyana) 131
匈牙利(Hungary) 131
冰 岛(Iceland) 132
印 度(India) 133
印度尼西亚(Indonesia) 134
伊 朗(Iran) 135
伊拉克(Iraq) 136
爱尔兰(Ireland) 137
以色列(Israel) 138
意大利(Italy) 139
牙买加(Jamaica) 141
日 本(Japan) 141
约 旦(Jordan) 143
哈萨克斯坦(Kazakhstan) 144
肯尼亚(Kenya) 145
科威特(Kuwait) 146
吉尔吉斯斯坦(Kyrgyzstan) 147
老 挝(Laos) 148
拉脱维亚(Latvia) 149
黎巴嫩(Lebanon) 149
莱索托(Lesotho) 150

利比里亚(Liberia) 151
利比亚(Libya) 152
列支敦士登(Liechtenstein) 152
立陶宛(Lithuania) 153
卢森堡(Luxembourg) 153
马其顿(Macedonia) 154
马达加斯加(Madagascar) 155
马拉维(Malawi) 156
马来西亚(Malaysia) 156
马尔代夫(Maldives) 157
马　里(Mali) 158
马耳他(Malta) 159
毛里塔尼亚(Mauritania) 160
毛里求斯(Mauritius) 161
墨西哥(Mexico) 162
密克罗尼西亚联邦(Micronesia, F. S.) 163
摩尔多瓦(Moldova) 164
摩纳哥(Monaco) 165
蒙　古(Mongolia) 165
黑　山(Montenegro) 167
摩洛哥(Morocco) 168
莫桑比克(Mozambique) 168
缅　甸(Myanmar) 169
纳米比亚(Namibia) 170
尼泊尔(Nepal) 171
荷　兰(Netherlands) 172
新西兰(New Zealand) 173
尼日尔(Niger) 175
尼日利亚(Nigeria) 176
纽　埃(Niue) 177
挪　威(Norway) 177
阿　曼(Oman) 177
巴基斯坦(Pakistan) 178
巴勒斯坦(Palestine) 179
巴布亚新几内亚(Papua New Guinea) 179

秘　鲁(Peru)......180
菲律宾(Philippines)......181
波　兰(Poland)......182
葡萄牙(Portugal)......183
卡塔尔(Qatar)......184
大韩民国(ROK)......185
罗马尼亚(Romania)......186
俄罗斯(Russia)......188
卢旺达(Rwanda)......191
萨摩亚(Samoa)......192
圣马力诺(San Marino)......192
沙特阿拉伯(Saudi Arabia)......193
塞内加尔(Senegal)......194
塞尔维亚(Serbia)......195
塞舌尔(Seychelles)......196
塞拉利昂(Sierra Leone)......197
新加坡(Singapore)......198
斯洛伐克(Slovak)......199
斯洛文尼亚(Slovenia)......199
索马里(Somalia)......200
南　非(South Africa)......201
南苏丹(South Sudan)......203
西班牙(Spain)......204
斯里兰卡(Sri Lanka)......205
苏　丹(Sudan)......206
苏里南(Suriname)......207
瑞　典(Sweden)......207
瑞　士(Switzerland)......209
叙利亚(Syria)......209
塔吉克斯坦(Tajikistan)......210
坦桑尼亚(Tanzania)......211
泰　国(Thailand)......212
东帝汶(Timor-Leste)......213
多　哥(Togo)......214
汤　加(Tonga)......215

特立尼达和多巴哥(Trinidad and Tobago) 215
突尼斯(Tunisia) 216
土耳其(Turkey) 217
土库曼斯坦(Turkmenistan) 218
乌干达(Uganda) 219
乌克兰(Ukraine) 220
阿拉伯联合酋长国(United Arab Emirates) 220
英　国(United Kingdom) 221
美　国(United States of America) 222
乌拉圭(Uruguay) 226
乌兹别克斯坦(Uzbekistan) 226
瓦努阿图(Vanuatu) 227
委内瑞拉(Venezuela) 228
越　南(Vietnam) 229
也　门(Yemen) 230
赞比亚(Zambia) 230
津巴布韦(Zimbabwe) 231

第四章　中国与国际和地区组织的关系

（一）中国与联合国 233
1. 政治安全领域 233
（1）积极参与联合国维持和平行动 233
（2）安理会改革 234
（3）安理会处理的有关热点问题 235
（4）积极参与安理会反恐工作 243
2. 经济领域 243
（1）综合性国际经济发展领域的活动 243
（2）发展领域活动 244
（3）在环境与可持续发展领域的活动 244
3. 人权领域 245
（1）积极参与联合国人权机构工作 245
（2）与联合国人权机制合作 247
（3）开展国际人权领域对话与交流 247

4. 社会领域 247
（1）国际难民保护 247
（2）妇女权益保护 248
（3）劳工权益保护 249
（4）联合国互联网治理论坛 249
5. 中国与联合国专门机构 250
（1）世界卫生组织 250
（2）国际电信联盟 251
（3）国际海事组织 251
（4）国际民航组织 251
（5）联合国教科文组织 252
（6）世界知识产权组织 253
（7）万国邮政联盟 253
（8）联合国开发计划署 254
（9）联合国工业发展组织 254
（10）联合国人口基金 254
（11）联合国人居署 255
（12）联合国儿童基金会 255
（13）联合国环境规划署 256
（14）联合国粮食及农业组织 256
（15）国际农业发展基金 256
（16）世界粮食计划署 257
（17）世界气象组织 257
（18）世界贸易组织 258
（二）中国与其他国际和地区组织、会议 258
1. 国际红十字组织 258
2. 国际移民组织 259
3. 亚洲太平洋邮政联盟 259
4. 中国环境与发展国际合作委员会 260
5. 国际可再生能源署 260
6. 亚太经济合作组织 260
7. 上海合作组织 262
8. 亚洲相互协作与信任措施会议 263
9. 东南亚国家联盟 263
10. 南亚区域合作联盟 264

11. 阿拉伯国家联盟 265
12. 海湾合作委员会 267
13. 非洲联盟 267
14. 欧洲联盟 268
15. 美洲国家组织 270
16. 拉美和加勒比国家共同体 271
17. 南方共同市场 271
18. 拉美“太平洋联盟” 272
19. 美洲开发银行 272
20. 拉丁美洲议会 272
21. 亚欧会议 273
22. 东亚峰会 273
23. 中日韩合作 274
24. 东盟与中日韩合作 275
25. 大湄公河次区域经济合作 276
26. 湄公河委员会第二届峰会 277
27. 博鳌亚洲论坛 277
28. 东盟地区论坛 278
29. 东亚—拉美合作论坛 279
30. 亚洲合作对话 279
31. 太平洋岛国论坛 280
32. 第三届小岛屿发展中国家国际会议 280
33. 77国集团成立50周年纪念峰会 281

第五章 中国外交中的国际安全、军控与防扩散工作

（一）概述 282
（二）中国参与联合国框架内的国际安全与军控工作 283
1. 联合国大会第一委员会 283
2. 日内瓦裁军谈判会议 284
3. 联合国裁军审议委员会 284
4. 联合国常规武器登记册 285
5. 联合国军费开支标准报告制度 285
6.《武器贸易条约》......285

（三）中国履行国际军控和防扩散法律文书的工作......286
1.《不扩散核武器条约》......286
2. 国际原子能机构......287
3.《全面禁止核试验条约》......288
4.《禁止生物武器公约》......288
5.《禁止化学武器公约》......289
6.《特定常规武器公约》......291
（四）中国在防扩散方面的工作......293
1. 积极参与国际防扩散努力......293
2. 开展防扩散国际合作......293
（五）中国与有关国家开展战略安全、军控和防扩散对话......294

第六章　中国外交中的条约法律工作

（一）中国对外缔结条约情况......295
1. 中国对外缔结条约概况......295
2. 涉及香港和澳门特区的条约法律事务......296
（二）中国在联合国机构的法律工作......296
1. 第69届联大法律议题......296
2. 联合国国际法委员会第66届会议......299
3. 联合国和平利用外层空间委员会......301
（三）中国在打击跨国犯罪领域的法律工作......302
1.《联合国打击跨国有组织犯罪公约》......302
2.《联合国反腐败公约》......302
（四）中国在国际人权条约领域的工作......303
1. 履行国际人权条约......303
2. 参与人权条约机构体系进程......303
（五）中国在国际私法领域的工作——海牙国际私法会议......303
（六）中国与外国的司法协助和法律合作......304
1. 涉及香港和澳门特区的条约法律事务......304
2. 与外国缔结双边司法协助条约状况......304
3. 中美执法合作......305
4. 中加司法和执法合作......305
（七）中国在国际海洋法领域的工作......306
1. 多边海洋法事务......306

2. 双边海洋法和极地事务对话......309
3. 打击海盗国际法律合作......310
（八）中国在国际环境法领域的工作......310
1. 气候变化问题......310
2. 联合国环境署关于汞的国际法律文书的谈判......311
3. 生物多样性和生物安全......311
4.《濒危野生动植物种国际贸易公约》......312
5.《关于消耗臭氧层物质的蒙特利尔议定书》......312
（九）中国在网络领域的条法外交工作......313
1. 举办中欧网络工作小组第三次会议......313
2. 参与亚非法律协商组织讨论网络空间国际法问题......313
3. 参加红十字国际委员会有关网络战和国际人道法讨论......314
4. 参加联合国框架下打击网络犯罪领域相关工作......314
（十）其他条约法律工作......315
1. 国际刑事法院......315
2. 国际法院......315
3. 亚非法律协商组织......316

第七章　中国外交中的边界与海洋工作

（一）概述......317
（二）陆地边界工作......318
1. 中印边界问题特别代表会晤......318
2. 中俄国界第一次联合检查......318
3. 中哈国界第一次联合检查筹备工作......318
（三）边界管理与合作开发......319
1. 中俄边界联合委员会会议......319
2. 中俄合理利用和保护跨界水联合委员会会议......319
3. 中哈利用和保护跨界河流联合委员会会议......319
4. 中越陆地边界联合委员会会议......319
5. 中哈吉俄塔五国边境裁军联合监督小组会议......320
6. 中蒙边境口岸磋商......320
7. 中朝新建圈河—元汀界河公路大桥协定......320
（四）中国与周边国家间海洋权益问题......320
1. 中日海洋事务高级别磋商......320

2. 中越海上共同开发磋商工作组磋商……321
3. 中越北部湾湾口外海域工作组磋商……321
4. 中越海上低敏感领域合作专家工作组磋商……321
5. 第24届“处理南海潜在冲突研讨会”……321
6. 应对菲律宾提起南海争议国际仲裁……322
7. 落实《南海各方行为宣言》和推进“南海行为准则”磋商……322

第八章 中国外交中的新闻和公共外交工作

（一）概述……323
（二）阐述外交政策……324
1. 介绍国家领导人出访和出席国际会议情况……324
2. 举行例行记者会……326
（三）外国记者工作……327
1. 外国常驻记者概况……327
2. 安排国家领导人会见及接受外国媒体采访……327
3. 安排外国媒体采访外交部领导……331
4. 外国记者赴各地采访情况……332
（四）对外新闻交往……333
1. 新闻团互访……333
2. 对口磋商……334
（五）公共外交……334
1. 公共外交概况……334
2. 外交部公众信息网体系建设……335
3. 积极开展新媒体公共外交……335

第九章 中国外交中的领事工作

（一）概述……337
（二）领事保护……339
1. 妥善应对马来西亚航空公司MH370客机失联事件……339
2. 安全接返在越南的中国公民……339
3. 协助在利比亚的中国公民安全撤离……340
4. 处理十名中国工人在喀麦隆遭劫持案……340
5. 处理三名中国工人在土耳其遭劫持案……340

6. 处理南非重大交通事故致中国游客伤亡案......340
（三）领事磋商与会谈......340
（四）领事类协定......343
（五）领事机构......345
（六）领事证件......346
（七）涉及外国驻华领事机构事务和涉外案件......347
1. 外国驻华领事机构事务......347
2. 涉外案件处理......347
（八）移民合作......348

附录一

2014年中国外交重要活动......349

附录二

2014年中国外交重要文献......361

附录三

（一）2014年中华人民共和国外交部组织机构表......370
（二）中华人民共和国外交部领导成员名单......372
（三）同中国建交的国家、建交日期和2014年中国驻外使节一览表......373
（四）中华人民共和国常驻联合国、驻其他国际组织代表团（处）名称、驻地和2014年常驻代表（团长）一览表......382
（五）中国与外国互设领事机构一览表......383
（六）中国与外国互免签证协议（协定）或安排一览表......408
（七）2014年中国参加的多边条约一览表......412
（八）2014年中国与外国签订的主要双边条约一览表......414
（九）2014年中国与各建交国双边贸易总值表......418
（十）2014年中国接受各建交国留学生情况统计表......424

后 记......430

第一章

2014年的国际形势

（一）概述

2014年，国际形势经历国际金融危机以来新一轮动荡不安。地区冲突交织迸发，全球经济复苏艰难，国际秩序加速演变。和平与发展的问题更加突出，合作与变革的呼声更加高涨，建立利益与命运共同体的诉求更加强烈。国际形势呈现出以下主要特点：

1. 地缘政治较量异常激烈

在欧洲，美欧与俄罗斯围绕乌克兰问题发生冷战结束以来最激烈的地缘政治碰撞。乌克兰局势动荡有着复杂的历史经纬和现实背景。各方围绕乌克兰未来政治安排和国际地位的较量对欧洲安全格局、大国战略平衡和全球能源市场产生复杂影响。亚太是21世纪最具发展活力和潜力的地区，战略地位显著提升，世界各主要力量不断加大对亚太地区投入，推动亚太地区格局深刻演变。

2. 各国经济走势显著分化

世界经济发展延续南高北低的总体态势。新兴经济体整体增速虽有所放缓，但仍明显高于发达国家。各主要经济体增长态势和政策取向明显分化。美国经济在发达国家中相对较好，宣布退出持续六年的量化宽松政策。欧洲、日本面对下行压力加大量宽力度。新兴经济体中，中国继续保持领头羊地位，印度保持稳步增长，巴西、俄罗斯经济增长大幅放缓。各主要经济体加快转变发展方式，力争在新一轮科技和产业革命中抢抓新的经济增长点，掌握发展主动权。

3. 国际体系变革深入推进

新兴市场国家和发展中国家在国际体系中的代表性和话语权不断提升。金砖国家决定成立开发银行和应急储备安排，22个国家共同签署亚洲基础设施投资银行筹建备忘录，增强了新兴市场国家和发展中国家应对风险、促进发展的能力，是对全球经济金融机制的有益补充和完善。发达国家与发展中国家围绕新一代贸易和投资规则、2015年后发展议程、2020年后国际减排机制、网络安全等展开新一轮竞争与合作，将深刻影响未来国际格局和秩序的基本面貌。

4. 国际思潮演变更趋多元

西方体制和发展模式的内在缺陷和弊端进一步显现，引发更多质疑和反思，西方逐步认识到其模式远非尽善尽美。金砖国家等新兴市场国家更加坚定走符合自身国情的发展道路，不断提出政治、经济、安全新理念、新主张，在国际社会产生广泛影响。

（二）全球各地区形势

1. 亚洲地区* 形势

2014年，亚洲地区保持和平、发展、合作主旋律。亚洲新兴和发展中国家群体性崛起正在强劲改写全球政治经济版图，推动国际力量格局更趋平衡。

---

* 仅指东亚、东南亚、南亚。

亚洲被公认为是世界最具发展活力和潜力的地区。2014年，在全球经济复苏乏力的背景下，亚洲克服外部风险和经济下行压力，新兴和发展中国家经济增长6.5%，接近世界平均增速的2倍。亚洲国家经济内生动力不断提升，结构性改革步伐加快，金融抗风险能力增强，区域经济合力加强，在世界经济变局中地位主动。

亚洲政治安全形势总体稳定向好。亚洲国家政局基本稳定，主要国家顺利举行大选或实现权力交接，求稳、图治、谋发展成为多数国家的战略取向。亚洲国家间政治互信不断深化，对亚洲的归属感和认同感不断上升，共同、综合、合作、可持续的亚洲安全观日益深入人心。亚洲国家遵循相互尊重、协商一致、照顾各方舒适度的“亚洲方式”，坚持通过对话协商方式处理地区热点和争议问题。大国关系保持对话与合作主流，为本地区和平稳定大局提供了有力支撑。

亚洲区域合作格局拓展升级。地区经济一体化加速发展，东盟共同体建设稳步推进，中国—东盟（10+1）和东盟—中日韩（10+3）合作不断深化，区域全面经济伙伴关系进入实质性磋商阶段。“一带一路”构想源于亚洲、依托亚洲、造福亚洲，可望成为亚洲腾飞的两只翅膀。亚洲区域安全合作水平持续提升，东盟地区论坛、东亚峰会、亚洲相互协作与信任措施会议、上海合作组织等机制互促互补，各国积极推进区域安全合作架构建设。

同时，亚洲地区仍面临诸多不稳定、不确定因素。传统地缘政治博弈时有突出，朝核、阿富汗等热点问题不时升温，经济下行风险犹存，恐怖主义、自然灾害、跨国犯罪、网络安全等非传统安全挑战日益严峻。世界主要力量加大对亚洲投入，个别国家强化军事同盟给地区安全带来不确定因素。地区格局仍在深度调整进程之中。

2. 西亚北非地区局势

2014年，西亚北非地区整体形势仍动荡不安，乱的一面还在发展，但治的因素也在不断积聚，局势乱中有变、变中求治的一面逐渐显现。

热点问题多点爆发。伊拉克安全形势严峻，境内恐怖极端势力异军突起。伊举行新的国民议会选举，海德尔·阿巴迪出任总理并组建新政府，萨利姆·朱布里出任议长，福阿德·马苏姆出任总统，什叶、逊尼、库尔德三派分权的政权架构得以维持，但仍面临政治过渡、经济重建等艰巨任务。叙利亚政治过渡进程艰难推进，巴沙尔·阿萨德再次当选总统，意大利前副外长德米斯图拉担任联合国秘书长叙利亚问题新任特使，并提出“冻结冲突区”倡议。叙战场形势陷入僵局，化学武器问题进展总体顺利，人道局势有所缓解，叙问题走向与地区反恐形势联动性上升。美与伊朗关系有所缓和，伊核问题六国与伊朗围绕达成全面协议举行九轮谈判，但双方在关键问题上仍存分歧，全面协议谈判再度延期。巴以和谈中断，加沙地区爆发近年来最严重的冲突，导致2100多人死亡、1万多人受伤，巴勒斯坦在联合国等多边场合采取一系列外交行动，寻求国际支持。在以东非政府间发展组织（简称“伊加特”）为代表的国际社会斡旋下，南苏丹冲突双方启动和谈并签署停火和过渡期安排协议，但双方不时爆发冲突，形势仍然动荡。

变革转型进程分化演进。埃及前副总理兼国防部长塞西当选总统，新宪法草案通过公投。突尼斯举行议会选举和总统大选，世俗派政党呼声党领导人埃塞卜西当选总统。两国政治转型进程取得重要阶段性进展。也门、利比亚等国教派、部族冲突上升，安全形势恶化，政治过渡进程遭遇挫折。

地区国家间关系复杂调整。逊尼派与什叶派阵营在伊拉克、叙利亚、也门、伊朗等问题上激烈较量，地区国家围绕巴以等问题的态度进一步分化，相互之间的关系更加复杂。美国、俄罗斯等域外大国在该地区问题上既有分歧，也有合作。各方在维护地区稳定、保障能源供应安全、反恐、防扩散等领域利益交集扩大，推动热点问题软着陆的共识上升。

地区国家经济增长缓慢。根据国际货币基金组织预测，2014年西亚北非地区经济增速2.6%，同比微升0.3个百分点。石油出口国经济增速为2.5%，同比上升0.3个百分点。国际油价下跌反映出国际能源格局和秩序进入深度调整期，可能对全球资本流动、区域经济结构调整、国际力量对比产生长远影响。伊朗由于与美国和西方关系缓和，经济形势有所好转，增速为1.5%。伊拉克受国内安全形势影响，经济增长为–2.7%。石油进口国经济增速为2.6%，与2013年持平。转型国家仍面临沉重的发展任务。埃及、突尼斯经济增长率分别为2.2%和2.8%，同比上升0.1和0.5个百分点。也门、利比亚增长率分别为1.9%和–19.8%，同比下降2.9和6.2个百分点。油价下跌对地区经济发展、社会稳定的负面影响逐步显现。国际油价由年中的112美元/桶下行至50美元/桶以下，跌至五年来最低点，沙特等地区产油国由限产保价转向降价保额。另一方面，地区国家努力改善社会政治环境，积极推行财政和经济结构改革，加大对传统能源及新能源领域的投入，加快基础设施建设，但制约地区经济发展的结构性问题依然突出。

3. 撒哈拉以南非洲地区形势

2014年，撒哈拉以南非洲地区总体继续保持和平、稳定、发展局面，各大国更加重视非洲。但非洲形势的不稳定性和不确定性仍较突出，非洲和平与发展面临不少挑战。

政治安全形势稳中有乱。大多数非洲国家政局稳定。南非、莫桑比克、博茨瓦纳、纳米比亚、毛里求斯等国大选平稳举行。几内亚比绍、马达加斯加顺利完成政治过渡，莫桑比克政府与反对派签署停火并结束敌对状态一揽子协议。热点问题持续降温。刚果（金）东部安全形势明显改善，马里局势趋于平稳，索马里国家重建和塞拉利昂和平民主进程取得重要进展。同时，乱的一面有所上升，中非共和国暴力冲突时有发生，尼日利亚等国恐怖势力坐大并频生事端，几内亚湾海盗活动日趋猖獗。埃博拉疫情在西非爆发并蔓延，引起国际社会高度关注。

经济发展喜中有忧。据国际货币基金组织统计，2014年撒哈拉以南非洲经济增长率达到5%，继续高于世界平均增速。大多数非洲国家加大基础设施建设投入，积极推动服务业发展，努力改善营商环境。各国经济表现不一，尼日利亚、安哥拉等石油出口国和莫桑比克、埃塞俄比亚等低收入国家经济保持平稳较快增长，但南非等国经济持续低迷，埃博拉疫情拖累疫区及西部非洲国家经济。总体看，非洲经济基本面良好，但受局部动荡、经济基础薄弱及国际大宗商品价格下跌等因素制约，非洲实现可持续、包容性增长任重道远，也几无可能如期全面实现联合国千年发展目标。

一体化进程稳步推进。非洲联盟（非盟）加紧制订非盟“2063年议程”；将2014年定为“农业和粮食安全年”，制定“非洲农业未来20年远景规划”；通过“2024年非洲科技与创新战略”；继续坚持主导解决非洲热点问题，加快组建非洲危机应对快速反应部队；就打击恐怖主义召开和平与安全理事会峰会，筹建打击伊斯兰武装集团特别基金；启动“非盟西非埃博拉疫情支持行动”，加快非洲疾病防控中心建设。非洲国家在安理会改革、气候变化等重大问题上共同发声，通过《2015年后发展议程非洲共同立场文件》。非洲次区域组织机制和能力建设续有增强。政府间发展组织在解决南苏丹冲突问题上发挥主渠道作用，南部非洲发展共同体积极介入莱索托危机平复局势，东非共同体、东南非共同市场和南部非洲发展共同体三方自贸区建设取得重要进展。

主要大国继续加大对非关注和投入。美国举办首届美非峰会，宣布包括企业协议、投融资和医药援助等在内的370亿美元合作成果，承诺每年出资1.1亿美元帮助非洲维和、维稳。欧盟在第四届欧非峰会上承诺未来七年向非洲基础设施等领域投资280亿欧元，未来三年为“非洲和平基金”募资7.5亿欧元。欧盟还大力推动与西非国家经济共同体、南部非洲发展共同体等商签经济伙伴协定，取得突破性进展。法国召集举行尼日利亚安全峰会，与美、英联手打击“博科圣地”。安倍晋三访问非洲三国，成为八年来首位访问撒哈拉以南非洲地区的日本首相。新兴国家积极推动对非合作，金砖国家决定在南非成立金砖国家开发银行非洲区域中心，第二届非洲—土耳其峰会举行。各大国共同参与帮助非洲抗击埃博拉疫情。

4. 欧亚地区形势

2014年，乌克兰危机等重大事件牵动欧亚地区形势发生复杂深刻变化。

俄罗斯继续推行强国富民发展战略，但在各种因素影响下发展振兴面临的困难增多，巨额资本外流，卢布急剧大幅贬值，国内生产总值几近零增长。中亚地区总体稳定，各国继续坚持走符合本国国情的发展道路，乌兹别克斯坦顺利举行议会选举。乌克兰发生政治危机，克里米亚公投后被俄归并，乌东部地区完成独立公投，与政府军武装冲突不断。俄与美欧在乌展开激烈地缘政治争夺，双方关系跌至冷战后最低谷，俄遭遇美欧制裁。

欧亚一体化进程取得重大突破。俄罗斯、白俄罗斯、哈萨克斯坦签署《欧亚经济联盟条约》，决定于2015年1月1日正式启动欧亚经济联盟，亚美尼亚将在联盟启动后加入，吉尔吉斯斯坦将于2015年5月加入。集体安全条约组织进一步完善制度和法律基础，加快联合军事力量建设，开展多场大规模军事演习，在维护地区安全与稳定方面的作用显著上升。

地区国家经济陷入低迷。乌克兰经济指标全面下滑，国内生产总值下降约7%，企业停工停产严重，主要依赖欧美及国际金融机构援助和贷款。土库曼斯坦、乌兹别克斯坦、哈萨克斯坦得益于资源优势仍保持较快增长势头。

影响欧亚地区稳定的传统与非传统安全因素增多。受国际恐怖势力活动猖獗、国际安全援助部队从阿富汗撤离等因素影响，阿境内恐怖极端势力向中亚地区流窜、渗透、合流势头更加明显，地区暴恐事件增多，各国反恐维稳压力增大。地区国家在领土、民族、宗教、水资源分配等问题上矛盾时有升级。毒品走私、跨国有组织犯罪也对地区安全与稳定构成严重威胁。

欧美等西方国家重视发展同地区国家关系。乌克兰与欧盟签署联系国协议，放弃不结盟地位。摩尔多瓦、格鲁吉亚也同欧盟签署包括自贸区协定在内的联系国协议，加快融入欧洲大西洋一体化进程。其他国家多奉行多元平衡外交，积极同俄美欧等各大力量发展关系。

5. 欧洲地区形势

2014年，欧洲总体处于复苏通道，欧洲主权债务问题企稳向好，但对欧洲深层次的影响仍在发酵。欧盟机构顺利换届，推动欧洲一体化进程继续向前发展。

（1）内部形势

欧债形势整体趋稳，但欧洲经济疲弱的一面仍较突出，复苏动力不足，高债务、高失业、低增长、低通胀等问题未得到明显缓解。根据欧盟《2015年冬季经济预测》报告，欧元区和欧盟2014年经济增速分别为0.8%、1.3%，2015年预计将上升至1.3%、1.7%。从国别看，英国增长较快，德国增长稳定，法国、意大利表现不如预期；葡萄牙、西班牙等重债国形势好转，爱尔兰增速达到4.8%；大部分中东欧和北欧国家增长相对较快，波兰、匈牙利、罗马尼亚增长率分别达3.3%、3.3%和3.0%，瑞典、丹麦分别为1.8%和0.8%。

欧洲政治形势总体趋稳，一体化建设曲折向前。5月，欧洲议会大选如期举行，社会党候选人舒尔茨连任议长。经过各方协调，欧洲议会最大党人民党党团候选人容克当选欧盟委员会主席，波兰前总理图斯克担任欧洲理事会主席，并于12月1日顺利接任。

新一届欧盟机构上任以来，力争在加大投资力度和推进结构改革方面取得平衡。欧盟委员会推出3150亿欧元投资刺激计划，以加速促进就业和增长。欧盟在建设银行联盟、能源联盟、“大数据”建设等方面取得不同程度进展。拉脱维亚、立陶宛分别于2014年1月1日和2015年1月1日加入欧元区。

欧洲内部的社会矛盾继续发酵。极端思潮呈上升趋势，极右翼政党、地区分离势力在欧洲议会和部分成员国进一步坐大，排外和反移民现象有所抬头。英国苏格兰举行“独立公投”未获通过。西班牙加泰罗尼亚自治区举行关于独立问题的非正式“民意调查”。欧盟及各国对有关分离势力倾向高度警惕，全力保持社会稳定与团结。

（2）对外关系

乌克兰危机成为2014年贯穿欧洲对外关系的一条主线。危机以来，欧盟多次召开峰会商讨对策，加大援乌力度，支持乌新一届政府政治经济改革，并对俄施以制裁。欧俄关系受到严重冲击。马来西亚航空公司（简称“马航”）MH17客机坠机事件后，欧盟进一步强化对俄制裁。乌克兰东部停火协议签署以来，欧盟着力谋求乌克兰危机政治解决，在对俄示强的同时寻求缓和与俄关系。

欧美在应对乌克兰危机和中东乱局等问题上加强协调，跨大西洋同盟关系得以加强。欧洲通过北约重申集体防御保障东部安全，承诺增加防务开支，加大对东欧军事部署，积极配合美打击“伊斯兰国”。欧美跨大西洋投资贸易伙伴协定谈判也在曲折中向前推进。

欧洲努力加大参与和引导全球议题力度。2014年，欧盟与中、美、日、加拿大、巴西、东盟、非盟等国家和地区组织召开十多次峰会，在地区安全、反恐、气候变化、全球治理等领域频频发声，着力扩大全球影响力和对国际事务的塑造力。此外，欧盟积极援助西非国家抗击埃博拉疫情，指派欧委会负责人道主义援助和危机管理的委员为专门协调员，并承诺为疫区国家提供十亿欧元医疗和防疫援助。英、法、德、荷兰等国分别通过拨款、派驻志愿者和建立医疗中心等方式援助疫区国家。

6. 北美大洋洲地区形势

2014年，北美大洋洲地区形势总体平稳，有关国家政局稳中有变，经济保持增长，外部挑战有所增多。

2014年是美国总统奥巴马确定的“突破之年”、“行动之年”。奥巴马政府着力促进经济就业并推进国内改革。加大科技、教育投入，促进制造业发展，培育新经济增长点，提升美国际竞争力。推动移民、薪酬等改革，落实医保法案实施，积极应对气候变化，扶助弱势群体，缩小贫富差距，壮大中产阶级，打牢经济可持续增长基础。

2014年，美国经济低开高走，复苏态势良好。除第一季度因恶劣天气等原因负增长外，第二、三、四季度国内生产总值（GDP）增速分别达4.6%、5%、2.6%，为2003年以来最快季度增幅。12月失业率为5.6%。2014财年美联邦财政赤字降至4834亿美元，仅占同期GDP规模的2.8%，为2009年12月以来最低。2013年12月开始，美联储开始实施渐进式的量化宽松退出机制，先后七次宣布小幅缩减量宽规模，并于2014年10月终止量宽资产购买计划。美国债总额超过18万亿美元，约占GDP的108%。

2014年，奥巴马政府继续推进各项外交议程，推动建设“多伙伴世界”。

继续推进亚太“再平衡”战略。奥巴马总统于4月和11月两次到访亚太地区，分别访问日本、韩国、马来西亚、菲律宾和中国、缅甸，出席亚太经合组织第22次领导人非正式会议、第九届东亚峰会和二十国集团第九次峰会。奥巴马总统公开强调，美将继续推进亚太“再平衡”战略，致力于强化同盟关系、扩大与地区新兴力量合作、促进地区经济可持续和共同发展、推进地区应对气候变化议程、推动地区经济社会和人权发展等。美国务卿克里、国防部长哈格尔、商务部长普利茨克、美军参谋长联席会议主席邓普西等分别访问亚太地区国家。

继续巩固与日本、韩国、澳大利亚、菲律宾等盟国关系。举行美日韩、美日澳三边首脑会晤，美澳、美日、美韩外长和防长“2+2”对话。美日出台修订“防卫合作指针”中期报告，宣布双方致力于在2015年上半年完成该指针修订工作。首次在日部署“全球鹰”无人侦察机，向日方交付第二套X波段雷达系统，宣布2017年前向日增派两艘“宙斯盾”导弹驱逐舰、2018年前向地区增派两艘濒海战斗舰。美韩同意推迟美向韩移交战时指挥权。美日韩签署《关于朝鲜核与导弹威胁的情报交流协议》。与澳签署《军力部署态势协议》，与菲签署《加强防务合作协定》，逐步扩大美军在澳、菲两国轮驻规模。推进“跨太平洋战略经济伙伴关系协定”谈判。加大对印度尼西亚、越南、缅甸、马来西亚、老挝、柬埔寨等东南亚国家的投入。宣布将致力于推动部分解除对越出售致命性武器禁令，美国会批准美越《民用核能合作协定》。美马建立“全面伙伴关系”。积极参与东亚峰会、东盟地区论坛、东盟防长扩大会等地区机制性对话，召开首次美国—东盟非正式防长会，继续力推“湄公河下游之友”、“湄公河下游倡议”机制。积极介入南海问题，提出“自愿冻结南海行动倡议”，发表关于南海断续线问题报告，美国会通过涉南海决议案。

重视发展与南亚国家的关系。美印关系因美国逮捕印度驻美外交官事件一度受损。印度新政府成立后，奥巴马总统致电祝贺莫迪当选总理并邀其9月访美，美国务卿克里、防长哈格尔等访印，举行第五次美印战略对话。巴基斯坦总理国家安全与外交事务顾问阿齐兹访美，举行美巴战略对话。美国继续推进自阿富汗撤军计划，宣布2014年后在阿驻留9800名美军（后调整为10800名），到2016年逐步减少至维持驻阿使馆安全的“正常”水平。美国还积极调解阿富汗大选争议，推动阿新政府签署美阿“双边安全协议”。

与俄罗斯在乌克兰问题上分歧尖锐。美国谴责俄罗斯对乌克兰克里米亚进行干预，指责俄罗斯支持的乌东部武装制造了马来西亚航空公司MH17客机坠机事件，联合西方国家暂停俄八国集团成员资格，并以俄侵犯乌主权和领土完整等为由，先后宣布对俄实施五轮经济制裁。同时，奥巴马总统、拜登副总统、克里国务卿等与俄总统普京、总理梅德韦杰夫、外交部长拉夫罗夫等保持联系和沟通，要求俄采取措施缓和乌克兰局势，落实美俄欧乌日内瓦四方会谈共识。美多次向乌提供政治、经济和军事援助。美国会通过《支持乌克兰自由法案》，授权政府向乌提供军事援助，对俄追加制裁。

推动美欧关系发展。美国在乌克兰问题上加强与欧盟协调，积极推进跨大西洋贸易投资协定谈判。奥巴马总统年内三次访问欧洲，出席海牙核安全峰会、八国集团布鲁塞尔峰会、北约威尔士峰会，访问法国、意大利、波兰、比利时、爱沙尼亚、梵蒂冈，集体会晤中东欧十个盟国领导人，与立陶宛、爱沙尼亚、拉脱维亚三国总统举行电话会议，强调美对欧洲盟友和跨大西洋关系的坚定支持，重申美国支持北约履行防卫承诺，宣布追加对乌克兰、摩尔多瓦、格鲁吉亚三国的军事援助。奥巴马总统并与德国、法国等国元首就制裁俄罗斯保持密切沟通。拜登副总统访问波兰、立陶宛。克里国务卿亦多次访问欧洲。此外，美国在德国间谍活动曝光，引发德国强烈反应。

积极应对多个地区热点问题。在伊朗核问题上，推动落实第一阶段协议，宣布逐步解冻伊朗42亿美元的海外资产，同时继续推进伊朗核问题六国和伊朗全面协议谈判，但因未能弥合分歧而被迫两度延期。在朝核问题上，美坚持六方会谈复谈高门槛，并在人权、网络安全等问题上加大对朝施压。同时，美朝继续保持接触，朝释放三名被扣押美国公民。在打击中东恐怖极端势力问题上，对伊拉克、叙利亚境内的恐怖极端势力目标实施空袭，向伊拉克增派军事人员，敦促伊拉克加快组建新政府，推动举行安理会反恐峰会并通过关于打击外国恐怖作战分子的决议，但排除派遣地面部队选项。在巴以和谈问题上，继续推动和谈，分别接待巴勒斯坦权力机构主席阿巴斯和以色列总理内塔尼亚胡访美，但巴以双方因分歧较大冲突升级。随后，美国敦促巴以双方保持克制，全面履行停火协议，通过政治对话解决危机。在叙利亚问题上，关闭叙驻美使馆，承认叙利亚反对派在美国办公室为“外交机构”，向其提供多笔援助。在南苏丹问题上，美国继续斡旋南苏丹武装冲突，对冲突双方实施单方面制裁，敦促南苏丹有关各方尽快达成和谈协议并组建过渡政府。

宣布与古巴开启复交谈判，继续放宽对在古巴旅行、商贸、通信限制，计划恢复驻古使馆，将古巴从“支持恐怖主义国家”名单中除名。美国以“侵犯人权”为由宣布对委内瑞拉政府部分高官实施制裁。拜登副总统访问巴西、哥伦比亚、多米尼加和危地马拉四国。海地总统马尔泰利、乌拉圭总统穆希卡等访美。克里国务卿访问墨西哥、巴拿马，集体会晤萨尔瓦多总统桑切斯、危地马拉总统莫利纳和洪都拉斯外长阿圭罗。

继续加大对非洲关注和投入。美国在华盛顿召开首届美非峰会，邀请50位非洲国家代表与会，宣布达成约370亿美元合作成果。积极应对西非埃博拉疫情，动用军队等各方资源，向西非三国提供医疗援助，并推动召开全球卫生安全议程高级别会议。克里国务卿访问埃塞俄比亚、南苏丹、刚果（金）、安哥拉四国。美常务副国务卿伯恩斯访问埃塞俄比亚。美国派高级别代表团参加非盟峰会。

2014年，加拿大政局总体平稳。执政党保守党着眼于2015年大选，继续以振兴经济作为施政重点，削支减赤，打击犯罪，应对渥太华枪击事件。正式反对党新民主党就参议院改革、原住民权益等问题积极发声。贾斯廷·特鲁多领导的自由党赢得魁北克、安大略、新不伦瑞克等省省选。加政府大力推进基础设施、能源、高科技等产业发展，经济保持温和增长，全年GDP增长2.4%，通胀率为1%，失业率降至6.8%。加继续推行“稳定而有原则”的“价值观外交”，加强与美欧传统盟友的战略合作，坚决打击恐怖主义，参加北约新组建的快速反应部队，签署加欧战略伙伴关系协定。继续积极实施自贸和能源出口多元化战略，推进“跨太平洋战略经济伙伴协定”谈判，分别同韩国、欧盟完成自贸协定谈判，批准“北方门户”输油管道计划。利用北极理事会轮值主席国身份积极推进北极议程，维护北极权益。

2014年，澳大利亚和新西兰政局总体平稳。澳联盟党政府着力简政放权，降低赋税，削减公共开支，加大基础设施建设投入，推动议会通过废除碳排放税和矿产资源租赁税的议案，并提出将澳打造成制造业、农业、服务业、教育、矿业五位一体的经济体。5月，联盟党政府公布其任内首个财政预算案，主打财政紧缩，预计2014～2015财年澳大利亚国内生产总值增长2.5%，失业率6.25%，通胀率2.25%，2018～2019财年恢复财政盈余。由于大宗商品价格下降等因素，能源资源产业受到冲击，公共财政吃紧，经济下行压力加大。外交上坚持澳大利亚中等强国定位，着力巩固澳美同盟关系。以亚太地区为优先，深化同印（度洋）太（平洋）地区重要国家关系，巩固在太平洋岛国地区传统影响。担任联合国安理会非常任理事国，主办二十国集团领导人峰会，争取在全球增长、自由贸易以及朝核、叙利亚、伊朗核、乌克兰等国际地区问题上发挥作用。先后同韩国和日本签署自由贸易协定，同中国实质性结束自由贸易协定谈判，加快推进同印度尼西亚、印度的自贸协定谈判。积极实施“新科伦坡计划”，扩大同亚洲国家青年学生交流。

9月，新西兰总理约翰·基领导的国家党再次赢得新大选，约翰·基连续第三次当选总理。国家党执政六年来，稳步推进负责任地管理财政、提高经济竞争力、提供更好公共服务和克赖斯特彻奇市震后重建等四大施政目标，经济运行良好。新一届国家党政府基本延续既有经济政策，力争在2015～2016财年实现财政盈余。奉行积极务实的外交政策，继续推进与澳大利亚共同市场建设，进一步发展对美国的关系，加大对太平洋岛国援助并在斐济大选后同斐济逐步实现关系正常化，积极拓展同亚洲国家合作，成功当选2015～2016年度联合国安理会非常任理事国，重视亚太经合组织、东亚峰会、东盟地区论坛等多边机制作用，积极参与区域经济合作及应对全球和地区热点问题。

2014年，太平洋岛国地区形势总体稳定。9月，斐济顺利举行2006年政变以来首次大选，乔萨亚·沃伦盖·姆拜尼马拉马当选连任。多数岛国政局平稳。汤加、库克群岛、纽埃、所罗门群岛等国举行大选。5月，瓦努阿图政府更迭。各岛国经济实现不同程度增长，特别是巴布亚新几内亚靠能矿产业拉动经济强劲增长，但地区总体发展速度较慢，经济增长动力不足。国际社会关注岛国可持续发展，联合国将2014年命名为“小岛屿发展中国家年”。9月，第三届小岛屿发展中国家国际会议在萨摩亚举行，各岛国就气候变化、可持续发展等问题积极发声，表达诉求。太平洋岛国更加注重联合自强，区域、次区域合作不断推进，“太平洋地区合作框架”启动。美国、澳大利亚、新西兰、日本等域内外力量对岛国地区更为重视，投入持续加大，日本、法国、印度、印度尼西亚等国领导人访问该地区。

7. 拉丁美洲和加勒比地区形势

2014年，拉美和加勒比作为发展中国家和新兴经济体较为集中的地区，总体保持稳定发展和整体上升势头，同时国家治理和经济增长面临更多深层次挑战。

政局总体稳定。2014年是拉美“大选年”，巴西、哥伦比亚、玻利维亚等国政府蝉联执政，智利、哥斯达黎加等国政权平稳交接。墨西哥结构性改革富有成效，古巴全面推进经济模式更新，阿根廷、秘鲁、厄瓜多尔以及加勒比国家政府施政较顺利。但各国执政党普遍面临反对派力量上升、经济下行压力增大、新兴中产阶层诉求增多等压力，社会矛盾和群体性事件呈多发态势。

经济增长乏力。受自身经济结构单一、国际经贸环境复杂多变、大宗商品价格下跌、主要新兴经济体增速放缓等多重因素影响，拉美经济2014年预计仅增长1.1%左右。巴西预计出现零增长，阿根廷、委内瑞拉可能出现负增长，墨西哥、哥伦比亚、智利、秘鲁等太平洋沿岸国家有望实现2%～4%的中低速增长。地区宏观经济基本面保持稳定，各国努力推进关键领域改革，促进经济转型升级。委内瑞拉、阿根廷等国着力解决物资短缺、债务违约等问题，重点防范短期经济金融风险。

多元外交活跃。拉美国家举办金砖国家领导人会晤、77国集团峰会、《联合国气候变化框架公约》缔约方会议、全球互联网治理大会等，就全球经济治理、气候变化、网络安全等问题积极发声，并积极开展大国和地区平衡外交，拉美国际地位续有提升。域外主要力量加大对拉美关注和投入，美国积极改善对拉关系，对古巴政策出现重大调整。欧盟、俄罗斯等加强同拉美国家对话交流和务实合作。

地区一体化稳步推进。拉美和加勒比国家共同体成功举行第二届峰会，地区整合能力和国际影响续有提升。南美国家联盟同金砖国家举行峰会并主导斡旋委内瑞拉局势。南方共同市场同“美洲玻利瓦尔联盟”和“加勒比石油计划”建立互补经济区，着手同拉美“太平洋联盟”开展合作。美洲国家组织积极调整发展战略以适应地区形势新变化。

（三）专题评述

1. 乌克兰问题严重冲击国际地区格局

2014年初，乌克兰亚努科维奇政权暂停同欧盟签署联系成员国协议，引发乌国内抗议活动持续升级。1月16日，乌反对派大规模示威活动演化为暴力冲突。2月21日，乌总统亚努科维奇与反对派领导人签署协议，宣布国家政体重回议会总统制，2014年底前提前举行总统选举。2月22日，支持乌反对派的示威者占领总统府、议会等国家机关，反对派全面掌权，解除亚努科维奇的总统职务。亚努科维奇离开乌首都基辅前往东部城市哈尔科夫并发表电视讲话称乌正经历“政变”，随后逃往俄罗斯。3月1日，俄罗斯总统普京向俄联邦委员会（议会上院）申请在乌境内动用俄武装力量并获批准。3月16日，乌克兰克里米亚自治共和国举行公投，96.77%的居民赞成克里米亚并入俄罗斯。3月18日，俄总统普京与克里米亚领导人签署关于克并入俄联邦的国际条约。美国、欧盟等宣布对俄实施制裁。

4月，乌东部顿涅茨克、哈尔科夫和卢甘斯克等州连续举行抗议示威活动，要求效仿克里米亚举行决定自身地位的公投。乌政府动用正规军和重型武器在东部、东南部展开“反恐行动”，与当地民间武装发生激烈冲突，造成大量人员伤亡，东部和东南部地区动荡局势持续升级。

5月25日，乌举行总统大选，波罗申科当选新总统，表示要尽快结束战乱，恢复和平。俄美欧乌等围绕政治解决乌危机展开密集磋商。俄、乌、欧洲安全与合作组织成立三方联络小组。6月6日，俄总统普京应邀赴法国出席诺曼底登陆70周年纪念活动，其间分别会见法国总统奥朗德、德国总理默克尔、英国首相卡梅伦，与美国总统奥巴马、乌总统波罗申科简短交谈。这是乌危机后俄同西方大国及乌领导人首次会面。6月20日，乌政府宣布单方停火，但停火期满后拒绝延长，重启“反恐行动”。7月18日，马航MH17客机在乌东部坠毁，乌政府军与东部民间武装就空难原因各执一词，相互指责对方发射导弹击落客机。美欧随后升级对俄制裁，将制裁扩至能源、金融、军工等领域。8月26日，俄罗斯、白俄罗斯、哈萨克斯坦、乌克兰四国元首及欧盟代表在白首都明斯克举行会晤，俄乌总统举行首次正式会晤，就实现停火、边界管控等达成共识，乌危机出现政治解决势头。9月5日，在俄罗斯、白俄罗斯、欧安组织等斡旋下，乌政府与“顿涅茨克人民共和国”和“卢甘斯克人民共和国”签署包括停止武装冲突、边境管控、交换战俘等14项内容的明斯克停火议定书，宣布当晚起停火。乌东部武装冲突减弱，但仍有零星交火。10月26日，乌举行议会选举，东部地区予以抵制，不顾乌政府反对于11月2日自行选举领导人和立法机构。尽管有关国家在明斯克机制、诺曼底模式等框架下就乌危机政治解决方案举行多轮磋商，但未取得突破性进展，美欧对俄制裁持续。

2. 中东反恐形势更加严峻复杂

2014年，中东反恐形势趋于严峻。“伊斯兰国”占领伊拉克、叙利亚部分领土，宣布建立“哈里发国”，威胁地区和国际社会安全稳定，带动全球极端主义回潮，引发国际社会广泛关注。

恐怖主义等非传统安全问题危害加剧，再度成为影响中东地区安全稳定和热点问题走向的重要因素，主要原因是地区经济发展、民生改善等问题长期得不到解决；伊拉克、叙利亚等热点问题僵持难解；地区民族、教派矛盾激化，部分国家政权更迭、管控能力下降，极端恐怖势力获得更大发展空间。

国际社会就反恐问题加强协调。8月15日，联合国安理会通过第2170号决议，决定对“伊斯兰国”加大打击力度，切断其从外界获得资金和人员支持。9月11日，美国宣布组建打击“伊斯兰国”国际联盟，先后有60多个国家及北约、欧盟、阿盟等地区组织加入。国际联盟对伊拉克、叙利亚境内“伊斯兰国”目标进行空袭，但未派出地面部队参战。9月24日，联合国安理会举行反恐峰会并通过第2178号决议，要求各国采取行动，积极应对外国恐怖主义战斗人员带来的威胁，特别是防止中东恐怖极端组织招募外国恐怖战斗人员并获得资助和支持，加强信息和情报交流。

3. 世界经济分化调整

2014年，世界经济仍处在国际金融危机后的深度调整期。由于地缘形势紧张，金融市场波动加剧，国际贸易复苏缓慢，新增长点带动乏力，以及欧洲和日本经济增长低迷，世界经济上行动力不足。2014年世界经济增长3.3%，比此前预测低0.4个百分点。

各国经济走势和政策明显分化，全球宏观经济政策协调更加困难。发达经济体中美国和英国表现较好，增长动力相对充足，货币政策由宽松逐步走向常态。日本经济有所增长，但受高额债务和结构性问题持续拖累，国际社会对“安倍经济学”实施效果存在广泛质疑。欧元区增长几乎停滞，濒临通货紧缩边缘。

主要新兴经济体由于自身原因和所受外部影响不同，经济走势也在分化，政策取向和重点不尽相同。中国经济正式进入新常态，2014年增长为7.3%，居主要经济体之首。印度、韩国及印度尼西亚、马来西亚等东盟国家表现较好，其中印度增长6.9%。一些新兴市场国家举步维艰，倚重大宗商品出口的国家尤为困难。巴西投资和工业活动萎缩，经济连续四个季度回落，预计2014年仅能增长0.3%。俄罗斯受乌克兰危机和美欧制裁影响，工业、投资和消费低迷，全年增长基本停滞。南非受采矿业和制造业拖累，经济增长回落到1%以下。

世界经济呈现分化调整特点，主要原因在于世界经济尚未完全复苏，国际贸易仍在低位运行，加上各国发展不平衡，主要国家着眼未来竞争加快布局，在产业和技术领域的竞争更加激烈。投资和工业提升乏力，贸易和投资恢复有限，成为当前一些新兴经济体增长缓慢的原因。从更深层次看，经济全球化和社会信息化带动的一轮增长周期已进入尾声，新一轮科技革命尚在孕育突破之中，普遍推动各国增长的可持续的新动力还没有形成，导致世界经济总体疲弱。

发达国家政策调整和发展中国家改革进展将成为影响世界经济发展的重大变量。国际社会需要继续发扬同舟共济的精神，加强宏观经济政策协调，反对贸易投资保护主义，维护和发展开放型世界经济。各国需要将改革创新作为增长战略核心要素，锐意改革，积极探索适合自身发展需要的新道路新模式。同时继续推动全球经济治理改革，特别是尽快落实国际货币基金组织份额改革承诺，增加新兴市场和发展中国家代表性和话语权，进而推动世界经济强劲、可持续、平衡增长。

4. 伊朗核问题全面协议谈判延期

2014年11月24日，伊朗核问题六国（中国、美国、俄罗斯、英国、法国、德国）及欧盟与伊朗在维也纳就伊核问题全面协议谈判延期达成一致，为外交努力争取更多时间空间。

2013年11月24日，伊核问题六国及欧盟与伊就解决伊核问题达成第一阶段协议，规定伊采取暂停生产5%丰度以上浓缩铀、转换或稀释20%丰度浓缩铀库存、暂不运行阿拉克重水堆等措施，换取美欧暂停迫伊减少原油出口、同意伊回收部分滞留国外售油款等回报，执行期为六个月。2014年2月起，双方为达成伊核问题全面协议举行了密集谈判，取得重要进展，但未弥合所有分歧。2014年7月底，六国与伊决定将第一阶段协议延期，继续谈判全面协议。11月24日，六国外长与伊外长会谈后，同意再次延期谈判全面协议，争取今后四个月内达成框架协议，2015年6月底之前签署全面协议。双方并决定在2015年6月30日前继续执行第一阶段协议。

中国在伊朗核问题上一贯采取客观、公正和负责任的立场。中国认为，伊朗作为《不扩散核武器条约》的缔约国，拥有和平利用核能的权利，同时也应履行相应的防扩散国际义务。中国一直呼吁各方从维护国际核不扩散体系、维护中东地区和平与稳定的大局出发，坚持对话谈判，秉持分步对等原则，寻求公正平衡、互利共赢的解决方案。

中国作为联合国安理会常任理事国和六国机制成员，一直积极劝和促谈，为推动伊核问题政治外交解决进程发挥建设性作用。国家主席习近平、国务委员杨洁篪等党和国家领导人利用各种外交场合，深入做各方工作，推动对话取得积极进展。中国积极参与六国与伊对话进程，通过提出“中国思路”和“中国方案”推动六国与伊妥善处理分歧，寻求务实合理的解决办法。外交部长王毅在谈判最后关头积极斡旋，及时就六国与伊如何相向而行、解决有关谈判焦点问题提出“三步走”一揽子方案，受到各方重视和好评。外交部副部长李保东在全面协议谈判伊始即提出“五点政治主张”，指导谈判进程。中国以建设性姿态参加国际原子能机构理事会对伊核问题的审议，鼓励国际原子能机构与伊加强合作，早日就澄清相关未决问题取得进展。中国并向国际原子能机构捐款150万元人民币，用于该机构在伊开展第一阶段协议规定的核领域监督核查活动。

中国将与国际社会一道，继续致力于推动六国与伊对话进程，为推动通过对话合作寻求全面、长期、妥善解决伊核问题的方案作出贡献。

5. 国际社会共同抗击埃博拉疫情

埃博拉疫情是2014年全球公共卫生领域最引人瞩目的热点事件。疫情于3月在西非几内亚南部村庄爆发，7月在几内亚、利比里亚、塞拉利昂三国快速蔓延并持续恶化，逐步向尼日利亚、塞内加尔、马里以及非洲以外的美国和西班牙扩散，被世界卫生组织定性为现代社会“最严重的公共卫生危机”。这次疫情不仅严重威胁疫区国家人民的生命和健康安全，破坏疫区国家公共卫生安全体系，影响地区经济发展和社会稳定，而且威胁到国际和平与稳定以及世界各国公共卫生安全，成为国际社会面临的共同挑战。截至2014年年底，世界卫生组织报告感染、疑似病例超过2万人，死亡超过7600人，利比里亚、几内亚疫情总体放缓，塞拉利昂疫情相对严峻。

联合国认为疫情“已威胁到国际和平与稳定”，设立联合国埃博拉应急特派团、应对埃博拉疫情多方信托基金和全球应对埃博拉联盟。世卫组织发布《应对埃博拉疫情路线图》，呼吁国际社会加大援助，协调行动。美国向西非疫区国家（主要是利比里亚）提供超过4亿美元援助，在利设立联合指挥中心和救治被感染医护人员的野战医院，援建了埃博拉移动检测实验室和治疗中心，并部署3000名军人援助抗疫。英国在塞拉利昂援建了检测实验室和治疗中心，并派遣医护人员和800名军人支援塞抗击疫情。法国在几内亚援建了治疗中心、检测实验室和转运中心，并派出医护人员和培训专家赴几抗疫。此外，世界银行、国际货币基金组织、欧盟、非盟，以及德国、日本、古巴、俄罗斯等国亦采取措施支持疫区国家抗击疫情。

中国政府和人民对非洲疫区人民的不幸遭遇感同身受，并率先作出自己的努力，全力支持抗疫行动，在国际社会发挥了引领和示范作用。中国先后向有关非洲国家和国际、地区组织提供了四轮快速、实用、全面的抗疫援助，总额约7.5亿元人民币，向疫区派出的专家和医护人员累计超过1000人次，使用9架次包机运输物资和人员。这是中国支持海外国家和地区应对公共卫生危机史上持续时间最长、覆盖面最广、规模和力度最大的一次援助。中国援助不仅有防疫物资、现汇、粮食等硬援助，也有派遣专家和医护人员，开展救治培训、联合研究等软援助。中国还在塞拉利昂援建移动实验室和留观中心，在利比里亚援建治疗中心。中国驻疫区国家使馆工作人员、维和人员、医疗队、中资企业等坚守一线，以实际行动支援抗疫。中国还着眼“后埃博拉时期”，积极帮助疫区和其他非洲国家加强公共卫生和防疫体系能力建设。中国向非盟、世卫组织和联合国应对埃博拉疫情多方信托基金共捐款1000万美元，同美国、法国、英国等有关国家积极开展合作，共同帮助非洲国家尽早战胜埃博拉疫情。中国以实际行动诠释了中非“风雨同舟、患难与共”的兄弟情谊和真实亲诚的对非政策理念。

6. 网络安全重要性凸显

2014年，网络空间国际格局继续发生深刻演变。网络问题在国际议程和首脑外交中的位置更加突出，网络空间已成为国际政治敏感点、战略安全关键点和国际博弈新疆域。

2013年发生的“棱镜门事件”持续推升各国对网络空间战略价值的重

视，主要国家不断增强网络能力和机制建设。美国将网络安全列为其当前面临的三大安全威胁之一，视网络空间为与陆、海、空、天相并列的第五大战略空间，强力推进网军建设，在各军种设立网络战部队，并加大网络武器研发。北约正式将集体自卫权扩展至网络空间。美联合盟国加紧为网络战制定交战规则，推动将武装冲突法适用于网络空间。

2014年，各国围绕全球互联网治理体系改革展开激烈博弈。3月，美国迫于国际压力宣布有意将互联网基础资源管理权移交国际社会，给推动建立多边、民主、透明的全球互联网治理体系提供了重要机遇。各方争相发声，频繁举行相关国际会议和论坛，积极对国际互联网基础资源管理和分配、互联网名称和数字地址分配机构（ICANN）改革进程施加影响。

中国高度重视网络安全问题。2014年2月，中国成立了中央网络安全和信息化领导小组，发挥集中统一领导作用，统筹协调各个领域的网络安全和信息化重大政策，不断增强安全保障能力，确保国家网络安全和信息化健康发展。

中国倡导各国在相互尊重、相互信任的基础上，通过积极有效的国际合作，共同构建和平、安全、开放、合作的国际网络空间，建立多边、民主、透明的国际互联网治理体系。中方是网络安全的坚定维护者，支持国际社会加强网络安全的努力，反对网络战和网络军备竞赛。中方认为，各国都有权维护自己的信息安全，国家在信息领域的主权权益不应受到侵犯。中方反对信息领域的双重标准，支持各国在充分尊重别国安全的基础上，致力于在共同安全中实现自身安全。

2014年，中国继续积极开展网络外交工作，深入参与多边国际规则制定进程和地区合作机制。中方以建设性态度积极参加联合国信息安全政府专家组、互联网治理论坛、打击网络犯罪专家组等联合国多边网络安全进程。中方深入参与互联网国际治理改革进程。参加ICANN会议及ICANN问责与透明国际讨论，与各方就互联网治理问题加强接触。2014年6月和4月，中方分别与联合国在北京合办网络安全国际研讨会、举办首次博鳌亚洲论坛网络安全分论坛，凝聚网络领域共识。

中方不断加强区域和双边网络交流与对话。推动建立金砖国家网络安全工作组、中日韩、中澳网络政策对话机制并举行首次会议。积极参加上合组织、东盟地区论坛相关进程，增进地区互信与合作。举行中俄、中德、中法、中欧新一轮网络安全对话，推进务实合作。

7.“网空海极”协调合作深入推进

2014年，网络、外空、深海和极地（简称“网空海极”）在国际议题中的位置进一步前移，日益成为全球治理和国际秩序构建重要疆域，主要各方围绕“网空海极”秩序与规则的博弈向纵深发展，相关协调合作进一步推进。

针对网络空间秩序和规则的“多中心”和“碎片化”等问题，各方围绕网络治理、国际法适用、信任措施建设等议题加强协商，提出主张和方案。2014年3月，美国宣布有意将互联网基础资源管理权移交“全球多利益攸关方社群”。2014年4月，巴西召集全球互联网大会，并发布互联网治理基本原则和路线图。欧盟发布《网络政策和治理》声明，阐述其互联网国际治理政策主张。2014年11月，中国召开世界互联网大会，受到广泛关注。新一届联合国信息安全政府专家组正式成立并举行第一次会议，确定网络主权、国际法适用、建立信任措施和能力建设等四大工作重点。区域层面，在欧美推动下，欧洲安全合作组织和东盟地区论坛等地区性组织就网络安全领域加强信任措施建设取得稳步进展。2014年2月，金砖国家网络安全工作组举行首次会议。双边层面，主要各方互动协作加强。2014年12月，美国和欧盟举行首次网络事务对话并发布“联合纲要”，宣称双方在互联网治理方面达成共识，未来将在网络安全、网络犯罪、保护网络人权等方面展开合作。

外空国际合作和外空法领域出现新发展。空间与可持续发展成为联合国和平利用外层空间委员会（简称“外空委”）热议议题，各方认为，应将空间技术应用纳入联合国2015年后发展议程以及国际、区域、国家层面的可持续发展进程，并支持外空委就外空活动自身的长期可持续发展（简称“LTS”）制订指南。外空安全与和平利用两大机制联动增加。2013年第68届联大通过外空透明和建立信任措施的专家组报告（简称“GGE报告”），2014年外空委会议讨论了LTS工作组同GGE报告的关系，决定在2015年外空委会议上从更广视角探讨同外空安全相关的工作。软法议题在2014年4月法律小组委员会上首次列入议程，反映出软法在外空立法中的地位有所上升。2014年2月，科技小组委员会提出建立国际小行星预警网络和空间飞行任务规划咨询小组。空间碎片和核动力源问题国际规则的发展仍是各方关注焦点。外空治理机制的协调提上日程，在2014年外空委会议上，部分国家提出，在联合国框架下，加强相关国际治理机制的协调。

国际海洋形势总体稳定，加速量变势头明显。以《联合国海洋法公约》为基础确立的国际海洋秩序继续有序运行，传统海洋强国与新兴海洋大国之间利益交织，力量对比分化组合，海洋领域的国际竞争与合作并存。联合国框架下海洋生物多样性保护、全球海洋环境评估等新机制迅速发展，渔业和环保领域的区域机制不断完善，各国围绕海洋保护区、深海基因、海底开发、海上安全等新兴议题协调合作进一步深化，新的海洋法规则酝酿发展。

各国对极地事务的重视和投入不断加强，极地的治理与合作继续深化。北极国家在北极事务中继续发挥主要作用的同时，非北极国家的参与和作用得到加强。北极理事会作为处理北极事务最主要的区域政府间论坛，在规则制定方面作用增强，国际组织化趋势明显；北极经济理事会成立，进一步反映了国际社会对北极经济开发的关注；“北极圈论坛”等新兴多边论坛异军突起，为各方讨论北极事务提供了更广阔的平台。各方在南极治理上继续保持交流、协商和合作，建立南极海洋保护区、南极活动安全和保护南极生物资源等问题是近期各方讨论的重点。

中国积极参与网空海极国际进程，加强与主要各方的对话与合作，为构建公平、公正、合理的新疆域国际秩序作出建设性贡献。积极参与网络空间国际规则讨论，成功主办首届世界互联网大会、中国—东盟网络大会等，推动亚非法律协商组织将“网络空间的国际法问题”设为常设议题。向联合国网络犯罪问题政府专家组捐资20万美元，支持联合国打击网络犯罪国际合作进程。参与和平利用外空国际合作，推动在华设立联合国空间科教亚太区域中心。务实开展国际海底国际合作。加大对北极理事会、北极圈论坛参与，与主要北极国家开展交流合作。

第二章

2014年的中国外交

（一）概述

2014年是中国外交全面推进的丰收之年。在以习近平同志为总书记的党中央坚强领导下，中国外交从容应对国际形势的风云激荡，努力为实现中华民族伟大复兴的中国梦营造有利外部环境，为维护地区和世界的和平、稳定与发展发挥负责任大国作用。

1. 以中国特色大国外交为指引弘扬中国理念

中央外事工作会议成功召开，习近平总书记在会上发表重要讲话，强调中国必须有自己特色的大国外交，要坚持中国共产党领导和中国特色社会主义，坚持独立自主的和平外交方针，坚持国际关系民主化，坚持合作共赢，坚持正确义利观，坚持不干涉别国内政原则，推动建立以合作共赢为核心的新型国际关系，在不结盟原则的前提下广交朋友，形成遍布全球的伙伴关系网络。这些理念为当代国际关系注入鲜明的中国元素。

2．成功举办两大主场外交彰显中国影响

中国主办亚洲相互协作与信任措施会议第四次峰会（简称“亚信峰会”）和亚太经合组织第22次领导人非正式会议两大国际盛会，彰显中国特色，影响深远。国家主席习近平在亚信峰会上首次阐述共同、综合、合作、可持续的亚洲安全观，得到各方积极响应并写入峰会发表的《上海宣言》，扩大了中国安全理念的国际影响，为维护亚洲乃至世界的安全稳定提供了新思路。习近平主席在亚太经合组织会议上首次阐述亚太梦重要理念，倡导中国梦同亚太梦、世界梦相融相通。会议确立建设面向未来的亚太伙伴关系，启动亚太自贸区进程并确定相关路线图，批准《亚太经合组织互联互通蓝图》，在近30个领域共取得100多项合作成果，引领了区域合作方向，在亚太合作进程中留下了深刻历史印记。

3．深化全方位对外交往完善中国外交布局

2014年，习近平主席共出访7次，访问亚洲、欧洲、拉美和大洋洲18个国家。国务院总理李克强等其他党和国家领导人也开展了卓有成效的对外交往。这些高层交往有力引领了中国与各国友好合作关系发展，进一步增强了中国国际地位和影响。

一是推进同周边国家利益共同体和命运共同体建设实现新进展。习近平主席成功对韩国、蒙古进行专访，推动中韩、中蒙战略伙伴关系迈上新台阶。中日就处理和改善两国关系达成四点原则共识。中国同东盟启动自贸区升级版谈判，商谈中国—东盟国家签署睦邻友好合作条约事宜，推动区域全面经济伙伴关系协定进入实质性磋商阶段。习近平主席、李克强总理分别成功访问塔吉克斯坦和哈萨克斯坦，中国—中亚天然气管道C线通气并启动D线建设。习近平主席访问马尔代夫和斯里兰卡等南亚国家，深化同南亚国家各领域合作，有力推进了21世纪海上丝绸之路建设。中国还同印度、缅甸共同举办和平共处五项原则发表60周年纪念活动，赋予和平共处五项原则新的时代内涵，在周边和国际社会产生积极反响。中国在坚决维护自身主权和正当权益的同时，倡导处理南海问题“双轨”思路，强调有关争议应由直接当事国通过友好协商和平解决，南海的和平稳定则由中国与东盟国家共同维护，得到地区多数国家理解支持。

二是构建健康稳定的大国关系框架取得新成果。中方成功接待美国总统奥巴马访华，中美元首继庄园会晤之后再续瀛台夜话，在加快双边投资协定谈判、应对气候变化、签证互惠安排、建立两军互信机制等众多领域取得一系列重要进展，中美新型大国关系建设迈出坚实步伐。习近平主席出席索契冬奥会开幕式，俄罗斯总统普京一年两次来华，中俄元首五次会晤，两国在东、西线天然气等一批重大合作项目上取得突破性进展，中俄战略协作伙伴关系始终保持高水平运行。习近平主席、李克强总理先后访欧，中欧就打造和平、增长、改革、文明四大伙伴关系达成共识，中国—中东欧领导人第三次会晤开创了中国装备尤其是高铁装备与技术进入欧洲大陆的先河，中欧务实合作迈向创新合作的新境界。习近平主席对印度、巴西进行国事访问，南非总统祖马成功访华，中国同金砖国家团结合作进一步深化。

三是同发展中国家友好关系开创新局面。习近平主席同拉美和加勒比国家领导人举行中拉关系史上首次领导人会晤，宣布建立平等互利、共同发展的中拉全面合作伙伴关系，正式创建中国—拉共体论坛，实现了中国同发展中国家整体合作机制的全覆盖。中国主办中国—阿拉伯国家合作论坛第六届部长级会议，提出中阿共建丝绸之路经济带和21世纪海上丝绸之路（简称“一带一路”）、打造“1+2+3”合作新格局倡议，得到阿拉伯国家热烈响应。习近平主席出席二十国集团布里斯班峰会并访问澳大利亚、新西兰和斐济时，在斐济同建交太平洋岛国领导人举行集体会晤并达成共识，中国同建交太平洋岛国建立相互尊重、共同发展的战略伙伴关系。李克强总理访非提出推动“六大合作工程”、共建“三大交通网络”等重要倡议，进一步充实了中非新型战略伙伴关系内涵。

4. 为促进世界共同发展作出中国贡献

中国经济进入新常态，保持中高速增长态势，实施新一轮高水平对外开放，为世界特别是亚洲经济顶住下行压力提供了有力支撑。“一带一路”建设全面推进，沿线50多个国家积极响应参与，为欧亚大陆共同发展注入强劲动力。作为“一带一路”的重要支撑，亚洲基础设施投资银行筹建迈出实质性步伐，丝路基金宣布设立，中蒙、中泰铁路等基础设施互联互通项目积极推进，中韩、中澳自贸协定实质性谈判结束。中方推动金砖国家福塔莱萨峰会启动筹建金砖国家开发银行和应急储备安排，推动《二十国集团布里斯班峰会公报》将中方倡导的经济结构改革作为宏观经济政策协调主要内容，为改革完善现行国际体系发挥了积极作用。中美共同发表气候变化联合声明，宣布各自2020年后应对气候变化行动目标，在国际上产生巨大示范效应。中方起草并推动亚太经合组织会议通过《北京反腐败宣言》，强化反腐败国际合作与协调，显示了国际社会携手打击腐败行为的坚定决心。

5. 为解决热点和全球性问题发挥中国作用

中方在乌克兰问题上秉持客观公正立场，提出旨在推动政治解决的三点建议，探索兼顾各方合理利益和关切的解决方案，展现了负责任大国形象。成功承办阿富汗问题伊斯坦布尔进程第四次外长会，宣布对阿新的援助计划，确定64个建立信任措施优先合作项目，积极致力于维护阿和平稳定。驰援非洲疫区国家应对埃博拉疫情，先后汇出四轮总计7.5亿元人民币援助，派出1000多人次专家和医疗人员赶赴一线参与救援，在疫区及时援建治疗中心，赢得国际社会广泛赞誉。在朝鲜半岛核问题及伊朗核、巴以、叙利亚、南苏丹等热点问题上积极劝和促谈，主动提出中国方案，贡献中国力量，为推动有关问题政治解决进程发挥了重要建设性作用。

6. 扎实践行外交为民维护中国海外利益

李克强总理访问非洲期间召开海外民生座谈会，为外交工作服务国家大局、服务海外中国企业和公民作出部署。中国妥善处理马航MH370客机失联事件，帮助在利比亚、伊拉克等国的中国公民安全撤离。正式启用“外交部全球领事保护与服务应急呼叫中心”，为海外同胞与祖国之间开辟了领事保护与服务的绿色通道。推动与22个国家签署各类互免或简化签证手续协定，不断提高中国护照的“含金量”。领事工作信息化、便利化水平进一步提高，一系列便民惠民措施落到实处。

（二）中国与各地区国家关系

1. 中国与亚洲地区*国家关系

2014年，中国继续奉行睦邻友好政策，积极探索周边外交理论与实践创新，大力开展同亚洲邻国交往合作，妥善处理有关矛盾分歧，坚定维护中国主权权益，推动同亚洲国家睦邻友好不断发展，利益融合

* 仅指东亚、东南亚、南亚。

进一步深化。

11月，中央外事工作会议在京召开，会议进一步明确了周边在中国外交布局中的首要地位，强调要推动建立以合作共赢为核心的新型国际关系，提出要切实抓好周边外交工作，打造周边命运共同体，秉持亲诚惠容的周边外交理念，坚持与邻为善、以邻为伴，坚持睦邻、安邻、富邻，深化同周边国家的互利合作和互联互通。中国还提出邻国相处之道、“搭车论”、亚洲安全观等一系列新理念，多层面探索中国与亚洲国家加强合作、共同发展的路径，得到地区国家积极响应。2014年，中国同亚洲国家各领域交往合作取得丰硕成果。

高层交往密切，主场外交精彩。2014年，中国与东亚、南亚国家副总理以上级领导人的互访及会见会谈超过110次，基本实现对周边全覆盖，有力推动了中国与亚洲国家关系的发展。国家主席习近平分别专程对韩国、蒙古进行国事访问，对马尔代夫、斯里兰卡和印度进行国事访问。国务院总理李克强出席博鳌亚洲论坛2014年年会、东亚合作领导人系列会议和大湄公河次区域经济合作会议，对缅甸进行正式访问。中国与蒙古关系提升为全面战略伙伴关系，与马尔代夫建立全面友好合作伙伴关系，与东帝汶建立睦邻友好、互信互利的全面合作伙伴关系。中国邀请亚洲多国领导人出席亚信峰会、亚太经合组织领导人非正式会议和加强互联互通伙伴关系对话会、南京青年奥林匹克运动会（简称“青奥会”）等活动，首次联合印度、缅甸举办和平共处五项原则发表60周年纪念大会，成功承办阿富汗问题伊斯坦布尔进程第四次外长会。中日就处理和改善关系达成四点原则共识，两国领导人举行会见，两国关系朝着改善方向迈出重要一步。

经贸交流活跃，利益融合深化。2014年，中国与东亚和南亚国家贸易额增长5.3%，达到1.2万亿美元，占中国外贸总额的28%，中国是多数亚洲国家最大贸易伙伴和重要投资来源国。中方提出的“一带一路”倡议得到亚洲国家肯定与支持，基础设施、互联互通、资源能源、跨境经济区、产业园区等领域合作取得积极进展。26个首批意向创始成员国正式签署《筹建亚洲基础设施投资银行的政府间框架备忘录》，中巴经济走廊、孟中印缅经济走廊建设稳步推进。中国—斯里兰卡自贸区谈判正式启动，中韩自贸区协定实质性谈判顺利完成。中国继续秉持正确义利观，加大对欠发达邻国帮扶，推动援外项目大幅向防灾减灾、健康民生等领域倾斜，做周边国家的负责任伙伴。

推进区域合作，打造互动平台。中国启动中国—东盟国家睦邻友好合作条约谈判进程，举行中国—东盟自贸区升级版第一轮谈判，推动区域全面经济伙伴关系进入实质性磋商阶段。中国积极帮助东盟缩小内部发展差距，宣布2015年向欠发达东盟国家提供30亿元人民币无偿援助，出资10亿美元支持大湄公河次区域互联互通重点项目。在有关各方共同努力下，东盟与中日韩合作和东亚峰会取得新进展，中日韩务实合作稳步推进，博鳌亚洲论坛机制创新取得成果，中国与南盟合作不断深化。

妥善应对难点，维护地区安全。在朝核问题上，中国积极做有关国家工作，敦促各方保持冷静克制。在各方共同努力下，朝鲜半岛总体保持了相对缓和局面。在南海问题上，中国坚定维护领土主权和海洋权益，同时提出“双轨”思路，强调直接当事方通过协商和平解决争议，中国与东盟国家共同维护南海和平稳定，促进海上合作，得到地区多数国家理解和支持。中国同东盟国家一道全面有效落实《南海各方行为宣言》，积极开展“南海行为准则”磋商，并就“准则”第一份共识文件达成一致。中国大力倡导共同、综合、合作、可持续的亚洲安全观，继续推动地区安全架构建设，积极参与东盟地区论坛等机制，加大救灾、海上安全、网络安全等非传统安全领域投入，积极开展搜寻马航失联客机、援助马尔代夫解决淡水危机等行动，积极履行大国责任，为维护周边和平稳定发挥建设性作用。

人文交流热络，友好情谊深化。2014年，中国同东亚和南亚23国人员往来再创新高，中韩人员往来突破千万人次，提前两年实现目标。2014年是中蒙建交65周年、中马（来西亚）建交40周年，是中蒙友好合作关系条约修订20周年和中蒙友好交流年、中印（度）友好交流年、中国—东盟文化交流年。中国在缅甸举办“感知中国”大型展览，在柬埔寨设立中国文化之家，在老挝设立中国文化中心，在巴基斯坦费萨拉巴德农业大学设立孔子学院，一对中国大熊猫在马来西亚安家落户。通过开展丰富多彩的人文交流活动，展示出中华文化“暖实力”。

2. 中国与西亚北非地区国家关系

2014年，西亚北非地区乱的一面还在发展，但治的因素也在不断积聚。中国积极稳妥推进对本地区外交工作，继续巩固和发展同本地区国家的传统友好关系。

政治互信更加坚实。国家主席习近平、国务院总理李克强等主要国家领导人与访问中国的埃及总统塞西、伊朗总统鲁哈尼、以色列总统佩雷斯、卡塔尔埃米尔阿勒萨尼、科威特首相贾比尔、沙特王储兼副首相萨勒曼等地区国家领导人举行会谈、会见。全国政协主席俞正声访问阿尔及利亚、摩洛哥、巴林、约旦，习近平主席特使、中共中央政治局委员、中央政法委书记孟建柱访问伊朗、土耳其、埃及，国务院副总理刘延东访问以色列，全国政协副主席马飚访问土耳其，外交部长王毅访问伊拉克、埃及。中国和埃及、阿尔及利亚关系升格为全面战略伙伴关系，和卡塔尔建立战略伙伴关系。

中国—阿拉伯国家合作论坛第六届部长级会议成功举行。国家主席习近平出席会议开幕式并发表重要讲话，提出中阿合作共建“一带一路”的重要倡议，主要内容是构建以能源合作为主轴，以基础设施建设、贸易和投资便利化为两翼，以核能、航天卫星、新能源三大高新领域为突破口的“1+2+3”合作格局。习近平主席还集体会见阿方代表团团长，提出对阿拉伯国家四个“不动摇”政策，即支持中东和平进程、维护阿拉伯民族合法权益的立场不动摇，全力推动政治解决、促进中东和平稳定的方向不动摇，支持自主探索发展道路、帮助阿拉伯国家发展的理念不动摇，推进文明对话、倡导文明新秩序的价值追求不动摇。这是中国国家主席首次在论坛部长会上全面、系统宣示对阿拉伯国家政策主张，规划中阿集体合作的重点领域、优先方向，为中阿关系发展确定了行动指南。阿方参会规格创历届最高，阿盟首脑理事会轮值主席国、科威特首相贾比尔代表阿方领导人出席开幕式，20位外长或正部级官员和阿盟秘书长与会。

务实合作提质升级。2014年，中国与本地区国家双边贸易额达3398.63亿美元，同比增长8.7%；进口原油约1.8亿吨，同比增长8.1%。推动海湾合作委员会将中国列为自贸区谈判优先对象。与科威特、卡塔尔签署关于共同推进“一带一路”有关合作的谅解备忘录。推动卡塔尔、科威特、阿曼成为亚洲基础设施投资银行创始成员国。与卡塔尔签署规模为350亿元人民币/208亿里亚尔的双边本币互换协议。土耳其安卡拉至伊斯坦布尔高铁二期工程顺利通车，中国高铁产业“走出去”实现“零突破”。中国石油企业首次进入阿联酋油气上游领域。

妥善应对地区热点。巴以问题上，国家主席习近平向联合国“声援巴勒斯坦人民国际日”纪念大会致贺电，王毅外长提出中方解决巴以冲突五点和平倡议，中国中东问题特使八次访问本地区国家，继续向巴提供人道主义援助。叙利亚问题上，建设性做叙政府和反对派工作，继续通过多种渠道，多批次地向叙利亚人民包括境外难民提供人道主义援助，王毅外长提出政治解决叙利亚问题的“五个坚持”。伊拉克问题上，向伊中央政府和库尔德地区政府提供人道主义援助，帮助伊经济重建和反恐能力建设。伊朗问题上，积极参与六国与伊朗对话进程，继续在伊核谈判问题上发挥独特的劝和促谈作用。南苏丹问题上，建设性开展劝和促谈工作，向伊加特斡旋和监督停火机制派出高级别官员，推动南和平进程。王毅外长多次会见冲突双方代表，出席“支持伊加特南苏丹和平进程专门磋商”，就加快推动南苏丹和平进程提出中方四点倡议，中国政府非洲事务特别代表五次访问本地区国家。

人文交流丰富多彩。在中阿合作论坛框架下，提出促进人文交流“1、2、5”合作举措，即未来十年组织1万名中阿艺术家交流互访，支持200家中阿文化机构开展对口合作，支持500名阿拉伯文化艺术人才来华研修。将2014年和2015年定为中阿友好年。举办中阿文化部长论坛、第三届阿拉伯艺术节、首届“中国—阿拉伯城市论坛”。成功接待第二批阿拉伯国家专家学者代表团、第三批阿拉伯国家青年代表团、阿拉伯联合新闻团访华。与以色列成立中以创新合作联合委员会。

3. 中国与撒哈拉以南非洲地区国家关系

2014年，中非关系继续快速、健康发展，各领域合作全面推进。中非合作论坛第五届部长级会议后续行动落实工作取得积极进展。

中非高层交往频繁。5月，国务院总理李克强访问埃塞俄比亚和非洲联盟总部、尼日利亚、安哥拉和肯尼亚，并出席在尼日利亚举行的第24届世界经济论坛非洲峰会全会。6月，国家副主席李源潮对坦桑尼亚、赞比亚进行正式访问。此外，中共中央政治局委员、北京市委书记郭金龙，全国人大常委会副委员长陈昌智、向巴平措，国务委员兼国防部长常万全上将以及外交部长王毅等分别访问撒哈拉以南非洲地区国家。2月，塞内加尔总统马基·萨勒访华。4月，纳米比亚总理哈格·根哥布访华。6月，刚果（布）总统德尼·萨苏–恩格索访华。7月，埃塞俄比亚总统穆拉图·特肖梅访华并出席生态文明贵阳国际论坛2014年年会。8月，津巴布韦总统罗伯特·加布里埃尔·穆加贝访华。布隆迪总统皮埃尔·恩库伦齐扎出席南京青奥会开幕式，吉布提总理阿卜杜勒–卡德尔·卡米勒·穆罕默德、马达加斯加总理库卢·罗歇·洛朗·克里斯托夫出席南京青奥会闭幕式。9月，马里总统易卜拉欣·布巴卡尔·凯塔来华出席天津夏季达沃斯论坛。10月，坦桑尼亚总统贾卡亚·姆里绍·基奎特访华。11月，南非总统雅各布·祖马访华。此外，该地区还有多位副总统、议长、外长等访华或来华出席国际会议。2014年10月，中国驻索马里使馆正式复馆。

中国与非洲地区组织关系持续深化。6月，国家主席习近平致电祝贺非盟第23届首脑会议召开。5月，李克强总理访问非盟总部并发表演讲。10月，中方同非盟在华举行中国—非盟战略对话和平与安全分组首轮对话。中国积极发展同非洲次区域组织关系，与西非国家经济共同体委员会举行首次磋商，出席环印度洋联盟部长理事会会议、印度洋委员会成立30周年庆祝活动。

中非务实合作成果丰硕。中非贸易继续保持快速增长势头，2014年中非贸易额2219.6亿美元，同比增长5.6%。2014年中方对非投资流量为39.9亿美元。中非合作论坛第五届部长级会议成果落实续有进展，投融资、援助、非洲一体化、中非民间交往、非洲和平与安全等五大重点领域后续行动落实工作扎实推进，论坛第十届高官会在南非成功召开。西非埃博拉疫情爆发后，中方率先驰援，共向非洲埃博拉疫区及周边国家提供四轮总额达7.5亿元人民币的援助。中非人文交往方兴未艾，中国“南非年”反响热烈，“中非联合研究交流计划”、“中非民间友好行动”和“中非新闻交流中心”等项目顺利实施。中方加大建设性参与非洲和平与安全事务力度，积极参与非洲热点问题劝和促谈，向联合国在马里维和行动派遣安全部队，继续向亚丁湾、索马里海域派出舰艇护航。

中非在重大国际和地区问题上保持密切沟通和协调。中非在涉及彼此核心利益和重大关切问题上继续相互理解和支持，并在联合国、金砖国家机制、二十国集团等框架下就全球治理改革、气候变化、2015年后发展议程等加强协调与配合。中方继续在安理会等场合为非洲仗义执言，支持非洲自主解决非洲问题的努力，呼吁国际社会优先扩大非洲国家在国际事务中的发言权和代表性。

4. 中国与欧亚地区国家关系

2014年，中国同欧亚地区国家关系继续保持快速发展势头。

中国同欧亚地区国家高层交往频繁，政治互信不断深化。2月6～8日，国家主席习近平赴俄罗斯索契出席第22届冬季奥林匹克运动会开幕式。9月11～14日，习近平主席出席在塔吉克斯坦首都杜尚别举行的上海合作组织成员国元首理事会第14次会议并对塔进行国事访问。中塔两国元首签署并发表《中华人民共和国和塔吉克斯坦共和国关于进一步深化和发展战略伙伴关系的联合宣言》，批准《中华人民共和国和塔吉克斯坦共和国2015年至2020年合作纲要》。10月12～14日，国务院总理李克强对俄罗斯进行正式访问并与俄总理梅德韦杰夫举行中俄总理第19次定期会晤，共同出席第三届“开放式创新”莫斯科国际创新发展论坛。12月14～15日，国务院总理李克强对哈萨克斯坦进行正式访问，同哈总理马西莫夫举行中哈总理第二次定期会晤，并出席在阿斯塔纳举行的上海合作组织成员国政府首脑（总理）理事会第13次会议。

2014年，多位欧亚地区国家元首来华访问。5月11～14日，土库曼斯坦总统别尔德穆哈梅多夫对中国进行国事访问。中土签署《中华人民共和国和土库曼斯坦友好合作条约》。5月19～22日，哈萨克斯坦总统纳扎尔巴耶夫对中国进行国事访问并出席亚信峰会。乌兹别克斯坦总统卡里莫夫、吉尔吉斯斯坦总统阿塔姆巴耶夫、塔吉克斯坦总统拉赫蒙来华出席亚信峰会。5月20～21日，俄罗斯总统普京对中国进行国事访问并出席亚信峰会。中俄两国元首签署并发表《中华人民共和国与俄罗斯联邦关于全面战略协作伙伴关系新阶段的联合声明》。11月6～9日，塔吉克斯坦总统拉赫蒙来华出席亚太经济合作组织加强互联互通伙伴关系对话会。11月9日，俄罗斯总统普京来华出席亚太经合组织第22次领导人非正式会议。中国与欧亚地区国家政府间及立法机构间合作交往亦十分密切。

中国同欧亚地区国家务实合作全面推进，合作规模不断扩大，合作机制日益完善，合作模式进一步创新。丝绸之路经济带构想得到欧亚地区国家积极响应。中哈、中塔签署丝绸之路经济带双边合作文件。俄罗斯提出将独联体地区一体化与丝绸之路经济带建设对接。金融合作步伐加快。中国—欧亚合作基金正式启动。中俄、中哈续签本币互换协议，人民币在地区贸易与投资中的作用进一步加强。能源合作持续深化。中俄签署东线天然气项目购销合同并已开工修建俄方境内段管道，签署西线天然气项目框架合作协议。中国—中亚天然气管道C线实现通气，D线塔吉克斯坦境内段顺利开工。互联互通建设取得新进展。上合组织成员国签署《国际道路运输便利化协定》。中哈连云港物流场站项目顺利启动。高铁、航空航天、核能等战略性大项目合作稳步推进，人文交流日益扩大。

5. 中国与欧洲地区国家关系

2014年，中国与欧洲地区国家关系总体保持良好发展势头，各领域务实合作继续稳步推进。

高层交往频繁，政治互信增强。中国分别与安道尔庆祝建交20周年，与葡萄牙庆祝建交35周年，与法国庆祝建交50周年，与保加利亚、罗马尼亚、匈牙利、捷克、斯洛伐克、波兰、阿尔巴尼亚庆祝建交65周年，双方领导人互致贺电。

国家主席习近平访问荷兰、法国、德国、比利时和欧盟总部，过境希腊罗德岛、葡萄牙特塞拉岛，在俄罗斯索契冬奥会、荷兰海牙核安全峰会、二十国集团领导人澳大利亚布里斯班峰会等多边场合分别同法国总统弗朗索瓦·奥朗德、芬兰总统绍利·尼尼斯托、希腊总统卡罗洛斯·帕普利亚斯、捷克总统米洛什·泽曼、塞尔维亚总统托米斯拉夫·尼科利奇、克罗地亚总统伊沃·约西波维奇、黑山总统菲利普·武亚诺维奇、欧洲理事会主席赫尔曼·范龙佩、英国首相戴维·卡梅伦、德国总理安格拉·默克尔、瑞典首相弗雷德里克·赖因费尔特、希腊总理安东尼斯·萨马拉斯、欧盟委员会主席让-克洛德·容克、丹麦王储腓特烈会见或寒暄。国务院总理李克强，中共中央政治局常委、中央书记处书记刘云山，国务院副总理张高丽、刘延东、汪洋、马凯等党和国家领导人分别访问德国、英国、法国、爱尔兰、丹麦、芬兰、冰岛、葡萄牙、希腊、意大利、捷克、罗马尼亚、克罗地亚、斯洛文尼亚、塞尔维亚等欧洲国家。

在第十届亚欧首脑会议、中欧论坛汉堡峰会、联合国气候变化峰会等多边场合，李克强总理、张高丽副总理等领导人分别同法国总统、捷克总统、拉脱维亚总统、黑山总统、荷兰王后和首相、德国总理、芬兰总理、卢森堡首相、希腊总理、罗马尼亚总理、欧洲理事会主席、欧盟委员会主席等会见或寒暄。

习近平主席同欧洲理事会新任主席、德国总理通电话，向马耳他新任总统、中欧高级别人文交流对话机制第二次会议致贺信，向西班牙新国王、斯洛伐克新任总统、罗马尼亚新任总统、马其顿新任总统、波黑新一届主席团成员、欧洲理事会新任主席致贺电，和西班牙国王互致国庆贺电，多次同法国总统就中法建交50周年纪念活动互致贺电。习近平主席和夫人彭丽媛向荷兰国王和王后致口信。习近平主席、李克强总理分别就马来西亚航空公司MH17客机、阿尔及利亚航空公司AH5017客机坠毁事件向荷兰、瑞士、法国领导人致慰问电。李克强总理同德国总理、希腊总理、波兰总理、匈牙利总理通电话，向欧洲理事会新任主席，欧盟委员会新任主席，比利时、瑞典新任首相，芬兰、拉脱维亚、波兰、爱沙尼亚、捷克、保加利亚、塞尔维亚、马其顿、斯洛文尼亚新任总理致贺电，向第四届布鲁塞尔“中欧论坛”致贺信，就希腊、马耳他协助中国公民从利比亚撤离向两国总理致感谢信，就波黑、塞尔维亚发生严重洪涝灾害向两国领导人致慰问电。

李克强总理出席在塞尔维亚首都贝尔格莱德举行的第三次中国—中东欧国家领导人会晤，并与中东欧国家领导人分别举行双边会见。

丹麦女王、保加利亚总统、爱尔兰总统、葡萄牙总统、捷克总统、德国总理、西班牙首相、意大利总理、罗马尼亚总理、匈牙利总理、荷兰王后等欧洲领导人相继访华。丹麦首相、塞尔维亚总理、阿尔巴尼亚总理来华出席天津夏季达沃斯论坛。马耳他总理来华出席生态文明贵阳国际论坛2014年年会。摩纳哥元首、黑山总统来华出席2014年南京青奥会。

德国、荷兰、瑞士、丹麦、西班牙、塞浦路斯、希腊、立陶宛、保加利亚、捷克、罗马尼亚、斯洛伐克、黑山就云南鲁甸地震向中方领导人致慰问电。法国、保加利亚、罗马尼亚、塞尔维亚、克罗地亚就云南昆明严重暴力恐怖事件向中方领导人致慰问电。法国就马航MH370客机失联向中方领导人致慰问电。

各级政治对话与磋商成果丰硕。中英总理年度会晤、中德政府磋商、中法战略对话、中英战略对话、中欧高级别战略对话成功举行。外交部长王毅多次与英国、法国、奥地利、德国、波兰等国外交部长或外交大臣举行会晤或通电话。法国、德国、奥地利、冰岛、瑞典、安道尔、捷克、匈牙利等国外长或外交大臣相继访华。中国外交部与法国、卢森堡、马耳他、德国、奥地利、瑞士、意大利、希腊、波兰、拉脱维亚、匈牙利、塞尔维亚、斯洛文尼亚等国及欧盟举行各级别对口磋商，议题涵盖双边关系、地区事务、金融、网络、教育、领事、军控、人权等多个领域。中国—中东欧国家合作国家协调员会议在贝尔格莱德举行。

议会、政党和智库交往频繁。全国人大常委会委员长张德江分别向法国参议院、比利时众议院、奥地利国民议会、瑞士联邦议会国民院和联邦院、瑞典议会、拉脱维亚议会、波兰众议院、保加利亚国民议会、斯洛伐克国民议会、马其顿议会、斯洛文尼亚国民议会新任议长以及波黑新一届代表院成员致贺电。全国政协主席俞正声向比利时、罗马尼亚新任参议长致贺电。全国人大常委会副委员长张平、张宝文、陈竺以及全国政协副主席杜青林、王家瑞、万钢、林文漪、齐续春、马培华分别访问丹麦、瑞典、意大利、西班牙、希腊、荷兰、奥地利、冰岛、波兰、捷克、罗马尼亚、斯洛伐克、黑山。法国国民议会议长、瑞士联邦议会联邦院议长、拉脱维亚议会议长、克罗地亚议会议长、芬兰议会第一副议长、西班牙参议院第一副议长相继访华。

中东欧国家高级别官员访华团、法国社会党、德国联盟党议会党团、德国社民党、德国左翼党、马耳他工党等欧洲政党或党团领导人率团访华。“欧洲学者眼中的中国共产党”国际研讨会在丹麦举行。

第四届布鲁塞尔“中欧论坛”、中德对话论坛2014年会议、第五届中国—北欧智库圆桌会、第13届“斯德哥尔摩中国论坛”、奥地利智库“外交政策和联合国协会”高端研讨会相继举行。第二届中国—中东欧国家高级别智库研讨会在斯洛文尼亚布莱德举行。

经贸、投资、金融合作不断深化。2014年，中国同欧盟国家双边贸易额6151.39亿美元、同比增长9.9%。欧盟是中国最大贸易伙伴、最大进口来源地、第二大出口市场、累计最大技术引进来源地、累计第四大实际投资来源地。中国是欧盟第二大贸易伙伴、最大进口来源地、第二大出口市场。第六次中英经济财金对话、第二次中法高级别经济财金对话、中德经济顾问委员会首次会议、中意企业家委员会成立大会、第九次中欧财金对话、中国—中东欧国家经贸促进部长级会议成功举行。中国分别与荷兰、比利时、卢森堡、丹麦、马耳他、芬兰、瑞典、西班牙、拉脱维亚、罗马尼亚、匈牙利、保加利亚、捷克、阿尔巴尼亚等国及欧盟举行经贸联委会或混委会会议。中国与冰岛、瑞士自贸协定生效。中欧投资协定谈判举行三轮。中英签署关于加强双边投资合作和加强民用核能领域合作的谅解备忘录。中国分别给予法、德800亿元人民币合格境外投资者额度，同瑞士签署本币互换协议。法兰克福、伦敦、巴黎、卢森堡等确定人民币清算银行，英国率先发行30亿元人民币主权债券。波兰、匈牙利、立陶宛获准投资中方银行间债券市场。中国—中东欧投资合作基金运转顺利。中国与波兰签署《中国—中东欧国家投资促进机构联系机制共识》、《关于共同推动建立中国—中东欧国家联合商会的谅解备忘录》。

人文交流方兴未艾。中英高级别人文交流机制第二次会议、中法高级别人文交流机制启动仪式暨首次会议、中欧高级别人文交流对话机制第二次会议成功举行。西藏文化交流代表团访问比利时。中国与荷兰、马耳他、芬兰、意大利、斯洛伐克签署文化交流合作计划或谅解备忘录。在荷兰建立首家中国文化中心，丹麦哥本哈根中国文化中心正式揭牌，与爱尔兰、比利时签署关于在爱、比设立文化中心谅解备忘录，与葡萄牙签署互设文化中心谅解备忘录，与塞尔维亚签署互设文化中心协定。

都柏林中国新年庆典和欧洲地区孔子学院联席会议等活动在爱尔兰举办。都柏林大学孔子学院教学楼奠基。塞浦路斯大学孔子学院揭牌仪式在塞浦路斯大学举行。英国、法国、荷兰、德国、爱尔兰、马耳他、丹麦、芬兰、瑞典、意大利、葡萄牙、保加利亚、克罗地亚等国举办“欢乐春节”活动。中国电影节（周）在法国、荷兰、马耳他、丹麦、希腊、斯洛伐克举行。立陶宛、拉脱维亚、爱沙尼亚联合在华举办“波罗的海艺术节”。第二届中国—中东欧国家教育政策对话在天津举行。

中法建交50周年庆祝活动精彩纷呈，习近平主席和法国总统奥朗德就法国机械“龙马”来华巡演和“汉风——中国汉代文物展”在巴黎开幕互致贺信。中国和比利时签署开展大熊猫保护研究合作协议，中方向比利时提供一对大熊猫。

此外，中欧在科技、能源、农业、交通、旅游、军事、地方等领域务实合作不断深入推进。

科技创新。中德第三届创新政策会议、第五届中意创新合作周大会、第一届“中国—葡萄牙先进材料创新论坛”相继举行。中英宣布成立改革和创新论坛。中国与爱尔兰成立1亿美元科技基金。

能源领域。上海电气和中国国家电网分别收购意大利能源公司股权。中国电力投资集团就参股马耳他能源公司、合作开发欧洲新能源项目及共同成立能源服务中心等同马方签署合作协议。中国与罗马尼亚召开可再生能源产业合作研讨会。中国与罗马尼亚、捷克分别签署和平利用核能的合作文件。

农业领域。中德农业部长对话机制首次会议、第九届中国—中东欧国家农业经贸合作论坛成功举办。与芬兰签署2015～2016年农业合作行动计划。与保加利亚签署中国—中东欧国家农业合作促进联合会执行机构落户保加利亚的谅解备忘录。与罗马尼亚签署加强农业领域合作的谅解备忘录。

交通领域。第三次中国—中东欧国家领导人会晤期间，中国、塞尔维亚、匈牙利、马其顿四国总理共同宣布合作建设从匈牙利首都布达佩斯至希腊比雷埃夫斯港的中欧陆海快线。李克强总理访塞期间，同塞尔维亚总理武契奇共同出席贝尔格莱德跨多瑙河大桥竣工仪式。中英成立高铁合作工作组。河南省与卢森堡之间正式开通货运航线。从浙江义乌发车的首趟“义新欧”铁路货运班列抵达西班牙马德里。

旅游领域。中国—中东欧国家旅游促进机构和旅游企业联合会协调中心在匈牙利布达佩斯成立，中国—中东欧国家旅游合作首次高级别会议在匈成功召开。爱尔兰、英国“共同旅行区”协议生效，中国公民赴爱签证手续更加便利。与丹麦、罗马尼亚签署旅游合作协议或谅解备忘录。

军事交流。英国、法国、芬兰、葡萄牙、塞浦路斯、希腊、罗马尼亚、塞尔维亚等国以及欧盟军方领导人访华。第五次中欧防务部门安全政策对话，第五次中英防务战略磋商，中德第15次国防部工作对话，中瑞（士）国防部年度对话，首次中波、中匈防务战略磋商相继举行。中国参与叙利亚化武海运护航舰“盐城舰”顺利抵达塞浦路斯利马索港。

地方交流。第二次中国—中东欧国家地方领导人会晤、第四届中法地方政府合作高层论坛、第二届中波（兰）地方合作论坛相继举行。中国—中东欧国家地方省州长联合会正式成立并落户捷克。云南省、成都市、贵阳市分别与爱尔兰克莱尔郡、芬戈郡、米斯郡，苏州市相城区与瑞典维克舍市，常州市与丹麦兰讷斯市，佛山市、广州市分别与波兰斯达洛加勒德市、罗兹市，扬州市与克罗地亚斯普利特市结成友好城市关系，重庆市与罗马尼亚布加勒斯特市签署友好合作谅解备忘录，海南省与克罗地亚杜布罗夫尼克-奈雷特瓦省签署友好合作意向书。

6. 中国与北美大洋洲地区国家关系

2014年，中国与美国关系总体保持稳定并取得新进展。

两国高层和各级别交往密切。3月10日，国家主席习近平同美国总统奥巴马通电话。3月24日，习近平主席同奥巴马总统在海牙举行会晤。7月14日，习近平主席在巴西福塔莱萨同奥巴马总统通电话。11月10～12日，奥巴马总统来华出席亚太经合组织第22次领导人非正式会议并对中国进行国事访问，两国元首就中美关系和共同关心的国际地区问题深入交换意见，达成广泛共识。双方一致同意继续致力于构建中美新型大国关系，并深入探讨进一步推进这一关系的重点方向。两国机制性对话磋商频繁。7月9～10日，第六轮中美战略与经济对话和第五轮中美人文交流高层磋商在北京举行。对话和磋商取得丰硕成果，其中战略对话成果116项、经济对话成果87项、人文交流成果104项。12月16～18日，第25届中美商贸联委会在美国芝加哥举行，双方共取得34项成果。同时，中美两国在经贸、两军、人文、执法、地方等领域的合作取得新进展，就朝鲜核、伊朗核、叙利亚、南北苏丹、气候变化等重大国际地区和全球性问题保持有效沟通与协调。

2014年，中国与加拿大战略伙伴关系继续保持良好发展势头。两国高层及各级别交往频繁。加总理斯蒂芬·哈珀对中国进行正式访问并出席亚太经合组织第22次领导人非正式会议有关活动。全国政协副主席刘晓峰、全国人大西藏代表团、国家能源局局长吴新雄等分别访加。加外交部长约翰·贝尔德等多位内阁部长访华。双方举行中加战略工作组第四次会议、第14轮中加外交部政治与安全磋商等机制性对话。两国在经贸等领域的务实合作稳步推进。加政府批准《中加投资保护协定》生效，审批通过中国建设银行在加设立分行。两国央行签署双边本币互换协议和在加建立人民币清算安排的合作备忘录。中方宣布给予加方初始规模为500亿元人民币境外合格机构投资者额度。两国2013～2014年互办文化活动圆满收官，双方并宣布2015～2016年为中加文化交流年。地方交流日益频繁。加拿大爱德华王子岛省省长罗伯特·吉兹、安大略省省长凯瑟琳·韦恩、魁北克省省长菲利普·库亚尔等联合访华。双方就联合国、二十国集团、气候变化、反恐、极地等重大国际地区问题保持密切沟通。

2014年，中国与澳大利亚关系迈上新台阶。11月，国家主席习近平对澳大利亚进行国事访问，两国领导人决定将中澳关系提升为全面战略伙伴关系，双方宣布实质性结束中澳自由贸易协定谈判，并签署涉及经贸、投资、金融、能源矿产、农牧业、基础设施、教育、科研、防务、南极、地方合作等领域的29个合作文件。4月，澳大利亚总理阿博特对中国进行正式访问并出席博鳌亚洲论坛2014年年会，习近平主席会见，国务院总理李克强同阿博特总理举行中澳总理年度定期会晤。11月，阿博特总理来华出席亚太经合组织第22次领导人非正式会议。中国继续保持澳第一大贸易伙伴、第一大进口来源地、第一大出口市场的地位。习近平主席访澳期间，中方决定在悉尼设立人民币清算银行，给予澳银行机构500亿元人民币合格境外机构投资者额度。中澳在防务、科教、人文、多边等各领域合作取得积极进展。

2014年，中国与新西兰关系保持积极发展势头。11月，国家主席习近平对新西兰进行国事访问。两国领导人决定将中新关系提升为全面战略伙伴关系，发表建交以来首份双边关系联合声明。3月，约翰·基总理对中国进行工作访问，11月，约翰·基总理来华出席亚太经合组织第22次领导人非正式会议并访问四川省。中国继续保持新第一大贸易伙伴地位。人民币与新元实现直接交易。双方续签《中国人民银行与新西兰储备银行双边本币互换协议》。双方签署《中华人民共和国政府与新西兰政府关于合作制作电视片的协议》，并将之作为附件纳入中新自贸协定。中新在防务、科教、人文等各领域合作成果丰硕。

2014年，中国与太平洋岛国关系取得进一步发展。

双方高层和各级别交往频繁。11月，国家主席习近平对斐济进行国事访问并在斐济楠迪同八个建交太平洋岛国领导人举行会晤。习近平主席在集体会晤岛国领导人时阐述了新形势下中方发展同岛国关系的政策主张，并宣布中国政府支持岛国地区经济社会发展的一揽子计划。双方领导人一致同意构建相互尊重、共同发展的战略伙伴关系。中共中央政治局委员、上海市委书记韩正访问瓦努阿图、萨摩亚，全国政协副主席、中共中央对外联络部部长王家瑞访问汤加。

斐济总统埃佩利·奈拉蒂考、瓦努阿图总理乔·纳图曼出席在南京举行的第二届青奥会开幕式。巴布亚新几内亚总理彼得·奥尼尔来华出席亚太经合组织第22次领导人非正式会议。萨摩亚议长拉乌利·施密特访华。密克罗尼西亚联邦副总统阿利克·阿利克访华。瓦努阿图副总理哈姆·利尼来华出席生态文明贵阳国际论坛年会。

双方经贸、人文等各领域务实合作取得新成果。第二届中国—斐济经济贸易联委会在斐济苏瓦举行。中国政府援建的斐济纳务瓦医院和公租房项目、巴布亚新几内亚戈罗卡大学学生宿舍和电子政务网项目、萨摩亚四所小学和国家宽带通信网项目、汤加运12飞机项目等顺利竣工或交付。中国政府向汤加风灾、斐济登革热疫情提供紧急援助。中国为岛国官员、技术人员举办各类研修班、培训班，安排岛国学生来华留学。中国“和平方舟”海军医院船访问斐济、巴布亚新几内亚、汤加、瓦努阿图，并在当地开展人道主义医疗服务。中国石油化工集团公司向巴布亚新几内亚液化天然气项目采购液化天然气首船商业气运抵中国。

双方在国际和地区事务中保持良好沟通和协调。外交部长王毅在纽约出席第69届联合国大会一般性辩论期间会见斐济外交部长伊诺凯·昆布安博拉。习近平主席特使、外交部副部长张业遂出席在萨摩亚举行的第三届小岛屿发展中国家国际会议。中国—太平洋岛国论坛对话会特使杜起文出席在帕劳科罗尔举行的第26届太平洋岛国论坛会后对话会。

7. 中国与拉丁美洲和加勒比地区国家关系

2014年，中国与拉丁美洲和加勒比地区国家关系持续深入发展，各领域合作取得重大新进展。

政治互信进一步提升。国家主席习近平对巴西、阿根廷、委内瑞拉、古巴进行国事访问，并在金砖国家领导人会晤、亚太经合组织领导人第22次非正式会议、二十国集团峰会、核安全峰会等多边场合会见拉美多国领导人，墨西哥、秘鲁、智利、特立尼达和多巴哥、安提瓜和巴布达等多国元首或政府首脑访华。全国人大常委会委员长张德江访问秘鲁、哥伦比亚、墨西哥三国，国务院副总理张高丽出席联合国气候峰会期间会见秘鲁、玻利维亚总统。国务委员杨晶、外交部长王毅分别访拉。中国同巴西、墨西哥、秘鲁全面战略伙伴关系得到深化，同委内瑞拉、阿根廷关系提升为全面战略伙伴关系。

整体合作实现突破。习近平主席访问巴西期间举行中拉领导人会晤，双方发表《联合声明》，宣布建立平等互利、共同发展的全面合作伙伴关系，决定正式成立中国—拉美和加勒比国家共同体论坛（简称“中拉论坛”）并尽早举行论坛首届部长级会议。这次会晤在中拉关系发展史上具有里程碑意义，为中拉关系未来发展指明了方向，搭建了中拉整体合作新平台。

务实合作进一步扩大。习近平主席访拉期间倡议构建“1+3+6”中拉务实合作新框架，宣布十年内中拉贸易额达到5000亿美元、中国对拉直接投资存量达到2500亿美元两大目标，打出总额达350亿美元的一揽子对拉融资合作举措，并同往访国签署150多项、总额约700亿美元的经贸合作协议。2014年中拉贸易额为2634.6亿美元，同比增长0.8%。中拉在能源资源、基础设施、金融、农业、科技等领域重大合作项目深入推进。中拉军事交往和执法合作稳步加强。

国际协作进一步增强。中拉在涉及彼此核心利益和重大关切问题上继续相互理解和支持，在联合国、二十国集团、亚太经合组织、金砖国家、七十七国集团等机制框架下，就全球治理、可持续发展、气候变化等重大议题加强协调和配合。巴西支持金砖国家开发银行落户上海，墨西哥、秘鲁、智利支持中国构建亚太自贸区倡议，巴西、乌拉圭、古巴等国明确支持中国申办2022年冬季奥运会。

人文交流进一步密切。习近平主席访拉期间，深入阐述“中国梦”与“拉美梦”之间的关系，提出打造中拉携手共进的命运共同体，宣布一系列推动中拉人文交流的举措，得到拉美国家积极响应。中拉立法机构、政党、地方、媒体、智库等交往日益密切，中国在拉美孔子学院和孔子课堂分别增至35个和10个。

（三）专题评述

1. 习近平主席出席俄罗斯索契冬季奥林匹克运动会开幕式

2014年2月6～8日，国家主席习近平赴俄罗斯索契出席第22届冬季奥林匹克运动会开幕式。这是习近平主席2014年首次出访，也是中国国家元首首次出席境外大型综合性国际体育赛事，表明中国新一届中央领导集体高度重视发展中俄关系，体现了两国关系的高水平和特殊性。

在索契期间，习近平主席还分别出席俄罗斯总统普京和国际奥委会主席巴赫为与会各国嘉宾举行的集体欢迎宴会和招待会；看望参加索契冬奥会的中国体育代表团代表，勉励他们顽强拼搏，为国争光，把个人梦和体育强国梦汇入到实现中国梦的伟大奋斗中。

习近平主席和普京总统举行双边会晤。习近平主席表示，中俄是好邻居、好伙伴、好朋友。邻居办喜事，当然要专程来贺喜。普京总统对此表示感谢，认为习近平主席在中国春节期间到访俄罗斯就是来看望好朋友。两国元首高度评价中俄全面战略协作伙伴关系发展的积极势头，对新一年两国关系发展作出战略规划。双方商定继续保持密切高层交往，加大相互政治支持，确保中俄关系在高水平上向前发展。双方同意，继续深挖务实合作潜力，培育新的合作增长点，进一步推动能源、核能、航空、航天等领域战略性大项目合作，实现2015年双边贸易额达到1000亿美元的目标。双方积极评价两国人文交流与合作取得的成果，表示将共同举办好

2014～2015年中俄青年友好交流年活动。双方商定将于2015年共同举办第二次世界大战胜利70周年庆祝和纪念活动，以铭记历史、警示后人。普京总统还表示，俄方积极响应中方建设“一带一路”倡议，愿将俄跨欧亚大铁路建设和丝绸之路经济带建设对接合作。

其间，习近平主席和普京总统共同与参加叙利亚化学武器海运联合护航的中俄两国军舰舰长视频通话，向两国官兵致以节日问候和良好祝愿，祝他们圆满完成任务，为安全顺利销毁叙利亚化武、推动政治解决叙利亚问题作出贡献。

习近平主席还分别会见联合国秘书长潘基文、希腊总统帕普利亚斯、阿富汗总统卡尔扎伊和捷克总统泽曼，与国际奥委会主席巴赫等进行交谈。

习近平主席专程赴俄出席索契冬奥会开幕式是一次短平快的“点穴式”出访，是中国外交实践的创新之举，进一步提升了中俄全面战略协作伙伴关系水平。

2. 习近平主席出席核安全峰会

2014年3月24～25日，国家主席习近平出席在荷兰海牙举行的第三届核安全峰会。峰会主题为“加强核安全、防范核恐怖主义”。

习近平主席在会上提出中国的“核安全观”，指出，要坚持理性、协调、并进的核安全观，把核安全进程纳入健康持续发展的轨道。要坚持“四个并重”：第一，发展和安全并重，以确保安全为前提发展核能事业；第二，权利和义务并重，以尊重各国权益为基础推进国际核安全进程；第三，自主和协作并重，以互利共赢为途径寻求普遍核安全；第四，治标和治本并重，以消除根源为目标全面推进核安全努力。习近平主席深入阐述了对2016年峰会后全球核安全机制的看法，强调当前面临着将政治承诺转为机制化努力的重要机遇，提出建立“公平、合作、共赢”的国际核安全体系，确保核安全进入一个机制化的可持续发展轨道。习近平主席并介绍了我国在核安全方面的努力和承诺。

中方还提交了《中国在核安全领域的进展报告》，介绍中国落实以往核安全峰会成果的积极努力和取得的重要进展。

各国介绍各自核安全主张和所作努力，交流预防和应对核恐怖主义危机的做法和经验，就如何规划峰会后时代的核安全进程进行探讨。峰会最后通过《海牙核安全峰会公报》，重申各国对核安全负有根本责任，强调核安全不应妨碍各国和平利用核能；提出提升国家核安全水平、强化国际核安全体系、深化核安全国际合作等16个领域具体建议。

3. 习近平主席出席金砖国家领导人第六次会晤

2014年7月15～16日，国家主席习近平出席在巴西福塔莱萨和巴西利亚两地举行的金砖国家领导人第六次会晤。会晤由巴西总统罗塞芙主持，俄罗斯总统普京、印度总理莫迪、南非总统祖马也应邀与会。其间，习近平主席和各国领导人举行大、小范围会议，出席金砖国家同南美国家领导人对话会，并共同会见金砖国家工商理事会成员，就世界经济形势、全球经济治理、金砖国家全方位合作、加强金砖国家与拉美国家合作及共同关心的国际和地区问题深入交换看法。会后发表《福塔莱萨宣言》和行动计划。

习近平主席在大范围会议上发表题为《新起点、新愿景、新动力》的讲话，倡议金砖国家合作在新的起点上，本着“开放、包容、合作、共赢”的精神，寻找金砖国家长远发展的新动力，构建各成员更紧密、更全面、更牢固的伙伴关系。习近平主席就金砖国家下一步合作提出了四点主张，强调要坚定不移地推动经济可持续增长，坚定不移地形成全方位经济合作合力，坚定不移地塑造有利的外部环境，坚定不移地提高金砖国家道义感召力，体现了中国领导人对金砖国家发展的深度思考和战略眼光，得到与会领导人的高度评价。

在小范围会议上，习近平主席就金砖国家在国际政治经济领域加强合作发表讲话，呼吁金砖国家把自身发展同世界和平稳定结合起来，努力在国际政治安全问题上发出声音、提出方案，做世界和平的维护者、全球安全的促进者、国际安全秩序的建设者。习近平主席建议金砖国家从三方面开展经济合作，一是对自身经济前景保持坚定信心，巩固发展的强劲势头；二是用更紧密的经济伙伴关系引领未来经济合作，打造新的增长点；三是共同参与全球经济治理，塑造有利的外部发展环境。

在金砖国家同南美国家领导人对话会上，习近平主席强调，中国愿意本着平等互利、共同发展的原则，同南美洲国家联盟开展友好交流和互利合作，支持金砖国家同南美洲国家建立关系，共同在国际关系中维护公平正义，加强全球经济治理，推动全球发展议程，同时加强金砖国家和南美洲两大市场的对接，开展互利共赢的经贸投资合作。

这次会晤进一步增进了互信，凝聚了共识，加强了协调，深化了合作。会晤传递了金砖国家团结、合作、共赢的积极信号，传递了金砖国家对自身发展前景及未来合作的坚定信心，传递了金砖国家走和平、发展、合作之路，携手建设一个更加美好的世界的愿望，在金砖国家合作进程中具有里程碑式的意义。

会晤期间，五国领导人共同见证签署《关于成立金砖开发银行的协议》和《关于建立金砖国家应急储备安排的条约》。习近平主席还分别会见俄罗斯总统普京、印度总理莫迪和南非总统祖马。

4. 习近平主席出席上海合作组织成员国元首理事会第14次会议

2014年9月11～12日，国家主席习近平出席在塔吉克斯坦首都杜尚别举行的上海合作组织成员国元首理事会第14次会议。上合组织成员国元首、观察员国元首或代表、主席国客人以及联合国等有关国际和地区组织负责人出席。

会议主要就成员国间政治、经贸和文化人文领域多边合作，以及阿富汗、西亚北非及其他上合组织周边地区局势等国际和地区安全重大问题交换意见，达成广泛共识。成员国元首们签署《上海合作组织成员国元首杜尚别宣言》，发表《上海合作组织成员国元首理事会会议新闻公报》，见证签署《上海合作组织成员国政府间国际道路运输便利化协定》，批准《给予上海合作组织成员国地位程序》和《关于申请国加入上海合作组织义务的备忘录范本》修订案。

习近平主席在会上发表题为《凝心聚力　精诚协作　推动上海合作组织再上新台阶》的重要讲话，指出世界正在经历复杂深刻变化，上海合作组织发展正在进入继往开来的关键时期，强调各方要坚守合作共赢理念，坚持互信、互利、平等、协商、尊重多样文明、谋求共同发展的“上海精神”，践行共同、综合、合作、可持续的亚洲安全观，以集体之力、团结之力、合作之力，携手应对威胁挑战，共同推动上合组织得到更大发展。为此，习近平主席提出，上合组织要坚持以维护地区安全稳定为己任，坚持以实现共同发展繁荣为目标，坚持以促进民心相通为宗旨，坚持以扩大对外交流合作为动力，全面加强执法安全，扩大贸易投资，推进区域经济一体化进程，全方位开展友好交往和人文交流，欢迎有意愿且符合标准的国家申请成为上合组织正式成员。与会各方完全赞同习近平主席有关提议，高度评价中方多年来为推动上合组织发展、促进成员国务实合作所做的贡献。

峰会期间，习近平主席同俄罗斯、哈萨克斯坦、土库曼斯坦、吉尔吉斯斯坦总统以及巴基斯坦代表分别举行会见，促进了中国同本地区国家的双边关系和务实合作发展。

5. 习近平主席出席二十国集团领导人第九次峰会

2014年11月15～16日，国家主席习近平出席在澳大利亚布里斯班举行的二十国集团（G20）领导人第九次峰会。会议期间，习近平主席同各国领导人讨论了世界经济形势、增强世界经济抗风险性、经济改革、国际贸易、能源、G20机制建设等议题。会后发表《二十国集团领导人布里斯班峰会公报》。

习近平主席在峰会上发表题为《推动创新发展　实现联动增长》的重要讲话，指出，G20是开展国际经济合作的主要论坛，在促进世界经济稳定和增长方面肩负重要使命。G20当前的首要任务，就是协调宏观经济政策，共同破解发展难题，减少经济风险，实现经济繁荣、金融稳定、贸易发展、就业改善。2014年，G20制定了全面增长战略，确立了未来五年在现有政策水平上额外增长2%的目标，具有重要意义。落实全面增长战略，重要的是发掘和培育持久增长的动力，形成各国发展创新、利益融合、增长联动的新局面。为此，G20应从创新发展方式、建设开放型世界经济和完善全球经济治理三个方面作出努力。

习近平主席介绍了中国经济形势和发展前景，指出中国经济增长是世界经济增长的重要动力。根据国际组织测算，中国是G20全面增长战略的最大贡献者之一。这样的贡献，来源于中国自身稳增长、调结构、促改革、惠民生的政策措施。未来，中国经济将继续保持强劲、可持续、平衡增长势头，为世界经济提供更多需求，创造更多市场机遇、投资机遇、增长机遇。

峰会认为，作为国际经济合作主要论坛，G20应该继续在推动世界经济复苏和增长方面发挥领导作用，继续完善全球经济治理，维护国际金融稳定，加强宏观经济政策协调，建设开放型世界经济，反对保护主义，增加基础设施投资，完善全球能源治理，营造有利于世界经济长期健康稳定发展的国际环境。峰会决定由中国举办2016年G20领导人峰会。

峰会期间还发表了G20应对埃博拉疫情的单独声明，倡导在联合国、世界卫生组织统一协调及其框架下加强国际合作，共同应对埃博拉疫情。

峰会期间，习近平主席还出席了金砖国家领导人非正式会晤，分别会见巴西总统罗塞芙、法国总统奥朗德及欧盟委员会主席容克。

6. 习近平主席同建交太平洋岛国领导人举行集体会晤

2014年11月22日，国家主席习近平在对斐济进行国事访问期间，在楠迪同斐济总理乔萨亚·沃伦盖·姆拜尼马拉马、密克罗尼西亚联邦总统伊曼纽尔·莫里、萨摩亚总理图伊拉埃帕·马利埃莱额奥伊、巴布亚新几内亚总理彼得·奥尼尔、瓦努阿图总理乔·纳图曼、库克群岛总理亨利·普那、汤加首相图伊瓦卡诺、纽埃总理托克·塔拉吉等八个建交太平洋岛国领导人举行集体会晤，共商合作发展大计。

习近平主席在会晤时发表题为《构建相互尊重、共同发展的战略伙伴关系》的主旨讲话，阐述了新时期中国对太平洋岛国地区政策，强调中国是岛国真诚朋友和合作伙伴，尊重岛国自主选择社会制度和发展道路，支持岛国平等参与国际和地区事务、维护自身正当合法权益。习近平主席提出中方深化同建交岛国关系的五大政策主张，即建立相互尊重、共同发展的战略伙伴关系，加强高层及各级别交往，深化经贸等领域务实合作，拓展人文交流，加强多边协调等，并宣布中方支持岛国地区经济社会发展的一揽子计划，包括为最不发达国家97%税目的输华商品提供零关税待遇，未来5年为岛国提供2000个奖学金和5000个各类研修培训名额，在南南合作框架下为岛国应对气候变化提供支持等。

各建交太平洋岛国领导人高度评价习近平主席访问岛国地区并倡议举行此次会晤，完全支持中国同岛国建立相互尊重、共同发展的战略伙伴关系，赞赏新时期中国对岛国政策秉承传统友好，契合岛国实际需要，有助于促进岛国可持续发展，惠及岛国人民，表示愿意同中方加深友谊，推进合作，共同发展。

此次会晤系中国国家主席首次同建交太平洋岛国领导人举行集体会晤，进一步提升中国与太平洋岛国关系水平，有力推动双方各领域务实合作，明确规划中国与岛国关系未来发展方向，具有里程碑意义。

7. 李克强总理出席东亚领导人系列会议

2014年11月13日，国务院总理李克强出席在缅甸内比都举行的第17次中国—东盟领导人会议、第17次东盟与中日韩领导人会议和第九届东亚峰会。

在中国—东盟领导人会议上，李克强总理全面回顾了过去一年中国—东盟关系取得的进展，并在2013年提出的“2+7合作框架”（即深化战略互信、聚焦经济发展的政治共识和政治、经贸、互联互通、金融、海上、安全、人文七个领域合作）的基础上，就打造更为紧密的中国—东盟命运共同体提出了六点新倡议，具体包括：协力规划中国—东盟关系发展大战略，启动制定《落实中国—东盟面向和平与繁荣的战略伙伴关系联合宣言行动计划（2016—2020）》，推进商签“中国—东盟国家睦邻友好合作条约”，探讨建立澜沧江—湄公河对话合作机制；共同打造中国—东盟自贸区升级版；加快建设互联互通基础网，推动亚洲基础设施投资银行早日运营；精心营造海上合作新亮点，将2015年确定为“中国—东盟海洋合作年”；努力保障传统领域和非传统领域“双安全”，欢迎东盟国家国防部长2015年赴华举行中国—东盟国防部长非正式会晤，深化执法安全、灾害管理等领域合作；积极开拓人文科技环保合作新领域，加大投入办好中国—东盟教育交流周、开展农村减贫合作等。

东盟国家领导人积极评价中国—东盟关系取得的进展，赞赏中方坚定支持东盟共同体建设，支持东盟在区域合作中的主导地位，欢迎中方提出的各项重大倡议，表示愿与中方增进政治互信，加强务实合作，推动双方关系迈上新台阶，共同维护地区和平、稳定与发展。

在第17次东盟与中日韩领导人会议上，李克强总理表示，东盟十国与中日韩三国地缘相近、经济互补、文化相通，17年来10+3合作从无到有，不断成长，有力地促进了东亚一体化进程。东亚国家的发展，与总体和平稳定的地区环境密切相关。没有和平稳定，东亚永无振兴之日。地区国家应切实做到相互尊重、平等相待，摒弃“你输我赢”的零和思维，共同管控好矛盾与分歧，绝不能因为这些问题的干扰使东亚失去发展的历史机遇。坚定维护和平稳定的大环境，是地区各国的共同利益所在。

李克强总理宣布，中方愿牵头《第二东亚展望小组报告》评估中的落实东亚互联互通、贸易投资和扶贫等三项建议，并就加强10+3合作提出几点意见：推动东亚经济一体化进程，提升区域金融合作水平，密切地区互联互通，深化民生领域合作。李克强总理强调，东亚是各国共同的家园。东亚实现繁荣稳定是人民之福，东亚如动荡不安将是各国之痛。不管国际风云如何变幻，东亚人终究要在同一块大地上繁衍生息，在同一片田野上耕耘收获，只有真诚相待、互帮互助、同心合力，才能创造属于自己的美好生活。

与会各国领导人表示，10+3合作一直发挥着东亚合作主渠道的作用，有力推动了地区发展。各国应携手落实合作倡议和规划，进一步扩大经济合作，加强人文交流，共同应对挑战，尽快完成区域全面经济伙伴关系协定谈判，促进地区经济一体化，提高地区人民生活水平，推进东亚共同体建设，更好维护地区和平与繁荣。

在第九届东亚峰会上，李克强总理表示，地区国家应珍视东亚来之不易的良好局面，把握好政治安全和经济发展“两个轮子一起转”的大方向，促进地区安定，积极应对全球性挑战，深化经济社会等领域合作，为建设一个和平与繁荣的东亚地区而努力。

与会各国领导人表示，面对深刻复杂变化的国际、地区形势，东亚国家应进一步加强对话，凝聚共识，携手应对传统和非传统安全挑战，深化务实合作，推进地区经济一体化，共同促进地区与世界的和平稳定、发展与繁荣。

会议通过《东亚峰会打击走私野生动植物宣言》、《东亚峰会关于地区应对埃博拉疫情的声明》、《东亚峰会关于伊拉克与叙利亚恐怖主义/极端主义组织暴力行径的声明》、《东亚峰会灾害快速反应声明》四份成果文件。

8. 李克强总理出席第十届亚欧首脑会议

2014年10月16～17日，第十届亚欧首脑会议在意大利米兰举行。国务院总理李克强出席。本届首脑会议是在全球政治经济形势复杂多变，乌克兰、伊拉克等地区热点问题及埃博拉疫情备受国际社会关注的背景下举行的。会议围绕“构建负责任伙伴关系，促进可持续增长与安全”的主题，讨论了互联互通与亚欧经济金融合作、应对全球性问题、国际和地区热点问题及亚欧会议未来发展方向等议题。来自亚欧51个国家及欧盟的领导人或代表与会。会议吸收哈萨克斯坦和克罗地亚正式加入，并发表《第十届亚欧首脑会议主席声明》，进一步提升了亚欧会议的影响力，规划了亚欧会议未来发展和新的合作领域。

李克强总理在第一次全会作引导发言，表示中国愿与亚欧各国一道，培育和凝聚亚欧共同体意识，促进亚欧团结协作，积极构建面向和平与发展的亚欧新型全面伙伴关系。李克强总理就深化亚欧合作提出如下建议：一是共同维护亚欧和平安全与稳定发展。继续参与和支持世界多极化和国际多边合作，继续巩固和完善各种对话合作机制，致力于通过政治手段、和平方式解决冲突与争端，推动形成和平共处、合作共赢的国际关系新局面；二是共同推进亚欧互联互通和贸易投资自由化。共同维护公正和非歧视的多边贸易体系，推动建立开放包容的区域自贸安排，加快构建亚欧统一市场；三是共同促进亚欧人文交流和社会发展。继续推动人文和社会领域合作，支持多渠道、多层次交流，在城镇化、公共卫生等领域实现经验共享。

李克强总理指出，中国将坚定不移地走和平发展道路。中国是国际体系的积极参与者和国际法的忠实践行者，支持联合国及其安理会在国际事务中的核心地位，支持以世界贸易组织等机构为代表的全球治理机制发挥主导作用。中国将长期奉行睦邻友好的周边政策，继续推进与邻国的互利合作，加强区域一体化建设，理性务实处理有关分歧。中国愿同亚洲邻国共享经济发展利益，共担安全稳定责任。

李克强总理着重介绍中国政府为援助西非防控埃博拉疫情所作巨大努力及最新举措，并就深化亚欧合作提出新的合作倡议：第一，举办亚欧互联互通对话会；第二，建立亚欧科技创新合作中心；第三，将残疾人合作列入亚欧合作框架。

在非正式会议上，李克强总理就气候变化和打击恐怖主义问题阐述中方立场与主张。

9. 李克强总理出席第三次中国—中东欧国家领导人会晤

2014年12月16日，国务院总理李克强在塞尔维亚首都贝尔格莱德出席第三次中国—中东欧国家领导人会晤。塞尔维亚、阿尔巴尼亚、波黑、捷克、爱沙尼亚、匈牙利、拉脱维亚、立陶宛、马其顿、黑山、罗马尼亚、斯洛伐克、斯洛文尼亚、保加利亚、克罗地亚、波兰等中东欧16国领导人与会。会晤后，中国与中东欧16国共同发表《中国—中东欧国家合作贝尔格莱德纲要》，涉及政治、互联互通、经贸、投资、金融、科技创新、环保、能源、人文、地方合作等领域52项举措。

李克强总理在中国—中东欧国家领导人会晤上发表讲话，就深入推进中国—中东欧国家合作提出五点建议：

第一，打造中国与中东欧合作新亮点。发挥双方的互补优势，以基础设施建设为牵引，以产能转型合作为抓手，以金融合作为支撑，充分照顾各方关切，推进合作不断取得新进展。

第二，构建互联互通新走廊。中东欧国家拥有天然良港，与铁路、公路等交通干线连接起来，可以发挥巨大的运输效应。双方可依托匈塞铁路、希腊比雷埃夫斯港打造中欧陆海快线。在做好硬件设施的同时也改善软件环境。中方愿同中东欧国家一道，推进通关便利化合作。

第三，拓展产业合作新空间。将中国在高铁、核电、电信等装备制造和钢铁、水泥、平板玻璃等原材料生产方面的优质产能与中东欧国家大项目建设的巨大需求结合起来。中国鼓励本国企业在中东欧国家就地建厂，积极参与共建各类产业园区，促进当地就业，同时带动中国产业升级转型。

第四，搭建投融资协作新框架。中方决定建立中国—中东欧协同投融资合作框架，一是鼓励中东欧国家继续用好“100亿美元专项贷款”，中国将根据项目情况，提高贷款优惠力度，降低融资成本；二是设立30亿美元规模投资基金，启动第二期10亿美元的中国—中东欧投资合作基金；三是鼓励中东欧国家企业及金融机构在中国境内发行人民币债券，探索设立人民币中东欧合作基金。

第五，扩大人文交流新领域。加强旅游、科技、文化、教育、卫生、青年、妇女、媒体等领域交流，精心设计2015年中国—中东欧国家旅游年活动，支持组建学者智库中心。希望各方继续简化签证手续，便利人员往来。中国2015年对中东欧国家提供的留学生名额将在现有基础上翻一番，为双方合作提供人力和教育支持。

李克强总理强调，中国与欧洲是天然合作伙伴，彼此间没有根本利害冲突。中国坚定支持欧洲一体化和欧元稳定，乐见一个更加团结、繁荣、稳定的欧洲。中国与中东欧国家合作不仅有利于双方，也有利于欧洲内部发展平衡，将对欧洲一体化进程发挥重要作用。

其间，李克强总理出席了第四届中国—中东欧国家经贸论坛开幕式并致辞，与中东欧国家领导人分别举行双边会见。李克强总理还集体会见塞尔维亚总理武契奇、匈牙利总理欧尔班、马其顿总理格鲁埃夫斯基，一致同意共同打造中欧陆海快线，并与三国总理共同见证中、匈、塞三国合作建设匈塞铁路的谅解备忘录和中、匈、塞、马四国通关便利化等合作文件的签署。

10. 李克强总理出席大湄公河次区域经济合作第五次领导人会议

2014年12月19～20日，国务院总理李克强出席在泰国曼谷举行的大湄公河次区域经济合作（GMS）第五次领导人会议。

李克强总理在领导人会议开幕式上发表讲话，表示中国将坚定不移继续走和平发展道路，坚定不移维护地区和平稳定，坚定不移支持东盟一体化进程，始终把东盟作为中国外交的优先方向，愿继续秉承亲诚惠容理念，坚持与邻为善、以邻为伴的周边外交方针，同次区域五国一道弘扬睦邻友好传统，促进区域经济发展和民生改善，深化各领域互利合作，为实现本地区长期繁荣稳定发展作出不懈努力。

李克强总理提出打造中国—东盟合作和大湄公河次区域合作升级版，并就深化合作新框架提出五点建议：一是深化基础设施领域合作。以建立区域铁路联盟为契机，推动次区域综合运输体系建设，加快通关便利化，提升软件联通水平。中方始终坚持开发与保护并举原则合理利用水资源，愿与有关国家分享水文信息，加强防灾合作。二是创新产业合作模式。中方愿积极参与在五国特别是在中泰即将合作建设的铁路沿线设立工业、技术和产业园区，愿带着先进产能在当地建厂生产，直接帮助邻国增加就业。主张建立次区域跨境电子商务合作平台，愿主办2015年经济走廊论坛。三是加强对贸易投资合作的金融支持。中方将与湄公河流域国家开展跨境贸易本币结算试点，扩大本币直接兑换规模，支持双方扩大经贸合作；按市场化、可持续原则，支持次区域互联互通及产业合作重点项目。继续用好中国—东盟基础设施专项贷款，同时探索公私合营等各种有利于当地大项目合作的投融资方式。四是推进民生与社会事业发展。中方将继续向次区域国家特别是东盟欠发达国家提供力所能及的支持和援助，通过扩大农产品贸易促进农民增收，今后三年为次区域国家提供3000个培训名额。五是提高地区发展的开放联动水平。次区域各国应加大投入，欢迎域外各方积极参与，继续发挥好亚行等国际机构作用。加强自身发展与次区域规划的对接，保持与东盟共同体、中国—东盟（10+1）、东盟与中日韩（10+3）等地区合作机制的沟通协调。提升地区国家在全球价值链中的竞争力，保护好生态环境，促进大湄公河流域和中国—东盟自贸区经济持续健康发展。

李克强总理在领导人闭门会议上发言，提出共同规划建设全方位交通运输网络和产业合作项目、打造融资合作的新模式、促进经济社会可持续和协调发展等具体建议，表示愿促进次区域可持续和包容性发展，发掘新的增长动力和合作模式，进一步深化中国同中南半岛五国关系。

会议通过《领导人联合宣言》，内容包括区域经济形势、各领域合作进展、面临的挑战等，并就下阶段合作提出具体建议。

会议期间，李克强总理还会见东道主泰国总理巴育，并共同见证签署中泰铁路和农产品合作谅解备忘录。

11. 中国主办亚洲相互协作与信任措施会议第四次峰会

5月20～21日，中国在上海主办亚洲相互协作与信任措施会议（简称“亚信”）第四次峰会。国家主席习近平主持会议并作主旨发言。

习近平主席指出，和平与发展成为时代主题，但人类面临的安全威胁有增无减，已经成为摆在各国面前的突出问题。亚洲和平发展同人类前途命运息息相关。亚洲稳定是世界和平之幸，亚洲振兴是世界发展之福。和平、发展、合作、共赢始终是亚洲地区形势主流。亚洲良好局面来之不易，值得倍加珍惜。亚洲地区安全合作进程正处在承前启后的关键阶段。我们应该积极倡导共同、综合、合作、可持续的亚洲安全观，创新安全理念。

习近平主席表示，亚信是亚洲覆盖范围最大、成员数量最多、代表性最广的地区安全论坛。中方建议，加强亚信能力和机制建设，深化各领域交流合作，增强亚信的包容性和开放性，推动亚信成为覆盖全亚洲的安全对话合作平台，并在此基础上探讨建立地区安全合作新架构。中国的和平发展始于亚洲、依托亚洲、造福亚洲。中国坚持与邻为善、以邻为伴，坚持睦邻、安邻、富邻，践行亲诚惠容的周边外交理念，努力使自身发展更好惠及亚洲国家。中国人民正在努力实现中华民族伟大复兴的中国梦，同时愿意支持和帮助亚洲各国人民实现各自美好梦想，同各方一道努力实现持久和平、共同发展的亚洲梦，为促进人类和平与发展的崇高事业作出新的更大的贡献。

峰会期间，习近平主席同阿富汗、阿塞拜疆、蒙古、巴基斯坦、塔吉克斯坦总统以及柬埔寨首相、联合国秘书长等与会国家元首、政府首脑和国际组织负责人举行双边会见。

12. 中国—阿拉伯国家合作论坛第六届部长级会议举行

2014年6月5日，中国—阿拉伯国家合作论坛（简称“中阿合作论坛”、“论坛”）第六届部长级会议在北京举行。此次会议适逢中阿合作论坛成立十周年，受到中阿双方的高度重视和国际社会的广泛关注。国家主席习近平集体会见与会阿拉伯各国代表团团长并出席会议开幕式，包括阿盟首脑理事会轮值主席国科威特首相贾比尔·穆巴拉克·哈马德·萨巴赫、中国和20个阿盟成员国的外交部长或部长级代表、阿盟秘书长以及阿拉伯国家驻华使节在内的200多名中外来宾与会。

习近平主席在开幕式上发表题为《弘扬丝路精神，深化中阿合作》的重要讲话，全面、系统宣示了新形势下中国对阿拉伯国家政策主张，规划了未来中阿集体合作的重点领域和优先方向，为中阿关系发展和论坛建设确定了行动指南。习近平主席在讲话中提出中阿合作共建“一带一路”倡议，指出中阿双方应该坚持共商、共建、共享原则，打造中阿利益共同体和命运共同体。重点是构建“1+2+3”的合作格局，即以能源合作为主轴，以基础设施建设、贸易和投资便利化为两翼，以核能、航天卫星、新能源三大高新领域为新的突破口；未来10年，争取把中阿贸易额增至6000亿美元，把中国对阿非金融类投资存量增至600亿美元以上，加快协商和推进中国—海湾阿拉伯国家合作委员会自由贸易区、中国—阿联酋共同投资基金、阿拉伯国家参与亚洲基础设施投资银行筹建等，争取早期收获；中阿双方决定把2014年和2015年定为中阿友好年，并在这一框架内举办一系列友好交流活动；今后三年，中国将为阿拉伯国家再培训6000名各类人才；未来10年，将组织1万名中阿艺术家互访交流，推动并支持200家中阿文化机构开展对口合作，邀请并支持500名阿拉伯文化艺术人才来华研修。

阿盟首脑理事会轮值主席国科威特首相贾比尔、会议阿方主席摩洛哥外交与合作大臣萨拉赫丁·梅祖阿尔、阿盟秘书长纳比勒·阿拉比分别在开幕式上致词。阿方对习近平主席讲话反响热烈，盛赞阿中传统友谊，高度评价阿中合作论坛十年取得的成就，表示赞同习近平主席提出的加强论坛建设、发展阿中战略合作关系的主张，支持中方提出的共建“一带一路”倡议，愿意同中方加强沟通和协调，推动阿拉伯有关问题的政治解决，共同致力于促进地区和平、稳定、发展。

在部长会上，中阿双方代表围绕中阿关系和论坛建设十年发展规划，就新形势下加强中阿合作的重点方向、优先领域、具体举措、执行路线图达成一系列重要共识，明确了中长期发展目标和行动路线图。王毅外长就中阿关系发展和论坛建设提出三点建议：一是发挥论坛政治机制的引领作用，增进战略互信；二是发挥论坛经贸机制的推动作用，促进互利共赢；三是发挥论坛人文机制的增效作用，扩大论坛影响。会议还审议通过了《中国—阿拉伯国家合作论坛第六届部长级会议北京宣言》、《中国—阿拉伯国家合作论坛2014年至2016年行动执行计划》、《中国—阿拉伯国家合作论坛2014年至2024年发展规划》以及《2014年至2015年中阿卫生合作执行计划》、《中阿荒漠化检测和防治合作备忘录》等合作文件。

会议期间，习近平主席、全国人大常委会委员长张德江分别会见来华出席会议并访华的科威特首相贾比尔，国务院总理李克强与其会谈。王毅外长分别会见阿盟秘书长纳比勒·阿拉比、索马里外交部长阿布迪拉赫曼·杜阿莱·贝莱、卡塔尔外交大臣哈立德·本·穆罕默德·阿提亚、摩洛哥外交与合作大臣萨拉赫丁·梅祖阿尔、埃及外交部长穆罕默德·纳比勒·法赫米、阿尔及利亚外交部长拉姆丹·拉马拉、突尼斯外交部长蒙吉·哈米迪、巴勒斯坦外交部长利雅得·马立基、也门外交部长艾布贝克尔·科尔比、科摩罗外交部长埃尔·安里夫·赛义德·哈桑、苏丹外交国务部长凯马勒·伊斯梅尔·赛义德、黎巴嫩外交与侨民事务部部长纪伯伦·巴西勒、阿曼外交事务主管大臣尤素福·本·阿拉维。

本届会议以巩固友好为基调，以共建“一带一路”为主线，以实现共同发展繁荣为目标，具有承上启下、继往开来的重要意义，标志着中阿全面合作、共同发展的战略合作关系站到了新的历史起点上。

13. 中印缅三国领导人共同出席和平共处五项原则发表60周年纪念活动

2014年6月28～29日，和平共处五项原则发表60周年纪念活动在北京举行。28日，国家主席习近平、缅甸总统登盛、印度副总统安萨里共同出席纪念大会。习近平主席发表题为《弘扬和平共处五项原则，建设合作共赢美好世界》的主旨讲话，登盛总统和安萨里副总统分别发表讲话。国务院总理李克强主持大会，全国人大常委会委员长张德江、全国政协主席俞正声出席大会，中央和国务院各部委负责人及中外方人民团体和学术机构代表、各国驻华使节、媒体代表等逾700人参加。29日，国家副主席李源潮和登盛总统、安萨里副总统一道参观了和平共处五项原则发表60周年纪念图片展。登盛总统和安萨里副总统结合参会分别对中国进行国事访问和正式访问。

习近平主席在纪念大会讲话中，回顾和平共处五项原则的发展历程，总结和平共处五项原则的历史和现实意义，并就新形势下坚持和弘扬和平共处五项原则、推动建设新型国际关系和美好世界提出六点主张，即坚持主权平等、坚持共同安全、坚持共同发展、坚持合作共赢、坚持包容互鉴、坚持公平正义。习近平主席还宣布中国政府设立“和平共处五项原则友谊奖”和“和平共处五项原则卓越奖学金”，以表彰和鼓励更多人士和团体坚持和弘扬和平共处五项原则。

登盛总统和安萨里副总统高度评价和平共处五项原则发表60年来在国际关系中发挥的重要作用，认为和平共处五项原则发源于亚洲传统文化，是亚洲为建立公正、民主的国际秩序作出的重要贡献，已经为国际社会广泛接受，并将继续在国际关系中发挥重要作用。作为和平共处五项原则的共同倡导者和传统友好邻邦，中、缅、印三国有责任不断发展彼此友好关系，为世界的和平与发展作出更大贡献。

李克强总理在主持纪念大会时表示，在新的历史时期，中国愿在和平共处五项原则基础上，奉行以邻为伴、与邻为善的方针，巩固中印、中缅睦邻友好与互利合作纽带，维护亚洲和平稳定与共同发展的良好局面，通过对话协商妥善处理矛盾和分歧，共同打造世界包容发展与持久和平、共同繁荣的美好未来。

14. 中国成功举办第二届夏季青年奥林匹克运动会

2014年8月16～28日，第二届夏季青年奥林匹克运动会（简称“青奥会”）在江苏南京成功举办。南京青奥会是继北京奥运会后中国举办的又一重大奥运赛事，也是中国首次举办青奥会。本届青奥会的口号是“分享青春，共享未来”。来自203个国家和地区的3700多名运动员参加28个大项、222个小项的角逐。

8月16日，青奥会开幕式在南京奥林匹克体育中心举行，国家主席习近平出席并宣布开幕。国际奥委会主席巴赫、国际奥委会荣誉主席罗格，新加坡总统陈庆炎、摩纳哥国家元首阿尔贝二世亲王、布隆迪总统恩库伦齐扎、斐济总统奈拉蒂考、马尔代夫总统亚明、黑山总统武亚诺维奇、瓦努阿图总理纳图曼等七位外国政要和联合国秘书长潘基文共同出席开幕式。习近平主席为出席青奥会的贵宾举行欢迎宴会，并分别会见了七位外国政要、国际奥委会主席巴赫和联合国秘书长潘基文。

8月28日，青奥会闭幕式在南京奥林匹克体育中心举行，国务院总理李克强出席。国际奥委会主席巴赫以及安提瓜和巴布达总理布朗、吉布提总理卡米勒、马达加斯加总理库卢、克罗地亚议长莱科等外国政要共同出席闭幕式。同日，李克强总理会见卡米勒总理、库卢总理、莱科议长等三位外国政要以及国际奥委会主席巴赫，并为他们举行欢迎宴会。

15. 中国承办阿富汗问题伊斯坦布尔进程第四次外长会

阿富汗问题伊斯坦布尔进程成立于2011年，是目前唯一由地区国家主导、国际社会广泛参与的涉阿富汗问题国际地区合作机制。伊斯坦布尔进程秉持“地区主导、地区所有”和协商一致原则，主要通过政治对话增进成员国间相互信任，并通过开展建立信任措施合作推进各领域务实合作，以推动阿富汗和地区实现和平、稳定与发展。

2014年10月31日，阿富汗问题伊斯坦布尔进程第四次外长会在北京举行。此次会议是阿富汗大选后首次涉阿问题大型国际会议，也是中方首次承办阿富汗问题国际会议。伊斯坦布尔进程14个地区成员国、16个域外支持国、12个国际和地区组织及4个主席国客人共46方的外长或高级别代表出席会议。

中国国务院总理李克强和阿富汗总统加尼共同出席外长会开幕式，外交部长王毅和阿富汗外交部长奥斯马尼共同主持会议。李克强总理发表题为《携手促进阿富汗及地区的安全与繁荣》的主旨讲话，就解决阿富汗问题提出坚持“阿人治阿”、推进政治和解、加快经济建设、探索发展道路、加强外部支持等五点主张，得到与会代表和国际社会的积极响应。加尼总统在致辞中感谢中方长期以来对阿富汗的支持和帮助，表示阿方将在国际社会支持下，推进和平重建，为地区发展发挥积极作用。

会议各方就阿富汗局势和伊斯坦布尔进程合作等进行了深入交流，通过《伊斯坦布尔进程北京宣言：深化地区合作，促进阿富汗及地区持久安全与繁荣》（简称《北京宣言》），确定了伊斯坦布尔进程框架下建立信任措施64个优先合作项目，决定由巴基斯坦筹办2015年伊斯坦布尔进程第五次外长会。

会后，王毅外长和奥斯马尼外长共同会见记者。王毅外长表示，中方在阿富汗问题上一直是负责任的支持者、贡献者、建设者，将继续用实实在在的行动，支持阿富汗的和平重建。

此前，为筹备本次外长会，伊斯坦布尔进程两次高官会先后于7月10日和10月30日在北京召开。外交部副部长刘振民分别与阿富汗副外长艾哈迈迪、阿富汗总统顾问卡尔扎伊共同主持会议。

16. 中国主办亚太经合组织第22次领导人非正式会议

2014年11月10～11日，亚太经合组织第22次领导人非正式会议在北京举行。这是中国时隔13年再次主办亚太经合组织领导人非正式会议。

国家主席习近平出席并主持此次会议，与亚太经合组织其他20个成员经济体领导人和代表一道，围绕“共建面向未来的亚太伙伴关系”主题和“推动区域经济一体化”、“促进经济创新发展、改革与增长”和“加强全方位基础设施与互联互通建设”三大重点议题，共谋区域经济合作，共商亚太发展大计。会议取得圆满成功，发表两份成果文件：一是《北京纲领：构建融合、创新、互联的亚太——亚太经合组织第二十二次领导人非正式会议宣言》，涵盖了数十个合作领域和上百项成果；二是《共建面向未来的亚太伙伴关系——亚太经合组织成立25周年声明》。这是亚太经合组织历史上首份纪念性声明，总结历史成就和经验，勾画亚太发展愿景。

除领导人非正式会议外，习近平主席还出席了亚太经合组织工商领导人峰会并发表主旨演讲，参加亚太经合组织领导人同工商咨询理事会代表对话会、亚太经合组织领导人欢迎晚宴和文艺演出、“亚太伙伴林”植树仪式、记者会等活动；主持“加强互联互通伙伴关系”对话会，与周边有关国家领导人和国际组织负责人就推动亚洲互联互通建设问题深入交换意见。会议期间，习近平主席同23位国家元首、政府首脑举行会谈会见，并分别会见香港特别行政区行政长官梁振英、台湾两岸共同市场基金会荣誉董事长萧万长。

此次会议内容丰富，取得了丰硕的成果：

一是明确了未来亚太合作的方向与目标。会议发表的《北京纲领》和《亚太经合组织成立25周年声明》提出，本着互信、包容、合作、共赢精神，构建面向未来的亚太伙伴关系；着力打造发展创新、增长联动、利益融合的开放型亚太经济格局；推动实现共同发展、繁荣和进步的亚太梦想。亚太伙伴关系和亚太梦想的确立，是亚太区域合作和亚太地区处理国家关系理念的重大进步，也为亚太地区长远发展和共同繁荣勾画了新愿景，指引了新方向，注入了新动力。

二是作出了启动亚太自贸区进程的重大决定。会议批准了《亚太经合组织推动实现亚太自由贸易区路线图》，申明通过实施路线图，在完成现有路径基础上建成亚太自贸区。为此，会议决定开展亚太自贸区联合战略研究，建立亚太地区自贸信息交流机制，制定自贸区能力建设行动计划，致力于加速将亚太自贸区从愿景变为现实，这标志着亚太自贸区进程正式启动，是亚太经合组织所有成员的庄严承诺，成为载入史册的重大抉择。

三是勾画了建设亚太互联互通网络的新蓝图。本次会议批准了《亚太经合组织互联互通蓝图》这一里程碑式的文件，各方决心在2025年前实现推进硬件、软件和人员交流互联互通建设的远景目标和具体指标，共同致力于构建全方位、多层次、复合型的亚太互联互通网络。会议决定拓展基础设施投融资领域务实合作，推广公私合作伙伴关系模式；实施全球价值链、供应链等领域合作倡议，帮助各成员特别是发展中成员更好融入区域经济一体化进程。这为亚太长远发展夯实基础，使亚太能够在全球竞争中抢得先机。

四是找到了支撑亚太经济发展的五大新支柱。会议一致认为，世界经济已经进入后国际金融危机时期的深度调整阶段，亚太发展取决于创新和改革。会议通过《亚太经合组织经济创新发展、改革与增长共识》，决心以经济改革、新经济、创新增长、包容性支持、城镇化为五大支柱，加强宏观政策协调，推进务实合作、经验分享和能力建设，进一步巩固亚太的全球经济引擎地位。

五是开辟了一系列全球性问题的合作新领域。在反恐、气候变化、大规模流行性疾病、自然灾害等问题日益突出背景下，此次会议就此进行了有益讨论，形成广泛和重要的共识，决心通过合作来共同应对这些全球性挑战。会议鼓励各成员在减灾防灾、灾害应对和恢复等领域深化合作，重申共同努力推进《亚太经合组织反恐和贸易安全战略》的落实。

六是举办了亚太经合组织东道主伙伴对话会。在此次亚太经合组织领导人非正式会议之前，习近平主席主持“加强互联互通伙伴关系”东道主伙伴对话会，邀请了中国周边七个国家的领导人及两个国际和地区组织的负责人出席。对话会上，习近平主席提出，要加强“一带一路”务实合作，深化亚洲国家互联互通伙伴关系，共建发展和命运共同体，并宣布设立丝路基金。对话会通过联合新闻公报，对“一带一路”提出明确支持。对话会的成功和丝路基金的面世，将提升“一带一路”的国际关注度和认同度，对于加速推进“一带一路”、早日造福亚太各国具有积极意义。

17. 习近平主席特使、国务院副总理张高丽出席联合国气候峰会

2014年9月23日，联合国气候峰会在美国纽约召开。国家主席习近平特使、国务院副总理张高丽出席会议。

张高丽副总理在峰会全会上发表题为《凝聚共识　落实行动　构建合作共赢的全球气候治理体系》的讲话，全面阐述中国2020年前应对气候变化的方针政策、目标行动和取得的显著成效，宣示中国对未来新协议的积极态度和原则立场，表明中方高度重视应对气候变化，将主动承担与自身国情、发展阶段和实际能力相符的国际义务。

张高丽副总理表示，中国将尽快提出2020年后应对气候变化行动目标，碳排放强度要显著下降，非化石能源比重要显著提高，森林蓄积量要显著增加，努力争取二氧化碳排放总量尽早达到峰值。中国坚定支持2015年巴黎会议如期达成协议，同时提出三点倡议：一要坚持公约框架，遵循公约原则；二要兑现各自承诺，巩固互信基础；三要强化未来行动，提高应对能力。张高丽副总理还在发言中宣布，中国将在现有基础上把每年的资金支持翻一番，建立气候变化南南合作基金。中国还将提供600万美元资金，支持联合国秘书长推动应对气候变化南南合作。

张高丽副总理在出席秘书长小范围晚宴时表示，各国要加强相互尊重理解和实质性互利合作，建立应对气候变化合作平台和机制，为全球绿色低碳发展开辟广阔前景、造福子孙后代。

峰会期间，张高丽副总理还出席中国向联合国捐赠全球地表覆盖数据仪式，并分别会见美国、法国、荷兰、秘鲁、玻利维亚、欧盟领导人及联合国秘书长潘基文、第69届联大主席库泰萨，就中国与有关国家及联合国开展应对气候变化合作等深入交换意见。

18. 杨洁篪国务委员出席第四轮中欧高级别战略对话

2014年1月27日，国务委员杨洁篪在比利时布鲁塞尔与欧盟外交与安全政策高级代表兼欧盟委员会副主席凯瑟琳·阿什顿共同主持第四轮中欧高级别战略对话。

杨洁篪委员表示，第16次中国欧盟领导人会晤发表《中欧合作2020战略规划》，为中欧未来合作指明了方向，中欧关系为世界和平稳定发展发挥着日益重要的作用。中国一贯明确支持欧洲一体化进程，尊重欧洲自主选择的联合自强的发展道路，认为欧洲是推动世界多极化发展的一支重要战略力量，中欧是相互依存的伙伴。中国共产党第十八届三中全会作出全面深化改革的重大决策，欧洲开始逐渐摆脱债务危机阴影，未来十年将是中欧关系发展的战略机遇期。双方应努力增进战略互信，支持彼此的和平发展，不断深化务实合作，助力双方经济增长，推动中欧合作转型升级。加强在国际事务中的合作，维护国际正义，为世界的和平、稳定、繁荣作出新的贡献。

阿什顿高级代表表示，欧中关系近年来的发展充分显示了双方合作的战略性。欧中政治互信不断加深，经贸合作不断拓展。欧方感谢中方在欧洲应对欧债危机进程中的宝贵支持，愿与中方切实落实《欧中合作2020战略规划》，推动双方各领域合作取得更大发展。欧方将与中方在国际和地区问题上加强沟通协调，共同促进世界和平与发展。

19. 王毅外长提出解决巴以冲突的五点和平倡议

2014年夏，巴勒斯坦抵抗组织哈马斯和以色列在加沙地区爆发大规模武装冲突，造成大量人员伤亡，国际社会高度关注，有关各方纷纷加大斡旋力度。在此情况下，为推动早日停火，体现中方在巴以问题上的积极建设性作用，外交部长王毅在8月3日访问埃及期间，提出中方解决巴以冲突五点和平倡议：

第一，以巴双方应从维护人民安危与地区和平出发，立即实现全面停火，包括空袭、地面军事行动、发射火箭弹等都应停下来。任何滥用武力、造成平民伤亡的行为都不可接受，任何以暴制暴的做法都必须摈弃。

第二，中方支持埃及等国家提出的停火倡议。以巴都应放弃以武力手段寻求单方面诉求，通过负责任谈判，寻找实现共同安全的方案，并为此建立必要保障机制。在此进程中，以色列应解除对加沙地区封锁，释放在押巴勒斯坦人。同时，以色列的合理安全关切也应予以重视。

第三，以巴冲突的根源在于巴勒斯坦问题长期得不到公正、合理的解决。中方一贯支持巴勒斯坦人民独立建国的正当要求和合法权利。以巴有关各方应把和谈作为不可动摇的战略选择，相互释放善意，尽快恢复和谈。和谈要相向而行，不能背道而驰，尤其要避免和谈破裂导致紧张升级、对抗加剧。

第四，以巴冲突事关国际和平与安全，联合国安理会应为解决以巴冲突承担必要责任，尽快就此形成共识，发挥应有作用。国际社会要相互配合，形成推动以巴和平的合力。

第五，高度重视并有效缓解巴勒斯坦特别是加沙地区的人道主义局势。国际社会应及时提供必要的帮助和支持。中方将向加沙人民提供150万美元紧急人道主义现汇援助，中国红十字会也向加沙人民提供了人道援助。

中方提出解决巴以冲突五点和平倡议，得到包括巴以双方在内的各方普遍欢迎，显示出中国作为负责任大国为解决热点问题发挥了客观、公正和积极作用，也成为国际促和努力的重要组成部分。在中方和有关各方的共同努力下，巴以双方于8月底实现停火。

20. 王毅外长出席东亚外长系列会议

2014年8月9～10日，外交部长王毅出席在缅甸内比都举行的东亚外长系列会议，包括中国—东盟（10+1）外长会、东盟与中日韩（10+3）外长会、东亚峰会外长会和东盟地区论坛外长会。

在中国—东盟外长会上，王毅外长就深化中国—东盟关系、加强合作与东盟方交换了意见，围绕落实“2+7合作框架”、携手建设更为紧密的中国—东盟命运共同体，提出三个方面12条合作倡议，重点包括：探讨签署“中国—东盟国家睦邻友好合作条约”，为双方关系发展提供稳固的法律和制度保障；加快推进中国—东盟自贸区升级版谈判和亚洲基础设施投资银行筹建进程，共同努力在2015年完成区域全面经济伙伴关系谈判，为区域经济发展注入新的动力；2015年在中国举行中国—东盟防长非正式会议；加强海上合作，将2015年定为“中国—东盟海洋合作年”，共同建设21世纪海上丝绸之路；办好2014年中国—东盟文化交流年，支持中国—东盟教育周、中国—东盟中心等机制和平台建设，密切各方人文交流与合作。

双方一致认为，处理南海问题应坚持“双轨思路”，即具体争议由直接当事方通过协商谈判解决，中国与东盟国家共同努力维护南海和平稳定。各方要加强对话协商，维护南海和平稳定，全面有效落实《南海各方行为宣言》（下称“《宣言》”），推进《宣言》框架下的务实合作，并在协商一致的基础上达成“南海行为准则”。各方同意10月在泰国举行第八次落实《宣言》高官会和第十二次联合工作组会议。

在东盟与中日韩外长会上，王毅外长表示，东亚是世界经济增长的重要引擎，东亚合作前景广阔、潜力巨大。在东亚多个合作机制中，10+3合作具有良好基础，已成为当之无愧的东亚合作主渠道。10+3应进一步增强内生动力，更好地支持东盟共同体建设，推动区域经济一体化。王毅外长表示，要夯实10+3作为东亚合作主渠道地位，支持东盟共同体建设，做强财金、粮食等旗舰合作项目。

与会各国外长表示，10+3为推进东亚合作发挥了重要作用，有效推动了区域一体化建设，促进了地区和平、繁荣、进步。各国应进一步加强在金融、互联互通、经贸、防灾减灾、能源安全、粮食安全、应对气候变化、人文等领域合作，努力推动实现建成东亚共同体目标。

在东亚峰会外长会上，王毅外长指出，2015年是东亚峰会成立十周年，各方应以此为契机，着眼长远，推动东亚峰会取得更大发展。为此，中方提出应坚持战略论坛定位，坚持以东盟为主导，坚持推进发展合作，坚持维护和平稳定。中方重视东亚峰会重点领域及其他方面务实合作，希通过峰会促进地区发展，愿与地区国家共同推动地区一体化进程，加快区域自贸建设，加强应对气候变化、灾害管理、打击野生动植物走私等非传统安全领域合作，加强对地区安全架构的探讨，推动智库民间交流。会议通过了《落实〈金边发展宣言〉行动计划》。

在东盟地区论坛（ARF）外长会上，王毅外长指出，在全球化深入发展的今天，要维护亚洲长治久安，需要与时俱进，树立21世纪安全理念。中方倡导各方践行共同、综合、合作、可持续的亚洲安全观，努力走出一条共建、共享、共赢的安全之路。王毅外长还阐述了中方在南海问题上的原则立场，强调中国和东盟完全有能力、也有智慧维护好南海的和平稳定。中国和东盟国家达成共识，要继续全面有效落实《南海各方行为宣言》，争取在协商一致基础上早日达成“南海行为准则”。域外国家可以有合理的关切，但反对任何人到这个地区来指手画脚。会前，王毅外长与ARF各成员外长共同出席2015年ARF第四次救灾演习筹备工作启动仪式。

21. 王毅外长出席第69届联合国大会一般性辩论

2014年9月，外交部长王毅出席第69届联合国大会（简称“联大”）一般性辩论。与会期间，王毅外长还出席安理会反恐峰会、联合国埃博拉疫情防控高级别会议、联合国维和行动问题高级别会议、金砖国家外长会晤等多边活动，并举行一系列双边会见。

在联大一般性辩论发言中，王毅外长表示，2014年是第一次世界大战爆发100周年，2015年是第二次世界大战结束70周年。为了共建和平、共守安宁，各国应该平等相待，恪守主权和领土完整原则，维护各自选择社会制度和发展道路的权利；应该开放包容，实现不同社会制度、不同宗教信仰、不同文化传统国家的和谐相处；应该合作共赢，努力扩大各国利益汇合点，只有相互补台，才能好戏连台；应该讲求公道，推动国际关系民主化、法治化，在国际法框架内促和平、谋发展。王毅外长强调，面对当今世界各类冲突，各国应坚持政治解决，采取强制行动应由安理会授权；兼顾各方利益，在协商中实现合理诉求，争取互谅互让；推进民族和解，让冲突后的土壤生长出包容和亲善的果实；践行多边主义，全面、充分发挥联合国作用，恪守国际法和国际关系基本准则。王毅外长还就乌克兰、伊拉克、叙利亚、巴勒斯坦、南苏丹、阿富汗、伊朗核、朝鲜核、恐怖主义、气候变化、埃博拉疫情、2015年后发展议程等问题阐述中方立场和主张。

在安理会反恐峰会上，王毅外长指出，恐怖分子漠视基本人权，挑战人类文明底线，是全人类的公敌，各国必须共同应对。国际反恐必须遵循国际法和国际关系准则，发挥联合国及其安理会的主导作用，在政治、安全、经济、金融、情报以及思想领域综合施策，标本兼治，尤其是致力于消除恐怖主义产生的根源和滋生土壤，采取军事行动必须符合联合国宪章和安理会决议。恐怖主义不论以何种形式出现，不论何时何地，针对何人何事，都必须予以打击，不能采取双重标准，更不能与特定的民族或宗教挂钩。各国要加大信息收集与分享，加强网络反恐，切断流动和融资渠道，推进“去极端化”。在正义与团结面前，恐怖主义无所遁形，一定能够被彻底战胜。

在联合国埃博拉疫情防控高级别会议上，王毅外长表示，埃博拉疫情是当前世界各国的共同挑战，国际社会必须建立信心，携手共克时艰。要雪中送炭，向疫区增派医护人员和专家，提供防护设备和物资，帮助治疗感染者，协助做好社区防控工作。要密切协调，支持世界卫生组织和联合国继续发挥必要作用，调动全球资源应对。要标本兼治，加快疫苗和药物研发，协助非洲加强公共卫生能力建设。王毅外长介绍了中国对疫区的援助举措，强调中国将视疫区需要继续提供新帮助，包括派高级别专家、分享抗疫经验、培训医护人员、推动建立救治中心等，并在中非合作论坛框架下优先推进卫生合作，加强非洲卫生防控体系。

在金砖国家外长会晤上，王毅外长表示，2014年在巴西福塔莱萨举行的金砖国家领导人会晤为金砖机制注入了新的活力与动力。各方应以落实福塔莱萨行动计划为契机，共同制定金砖国家未来经济合作战略规划，尽快启动组建开发银行和设立应急储备安排进程，在重大国际政治安全问题上开展常态化协调，就国际热点问题提出政治解决方案，不断提升金砖国家影响力。

22. 中央外事工作会议召开

2014年11月28～29日，中央外事工作会议在北京召开。这次会议是党中央为做好新形势下对外工作召开的一次重要会议。会议全面分析了国际形势和中国外部环境的变化，明确了新形势下对外工作的指导思想、基本原则、战略目标和主要任务。

中共中央总书记、国家主席、中央军委主席习近平在会上发表重要讲话。国务院总理李克强主持会议，中共中央政治局常委张德江、俞正声、刘云山、王岐山、张高丽出席会议。

习近平在讲话中强调，要高举和平、发展、合作、共赢的旗帜，统筹国内国际两个大局，统筹发展安全两件大事，牢牢把握坚持和平发展、促进民族复兴这条主线，维护国家主权、安全、发展利益，为和平发展营造更加有利的国际环境，维护和延长中国发展的重要战略机遇期，为实现“两个一百年”奋斗目标、实现中华民族伟大复兴的中国梦提供有力保障。

习近平指出，党的十八大以来，党中央统筹国内国际两个大局，在保持外交大政方针连续性和稳定性的基础上，主动谋划，努力进取，对外工作取得显著成绩。中国着眼于新形势新任务，积极推动对外工作理论和实践创新，注重阐述中国梦的世界意义，丰富和平发展战略思想，强调建立以合作共赢为核心的新型国际关系，提出和贯彻正确义利观，倡导共同、综合、合作、可持续的安全观，推动构建新型大国关系，提出和践行亲诚惠容的周边外交理念、真实亲诚的对非工作方针。

习近平深入分析了世界发展态势和国际格局变化，指出要充分估计国际格局发展演变的复杂性，更要看到世界多极化向前推进的态势不会改变。要充分估计世界经济调整的曲折性，更要看到经济全球化进程不会改变。要充分估计国际矛盾和斗争的尖锐性，更要看到和平与发展的时代主题不会改变。要充分估计国际秩序之争的长期性，更要看到国际体系变革方向不会改变。要充分估计中国周边环境中的不确定性，更要看到亚太地区总体繁荣稳定的态势不会改变。

习近平强调，当今世界是一个变革的世界，是一个新机遇新挑战层出不穷的世界，是一个国际体系和国际秩序深度调整的世界，是一个国际力量对比深刻变化并朝着有利于和平与发展方向变化的世界。综合判断，中国发展仍然处于可以大有作为的重要战略机遇期。中国最大的机遇就是自身不断发展壮大，同时也要重视各种风险和挑战，善于化危为机、转危为安。

习近平指出，中国已进入实现中华民族伟大复兴的关键阶段。中国与世界的关系正在发生深刻变化，中国同国际社会的互联互动也已变得空前紧密，中国对世界的依靠、对国际事务的参与在不断加深，世界对中国的依靠、对中国的影响也在不断加深。观察和规划改革发展，必须统筹考虑和综合运用国际国内两个市场、国际国内两种资源、国际国内两类规则。

习近平强调，中国必须有自己特色的大国外交。要在总结实践经验的基础上，丰富和发展对外工作理念，使中国对外工作有鲜明的中国特色、中国风格、中国气派。要坚持中国共产党领导和中国特色社会主义，坚持中国的发展道路、社会制度、文化传统、价值观念。要坚持独立自主的和平外交方针，坚持把国家和民族发展放在自己力量的基点上，坚定不移走自己的路，走和平发展道路，同时决不能放弃中国的正当权益，决不能牺牲国家核心利益。要坚持国际关系民主化，坚持和平共处五项原则，坚持国家不分大小、强弱、贫富都是国际社会平等成员，坚持世界的命运必须由各国人民共同掌握，维护国际公平正义，特别是要为广大发展中国家说话。

习近平强调，要坚持合作共赢，推动建立以合作共赢为核心的新型国际关系，坚持互利共赢的开放战略，把合作共赢理念体现到政治、经济、安全、文化等对外合作的方方面面。要坚持正确义利观，做到义利兼顾，要讲信义、重情义、扬正义、树道义。要坚持不干涉别国内政原则，坚持尊重各国人民自主选择的发展道路和社会制度，坚持通过对话协商以和平方式解决国家间的分歧和争端，反对动辄诉诸武力或以武力相威胁。

习近平指出，当前和今后一个时期，中国对外工作要贯彻落实总体国家安全观，增强全国人民对中国特色社会主义的道路自信、理论自信、制度自信，维护国家长治久安。要争取世界各国对中国梦的理解和支持，中国梦是和平、发展、合作、共赢的梦，中国追求的是中国人民的福祉，也是各国人民共同的福祉。要坚决维护领土主权和海洋权益，维护国家统一，妥善处理好领土岛屿争端问题。要维护发展机遇和发展空间，通过广泛开展经贸技术互利合作，努力形成深度交融的互利合作网络。要在坚持不结盟原则的前提下广交朋友，形成遍布全球的伙伴关系网络。要提升中国软实力，讲好中国故事，做好对外宣传。

习近平就新形势下不断拓展和深化外交战略布局提出要求，强调要切实抓好周边外交工作，打造周边命运共同体，秉持亲诚惠容的周边外交理念，坚持与邻为善、以邻为伴，坚持睦邻、安邻、富邻，深化同周边国家的互利合作和互联互通。要切实运筹好大国关系，构建健康稳定的大国关系框架，扩大同发展中大国的合作。要切实加强同发展中国家的团结合作，把中国发展与广大发展中国家共同发展紧密联系起来。要切实推进多边外交，推动国际体系和全球治理改革，增加中国和广大发展中国家的代表性和话语权。要切实加强务实合作，积极推进"一带一路"建设，努力寻求同各方利益的汇合点，通过务实合作促进合作共赢。要切实落实好正确义利观，做好对外援助工作，真正做到弘义融利。要切实维护中国海外利益，不断提高保障能力和水平，加强保护力度。

习近平指出，全面推进新形势下的对外工作，必须加强党的集中统一领导，改革完善对外工作体制机制，强化对各领域各部门各地方对外工作的统筹协调，加大战略投入，规范外事管理，加强外事干部队伍建设，为开创对外工作新局面提供坚强保障。

李克强在主持会议时指出，各地方各部门要认真学习领会、深入贯彻落实习近平总书记重要讲话精神，把思想和行动统一到中央决策部署上来。为此，必须坚持从中国社会主义初级阶段和发展中大国的国情出发，努力维护和用好中国发展的战略机遇期，使对外工作更好服从服务于全面建成小康社会、实现中华民族伟大复兴中国梦的战略大局；必须坚持努力建设中国特色社会主义，以经济建设为中心，把中国自己的事办好，不断增强国家的经济竞争力、文化影响力和综合实力，为实现对外工作的战略目标提供强有力支撑；必须坚持独立自主的和平外交方针，走和平发展道路，维护国际正义，推动国际关系民主化，倡导互利共赢，推进经济外交，共同应对全球面临的诸多挑战，促进人类文明进步事业的发展，不断开创中国对外工作新局面。

国务委员杨洁篪在会议总结时表示，要认真学习、深刻领会、坚决贯彻习近平总书记的重要讲话精神，准确把握对外工作面临的新形势、新任务和新要求，统一思想、统一认识、统一行动，不断提高处理纷繁复杂国际事务的能力。各地方各部门要切实抓好贯彻落实，充分发挥各方面对外交往的积极主动性，努力开创中国对外工作的新局面。

中共中央政治局委员、中央书记处书记，全国人大常委会有关领导同志，国务委员，最高人民法院院长，最高人民检察院检察长，全国政协有关领导同志以及中央军委委员出席会议。各省、自治区、直辖市和新疆生产建设兵团、计划单列市，中央和国家机关及军队有关单位、中央管理的部分企业和金融机构主要负责同志，驻外大使、大使衔总领事、驻国际组织代表和外交部驻香港、澳门公署特派员等参加会议。

23. 中国稳步推进“一带一路”重大合作倡议

2013年9月和10月，国家主席习近平在出访中亚和东南亚国家期间，先后提出共建丝绸之路经济带和21世纪海上丝绸之路（简称“一带一路”）的重大倡议，得到国际社会高度关注和有关国家积极响应。国务院总理李克强参加2013年中国—东盟博览会时强调，铺就面向东盟的海上丝绸之路，打造带动腹地发展的战略支点。加快“一带一路”建设，有利于促进沿线各国经济繁荣与区域经济合作，加强不同文明交流互鉴，促进世界和平发展，是一项造福世界各国人民的伟大事业。

2014年，“一带一路”建设取得积极进展，进入务实合作新阶段。

“一带一路”得到沿线大多数国家的欢迎和支持。中国与沙特、比利时、阿富汗、斯里兰卡、土库曼斯坦、哈萨克斯坦、吉尔吉斯斯坦、俄罗斯、乌兹别克斯坦、蒙古、马尔代夫、欧盟等的联合声明写入对方支持或双方共建“一带一路”的内容。中国与塔吉克斯坦、哈萨克斯坦、卡塔尔、科威特等国还签署了“一带一路”合作协议。

中国积极推动与沿线国家在交通基础设施建设、产业和人文等领域的务实合作，实现一批引人瞩目的早期收获。如中俄达成历史性的东线天然气合作协议，中国—中亚天然气管道C线通气和D线开工，中国公司承建的土耳其安卡拉至伊斯坦布尔高速铁路二期项目正式通车，中哈连云港物流场站项目启动，中国、哈萨克斯坦、吉尔吉斯斯坦三国联合申报的丝绸之路“长安—天山廊道路网”，成功入选联合国教科文组织的世界文化遗产名录。

中国成功主办加强互联互通伙伴关系对话会，精心设计博鳌亚洲论坛2014年年会、亚洲合作对话丝绸之路务实合作论坛、亚信第四次峰会、中阿合作论坛第六届部长级会议、生态文明贵阳国际论坛2014年年会等重要活动，“一带一路”成为主要元素和突出亮点，产生积极反响。

中国制定的规划基本成形。陆上共同打造新亚欧大陆桥、中蒙俄、中国—中亚—西亚、中国—中南半岛等国际经济合作走廊，海上以建设通畅安全高效的运输大通道为目标，共同建设海上经济走廊。中国将在“一带一路”框架下同沿线国家加强合作，以基础设施互联互通、能源资源、贸易投资、产业、金融、人文交流、生态环保、海上合作为重点，抓好重大项目建设，造福沿线国家和人民。

24. 中国应对菲律宾所提南海仲裁案管辖权问题

2014年12月7日，外交部受权发表《中华人民共和国政府关于菲律宾共和国所提南海仲裁案管辖权问题的立场文件》（简称“立场文件”），重申中国不接受、不参与该仲裁的严正立场，并从法律角度全面阐述中国关于仲裁庭没有管辖权的立场和理据。

2013年1月22日，菲律宾单方面就中菲有关南海问题提起强制仲裁。其后，菲律宾不顾中国的强烈反对，执意推进仲裁程序。

立场文件指出，菲律宾提请仲裁事项的实质是南海部分岛礁的领土主权问题，超出《联合国海洋法公约》的调整范围，仲裁庭无权审理。

立场文件指出，以谈判方式解决在南海的争端是中菲两国通过双边文件和《南海各方行为宣言》所达成的协议，菲律宾单方面将有关争端提交强制仲裁违反国际法。

立场文件指出，即使菲律宾提出的仲裁事项涉及有关《联合国海洋法公约》解释或适用的问题，也构成中菲两国海域划界不可分割的组成部分，而中国已根据《联合国海洋法公约》的规定于2006年作出声明，将涉及海域划界等事项的争端排除适用仲裁等强制争端解决程序。

立场文件强调，仲裁庭对于菲律宾提起的仲裁明显没有管辖权；各国有权自主选择争端解决方式，中国不接受、不参与菲律宾提起的仲裁具有充分的国际法依据。

立场文件进一步指出，南海问题涉及多个国家，需要各方的耐心和政治智慧才能实现最终解决。有关各方应当在尊重历史事实和国际法的基础上，通过协商和谈判妥善解决南海问题。在有关问题得到彻底解决之前，各方应当开展对话，寻求合作，维护南海的和平与稳定，不断增信释疑，为问题的最终解决创造条件。

立场文件最后指出，菲律宾单方面提起仲裁的做法，不会改变中国对南海诸岛及其附近海域拥有主权的历史和事实，不会动摇中国维护主权和海洋权益的决心和意志，不会影响中国通过直接谈判解决有关争议以及与本地区国家共同维护南海和平稳定的政策和立场。

中国政府发表的上述立场文件围绕仲裁案管辖权问题，从法律上反驳了菲律宾的无理主张，彰显了中国维护和促进国际法治的承诺。立场文件强调，谈判始终是国际法认可的和平解决争端最直接、最有效和最普遍的方式；它向国际社会传递一种信息：有关国家要妥善解决在南海的争端，强加于人行不通，磋商谈判是正道。

中国政府的立场文件聚焦仲裁案管辖权问题，不就菲律宾提请仲裁事项所涉及的实体问题发表意见，不是关于仲裁案的辩诉状。中国政府发表立场文件，不意味着中国接受或参与菲律宾提起的仲裁。中国不接受、不参与该仲裁的立场不会改变。

25. 扎实推进公共外交，讲好中国故事

2014年，外交部创新思路，主动作为，拓宽渠道，积极进取推进公共外交，不断提升公共外交工作科学化、规范化、专业化、精细化水平。密切关注国际涉华舆情动向，重视倾听国内民意，充分发挥全社会力量，共同弘扬中国理念，传播中国声音，讲好中国故事，促进中国与世界相互认知和良性互动，深化中国与世界的友好关系和共同发展。

国际社会积极评价中国全面深化改革、全面推进依法治国，肯定中国梦等重要理念，客观评价“中国道路”，对中国理解、认同、支持声音持续增多。周边和发展中国家主张加强扩大与中国合作，加强治国理政经验交流，期待中国在国际地区事务中发挥更大作用。国内舆论高度关注外交政策举措，支持积极有为地开展全方位外交，对外交维权、外交为民予以充分肯定。

2014年，外交部和驻外外交机构积极开展公共外交，不断探索新的工作思路和举措。充分发挥“主场外交”优势，围绕中国举办亚信峰会、亚太经合组织第22次领导人非正式会议，突出“亚洲安全观”、“共建面向未来的亚太伙伴关系”主题。围绕国家领导人出访、外国政要来访以及博鳌亚洲论坛年会、中阿合作论坛部长级会议、世界和平论坛、和平共处五项原则发表60周年纪念大会、南京青奥会、天津夏季达沃斯论坛年会等重大外交活动开展公共外交，宣示中国立场，提升中国形象。

公共外交活动实效性和影响力不断提升。各级外交官依托“大使进校园”、外交部“公众开放日”及中国公共外交协会主办的“中国企业走出去”主题论坛等品牌项目，深入中国高校、媒体、企业、地方，与国内民众就外交政策和外交工作沟通交流；积极面向外国各界人士宣介中国政策理念、发展成就，阐释中国梦的世界意义，阐明中方立场主张，赢得国内民众的支持和国际社会的理解。加强公共外交领域国际交流合作，完善中韩公共外交论坛、中欧论坛圆桌会等机制，深入了解各国开展公共外交先进经验和做法。驻外外交机构通过举办丰富多彩的公共外交和人文交流活动，增进中外相互认知和友谊。

不断推进新媒体公共外交，继在微博、微信开通“外交小灵通”账号

之后，又在微视开通同名官方账号，形成“三微一体”的新媒体宣介格局。同时，外交部各司局、各驻外使领馆日益重视新媒体公共外交，共开通各类社交媒体账号53个，以“外交小灵通”为核心的“外交微群”不断壮大。

26. 构建中外人员往来新秩序

2014年，随着中国改革开放不断深化，中外人员跨境流动持续增长，再创历史新高。中国内地居民出境人次首次破亿，连续五年以年均1000万的数量增长。外国人来华达2636.89万人次。同时，中外企业和资金“走出去”和“引进来”的规模不断扩大。中国外交工作肩负着构建中外人员往来新秩序、维护与拓展国家海外利益和服务国内发展的重要任务。

中国政府高度重视人员往来便利化问题，通过双边会晤大力推动商签双边互免或简化签证协定。2014年，外交部和驻外使领馆致力于推动实施中外人员往来便利化举措，着力打造海外民生工程，提高领事工作科学管理和服务水平，确保中外人员交往顺畅有序，切实维护国家海外利益，加速构建中外人员往来新秩序。

一是顺应民众呼声，着重提高中国护照“含金量”。着力破解申办部分国家因私出国签证难问题。与美国就互为对方商务、旅游人员颁发十年多次入境签证，互为对方留学人员颁发五年多次入境签证达成一致。与斐济签署互免持普通护照人员签证协定。全年共与23个国家缔结了各类互免或简化签证协定。推动部分发达国家采取针对中国公民的签证便利措施，法国、意大利先后将中国公民签证办理时间缩至48和36小时；英国推出24小时超级优先签证服务和“英国—爱尔兰签证计划”。截至2014年年底，中国与93个国家缔结各类互免签证协定，与39个国家签订53份简化签证手续协定或安排。37个国家和地区单方面给予持普通护照的中国公民落地签证便利，9个国家和地区单方面允许持普通护照的中国公民免签入境。努力扩大中国亚太经合组织商务旅行卡持卡量，并推动各经济体就延长旅行卡有效期达成原则一致。截至2014年年底，中国公民有效持卡量超过3.4万张，居亚太经合组织区域内各经济体首位。

二是打造好海外民生工程，双管齐下抓好应急处置和预防性宣介，切实维护中国公民和企业海外安全与合法权益。“外交部全球领事保护与服务应急呼叫中心”（12308热线）正式开通运营，全年无休为中国公民提供24小时热线救助与咨询，为海外同胞与祖国之间开辟了领事保护与服务的绿色通道。妥善处置马航MH370客机失联事件、安全接返在越南的中国公民、撤离在利比亚和伊拉克的中方人员等重大案件。全面铺开预防性领保宣传，赴杭州、南通等十余个城市，为数千名企业员工和出国留学人员宣讲海外安全知识和领保常识。推动全国40多个省市区竞相开展形式多样的领保宣传和提升中国公民出境旅游文明素质活动。

三是大力发展中外领事关系，加强双边领事合作。全年共与21个国家举行领事磋商，就设立领事机构、中外人员申办签证、权益保护等问题取得多项共识，积极有序地推动中外人员往来便利化，共同合作有效解决人员往来产生的有关问题。共与16个国家就设立19个领事机构事宜达成一致，中国驻巴塔、扎门乌德、威廉斯塔德、登巴萨、埃尔比勒总领事馆开馆。妥善处置涉及外国驻华领事机构事务和涉外案件，保障在华外国人和机构的正当权益。

四是不断完善信息化建设。打造“电子领事”平台，提升领事证件管理与服务水平，完成所有驻外使领馆电子护照部署，巴黎、香港、纽约护照制证中心全部投入使用。领事认证综合管理系统业务子系统和电话语音咨询系统正式上线。亚太经合组织商务旅行卡网上申请与审批系统研发成功，中国成为少数实现网上申办旅行卡的亚太经合组织经济体之一。生物识别签证项目批准立项。“领事直通车”微信开通，为民众提供领事信息“上门服务”。改版“中国领事服务网”，新增“出国及海外中国公民自愿登记”等四大系统并陆续启用，成为“一站式”领事资讯平台。

27. 坚持一个中国原则，促进两岸关系和平发展

2014年，两岸关系克难前行，继续保持和平发展势头，取得积极进展。中共中央总书记习近平等中央领导同志多次会见台湾党派、团体和各界人士并发表重要讲话，宣示在新的历史起点上推动两岸关系和平发展的政策主张，深刻阐述两岸一家亲、共圆中国梦的理念，表达继续推动两岸关系和平发展的信心和决心，强调遏制“台独”分裂活动是确保两岸关系和平发展的必然要求，重申“和平统一、一国两制”基本方针并丰富其内涵，呼吁两岸同胞共同珍惜来之不易的两岸关系和平发展成果，在海内外产生广泛积极影响。两岸双方保持良性互动，巩固了坚持“九二共识”、反对“台独”的共同政治基础。双方两岸事务主管部门负责人实现互访，两部门建立了常态化联系沟通机制。海峡两岸关系协会与台湾海峡交流基金会制度化协商有序推进。两岸经贸合作稳步发展，各领域交流继续扩大。

中国政府继续向国际社会宣介对台大政方针，表明中国政府致力于推动两岸关系和平发展以及和平统一的诚意及努力；强调中国政府坚持一个中国原则、反对“两个中国”和“一中一台”、反对“台独”的坚定立场，

要求各国继续坚持一个中国原则，慎重处理涉台问题，以实际行动支持两岸关系和平发展，支持中国政府为实现国家和平统一所作的努力。中国政府对中国建交国与台开展民间经贸往来不持异议，但坚决反对双方进行官方往来、签署官方协议，坚决反对任何国家对台出售武器或进行军事技术合作。

中国政府了解台湾同胞对参与国际活动的需求和感受，重视解决与之相关的问题，主张在不造成“两个中国”、“一中一台”的前提下，继续通过务实协商处理台参与国际组织活动问题。2014年，台湾方面顺利参加在北京举行的亚太经济合作组织系列会议，连续第六次参加世界卫生大会。事实证明，两岸协商处理台湾对外活动问题，有利于两岸关系和平发展，有利于维护中华民族的整体利益。

中国政府十分关心台湾同胞在海外的安全、经济、民生利益。各驻外使领馆加强同台湾同胞的联系，切实采取措施，努力做好涉台领事保护与服务工作，维护台湾同胞在海外合法权益，诚心诚意为他们排忧解难。在2014年3月发生的马航MH370客机失联及5月越南发生的打砸抢烧严重暴力事件中，中国政府都积极为台湾同胞及台资企业提供了协助。

当前，中国政府正全面深化改革、全面推进依法治国，这必将对两岸关系和平发展产生重要的积极影响。两岸同胞携手并肩，齐心协力，持续推动两岸关系和平发展，就一定能共同开创中华民族伟大复兴的光明前景。

28. 大力开展安全外交，维护国家主权和安全

2014年，中国政府大力开展安全外交工作，与国际敌对势力进行坚决斗争，反对一切形式的恐怖主义，有力维护了国家主权、安全和发展利益。

（1）积极拓展国际反恐合作

2014年，国际恐怖主义活动进入新一轮活跃期，极端主义思想在全球范围出现“回潮”，恐怖极端势力“多点爆发”。南亚、中东、非洲成为恐怖主义活动重灾区，恐怖主义活动的本土化、分散化、网络化和常态化特点日益突出。一些恐怖极端组织利用地区局势动荡拓展活动空间，扩充实力，大肆招募人员从事恐怖活动，并不断向其他地区渗透，跨境流动和相互勾连态势增强。此外，全球范围内的网络恐怖主义危害不断凸显。恐怖组织利用网络和社交媒体传播暴力恐怖思想、策划暴力恐怖活动，催生“独狼式”恐怖分子，西方国家面临的本土恐怖威胁居高不下。随着国际恐怖主义威胁上升，国际反恐斗争再度升温，各层次双多边反恐合作有所加强。

在国际反恐形势日趋严峻的背景下，以“东伊运”为代表的“东突”恐怖势力加强同国际和地区恐怖极端势力勾连合流，加大网络恐怖主义活动力度，对中国国家安全威胁有所上升。中国境内特别是新疆地区发生的多起严重暴力恐怖案件幕后黑手都是“东突”恐怖势力。

中国政府坚决反对一切形式的恐怖主义，主张国际社会应遵守《联合国宪章》和其他公认的国际关系基本准则，开展国际反恐合作，共同打击恐怖主义。中方认为，各国应采取政治、经济、社会、外交、法律等措施综合治理，努力消除恐怖主义滋生的土壤。中方反对将恐怖主义同特定的国家、民族或宗教相联系，主张加强不同文明间对话，反对在反恐问题上采取“双重标准”。

中国政府高度重视并继续深入参与国际反恐合作。2014年，中国同美国、土耳其、印度尼西亚、法国、韩国、俄罗斯、吉尔吉斯斯坦、乌兹别克斯坦、非盟举行双边反恐磋商和交流，就国际和地区反恐形势、各自反恐举措及双边反恐合作等问题深入交换意见。

中国政府全面参与联合国框架下的反恐工作，积极参与联合国安理会制裁“基地”组织和塔利班委员会列、除名工作，在联合国安理会反恐峰会全面阐述中方反恐政策立场，积极参与“全球反恐论坛”活动，主办论坛框架下“打击网络恐怖主义”国际研讨会，大力推进上海合作组织反恐法律基础和合作机制建设，积极参与亚太经合组织、东盟地区论坛等多边机制的反恐合作。

通过上述工作，中国政府深化了同有关国家的务实反恐合作，有力打击了“东突”恐怖势力，确保国内大型活动安全顺利，同时也为促进国际反恐合作，维护地区和世界和平稳定作出积极贡献。

（2）坚决挫败达赖集团反华分裂图谋

达赖集团将2014年定为“达赖喇嘛尊者年”，继续实施各类反华分裂破坏活动。达赖年内窜访多国，竭力推动涉藏问题国际化。达赖集团在境外频繁滋事、造势的同时，热炒“中间道路”、达赖“回国”和“转世”等问题，进一步混淆国际视听。

中国政府积极开展涉藏外交工作，深入揭批达赖集团反华分裂政治本质，进一步揭露其“假自治、真独立，假和平、真暴力”的面目，推动更多国家、国际和地区组织进一步理解和支持中国在涉藏问题上的立场，并加强对“藏独”和支持“藏独”势力的约束和管控；同时，对个别国家政要会见达赖提出严正交涉。

中国政府全面深入宣介西藏和四省藏区各领域发展成就，进一步加强藏区与外界友好交往和合作，同时妥善做好藏区安全稳定工作，挫败多起达赖集团和境外反华势力企图对藏区实施渗透的图谋。

（3）大力开展涉疆外交工作

中国政府大力开展涉疆外交工作，积极为新疆对外开放合作创造有利条件，推进新疆与周边国家互联互通建设，配合新疆打造丝绸之路经济带核心区。2014年9月，第四届中国—亚欧博览会在乌鲁木齐成功举行，国务院副总理汪洋和哈萨克斯坦总理马西莫夫、吉尔吉斯斯坦总理奥托尔巴耶夫、格鲁吉亚副议长基吉古里、联合国工业发展组织总干事李勇、上海合作组织秘书长梅津采夫等多位外国政要和国际组织负责人出席，60多个国家和地区、4个国际组织代表参展参会，对外经贸成交总额逾60亿美元。

境外“东突”势力打着“人权”幌子，骗取国际社会同情，继续从事反华分裂活动，甚至暗中勾结国际恐怖势力，策划在中国实施暴力恐怖活动，图谋破坏中国发展稳定，受到包括新疆各族群众在内的中国人民反对和国际社会谴责。中国政府广泛向国际社会介绍新疆经济社会发展和宗教、文化状况，澄清境外反华敌对势力的造谣诬蔑，揭露“东突”势力反华分裂、宗教极端和暴力恐怖本质，推动有关国家采取切实措施，不允许“东突”恐怖分裂势力利用其领土从事反华分裂活动，确保中国在当地人员和机构安全。

目前，国际社会对新疆经济社会发展有了更加客观、全面的了解，越来越多的国家积极同新疆开展各领域交流合作。

29. 中国加强反腐败国际追逃追赃工作

中国新一届中央领导集体反腐决心坚定。对于贪污腐败、触犯国家法律者，一查到底、绝不手软。

反腐败国际追逃追赃工作是反腐败斗争的重要组成部分，是中央的重大决策，是外交工作的重要内容，事关公平正义和法律尊严，事关人民群众对党和政府惩治腐败决心的信任。中央领导同志高度重视，中共中央总书记习近平等中央领导，对进一步加强追逃追赃工作提出了明确要求。党的十八届四中全会通过的《中共中央关于全面推进依法治国若干重大问题的决定》中明确指出：“加强反腐败国际合作，加大海外追赃追逃、遣返引渡力度。”

2014年，中国政府将反腐败国际追逃追赃工作列入外交工作重要议程。国家主席习近平等中国领导人亲自与外国领导人商谈加强反腐败追逃追赃合作问题。习近平主席与美国总统奥巴马举行会晤时，双方同意继续在追逃追赃、遣返非法移民等领域开展对话与合作，支持亚太经合组织部长级会议通过的《北京反腐败宣言》，强调各国不应成为腐败分子和腐败资金的避风港，同意加强反腐败机构和执法机构在个案调查、信息交流和能力建设方面的合作，共同打击各类跨国腐败犯罪活动。上述领导人共识写入中美元首北京会晤成果清单中。习近平主席在会见加拿大总理哈珀时表示，中国正在加大反腐败斗争，中加双方应该在执法领域包括追逃追赃问题上加强合作。哈珀总理表示，加无意收留逃犯，愿意在遣返方面同中方开展合作。中加双方还在哈珀总理访华期间发表的《中加联合成果清单》中明确提出，双方同意继续根据各自国家法律就打击跨国犯罪和反腐败开展合作。习近平主席还就国际追逃追赃工作分别同澳大利亚总理阿博特、新西兰总理约翰·基、斐济总理姆拜尼马拉马等外国领导人交换意见。

2014年，外交部和驻外使领馆在中央反腐败协调小组领导下，积极开展反腐败国际追逃追赃工作，着重开展了以下工作：

一、外交部领导和中国驻外大使、总领事利用各种场合同有关国家谈及追逃追赃、个案合作等，促使对方充分认识到中国在反腐败追逃追赃方面的重要关切，并不同程度地表达了愿意合作的政治意愿。

二、加快推进司法协助类条约缔结、批准工作，构筑追逃追赃法律网络。2014年，中国共完成11项引渡条约和刑事司法协助条约的谈判工作，其中包括比利时等西方国家。此外，还坚持推动澳大利亚、法国、意大利等尽快批准与中方签订的引渡条约。截至2014年年底，中国已对外缔结39项引渡条约（其中29项已生效）、52项刑事司法协助条约（其中46项已生效）。

三、进一步加强与美国、加拿大等重点国家的合作机制。2014年9月，中加举行司法执法磋商，双方同意设立司法协助和遣返逃犯以及其他非法入境者两个工作组。2014年12月，中美执法合作联合联络小组召开第12次全会，双方深入探讨包括反腐败在内的执法国际合作各项议题，并确立了需优先办理的反腐败案件。

四、充分利用《联合国反腐败公约》（下称“公约”）等平台推动国际合作。中国于2014年6月完成并提交了中国履行公约的自评清单，并继续稳步推动对斯里兰卡和阿富汗的审议工作。积极参与公约各工作组会议，推动根据公约加强司法协助、引渡、资产返还等合作。

五、积极配合各主管部门，办理多起追逃追赃个案。外交部及驻外使领馆在以往工作基础上，外交和法律双管齐下，促使驻在国执法机关协助锁定犯罪嫌疑人下落、采取抓捕和遣返行动。2014年10月10日，中国发布《关于敦促在逃境外经济犯罪人员投案自首的通告》。外交部和驻外使领馆积极协助国内办案机关，配合做好有关工作，取得明显成效。

六、积极开展反腐败国际追逃追赃公共外交工作。2014年11月26日，外交部专门召开国际追逃追赃中外媒体吹风会，介绍外交部和驻外使领馆在国际追逃追赃方面所做工作、取得成绩，同时，呼吁有关国家加强国际合作，杜绝成为腐败分子“避罪天堂”。中外媒体广泛报道，取得良好社会效果。

第三章

中国与各建交国家的关系

阿富汗
(Afghanistan)

2014年，中华人民共和国与阿富汗伊斯兰共和国战略合作伙伴关系进一步深化。两国战略互信不断加强，政治、经济、安全等领域开展了富有成效的合作。

两国保持高层交往势头。2月，习近平主席在出席索契冬季奥林匹克运动会期间会见阿富汗总统卡尔扎伊，外交部长王毅访阿。9月，习近平主席特使、人力资源和社会保障部部长尹蔚民出席阿富汗新总统加尼就职典礼。11月，国务委员兼公安部长郭声琨访阿。5月，阿富汗总统卡尔扎伊来华出席亚洲相互协作与信任措施会议，习近平主席会见。10月，加尼总统对中国进行国事访问并出席在北京举行的阿富汗问题伊斯坦布尔进程第四次外长会开幕式，习近平主席同其举行会谈，李克强总理和全国人大常委会委员长张德江分别会见。李克强总理还同加尼总统共同出席了外长会开幕式并致辞。访问期间，两国发表《关于进一步深化两国战略合作伙伴关系的联合宣言》，中方宣布2014年将给予阿方5亿元人民币无偿援助，并将在未来3年向阿方提供总额15亿人民币无偿援助，在未来5年为阿富汗提供3000个培训名额。

两国经贸合作续有加强，双边贸易保持增长势头。中方积极参与阿富汗经济重建。中方宣布加大对阿提供无偿援助和培训力度，援阿项目稳步推进。

两国在国防、安全等领域合作良好。阿富汗奉行一个中国政策，在台湾、涉藏、涉疆等问题上一直给予中国坚定和宝贵支持。

中方还通过多种方式为促进阿富汗问题解决作出建设性努力。1月，中方主办中俄印阿富汗问题磋商。3月，中国与俄罗斯在日内瓦共同主持阿富汗问题6+1非正式对话。中国同美国就阿富汗问题保持良好沟通，第三轮中美联合培训阿富汗外交官项目先后在中美举行。

阿尔巴尼亚
(Albania)

2014年是中华人民共和国与阿尔巴尼亚共和国建交65周年，两国友好合作关系保持稳定发展。

双边保持高层交往。国家主席习近平、国务院总理李克强和外交部长王毅分别同阿总统布亚尔·尼沙尼、总理拉马、外交部长迪特米尔·布沙蒂就两国建交65周年互致贺电。12月，李克强总理在塞尔维亚首都贝尔格莱德会见出席中国—中东欧国家领导人会晤的拉马总理。10月10日，全国人大常委会副委员长吉炳轩出席中国人民对外友好协会为庆祝中国与保加利亚、罗马尼亚、匈牙利、捷克、斯洛伐克、波兰、阿尔巴尼亚七国建交65周年举行的招待会。9月，埃迪·拉马总理来华出席天津夏季达沃斯论坛2014新领军者年会，李克强总理会见。

两国经贸、党际、人文、地方等领域合作逐步扩大。1月，中阿政府间经济贸易合作混合委员会第八次例会在阿举行。5月，中国国际广播电台台长王庚年访阿。6月，江苏省政协主席张连珍访阿。8月，阿体育代表团参加南京青年奥林匹克运动会。10月，农业部副部长牛盾访阿。阿议会多党联合考察团访华。

阿尔巴尼亚积极参与中国—中东欧国家合作。5月，中国—中东欧国家合作阿尔巴尼亚国家协调员、阿外交部副部长阿尔奇·普利来华出席第三次中国—中东欧国家合作国家协调员会议。6月，阿经济发展、贸易和企业部部长阿尔本·阿赫梅塔伊来华出席中国—中东欧国家经贸促进部长级会议。7月，阿总统国际关系事务助理莱奥纳尔德·卡斯特拉蒂参加中国—中东欧国家高级别官员访华团。8月，阿地方领导人代表团赴捷克出席第二届中国—中东欧国家地方领导人会议。9月，阿前总统雷杰普·迈达尼出席在斯洛文尼亚布莱德举行的第二届中国—中东欧国家高级别智库研讨会。同月，阿方代表团出席在天津举行的第二届中国—中东欧国家教育政策对话。

阿尔及利亚
(Algeria)

2014年，中华人民共和国和阿尔及利亚民主人民共和国建立全面战略伙伴关系，双边关系快速发展，各领域务实合作成果丰硕。

双边关系提升至全面战略伙伴关系。2月，两国共同发表《中华人民共和国和阿尔及利亚民主人民共和国关于建立全面战略伙伴关系的联合公报》，正式建立全面战略伙伴关系。5月，国家主席习近平与阿尔及利亚总统阿卜杜勒阿齐兹·布特弗利卡签署《中华人民共和国和阿尔及利亚民主人民共和国关于建立全面战略伙伴关系的联合宣言》。6月，外交部长王毅会见来华出席中国—阿拉伯国家合作论坛第六届部长级会议的阿外交部长拉姆丹·拉马拉，双方共同签署《中华人民共和国和阿尔及利亚民主人民共和国全面战略合作五年规划（2014年至2018年）》。

双方高层交往密切。2月，习近平主席就阿尔及利亚一架军用运输机坠毁向布特弗利卡总统致慰问电。4月，习近平主席致电祝贺布特弗利卡第四次当选总统。7月，习近平主席就阿尔及利亚航空公司AH5017客机坠毁事件向布特弗利卡总统致慰问电。10月，习近平主席致电布特弗利卡总统，祝贺阿尔及利亚60周年国庆。11月，全国政协主席俞正声访阿，会见阿总统布特弗利卡、总理阿卜杜勒马利克·萨拉勒、国民议会议长穆罕默德·哈利法、外长拉马拉，并同阿尔及利亚民族院议长阿卜杜勒卡德尔·本·萨拉赫举行会谈。3月，布特弗利卡总统就云南昆明严重暴力恐怖事件向习近平主席致慰问电。8月，布特弗利卡总统就云南鲁甸地震向习近平主席致慰问电。

10月，中国新任驻阿尔及利亚大使杨广玉向布特弗利卡总统递交国书。

经贸合作继续取得新进展。双边贸易额持续增长，新签工程承包合同额创历史新高，阿是中国在阿拉伯地区最大的工程承包市场。中国已成为阿尔及利亚第五大进口商品来源国。12月，中国国家航天局代表团访阿，与阿航天局召开中阿航天合作联委会第一次会议，并签署合作协议。

两国军事、政党、文化、体育等领域的交流与合作进一步发展。5月，中国人民解放军副总参谋长侯树森上将访问阿尔及利亚。12月，阿民族解放阵线党、民族民主联盟党、人民运动党、希望联盟党等执政联盟四党干部考察团访华。9月，阿文化部长纳迪娅·拉比迪访华，出席第三届阿拉伯艺术节。阿尔及利亚派代表团参加南京青奥会和南宁世界体操锦标赛。

安道尔
(Andorra)

2014年是中华人民共和国与安道尔公国建交20周年，两国关系保持平稳发展。

两国政治交往密切，互信不断加深。6月，国务院总理李克强与安道尔首相安东尼·马蒂·佩蒂就两国建交20周年互致贺电。同月，中国驻西班牙兼驻安道尔使馆与安外交部共同举办两国建交20周年招待会。12月，中国人民对外友好协会会长李小林访安，会见安首相马蒂和议长比森特·马特乌·萨莫拉。5月，安道尔外交大臣希尔维特·萨沃亚·苏涅对中国进行正式访问，安旅游和环境大臣弗兰塞斯科·坎普·托雷斯随访。外交部长王毅会见安外交大臣萨沃亚。萨还出席了中国人民对外友好协会举办的中安建交20周年招待会。

两国在国际和地区事务中保持了良好合作与协调，安在一系列国际组织竞选中给予中方候选人支持。

安哥拉
(Angola)

2014年，中华人民共和国和安哥拉共和国战略伙伴关系平稳发展，各领域交流合作不断扩大。

政治关系日益紧密。5月8～9日，国务院总理李克强对安哥拉进行正式访问。其间，李克强总理与安总统多斯桑托斯举行会谈，出席两国合作文件签字仪式并共同会见记者。3月7日，安政府发表关于云南昆明严重暴力恐怖事件的立场声明，强烈谴责此次恐怖袭击行为，并向中国政府和人民，尤其是死难者家属表示深切慰问。6月6日，安哥拉外交部长希科蒂就新疆乌鲁木齐暴力恐怖案件向外交部长王毅致慰问函。外交部副部长张明、商务部部长助理张向晨、国务院侨务办公室副主任任启亮、全国政协港澳台侨委员会主任杨崇汇等先后访安。安新闻部长若泽·德马托斯、地质和矿产部长弗朗西斯科·曼努埃尔·蒙泰罗德凯罗斯来华参会和访问。

经贸合作持续深化。中国与安哥拉贸易实现高水平、稳步增长，中国继续保持安最大原油进口国地位。两国金融合作取得新进展，中国工商银行、中国出口信用保险公司等分别与安政府签署合作协议。中国援安项目进展顺利。

其他领域交流合作不断丰富。5月，中安签署《中华人民共和国政府与安哥拉共和国政府关于互免持外交、公务护照人员签证的协定》。6月，中国海军护航编队首次访安。11月，第五届“中非合作论坛—法律论坛”在安举办。

安提瓜和巴布达
(Antigua and Barbuda)

2014年，中华人民共和国与安提瓜和巴布达友好合作关系持续深入发展，各领域交流与合作取得新成果。

两国高层保持密切交往，政治互信增强。8月，国家主席习近平致电祝贺安提瓜和巴布达新任总督罗德尼·威廉斯就职。7月，习近平主席在巴西出席中国—拉美和加勒比国家领导人会晤，并会见拉共体“四驾马车”领导人，安巴新任总理贾斯顿·布朗参加上述活动。6月，国务院总理李克强致电祝贺布朗总理就职。全国人大常委会委员长张德江分别致电祝贺安巴新任参议长阿琳西亚·威廉斯–格兰特和众议长杰拉尔德·瓦特就职。8月，布朗总理访华并出席南京青奥会闭幕式，习近平主席、李克强总理分别会见、会谈。

两国经贸合作不断加强，人文、卫生等领域交流日益活跃。中国政府援建的安巴机场航站楼、五岛中学、板球场维修等项目进展顺利。双方签署了气候变化、卫生医疗和经济技术合作等文件。11月，安巴政府宣布给予中国公民单方面免签待遇。12月，中央电视台英文频道在安巴落地。

阿根廷
(Argentina)

2014年，中华人民共和国与阿根廷共和国建立全面战略伙伴关系，双边关系进入新的发展阶段。

两国高层交往密切。7月，国家主席习近平对阿根廷进行国事访问，同阿根廷总统克里斯蒂娜·费尔南德斯·德基什内尔举行会谈，双方就两国关系和共同关心的问题深入交换意见，达成重要共识。两国元首签署中阿建立全面战略伙伴关系的联合声明。国家主席习近平还集体会见了阿根廷副总统兼参议长阿马多·布杜、众议长胡利安·多明格斯。10月，国家主席习近平同克里斯蒂娜总统通电话。

两国各层级交流活跃。5月，全国政协副主席、中国人民争取和平与裁军协会会长韩启德访问阿根廷。4月，外交部长王毅访阿。除此之外，海关总署副署长鲁培军、国土资源部副部长胡存智、国家统计局局长马建堂等先后访阿。阿恩特雷里奥斯省省长塞尔西奥·乌里瓦里，经济和公共财政部长阿克塞尔·基希洛夫，联邦计划、公共投资和服务部长胡利奥·德维多，卫生部长胡安·路易斯·曼苏尔，农牧渔业部长卡洛斯·卡萨米盖拉等先后访华。11月，第二届中阿农业合作联合委员会成功举行。

12月22日，中国新任驻阿根廷大使杨万明向克里斯蒂娜总统递交国书。

两国经贸合作成果丰硕。中国继续保持阿根廷全球第二大贸易伙伴地位，阿根廷是中国在拉美第七大贸易伙伴。双方在基础设施建设、核电、金融等领域互利合作不断扩大，基什内尔－塞佩尼克水电站、贝尔格拉诺货运铁路改造等项目取得积极进展，中阿本币互换协议正式启动。

两国在联合国、二十国集团、世界贸易组织等国际组织和多边机制中保持良好协调配合。12月，两国外交部举行第三轮海洋法和极地事务对话。

两国人文领域合作丰富。3月，在北京市和布宜诺斯艾利斯市教育部门的共同支持下，阿根廷第一所公立全日制中西文双语学校正式成立。

两国军事交往加强。中国人民解放军总后勤部部长赵克石上将、审计署署长李清和少将、空军指挥学院政委王志学少将等分别访问阿根廷。

亚美尼亚
(Armenia)

2014年，中华人民共和国与亚美尼亚共和国友好合作关系保持积极发展势头。

两国各层级交往频繁，政治互信不断加深。4月，国务院总理李克强致电祝贺亚新任总理奥维克·阿布拉米扬就职。5月，全国人大常委会委员长张德江致电祝贺亚新当选国民会议主席加鲁斯特·萨阿江就职。2月，中共中央对外联络部副部长周力访亚，分别会见亚政府总理季格兰·萨尔基相，国民会议副主席、外交部长爱德华·纳尔班江，埃里温市长塔龙·马尔加良。11月，外交部副部长程国平与亚副外长谢尔盖·马纳萨良在北京举行两国副外长级政治磋商。3月，亚央行行长阿尔图尔·扎瓦强访华，全国政协副主席、中国人民银行行长周小川会见。4月，亚国民会议外委会主席阿尔塔克·扎卡良访华，全国人大外事委员会副主任赵少华、外交部副部长李保东分别会见。7月，亚紧急情况部部长阿尔缅·耶里强访华，民政部长李立国与其会见。9月，亚议会第二大党“繁荣亚美尼亚”党主席加吉克·察鲁基扬访华。中共中央政治局委员、中组部部长赵乐际，中联部副部长周力分别会见。

11月18日，新任驻亚美尼亚大使田二龙向亚总统萨尔基相递交国书。

亚美尼亚政府奉行一个中国政策，在涉及中方核心利益的重大问题上支持中方立场。两国在联合国等多边场合保持良好沟通和协调。

中亚经贸合作增长势头强劲。中方连续五年稳居亚第二大贸易伙伴国。贸易结构进一步改善，中方对亚出口产品逐步转向通讯器材、计算机、电子设备等高附加值产品，两国贸易更趋平衡。

两国人文交流蓬勃开展。中国残疾人艺术团、中国“古典印象”民乐团在亚演出，中国当代美术精品展在亚举行。首届“汉语桥”中文比赛在亚成功举办，亚国家图书馆开设汉语角，孔子学院成立十周年庆祝活动顺利举行。两国妇女界交流成为新亮点，双方达成新的合作共识。

澳大利亚
(Australia)

2014年中澳关系迈上新台阶，两国关系从战略伙伴关系提升为全面战略伙伴关系，双方宣布实质性结束自由贸易协定谈判，各领域务实合作取得新进展。

两国高层交往频繁。11月，习近平主席对澳大利亚进行国事访问并出席二十国集团领导人布里斯班峰会，其间会见澳总督科斯格罗夫，同澳总理阿博特举行会谈。3月，习近平主席同阿博特总理通电话。4月，国务院总理李克强同阿博特总理两次通电话。6月，国务院副总理张高丽在北京会见澳国库部长霍基、贸易和投资部长罗布。4月，阿博特总理对中国进行正式访问并出席博鳌亚洲论坛2014年年会，习近平主席会见，李克强总理同其举行两国总理年度定期会晤，汪洋副总理与其共同出席中澳工商界首席执行官圆桌会中期会议。11月，阿博特总理来华出席亚太经合组织第22次领导人非正式会议，其间李克强总理会见。2014年，习近平主席、李克强总理同科斯格罗夫总督、阿博特总理多次往来函电。

其他重要双边交往有：2月，外交部部长助理郑泽光赴澳举行第22次中澳外交部政治磋商。6月，商务部长高虎城访澳，并同澳贸易和投资部长罗布共同举行第14届中澳部长级经济联委会。8月，国务院新闻办公室主任蔡名照访澳，并出席第三届“中澳媒体论坛”。9月，外交部长王毅访澳，并同澳外交部长毕晓普共同举行第二轮中澳外交与战略对话。6月，澳国库部长霍基、贸易和投资部长罗布访华，国家发展改革委员会主任徐绍史同其共同举行首轮中澳战略经济对话。9月，澳教育部长派恩、农业部长乔伊斯分别访华。10月，澳国库部长霍基来华出席亚太经合组织财政部长会议。

经贸关系日益紧密。2014年，中澳双边贸易额为1369亿美元，同比增长0.3%。中国继续保持澳大利亚第一大贸易伙伴、第一大进口来源地、第一大出口市场地位。习近平主席访澳期间，双方宣布实质性结束自由贸易协定谈判，中方决定在悉尼设立人民币清算银行，给予澳银行机构500亿元人民币合格境外机构投资者额度，双方还签署了《中华人民共和国政府与澳大利亚政府关于加强投资合作的框架协议》等多项经贸合作文件。2014年，中国招商局集团和澳哈斯丁投资管理公司收购澳纽卡斯尔港98年的收费管理权和土地租赁权；宝钢集团联合澳奥利森控股有限公司成功收购澳综合矿业公司阿奎拉。

教育、旅游、科技、文化等人文领域的交流与合作不断扩大。习近平主席访问澳大利亚期间，中澳建立中澳省州负责人交流合作机制，双方就2015年在华实施旨在加强两国学生交流的“新科伦坡计划”达成一致，堪培拉“北京花园”、悉尼“中国文化中心”、悉尼科技大学“中国馆”揭牌。双方签署《中华人民共和国与澳大利亚政府关于南极与南大洋合作的谅解备忘录》、《中华人民共和国与澳大利亚政府关于互相承认高等教育学历和学位的协议》、《中华人民共和国教育部与澳大利亚教育部关于学生、研究人员和学者流动的合作谅解备忘录》等人文领域合作文件。截至2013年年底，中国在澳大利亚留学生总数近24.17万人，是澳大利亚最大的留学生群体。2013年，中国赴澳大利亚游客82.3万人，是澳大利亚第一大旅游收入来源国。截至2014年年底，中国在澳开设13家孔子学院，两国建立91对友好省州和城市关系。

两军交往密切。7月，中央军委副主席范长龙上将访澳。10月，澳大利亚国防部长约翰斯顿访华。4～6月，澳海、陆、空军司令先后访华。1月，中国人民解放军副总参谋长王冠中中将赴澳同澳国防军副司令宾斯金和国防部代理秘书长休布里奇共同主持第16次中澳防务战略磋商。12月，中央军委委员、中国人民解放军总参谋长房峰辉上将在北京与澳国防军司令宾斯金空军上将及国防部秘书长理查森共同举行第17次中澳防务战略磋商。10月，“科瓦里—2014”首次中、澳、美三边陆军联合训练在澳举行。11月，“合作精神—2014”中、澳、新三边人道主义救援减灾联合室内推演在中国南京举行。

国家主席习近平对澳大利亚进行国事访问

2014年11月16～19日，国家主席习近平在出席二十国集团领导人布里斯班峰会后对澳进行国事访问。习近平主席在堪培拉会见科斯格罗夫总督，同阿博特总理举行会谈，在澳联邦议会发表题为《携手追寻中澳发展梦想，并肩实现地区繁荣稳定》的重要演讲，并出席一系列经贸人文活动。习近平主席夫妇还在澳塔斯马尼亚州霍巴特亲切会见当地小学生。阿博特总理专程赴霍巴特和悉尼陪同习近平主席活动。访问取得了丰硕成果。习近平主席同阿博特总理共同决定将中澳关系提升为全面战略伙伴关系，宣布实质性结束中澳自由贸易协定谈判。双方签署29项合作协议，涉及政治、经济、投资、金融、能源矿产、基础设施建设、文化、教育、旅游、气候变化等广泛领域。习近平主席此访提升了中澳关系水平，有力推进了两国多领域务实合作，为双边关系未来发展指明了方向。

奥地利
(Austria)

2014年，中华人民共和国与奥地利共和国关系实现全面“回暖”，各领域交流合作稳步推进。

自中奥关系转圜后，奥新政府高度重视发展对华关系，两国政治关系企稳向好，各层级、各领域交流合作逐步恢复。9月，全国人大常委会委员长张德江致电祝贺奥新任国民议会议长多丽丝·布雷斯就职。6月，全国政协副主席、中国国际交流协会副会长齐续春访奥，奥联邦议会议长米歇尔·拉姆佩尔会见。7月，全国政协副主席、中国民主建国会中央常务副主席马培华访奥。11月，外交部长王毅在出席维也纳伊朗核问题外长会期间会见奥外长库尔茨。10月，奥副总理兼科学、研究和经济部长赖因霍尔德·米特勒纳，欧洲、融入和外交部长塞巴斯蒂安·库尔茨，农林、环境和水利部长安德烈·普鲁雷希特和联邦商会主席克里斯多夫·莱特联袂访华，国务院副总理汪洋会见。

中奥经贸合作继续深化，贸易和投资合作保持良好势头。中国国际贸易促进委员会与奥联邦商会在北京共同举办中国—奥地利经贸合作论坛。奥地利未来先进复合材料股份公司成为首家在维也纳证券交易所成功挂牌上市的中资控股企业。

人文交流活跃。文化部长蔡武访奥并出席“莫扎特周”开幕式，中国作家代表团访奥，“一脉千秋”维也纳京剧新年音乐会等一系列文化精品活动成功举行。唐家璇同志出席奥地利智库“外交政策和联合国协会”高端研讨会，与奥智库人士座谈。两国外交部签署《中华人民共和国政府和奥地利联邦政府关于简化航空公司机组人员签证手续的协定》。两国签署《中华人民共和国民政部与奥地利共和国劳动、社会事务和消费者保护部在养老和残障人福利方面的合作谅解备忘录》。

截至2014年年底，两国已建立18对友好省州（市）关系。

阿塞拜疆
(Azerbaijan)

2014年，中华人民共和国与阿塞拜疆共和国友好合作关系稳步健康发展。

双方政治互信继续深化，各领域交往密切。5月，阿总统伊利哈姆·阿利耶夫应邀出席在上海举行的亚信峰会，国家主席习近平与阿利耶夫总统举行双边会谈。同月，阿国家安全部部长埃尔达尔·马哈穆多夫访华，中共中央政治局委员、中央政法委书记孟建柱与其会见。6月，阿外交部长埃尔马尔·马梅德亚罗夫访华，国务委员杨洁篪与其会见，外交部长王毅与其会谈。9月，阿紧急情况部部长卡马拉迪安·盖达罗夫访华，双方签署《中华人民共和国民政部和阿塞拜疆共和国紧急情况部合作谅解备忘录》等文件。同月，阿总统直属战略研究中心主任法尔克哈德·马梅多夫访华。2月，中共中央对外联络部副部长周力访阿。11月，全国政协副主席、中国人民争取和平与裁军协会副会长马飚访阿。

阿塞拜疆政府奉行一个中国政策，在涉及中方核心利益的重大问题上支持中方立场。两国在联合国等国际组织中保持良好沟通和协调。

中阿经贸合作总体发展顺利。两国在能源、交通、电信、建材、基础设施建设等领域合作取得积极进展。阿已成为中国在外高加索地区的最大贸易伙伴，中国是阿第五大商品进口国。5月，中方援阿的155辆工程车正式交付阿方。

两国人文领域交流与合作顺利。阿赴华留学人员逐年增加。巴库国立大学孔子学院开设符合国际汉语水平等级考试（HSK）标准的语音实验室，阿七所重点高校开设了汉语班。双方在旅游、文化、科技等领域交流日益密切。

巴哈马
(The Bahamas)

2014年，中华人民共和国与巴哈马国友好关系继续深入发展，各领域合作进展顺利。

两国各层级交往频繁，政治互信进一步加深。8月，国家主席习近平致电祝贺巴哈马新任总督格丽特·平德林就职。5月，最高人民检察院常务副检察长胡泽君率团访巴。10月，巴哈马参议长莎伦·威尔逊访华。

两国经贸、卫生、文化、教育等领域合作日益密切。由中国的银行和企业投资、融资承建的巴哈马大型海岛度假村项目进展顺利。2月，《中华人民共和国政府和巴哈马国政府关于互免签证的协定》正式生效。4月，中国政府组织的“光明行”活动在巴实施免费白内障手术。6月，利用中国政府对外优惠贷款建设的巴北阿巴科岛港口项目破土动工。10月，中国国际贸易促进委员会副会长王锦珍率团访巴。7月，浙江婺剧团赴巴访演。巴方积极派员来华参加各种培训和研讨班。12月，中国文学艺术界联合会副主席王中一率团访巴。中方奖学金及孔子学院项目进展顺利。

巴　林
(Bahrain)

2014年是中华人民共和国与巴林王国正式建交25周年，两国关系继续保持快速发展势头，各领域互利合作日益深入。

两国政治互信不断巩固。11月5～7日，全国政协主席俞正声对巴林进行正式友好访问，其间，会见巴林国王哈马德·本·伊萨·阿勒哈利法、王储兼第一副首相萨勒曼·本·哈马德·本·伊萨·阿勒哈利法、副首相谢赫穆罕默德·本·穆巴拉克·本·哈马德·阿勒哈利法、众议长哈利法·本·艾哈迈德·扎哈拉尼，并与协商会议主席阿里·本·萨利赫·阿勒萨利赫举行会谈。4月，外交部长王毅同巴外交大臣哈立德·本·艾哈迈德·阿勒哈利法就两国建交25周年互致贺电。5月，巴副首相哈立德·本·阿卜杜拉·阿勒哈利法出席在上海举行的亚信峰会。1月和6月，巴外交国务大臣加尼姆·阿勒布艾南来华分别出席中国—海湾合作委员会第三次战略对话和中国—阿拉伯国家合作论坛第六届部长级会议。两国在国际和地区事务中保持良好协调配合。

中巴务实合作稳步推进。两国企业合作建设的“龙城”项目破土动工。中巴农牧渔技术合作项目扎实推进。中国国家能源局同巴林国家油气局在北京举行中巴油气合作委员会首次会议，双方就两国油气合作进行深入探讨。

两国人文交流日益密切。中方正式宣布将巴林列为中国公民旅游目的地国；“中国文化周”在巴举行，巴积极参与在北京举办的第三届阿拉伯艺术节；巴孔子学院开班授课，“中国热”、“汉语热”在巴方兴未艾。

孟加拉国
(Bangladesh)

2014年，中华人民共和国与孟加拉人民共和国更加紧密的全面合作伙伴关系继续深入发展，各领域交流与合作进一步深化。

两国高层交往频繁，政治互信水平提高。5月，全国人大常委会副委员长严隽琪、中央军委副主席许其亮空军上将访问孟加拉国。6月，孟总理谢赫·哈西娜来华出席第二届中国—南亚博览会开幕式并对中国进行正式访问。其间，国家主席习近平会见，国务院总理李克强同其会谈，全国政协主席俞正声和国务院副总理汪洋分别会见。双方发表《关于深化更加紧密的全面合作伙伴关系的联合声明》。11月，孟总统阿卜杜勒·哈米德来华出席加强互联互通伙伴关系对话会，习近平主席和李源潮副主席分别会见。5月，孟外交部长阿里来华出席亚信峰会，外交部长王毅会见。

两国经贸合作成果丰硕。中方继续对孟加拉国经济社会发展提供支持。两国在基础设施建设、能源、海洋、农业等领域合作稳步推进。哈西娜总理访华期间，两国总理见证签署《中华人民共和国商务部与孟加拉人民共和国经济区管理局关于在孟开展设立中国经济和产业区的谅解备忘录》、《中华人民共和国商务部与孟加拉人民共和国交通部关于推动卡纳普里河河底隧道项目建设的谅解备忘录》等合作协议。

两国互联互通领域合作进展顺利，共同推进孟中印缅经济走廊建设。2014年12月，孟中印缅经济走廊联合工作组第二次会议在孟举行。

两国在国际和地区事务中的合作进一步加强。孟加拉国在涉台、涉藏、涉疆等问题上一贯支持中方立场，中孟两国在联合国、世界银行、国际货币基金组织、各国议会联盟等国际组织中合作顺利。

巴巴多斯

(Barbados)

2014年，中华人民共和国与巴巴多斯友好关系取得积极进展。

两国各层级交往不断。4～5月，巴巴多斯文化、体育和青年事务部长史蒂芬·拉什利率团访华，同中国文化部签署关于深化文化领域合作的意向书。10月，巴教育、科技与创新部长罗纳德·琼斯访华，同中国教育部签署关于教育领域合作的谅解备忘录。

1月8日，中国新任驻巴巴多斯大使王克向巴总督埃利奥特·贝尔格雷夫递交国书。

两国经贸务实合作取得突破。9月，双方签署关于中方向巴方提供应对气候变化物资谅解备忘录。11月，两国相关企业就使用中国贷款建设山姆罗德酒店项目签署商务合同。

两国人文和地方交流富有成果。3月，南京民乐团赴巴巴多斯访问演出。7月，安徽省副省长谢广祥率文化体育代表团访巴。8月，两国政府《关于互免持外交、公务（官员）护照人员签证的协定》正式生效。5月，巴乐队首次参演“相约北京——拉美及加勒比音乐节”活动。7月，双方就在巴设立孔子学院签署有关协议；10月，双方有关高校签署执行协议。

白俄罗斯

(Belarus)

2014年，中华人民共和国与白俄罗斯共和国关系健康稳定发展，各领域务实合作成果丰硕。

双方高层交往频繁，政治互信增强。9月26～28日，国务院副总理张高丽访白，分别与白总统亚历山大·卢卡申科、总理米亚斯尼科维奇会见、会谈。1月19～23日，白总理米哈伊尔·米亚斯尼科维奇对中国进行正式访问，国家主席习近平、国务院总理李克强分别与其举行会见、会谈，两国总理共同宣布实施《中白全面战略伙伴关系发展规划（2014—2018年）》。9月4日，李克强总理在北京会见白副总理阿纳托利·托济克。同日，中共中央政治局委员、中央政法委书记、中白政府间合作委员会中方主席孟建柱同委员会白方主席托济克副总理共同主持召开中白政府间合作委员会第一次会议，正式启动委员会机制。中白在涉及对方核心利益的问题上相互支持，在国际组织中保持密切协作。

中白务实合作深入推进。中国企业在白承建的电站项目顺利竣工，明斯克北京饭店开业运营，中白工业园项目正式奠基，纸浆厂等项目进展顺利。广东省、黑龙江省、哈尔滨市等省市加强与白交往，推动双方地方合作取得丰硕成果。

中白人文交流日益活跃。8月，来自切尔诺贝利核事故灾区的200名白青少年来华疗养。10月，在白第三所孔子学院正式揭牌。

中白两军交流持续发展。4月，白国防部第一副部长兼武装力量总参谋长奥列格·别洛科涅夫访华。5月，白武装力量空军和防空军司令奥列格·德维加列夫访华。

比利时
(Belgium)

2014年，中华人民共和国和比利时王国双边关系继续保持良好发展势头，各领域务实合作成果丰硕。

高层互访频繁，双边关系迈上新台阶。3月30日至4月1日，国家主席习近平对比利时进行国事访问，会见比利时国王菲利普、联邦众议长安德烈·弗拉奥，并与联邦政府首相埃利奥·迪吕波举行会谈。访问期间，双方发表《中华人民共和国和比利时王国关于深化全方位友好合作伙伴关系的联合声明》，并签署12项政府间协议和商业合作文件。1月，国务委员杨洁篪访比。11月，全国人大环境与资源保护委员会主任委员陆浩访比。

两国经贸合作成果丰硕。双边经贸额实现较快增长，双方相互投资稳中有升。电信、环保、科技、港口等领域务实合作取得新进展。中比科技企业孵化器项目稳步推进。10月，比利时外交部秘书长德克·阿顿来华与中方共同主持第20届中比卢经贸混委会。

两国在文教、新闻、地方等领域交流与合作蓬勃开展。2月，中国政府赠送比利时的一对大熊猫“星辉”和“好好”顺利抵比，受到当地民众热烈欢迎。3月，习近平主席访比期间同菲利普国王共赴天堂公园出席熊猫园开园仪式。9月，西藏文化交流代表团访比。两国教育合作取得突破，汉语被正式列入比法语区中学选修课程。10月，人民日报社社长杨振武访比。同月，安特卫普市长、新弗拉芒联盟党主席巴尔特·德维沃和布鲁塞尔大区首席大臣卢迪·韦尔沃特分别访华，庆祝上海与安特卫普结好30周年和北京与布鲁塞尔大区结好20周年。

截至2014年年底，两国已建立26对友好省市关系。

贝　宁
(Benin)

2014年，中华人民共和国与贝宁共和国友好关系不断深化，各领域交流合作成果显著。

两国各层次交往不断，政治互信加深。5月，国务院总理李克强出席在尼日利亚召开的世界经济论坛非洲峰会期间会见贝宁总统托马·博尼·亚伊，双方就进一步发展双边关系达成共识。3月，亚伊总统分别就云南昆明严重暴力恐怖事件和马航MH370客机失联事件向国家主席习近平致慰问函。5月，贝经济和社会理事会主席尼古拉·阿达贝访华。

12月29日，中国新任驻贝宁大使刁鸣生向亚伊总统递交国书。

两国务实合作卓有成效。中国援助贝宁的阿卡萨托—博希孔公路进展顺利。1月，中非合作论坛第四届部长级会议援非新八项举措框架下的援贝打井项目竣工。4月和10月，中国向贝援建的帕拉库医院二期及中等技术学校和太阳能示范项目先后完工交付贝方。9月，在中国政府向非洲国家提供第三轮抗击埃博拉疫情紧急援助项下，中方援贝的埃博拉疫情防控物资运抵交付贝方。11月，中国农业发展集团国际农业合作开发有限公司与贝农业、牧业和渔业部签署贝农业技术示范中心二期合作协议。

两国人文交流活动丰富多彩。天津艺术团和湖南省艺术团先后赴贝宁访问演出。4～5月，以“我的中国梦”为主题的第三届中国文化中心杯暨第13届“汉语桥”汉语大赛在贝举行。11月，双方签署两国文化合作协定2014～2017年度执行计划。

玻利维亚
(Bolivia)

2014年，中华人民共和国与多民族玻利维亚国关系发展顺利，各领域合作取得新进展。

两国高层保持交往。7月，国家主席习近平在巴西利亚出席金砖国家与南美国家联盟领导人对话会期间与玻利维亚总统莫拉莱斯举行双边会见。9月，习近平主席特使、国务院副总理张高丽在纽约联合国总部出席联合国气候峰会期间会见莫拉莱斯总统。6月，国家主席习近平特使、全国人大常委会副委员长陈竺赴玻出席七十七国集团成立50周年纪念峰会并会见莫拉莱斯总统。10月，玻发展规划部长卡罗、矿业冶金部长纳瓦罗联合访华，国家发展和改革委员会、商务部、外交部等部委领导会见。11月，玻参议长欧亨尼奥·罗哈斯·阿帕萨访华并出席2014中国国际友好城市大会，中国人民对外友好协会会长李小林会见。

两国在经贸、能矿、基础设施建设、农业、高科技和人文等各领域交流与合作日益增多。2014年，双边贸易额12亿美元，同比增长48.7%。中方为玻利维亚研制并发射的首颗通信卫星在轨运行良好。多家中资企业中标玻公路、铁路、桥梁等基础设施建设项目。双方加快推进玻国家公共安全一体化系统、圣布埃纳文图拉糖厂建设等合作项目，积极推动玻对华出口藜麦、大豆、葡萄酒等农产品。

两国就联合国改革、气候变化等重大国际问题保持密切沟通与配合。

波斯尼亚和黑塞哥维那
(Bosnia and Herzegovina)

2014年，中华人民共和国与波斯尼亚和黑塞哥维那友好合作关系进一步加强。

两国保持政治交往势头。12月，国务院总理李克强在塞尔维亚首都贝尔格莱德会见出席中国—中东欧国家领导人会晤的波斯尼亚和黑塞哥维那部长会议主席弗耶科斯拉夫·贝万达。5月，李克强总理就波黑发生严重洪涝灾害向贝万达主席致慰问电。中国政府宣布向波黑政府提供价值200万元人民币的无偿实物援助，中国红十字会向波黑提供5万美元紧急人道主义援助。3月，波黑部长会议副主席兼外交部长兹拉特科·拉古姆季亚就云南昆明严重暴力恐怖事件向外交部长王毅致慰问信。

两国经贸合作进一步深化，人文、党际交往发展顺利。11月，中国葛洲坝集团和山东电力建设第三工程公司分别中标波斯尼亚和黑塞哥维那联邦图兹拉火电站7号机组和泽尼察联合热电项目，双方签署合作预合同。12月，国家汉语国际推广领导小组办公室与波黑萨拉热窝大学正式签署关于甘肃西北师范大学与萨拉热窝大学联合开办孔子学院的合作协议。同月，天津市记者代表团访问波黑。9月，波黑部长会议副主席兼外长拉古姆季亚作为欧洲社会党代表团成员访华。

波斯尼亚和黑塞哥维那积极参与中国—中东欧国家合作框架下各项活动。7月，中国—中东欧国家合作波黑国家协调员、部长会议主席顾问萨沙·马里奇参加中东欧国家高级别官员访华团。8月，巴尼亚卢卡市市长斯洛博丹·加夫拉诺维奇出席在捷克举办的第二届中国—中东欧国家地方领导人会议。9月，波黑塞族共和国教育和文化部长戈兰·穆塔布季亚来华出席在天津举办的第二届中国—中东欧国家教育政策对话。11月，中国—中东欧国家合作波黑国家协调员马里奇出席在贝尔格莱德举行的第四次中国—中东欧国家合作国家协调员会议。

博茨瓦纳
(Botswana)

2014年，中华人民共和国与博茨瓦纳共和国友好合作关系平稳健康发展。

两国政府保持各层级交往。10月，国家主席习近平致电祝贺博茨瓦纳总统伊恩·卡马再次当选连任。4月，外交部外交政策咨询委员会委员吉佩定访博，会见博外交与国际合作部长潘杜·斯凯莱马尼。同月，博前副总统梅拉费访华，与中方就中非、中博关系等交换意见。5月，博基础设施部长斯沃茨来华出席第五届国际基础设施投资与建设高峰论坛。

两国经贸合作稳步发展。中方援助博茨瓦纳太阳能移动设备、外交部视频会议系统、议会物资等项目成功执行，哈博罗内多功能青年活动中心二期、莫帕尼小学等项目继续向前推进。中国建筑企业中标博政府多个公共工程项目，签订合同金额较2013年同期增长980%。

两国人文交流更加密切。6月，中国驻博茨瓦纳大使馆与博茨瓦纳大学联合举办中非关系研讨会，中国政府前非洲事务特别代表刘贵今大使、浙江师范大学非洲研究院特约研究员舒展大使出席。2014年，中国曲艺家协会主席姜昆、南京小红花艺术团、河南省武术讲演团分别赴博访问演出，博国家电视台播放《金太郎的幸福生活》等中国电视剧，在当地引起热烈反响。2014年是博茨瓦纳大学孔子学院成立五周年，该学院已累计培训汉语学生4700余人。

巴　西
(Brazil)

2014年是中华人民共和国与巴西联邦共和国建交40周年，两国全面战略伙伴关系进一步深化。

两国高层及各领域交往密切。7月，国家主席习近平出席在巴西举行的金砖国家领导人第六次会晤、中国—拉美和加勒比国家领导人会晤并对巴西进行国事访问。国事访问期间，习近平主席同巴西总统迪尔玛·罗塞芙举行会谈并共同会见记者。双方发表关于进一步深化中巴全面战略伙伴关系的联合声明。习近平主席还集体会见巴参议长、众议长并在国会发表重要演讲《弘扬传统友好　共谱合作新篇》。11月，习近平主席同罗塞芙总统在二十国集团领导人布里斯班峰会期间举行双边会见。4月，巴众议长恩里克·阿尔维斯访华，习近平主席、全国人大常委会委员长张德江分别同其会见、会谈。

4月，外交部长王毅访问巴西，并同巴外长路易斯·菲格雷多·马沙多举行中巴首次外长级全面战略对话。巴交通部部长塞萨尔·博尔热斯、农业畜牧业和食品部部长内里·盖勒、国家经济社会发展银行行长卢西亚诺·科蒂尼奥等访华。中国—巴西高层协调与合作委员会工业和信息分委会、财金分委会分别举行会议。

两国在联合国、二十国集团、金砖国家、“基础四国”等国际组织和多边机制中保持良好沟通与协调。

中巴各领域务实合作稳定发展。中国继续保持巴西第一大贸易伙伴、出口对象国和进口来源国地位。习近平主席访巴期间，双方签署涉及贸易、电力、通信、金融、质检、航空、互联网等领域合作文件。国家电网巴西控股公司同巴西公司联合体中标巴西美丽山水电站特高压直流输电项目。

两国立法机构、科技、人文交流活跃。双方在巴西利亚召开中巴立法机构定期交流机制第二次会议。中巴空间天气实验室在巴揭牌。中巴地球资源卫星04星成功发射。两国航天局签署关于后续卫星合作项目的意向书。中巴教育和科技部门密切配合，继续推进落实巴西“科学无国界—中国子项目”。孔子学院总部在巴新设三所孔子学院。

两国军事交往密切。中国人民解放军总后勤部部长赵克石上将访问巴西。巴武装力量联合参谋长若泽·德纳尔迪访华。

文　莱
(Brunei Darussalam)

2014年，中华人民共和国与文莱达鲁萨兰国关系发展顺利，各领域友好交流与合作进一步加强。

两国高层保持交往势头。11月，文莱苏丹哈桑纳尔·博尔基亚来华出席亚太经合组织第22次领导人非正式会议。5月，文莱外交与贸易部第二部长佩欣·达图·林玉成和首相署能源部长达图·斯里·穆罕默德·亚斯敏访华。

两国各领域交流与合作进一步加强。4月，文莱海军舰艇首次访华并赴青岛参加“海上合作2014”多国海上联合演习。7月，中国海洋石油总公司所属能源发展股份有限公司与文莱国家石油公司物流公司签订《关于在大莫拉岛建立综合海洋供应基地的谅解备忘录》。9月，广西壮族自治区政府与文莱政府签署《关于文莱—广西经济走廊经贸合作谅解备忘录》。

保加利亚
(Bulgaria)

2014年是中华人民共和国同保加利亚共和国建立外交关系65周年，两国关系提升为全面友好合作伙伴关系。

两国高层交往密切。1月，保加利亚总统罗森·普列夫内利埃夫对中国进行国事访问，国家主席习近平、国务院总理李克强、全国人大常委会委员长张德江分别与其会谈、会见。双方发表《中华人民共和国和保加利亚共和国建立全面友好合作伙伴关系的联合公报》。10月，习近平主席同普列夫内利埃夫总统、李克强总理同保总理格奥尔基·布里兹纳什基、外交部长王毅同保外交部长达尼埃尔·米托夫分别就两国建交65周年互致贺电。10月，张德江委员长致电祝贺保新任国民议会议长采茨卡·察切娃就职。11月，李克强总理、王毅外长分别致电祝贺保新任总理博伊科·博里索夫、新任外长达尼埃尔·米托夫就职。3月，普拉门·奥雷沙尔斯基总理就云南昆明严重暴力恐怖事件向李克强总理致慰问电。5月，中共中央政治局委员、天津市委书记孙春兰访保，分别会见奥雷沙尔斯基总理和保国民议会议长米哈伊尔·米科夫。8月，普列夫内利埃夫总统就云南鲁甸地震向习近平主席致慰问电。

两国各领域交流合作进一步扩大。3月，中共中央对外联络部副部长周力访保。4月，公安部副部长杨焕宁访保，保经济、能源和旅游部副部长科拉森·迪米特洛夫访华。5月，国家旅游局局长邵琪伟访保，保农业和食品部长迪米塔尔·格雷科夫访华。9月，保副总理兼地方发展部长埃卡特琳娜·扎哈莉娃来华出席2014上海妇女发展国际论坛。上海市、安徽省、福建省、深圳市等地方代表团访保。

保加利亚在中国—中东欧国家合作框架内积极开展对华合作。6月，保经济、能源和旅游部部长德拉科米尔·斯托伊内夫来华出席中国—中东欧国家经贸促进部长级会议。10月，两国签署中国—中东欧国家农业合作促进联合会执行机构落户保加利亚的谅解备忘录。12月，保加利亚副总理鲁米亚娜·伯奇瓦洛娃出席在塞尔维亚首都贝尔格莱德举行的第三次中国—中东欧国家领导人会晤。

两国文化、教育等领域合作不断加深。河南省艺术团在保举行“欢乐春节”演出，受到广泛好评。“人文颂”大型交响乐、“孔子学院日”、新疆风光摄影展、中保油画交流展等活动在保举办。9月，中国作家、诺贝尔文学奖获得者莫言访保，接受索菲亚大学授予的荣誉博士和蓝带勋章。

截至2014年年底，两国共有十对友好城市。

布隆迪
(Burundi)

2014年，中华人民共和国与布隆迪共和国的友好合作关系继续稳步发展。

双方高层往来频繁。8月，布隆迪总统皮埃尔·恩库伦齐扎来华出席南京青奥会开幕式，国家主席习近平会见。习近平主席表示，中方愿同布方一道，着力加强两国在农业、人力资源开发、基础设施建设等领域友好互利合作，更好造福两国人民。恩库伦齐扎总统表示，布方将继续在涉及中方核心利益和重大关切问题上同中方站在一起，加强彼此协调和支持，不断扩大双方各领域互利合作。8月，恩库伦齐扎总统就云南鲁甸地震向习近平主席致慰问函。2月，布执政党保卫民主全国委员会—保卫民主力量副主席维克多·布里库基耶访华。7月，布外交部长洛朗·卡瓦库雷来华出席第12届中布经贸混委会会议。5月，全国政协副主席、中国人民银行行长周小川访布，其间，会见恩库伦齐扎总统。10月，中共中央对外联络部部长助理窦恩勇访布。

两国经贸、人文交流等合作进展顺利。中国援建的布隆迪职业技术学校竣工，布琼布拉城域网项目正式启动。11月，中布互免持外交、公务或公务普通护照人员签证协定生效。

柬埔寨
(Cambodia)

2014年，中华人民共和国与柬埔寨王国全面战略合作伙伴关系深入发展，两国各领域务实合作取得积极成果。

双方高层互访频繁。5月，中共中央政治局委员、中央军委副主席许其亮空军上将访问柬埔寨，拜会首相洪森。1月，国务委员杨洁篪同柬副首相兼外交国际合作部大臣贺南洪在北京宣布成立中柬政府间协调委员会并共同主持首次会议。12月，杨洁篪国务委员访柬并同贺南洪副首相兼外交国际合作部大臣共同主持中柬政府间协调委员会第二次会议，分别拜会柬国王诺罗敦·西哈莫尼、洪森首相。12月，全国政协副主席陈晓光访问柬埔寨，拜会柬国会主席韩桑林。

2月，柬埔寨国王诺罗敦·西哈莫尼和太后诺罗敦·莫尼列·西哈努克来华查体休养。8月，国王和太后再次来华休养，国家主席习近平和夫人彭丽媛会见。洪森首相分别于5月、9月和11月来华出席上海亚信峰会、第11届中国—东盟博览会和加强互联互通伙伴关系对话会。6月，柬副首相兼内政部大臣韶肯访华。9月，柬副首相兼内阁办公厅大臣索安赴广西出席第45

届世界体操锦标赛开幕式。11月，柬副首相尹财利来华出席第16届中国国际高新技术成果交易会。

双方党际交流频繁，中国共产党多个代表团访问柬埔寨。两国经贸投资合作不断扩大。中国是柬重要贸易伙伴和外资来源国。双方继续推进公路、桥梁、水利、电力等基础设施领域合作，农业、加工业、旅游业等传统领域合作不断扩大。中柬共同投资建设的柬西哈努克港经济特区运行良好，已有来自多个国家的60余家企业入驻。中方积极支持柬发展民生事业。

两国执法部门在执法能力建设、禁毒和打击电信诈骗、网络犯罪、反恐等领域保持良好合作。双方继续开展文化遗产保护合作，签署2014～2018年文化交流执行计划。中国文化之家落户金边。中国高等教育展和中国图书展在柬举行。两国互派留学生人数逐年增加。

喀麦隆
(Cameroon)

2014年，中华人民共和国与喀麦隆共和国的友好合作关系持续深入发展。

7月，全国人大常委会委员、办公厅研究室主任窦树华访问喀麦隆。8月，喀总统保罗·比亚就云南鲁甸地震向国家主席习近平致慰问函。

双边经贸合作稳步推进。7月，中喀《促进和保护投资协定》生效；雅温得—杜阿拉快速路、巴富萨姆城市供水等项目开工；克里比深水港、林贝体育场、默坎水电站、社会住房等项目稳步推进。

两国在文教、卫生、军事等领域交往密切。外交学院与喀麦隆国际关系学院青年学者互访。5月，中国海军第16批护航编队访喀。8月，湖南民乐团赴喀访问演出。

加拿大
(Canada)

2014年，中华人民共和国与加拿大战略伙伴关系继续保持良好发展势头。

两国高层交往密切。11月6～10日，加拿大总理斯蒂芬·哈珀对中国进行正式访问并出席亚太经合组织第22次领导人非正式会议有关活动。其间，国家主席习近平、国务院总理李克强和全国人大常委会委员长张德江分别同哈珀总理会见、会谈。两国领导人达成一系列重要共识，重申致力于加强中加战略伙伴关系，决定建立外交部长年度会晤和经济财金战略对话机制，深化经贸、投资、能源、金融、航空、农业等广泛领域合作。双方发表了内容丰富的联合成果清单，签署双边本币互换协议和在加建立人民币清算安排的合作备忘录等多项合作协议，决定就建设环境友好型海上能源走廊及深化经贸合作开展二轨对话，宣布2015～2016年为中加文化交流年，加强打击跨国犯罪和反腐败合作等。3月25日，习近平主席与哈珀总理在荷兰核安全峰会期间进行简短交谈。

两国各级别交往频繁。全国政协副主席刘晓峰、全国人大华侨委员会主任委员白志健、全国政协教科文卫体主任张玉台、全国人大西藏代表团、国家能源局局长吴新雄、中国人民解放军副总参谋长孙建国海军上将等分别访问加拿大。7月28～30日，加外交部长约翰·贝尔德对中国进行正式访问，国家副主席李源潮、国务委员杨洁篪、外交部长王毅分别会见、会谈。此外，加国际贸易部长爱德·法斯特、农业部长格里·里茨、自然资源部长格雷格·里克福德、财政部长乔·奥利弗等内阁部长以及加中议会协会共同主席胡子修和杨萧慧仪、加海军太平洋舰队司令鲍勃·奥奇特罗尼准将、加空军司令伊万·布隆丁中将等访华。

双方各领域务实合作取得新进展。双边贸易额持续增长。2014年，中加贸易额达552.2亿美元，同比增长1.4%。中国继续保持加拿大第二大贸易国地位。2月，加政府审批通过中国建设银行在加设立分行。10月，加政府批准《中加投资保护协定》生效。双方签署《中华人民共和国政府和加拿大政府关于海关合作与行政互助的协定》、《关于修订〈中华人民共和国政府和加拿大政府航空运输协定〉的第二议定书》、《中华人民共和国国家发展与改革委员会与加拿大外交、贸易和发展部关于进一步促进民用航空产业领域合作的谅解备忘录》、《中华人民共和国国家能源局和加拿大自然资源部关于核能合作的谅解备忘录》、《中华人民共和国国家质量监督检验检疫总局与加拿大食品检验署关于不列颠哥伦比亚省鲜食樱桃出口中国的植物检疫议定书》、《中华人民共和国国家质量监督检验检疫总局与加拿大食品检验署关于加拿大蓝莓出口中国的合作安排》。双方举行中加战略工作组第四次会议、第五轮中加司法执法合作磋商、中加议会交流机制第18次会议、第14次中加外交部政治与安全磋商、中加经贸联委会第24次会议、第四次中加卫生政策对话、中加农业联委会第11次会议、中加执法工作组第

11次会晤、第七轮中加金融政策对话等。中国国家大剧院管弦乐团巡演、故宫博物院“明清宫廷生活文物展”在加举办，加蒙特利尔交响乐团、温尼伯皇家芭蕾舞团来华演出，2013～2014年互办文化活动圆满收官。加支持中方承办阿富汗问题伊斯坦布尔进程第四次外长会，加外长驻议会秘书戴维·安德森与会。双方在联合国、二十国集团、气候变化、反恐、极地、伊朗核、乌克兰、叙利亚等重大国际地区问题上保持密切沟通。

两国地方交往日益频繁。广东省省长朱小丹、江苏省政协主席张连珍等访加，加拿大爱德华王子岛省省长罗伯特·吉兹、安大略省省长凯瑟琳·韦恩、魁北克省省长菲利普·库亚尔等联合访华，诺瓦斯科舍省省长斯蒂芬·麦克奈尔访华并出席天津夏季达沃斯会议。

佛得角
(Cabo Verde)

2014年，中华人民共和国与佛得角共和国友好合作关系发展势头良好，各领域合作取得积极成果。

两国继续保持高层交往。10月，国家主席习近平向佛总统若热·丰塞卡致生日贺函。9月，外交部长王毅致电祝贺佛新任外交部长若热·托伦蒂诺就职。5月，中共中央对外联络部副部长于洪君率中国共产党友好代表团访佛。3月，丰塞卡总统和佛外长若热·博尔热斯就云南昆明严重暴力恐怖事件分别向习近平主席和王毅外长致慰问信。9月，佛得角非洲独立党总书记、佛国民议会第一副议长儒里奥·科雷亚率独立党代表团访华。12月，托伦蒂诺外长对中国进行正式访问，双方签署《中华人民共和国政府和佛得角共和国政府关于互免持外交、公务护照人员签证的协定》。

两国经贸合作续有进展。中国援建的佛得角国家体育场交付使用，总统府改扩建工程开工，打井供水设备等援助物资顺利交接。两国企业积极探讨在旅游设施、港口和新能源等领域合作可能性。中国政府向佛提供50万美元的紧急现汇援助，帮助佛应对火山喷发灾情。

双边人文、地方等领域交流活跃。2月，佛得角民间组织佛得角与中国友好协会在佛举办第二届“中国文化周”活动。6月，福建省副省长李红访佛。9月，为落实“中非文化合作伙伴计划”，上海市静安区文化交流代表团访佛。

中　非
(Central African Republic)

2014年，中非共和国局势持续动荡，国内社会矛盾尖锐，局部冲突不断。受此影响，中华人民共和国与中非共和国双边有关合作项目暂时中止。

12月30日，中国新任驻中非大使马福林向中非过渡国家元首卡特琳娜·桑巴–庞扎递交国书。

乍　得
(Chad)

2014年，中华人民共和国与乍得共和国友好合作关系进一步发展。

双方高层交往密切。1月，全国政协副主席、中共中央对外联络部部长王家瑞访问乍得，会见乍总理卡尔泽贝·帕伊米·德贝，并与执政党爱国拯救运动总书记约姆·马洛·阿德里安举行会谈。7月，外交部副部长张明与乍外交和非洲一体化部长穆萨·法基·穆罕默德通电话，就双边关系交换意见。

两国经贸合作顺利推进。乍得妇女培训中心、太阳能路灯等项目竣工。12月，中国石油天然气股份有限公司乍得石油开发项目巴奥巴巴油田举行原油出口管道开闸仪式，乍总统伊德里斯·代比·伊特诺出席。

两国文化、卫生等领域交流与合作稳步推进。6月，国家卫生和计划生育委员会副主任李熙访问乍得，与乍公共卫生部长恩加里耶拉·里马吉塔举行会谈。10月，中国国际广播电台与乍巴亚纳电台签署合作协议。

智　利
(Chile)

2014年，中华人民共和国与智利共和国战略伙伴关系持续深入发展。

两国高层交往频繁。7月，国家主席习近平和智利总统米歇尔·巴切莱特·赫里亚在巴西利亚出席中拉领导人会晤期间举行双边会见。11月，巴切莱特总统来华出席亚太经合组织第22次领导人非正式会议并进行工作访问，国家主席习近平、国务院总理李克强、全国政协主席俞正声分别会谈、会见。

双方各层级交往密切。3月，习近平主席特使、交通运输部长杨传堂出席智利总统权力交接仪式。智亚太事务特使、前总统爱德华多·弗雷·鲁伊斯–塔格莱分别于6月和11月两次访华。9月，智农业部长卡洛斯·富尔切访华。10月，智副外长埃德加多·里韦罗斯访华并举行两国外交部第13次政治磋商。11月，全国人大中智友好小组访智并举行中智议会政治对话委员会第八次会议。

两国各领域务实合作继续深化。2月，中智自由贸易协定关于投资的补充协定正式生效，中智自由贸易区全面建成。中国保持智利第一大贸易伙伴、第一大出口目的地国、第二大进口来源国地位，智利是中国在拉美第三大贸易伙伴、进口铜的最大供应国。双方在农业、矿业等传统领域合作顺利，在金融、清洁能源、基础设施建设等领域互利合作呈现良好的发展态势。

两国在联合国、亚太经合组织等国际组织和多边机制中保持密切协作。

两国人文领域合作成果丰硕。中国首个海外天文研究机构——中科院南美天文研究中心暨中智天文联合研究中心在智利投入运行。孔子学院拉丁美洲中心在智挂牌成立。首届中智友好城市论坛在智举行。上海京剧院等高水平艺术团体赴智演出，受到当地民众热烈欢迎。

两国军事交往进一步加强。中国人民解放军总参谋部、总装备部、海军、空军、军事科学院，国防部外事办公室等代表团分别访问智利。智军方继续为中国南极科考提供积极协助。

哥伦比亚
(Colombia)

2014年，中华人民共和国与哥伦比亚共和国友好合作关系稳步发展。

双方政治交往密切，高层交往不断。11月，全国人大常委会委员长张德江对哥伦比亚进行正式友好访问。8月，国家主席习近平特使、教育部长袁贵仁出席哥总统胡安·曼努埃尔·桑托斯连任就职仪式，并转交习近平主席致桑托斯总统的就职贺函。8月，哥外交部长玛丽亚·安赫拉·奥尔古因就云南鲁甸地震向外交部长王毅致慰问函。

两国经贸合作继续深化。中国是哥伦比亚第二大贸易伙伴和第二大进口来源国。双方投资合作平稳开展。哥继续对中国实施贸易救济措施。

双方政党和地方交往频繁。1月，广东省委常委、深圳市委书记王荣访问哥伦比亚，与波哥大市政府签署《深圳市与波哥大市友好交流合作备忘录》。5月，哥六省省长联合访华。6月，哥保守党总书记威尔斯访华。9月，哥民主团结社会党主席迪亚斯率哥执政联盟两党联合干部考察团访华。

两国军事合作保持良好发展。哥伦比亚军方领导人来华出席第二届中拉高级防务论坛，参加第八届拉美高级军官研讨班。两国执法部门通力合作，成功遣返潜逃在哥伦比亚的两名重要中国经济犯罪嫌疑人，此系中国近年来首次成功从拉美地区遣返外逃经济犯。

双方人文领域交流日趋活跃。4月，住房城乡建设部副部长齐骥赴哥伦比亚出席第七届世界城市论坛。7月，中国科学院院长白春礼访哥，与哥社会科学院签署合作谅解备忘录。9月，科技部副部长曹建林访哥，与哥举行中哥第四届科技混委会会议。9月，中国国际广播电台副台长王云鹏访哥，并出席首届哥伦比亚中国知识竞赛决赛。此外，中国儿童艺术团《十二生肖》剧组、云南红河州歌舞团等艺术团组分别访哥。

科摩罗
(Comoros)

2014年，中华人民共和国与科摩罗联盟友好合作关系继续稳步发展。

两国保持政治交往势头。6月，科摩罗外交、合作、海外侨民、法语区与阿拉伯国家关系部长安里夫·赛义德·哈桑来华出席中阿合作论坛第六届部长级会议，国民教育、研究、文化和艺术兼青年和体育部长阿卜杜勒-卡里姆·穆罕默德来华出席中阿文化部长论坛和第三届阿拉伯艺术节。昂儒昂岛省长阿尼斯·查米希德内来华参加地方政府部级研修班。

中科经贸合作进展顺利。12月，两国签署成立经济、贸易和技术合作联合委员会的协议。中国政府援建的昂儒昂岛和莫埃利岛总统办公室项目移交，援助科摩罗八台发电机组移交并投入使用。双方广播电视、莫罗尼国际机场技术合作有序开展。援科国家体育场项目完成专业考察。

双方文教、卫生领域交流合作不断加强。科摩罗大学孔子课堂正式揭牌。大科摩罗岛快速灭疟项目实施，中科友好医院项目竣工并移交，中国向科派遣的第十批医疗队抵科工作。科方代表来华参加中非文化产业圆桌会议、中阿城市论坛等。近百名科方人员接受中方各类培训。

6月19日，中国新任驻科摩罗大使肖明向科摩罗总统伊基利卢递交国书。

刚果共和国
(Congo)

2014年是中华人民共和国与刚果共和国［简称“刚果（布）”］建交50周年。双边关系持续深入发展，各领域合作不断加强。

两国保持高层交往势头，政治互信不断增强。2月，国家主席习近平与刚果（布）总统德尼·萨苏–恩格索就中刚建交50周年互致贺电。6月，刚果（布）总统萨苏对中国进行国事访问，国家主席习近平、国务院总理李克强和全国人大常委会委员长张德江分别会谈、会见，双方就加强中刚友好、深化务实合作深入交换意见并达成广泛共识，签署《中华人民共和国政府和刚果共和国政府经济技术合作协定》等合作文件。8月，刚果（布）外交与合作部长巴西勒·伊奎贝来华出席刚果（布）驻广州总领事馆开馆仪式。3月和8月，萨苏总统分别就马航MH370客机失联、云南鲁甸地震向习近平主席致慰问电。

两国经贸合作成果丰硕。中国援建的刚果（布）马桑果中学竣工，恩古瓦比大学扩建、骨干传输网等项目有序实施，新议会大厦项目签署立项换文。中国农业银行与刚果（布）政府签署组建中刚合资银行协议并于年内召开银行成立大会。

两国人文交流不断推进。中刚联合举办建交50周年图片展，南京小红花艺术团、南京文化艺术代表团分别访问刚果（布），当地电视台长期播出汉语教学节目和中国影视剧。8月，中刚互免持外交、公务护照人员签证协定生效。

库克群岛
(Cook Islands)

2014年，中华人民共和国与库克群岛友好合作关系继续稳定向前发展。

11月，国家主席习近平在斐济楠迪同建交太平洋岛国领导人举行集体会晤期间会见库克群岛总理普那。8月，习近平主席就库克群岛宪法日向库克群岛女王代表马斯特斯致贺电。7月，中国—太平洋岛国论坛对话会特使杜起文在帕劳科罗尔出席第26届太平洋岛国论坛会后对话会期间会见普那总理。10月，普那总理就中国国庆65周年向习近平主席致贺电。

两国经济技术合作稳步推进。2月，中国驻库克群岛大使王鲁彤和中国—太平洋岛国论坛对话会特使李强民代表中国政府出席中国、库克群岛和新西兰联合开展的库克群岛供水合作项目开工仪式。

哥斯达黎加
(Costa Rica)

2014年，中华人民共和国同哥斯达黎加共和国友好合作关系继续全面深入发展。

两国保持高层交往。4月，国家主席习近平致电祝贺路易斯·吉列尔莫·索利斯·里韦拉当选哥斯达黎加总统，国家副主席李源潮致电祝贺埃利奥·法利亚斯·贝内加斯当选哥第一副总统、安娜·埃莱娜·查孔当选哥第二副总统。7月，习近平主席在巴西利亚中拉领导人会晤期间会见索利斯总统。5月，全国人大常委会委员长张德江致电祝贺恩里·莫拉·希门尼斯当选哥立法大会主席。

双方重要交往还包括：习近平主席特使、农业部长韩长赋出席哥斯达黎加总统权力交接仪式。中共中央组织部部务委员吴玉良访哥。哥外贸部长亚历山大·莫拉·德尔加多、公共工程和交通部长卡洛斯·赛格尼尼·比亚洛沃斯、环境和能源部长埃德加·古铁雷斯·埃斯佩莱塔分别访华。哥外交和宗教事务部长何塞·恩里克·卡斯蒂略作为拉美和加勒比国家共同体轮值主席国外长率拉共体“四驾马车”代表团访华。

两国经贸合作续有发展，合作领域拓宽。中方援建的哥斯达黎加国家警察学院正式动工。国家开发银行研究院编制完成《哥斯达黎加经济特区战略与总体设计报告》。两国就哥斯达黎加海螯虾输华卫生检疫问题达成一致。

两国科技、教育等领域合作顺利。“哥斯达黎加优质抗病甜瓜系列品种选育、示范及产业化”项目获得成功。中哥汉语教师技术合作项目继续开展。

科特迪瓦
(Côte d'Ivoire)

2014年，中华人民共和国和科特迪瓦共和国友好关系深入发展，各领域合作进展平稳顺利。

两国各层次交往保持良好势头。10月，全国人大法律委员会代表团访问科特迪瓦。8月，科总统阿拉萨内·瓦塔拉就江苏昆山爆炸事故和云南鲁甸地震灾害向国家主席习近平致慰问电。5月，科宪法委员会主席弗朗西斯·沃迪埃访华，全国人大常委会副委员长吉炳轩会见。11月，科特迪瓦外交国务部长夏尔·科菲·迪比访华，双方就经贸合作有关问题交换意见。其间，外交部长王毅与迪比外长共同签署《中华人民共和国政府和科特迪瓦共和国政府关于互免持外交、公务护照人员签证的协定》。

10月，科特迪瓦新任驻华大使阿达马·多索向习近平主席递交国书。

两国经贸合作稳步推进。双方签订两个经济技术合作协定。科特迪瓦阿比让—巴萨姆高速公路、文化宫升级改造、外交部办公楼维修、苏布雷水电站、阿比让供水一期等项目进展顺利。阿比让体育场项目筹建工作有序进行。

人文、军事等领域交流日益密切。11月，科特迪瓦计划与发展国务部长阿尔贝·图瓦克斯·马布里来华参加在江苏太仓举行的南南合作高级别论坛。5月，中国海军第16批护航编队访科。10月，少林和平文化团访科。

克罗地亚
(Croatia)

2014年，中华人民共和国与克罗地亚共和国全面合作伙伴关系稳步发展，各领域交流合作进一步深化。

双方保持高层交往。2月，国家主席习近平在出席索契冬奥会开幕式期间同克罗地亚总统伊沃·约西波维奇简短交谈。12月，国务院总理李克强在塞尔维亚首都贝尔格莱德会见共同出席中国—中东欧国家领导人会晤的克罗地亚第一副总理兼外交和欧洲事务部部长韦斯娜·普西奇。5月，国务院副总理刘延东访克，分别同伊沃·约西波维奇总统、总理佐兰·米拉诺维奇、第一副总理兼外交和欧洲事务部部长普西奇会见、会谈。6月，中共中央政治局委员、重庆市委书记孙政才访克。8月，克议长约西普·莱科访华并出席南京青奥会闭幕式。其间，李克强总理、全国人大常委会委员长张德江分别会见、会谈。

3月，克罗地亚新任驻华大使奈博伊沙·科哈罗维奇向习近平主席递交国书。

两国经贸、卫生、新闻、旅游、党际、立法、司法等领域合作不断深化，地方交往活跃。中国建筑材料国际装备有限公司成功竞标克罗地亚普罗切港口散料处理设备项目。国家卫生和计划生育委员会副主任陈啸宏访克，双方签署《中华人民共和国卫生和计划生育委员会与克罗地亚共和国卫生部卫生和医学科学领域2014—2017年度执行计划》。全国人大内务司法委员会主任委员马馼、北京市副市长程红、最高人民法院副院长南英、国家新闻出版广电总局副局长田进、全国人大外事委员会主任委员傅莹、海南省省委副书记李宪生、上海市副市长屠光绍、中国民主建国会中央委员会副主席辜胜阻先后访克。克旅游部长达尔科·洛伦钦来华举办旅游推介活动并出席2014年中国国际旅游交易会。中克生态保护国际联合研究中心在克普利特维采国家公园成立。海南省与杜布罗夫尼克—奈雷特瓦省、杭州市与斯普利特市正式结为友好省市。截至2014年年底，中克共结有九对友好省市。

克罗地亚积极参与中国—中东欧国家合作。6月，克企业和手工业部部长助理迪娅娜·贝兹亚克来华出席中国—中东欧国家经贸促进部长级会议。7月，克总理办公室副主任达利博尔·德沃尔尼应邀参加中东欧国家高级别官员访华团。8月，克罗地亚里耶卡市代表出席在捷克举办的第二届中国—中东欧国家地方领导人会议。9月，克前总统斯捷潘·梅西奇、前副总理兼外长戈尔丹·扬德罗科维奇出席在斯洛文尼亚举行的第二届中国—中东欧国家高级别智库研讨会。克方代表团出席在天津举办的第二届中国—中东欧国家教育政策对话。11月，中国—中东欧国家合作克罗地亚国家协调员，海洋、交通和基础设施部部长西尼沙·哈伊达什·东契奇出席在塞尔维亚举行的第四次中国—中东欧国家合作国家协调员会议。

古　巴
(Cuba)

2014年，中华人民共和国和古巴共和国互利友好合作关系全面快速发展，各领域交流合作不断取得新进展，两国关系进入新阶段。

两国高层交往密切，政治互信不断加深。7月，国家主席习近平对古巴进行国事访问。1月，习近平主席致函古巴国务委员会主席兼部长会议主席劳尔·卡斯特罗·鲁斯，对拉美和加勒比国家共同体在古巴成功举行第二届峰会并通过“关于支持建立中国—拉共体论坛的特别声明”表示祝贺，劳尔主席复函表示感谢，重申古方将继续支持中方发展同拉美和加勒比地区关系。2014年，劳尔主席还就马航MH370客机失联事件、云南昆明严重暴力恐怖事件、新疆乌鲁木齐严重暴力恐怖案件及中国部分地区遭受自然灾害等多次向习近平主席和李克强总理致慰问电。

两国各层级交往频繁。中方访问古巴的还有：国务委员兼国务院秘书长、国家行政学院院长杨晶，全国人大常委会副委员长陈昌智，中央军事委员会委员、总参谋长房峰辉上将，外交部长王毅，最高人民法院副院长奚晓明，国家食品药品监督管理总局局长张勇，中华全国归国华侨联合会主席林军，科技部副部长曹健林，国家卫生和计划生育委员会副主任崔丽，国务院国有资产监督管理委员会党委副书记、副主任黄淑和，中央机构编制委员会办公室副主任王峰，水利部副部长蔡其华，北京市委副书记吕锡文，浙江省委副书记王辉忠等。中共中央对外联络部副部长周力赴古巴通报中国共产党第十八届中央委员会第四次全体会议有关情况。古方访华的有：古共中央政治局委员、革命武装力量部长莱奥波尔多·辛特拉·弗里亚斯上将，古共中央政治局委员、哈瓦那市委第一书记梅塞德斯·洛佩斯·阿塞阿，食品工业部长玛丽亚·德尔卡门·康塞普西翁·冈萨雷斯，古共中央委员、宗教事务办公室主任卡利达·迭戈·贝略，古巴妇女联合会总书记特雷莎·阿玛雷耶·博埃，古巴共产主义青年联盟中央第一书记尤尼亚斯基·克雷斯波·巴克罗，高等教育部副部长奥韦尔托·桑廷·卡塞雷斯和米廉·阿尔皮萨尔·桑塔纳等。

中古在国际事务中相互支持。中国在第69届联大连续第23次投票支持古巴提出的《必须终止美利坚合众国对古巴的经济、商业和金融封锁》的议案。双方在多边组织竞选中，在人权、气候变化等问题上保持密切沟通和协作。

两国经贸合作稳步推进。中国是古巴第二大贸易伙伴，古巴是中国在加勒比地区第一大贸易伙伴。双方在可再生能源、农业、生物技术、基础设施等领域合作取得积极进展。两国投资贸易促进机构通过中国国际投资贸易洽谈会、进出口商品交易会、哈瓦那国际博览会等重要平台不断促进双方企业的相互了解。中古农业技术示范园区、古巴圣地亚哥港多功能码头改扩建等合作项目进展顺利。

两国文教、卫生、科技等领域交流合作蓬勃发展。双方签署《2014—2017年文化交流执行计划》、《2014—2017年年度教育交流协议》、《关于信息产业领域合作的谅解备忘录》、《关于卫生合作的谅解备忘录》、《关于进一步加强生物技术领域合作的谅解备忘录》等合作文件。中古政府间科技合作混委会第十次会议在哈瓦那举行。两国文艺团组互访频繁，双方继续互派留学生，人民间相互了解不断加深。

国家主席习近平访问古巴

7月21～23日，国家主席习近平对古巴进行国事访问，同劳尔主席举行会谈，探望革命领袖菲德尔·卡斯特罗·鲁斯，并在劳尔主席陪同下访问英雄城市圣地亚哥。劳尔主席代表古巴政府向习近平主席授予“何塞·马蒂”勋章。双方有关部门签署了经贸、农业、能源、矿业、融资、生物技术、通信、基础设施建设、卫生、文化、教育等领域30项合作文件。

习近平主席在会谈中就中古关系提出三个坚定不移。一是坚定不移深化肝胆相照的友谊，二是坚定不移开展互利双赢的合作，三是坚定不移做改革发展的伙伴。习近平主席表示，中方愿意同古方继续保持高层交往，加强党际交流，密切各层级对话磋商，在涉及对方核心利益和重大关切问题上继续相互支持，就治国理政、社会主义建设加强交流，在各自改革进程中相互借鉴、相互支持。

劳尔主席赞同习近平主席对发展两国关系的主张，表示，当前两国关系处在历史最好时期。古方感谢中方一贯坚定支持古巴，为古巴仗义执言。古巴坚定支持中国维护国家主权、安全、领土完整，愿意同中方加强各层级交往，交流互鉴建设社会主义经验。古方高度重视发展同中方的全面合作关系，愿共同提高双边贸易水平，拓展矿产、可再生能源、农业、生物制药等领域合作，欢迎中国企业赴古投资。劳尔主席祝贺中拉领导人巴西利亚会晤成功举行，表示古方将坚定推进中拉论坛建设，推动拉中友好合作。

塞浦路斯
(Cyprus)

2014年，中华人民共和国与塞浦路斯共和国双边关系继续顺利发展，政治互信不断增强，各领域交流与合作稳中有进。

两国高层交往频繁。1月，塞浦路斯总统尼科斯·阿纳斯塔西亚迪斯向国家主席习近平致春节贺信。3月，塞外交部长约昂尼斯·卡素里蒂斯就云南昆明严重暴力恐怖事件向外交部长王毅致慰问信。5月，卡素里蒂斯外长就新疆乌鲁木齐严重暴力恐怖案件向王毅外长致慰问信。8月，阿纳斯塔西亚迪斯总统、卡素里蒂斯外长分别就云南鲁甸地震向习近平主席、王毅外长致慰问信。9月，塞浦路斯前总统季米特里斯·赫里斯托菲亚斯访华，国家副主席李源潮，中共中央对外联络部副部长李进军分别会见。

人文、党际交流密切。1月，文化部长蔡武访塞，双方签署《中华人民共和国政府和塞浦路斯共和国政府2014年至2018年文化合作执行计划》。9月，广东省委常委、纪委书记黄先耀作为中共代表出席西班牙共产党党节并访塞。10月，“中国文化节”在塞举办。同月，塞浦路斯大学孔子学院揭牌仪式在塞浦路斯大学举行。

两国军事交往势头良好。1月，中国参与叙利亚化武海运护航舰“盐城舰”抵达塞浦路斯利马索港，塞军方为“盐城舰”举行欢迎仪式。9月，塞国防部长赫里斯托弗洛斯·弗卡伊迪斯上将对中国进行正式友好访问。此系2002年以来塞国防部长首次访华。中央军委副主席许其亮空军上将、国务委员兼国防部长常万全上将分别与弗会见、会谈。

捷　克
(Czech)

2014年是中华人民共和国同捷克共和国建立外交关系65周年，中捷关系在经历4年多波折后恢复正常，重拾发展势头。

两国高层保持接触。2月，国家主席习近平在出席索契冬奥会期间同捷克总统米洛什·泽曼举行双边会晤。10月，习近平主席同泽曼总统、国务院总理李克强同捷克总理博胡斯拉夫·索博特卡、外交部长王毅同捷克外交部长卢博米尔·扎奥拉莱克分别就两国建交65周年互致贺电。12月，李克强总理在塞尔维亚首都贝尔格莱德出席第三次中国—中东欧国家领导人会晤期间同索博特卡总理举行双边会见。8月，国务院副总理张高丽在捷首都布拉格出席第二届中国—中东欧国家地方领导人会议期间同泽曼总统、索博特卡总理举行会见。12月，全国政协副主席、中共中央对外联络部部长王家瑞访捷，分别同泽曼总统，索博特卡总理，捷议会众议院主席扬·哈马切克，议会众议院副主席、捷克和摩拉维亚共产党主席霍伊捷赫·菲利普会谈、会见。

8月，泽曼总统、索博特卡总理、扎奥拉莱克外长分别就云南鲁甸地震向习近平主席、李克强总理、王毅外长致慰问电。10月，泽曼总统对中国进行国事访问，习近平主席、李克强总理分别与其会谈、会见。双方签署《中华人民共和国外交部和捷克共和国外交部关于加强合作的谅解备忘录》、《中华人民共和国国家能源局与捷克共和国工业和贸易部关于民用核能合作的谅解备忘录》、《中华人民共和国文化部和捷克共和国文化部2015—2018年文化合作议定书》、《中华人民共和国国家卫生和计划生育委员会和捷克共和国卫生部关于中捷两国医疗卫生战略合作的谅解备忘录》、《促进中捷企业双向投资银行间合作协议》、《关于合拍大型系列动画片〈熊猫和鼹鼠〉的合作协议》等文件。4月，扎奥拉莱克外长访华，国务委员杨洁篪、王毅外长分别与其会见、会谈，两国外交部发表新闻公报。

两国各领域务实合作成果丰富。2011年起，捷克一直是中国在中东欧地区第二大贸易伙伴。6月，两国卫生部在天津举行第二届中捷卫生论坛。

捷克积极参与中国—中东欧国家合作。6月，捷工业和贸易部长扬·姆拉代克来华出席中国—中东欧国家经贸促进部长级会议。

截至2014年年底，双方有结好省（州）一对。

丹　麦
(Denmark)

2014年，中华人民共和国与丹麦王国全面战略伙伴关系继续深入发展。

高层交往频密。2月，国家主席习近平在出席索契冬奥会开幕式期间与丹麦王储腓特烈简短寒暄。6月，中共中央政治局常委、中央书记处书记刘云山对丹麦进行正式访问，分别会见丹首相赫勒·托宁-施密特、议长莫恩斯·吕克托夫特、公主贝内迪克特等，出席“欧洲学者眼中的中国共产党”国际研讨会。同月，中共中央政治局常委、中共中央纪律检查委员会书记王岐山在北京会见访华的丹议会监察专员约尔根·索伦森一行。9月，全国人大常委会副委员长张宝文对丹麦进行正式访问，同丹第一副议长贝特尔·霍德会谈，分别会见丹议长吕克托夫特、外交大臣马丁·利泽高。

4月，丹麦女王玛格丽特二世对中国进行国事访问，国家主席习近平会谈并宴请，双方共同出席十项政府间协议的签字仪式。国务院总理李克强、全国人大常委会委员长张德江分别会见；习近平主席夫人彭丽媛与玛格丽特二世女王一同出席在中国妇女儿童博物馆举行的“小童话，大未来——安徒生童话展在中国”文化活动。其间，国务委员杨洁篪会见陪同访问的利泽高外交大臣。除北京外，玛格丽特二世女王还赴江苏、浙江、上海等地参访。在南京期间，玛格丽特二世女王参观了侵华日军南京大屠杀遇难同胞纪念馆。9月，托宁-施密特首相来华出席天津夏季达沃斯论坛，习近平主席、李克强总理分别会见。

经贸关系持续深化。中国成为丹麦最重要的出口市场之一。两国在绿色海事技术、可再生能源、建筑节能、农业和食品贸易、船舶工业、水利、卫生、减贫等诸多领域签署新的合作文件。11月，中丹经贸联委会第21次会议及联委会下设投资工作组会议在丹麦哥本哈根举行，双方就扩大贸易规模、提高双向投资水平、深化创新合作、加强知识产权保护及能源、环保和可持续发展合作等问题深入交换意见。

人文交流亮点纷呈。6月，哥本哈根中国文化中心正式揭牌，并举办海外中国文化中心图片展等活动。10月，北京丹麦文化中心揭牌。“欢乐春节”、“中国电影节”、“美丽中国”多媒体摄影展等文化活动在丹举办，受到丹民众欢迎。中丹签署旅游合作谅解备忘录，“中国旅游之夜”推广活动走入哥本哈根。中丹外交部成功举行首次领事会晤并决定建立年度磋商机制，就便利双方人员往来等问题加强沟通协调。

截至2014年年底，两国已缔结友好城市11对。

吉布提
(Djibouti)

2014年是中华人民共和国与吉布提共和国建交35周年，两国友好合作关系继续稳步发展。

两国政治交往密切。2月24～25日，国务委员兼国防部长常万全上将访问吉布提，会见吉总统伊斯梅尔·奥马尔·盖莱，与吉国防部长哈桑·达拉尔·胡法奈举行会谈。1月7日，外交部长王毅访吉，会见盖莱总统，与吉外交和国际合作部部长马哈茂德·阿里·优素福举行会谈。8月，盖莱总统就云南鲁甸地震向国家主席习近平致慰问电。8月27～31日，吉总理阿卜杜勒–卡德尔·卡米勒·穆罕默德来华出席南京青奥会闭幕式，国务院总理李克强会见。6月，吉外交和国际合作部负责国际合作事务的部长级代表艾哈迈德·阿里·西雷来华出席中阿合作论坛第六届部长级会议。9月，吉穆斯林事务、文化与宗教公产部部长亚丁·哈桑·亚丁来华出席中阿文化部长论坛。

两国经贸合作取得新进展。中国政府援建的太阳能路灯照明、人民宫整体维修、外交部培训中心、古莱德体育场翻修等项目正式移交吉方，阿尔塔医院放射楼项目完工并签署交接证书。中国企业参与的亚的斯亚贝巴—吉布提铁路吉布提段、多哈雷多功能港口和牲畜码头、古拜特盐码头建设进展顺利。

两国其他领域交流与合作持续开展。中国眼科专家组赴吉布提实施“光明行”项目。中国海军第16、17、18批护航编队先后停靠吉布提港补给休整。《中华人民共和国政府和吉布提共和国政府关于互免持外交、公务护照人员签证的协定》于12月正式生效。

多米尼克
(Dominica)

2014年是中华人民共和国与多米尼克国建交十周年，两国友好关系持续深化。

两国为庆祝建交十周年举行了系列活动。3月，国家主席习近平同多米尼克总统查尔斯·萨瓦林、国务院总理李克强同多总理罗斯福·斯凯里特分别互致贺电。双方联合发行中多建交十周年纪念封。中国驻多米尼克大使馆和多方联合举办招待会，萨瓦林总统夫妇、斯凯里特总理夫妇、阿利克斯·博伊德-奈茨议长等多位政要出席。中国人民对外友好协会在北京举办庆祝宴会。南京民族乐团赴多举行专场演出。国家卫生和计划生育委员会派遣“光明行”短期医疗队赴多提供白内障诊疗服务。

两国高层交往不断。5月，斯凯里特总理非正式访问安徽、广东。10月，斯凯里特总理非正式访问上海。12月，李克强总理致电祝贺斯凯里特总理连任。

1月，中国新任驻多米尼克大使李江宁向萨瓦林总统递交国书。

经贸项目续有进展。多方利用中方优惠贷款建设的国宾馆顺利移交并投入使用。中方援多加勒比领地住房项目如期竣工。中方援多新镇小学项目开工。中多农业、医疗和体育场技术合作项目稳步开展。中方在气候变化南南合作框架下向多政府捐赠的2500套太阳能LED路灯顺利移交。5月，中多现代农业中心正式开园，李江宁大使和萨瓦林总统共同为中心揭幕。

文教及地方往来更加紧密。3月，中多互免持外交、公务(官员)护照人员签证协定正式生效。中方继续向多方提供赴华留学政府奖学金及人力资源培训名额。6月，杭州市政协和企业家代表团访问多米尼克，同罗索市政厅签署友好合作谅解备忘录。10月，罗索市市长艾琳·约翰应邀出席在杭州举办的友好城市市长大会。9月，中国驻多米尼克大使馆与多青年委员会联合举办首届“中多青年友谊周”活动。

朝鲜民主主义人民共和国
(DPRK)

2014年，中华人民共和国与朝鲜民主主义人民共和国的传统友好合作关系继续发展。

两国政治关系稳步发展。2月，国家主席习近平在出席索契冬奥会开幕式期间，会见朝鲜最高人民会议常任委员会委员长金永南。4月，中共中央总书记、国家主席、中央军委主席习近平致电祝贺朝鲜劳动党第一书记、国防委员会第一委员长金正恩再次就任朝鲜民主主义人民共和国国防委员会第一委员长，国务院总理李克强致电祝贺朝内阁总理朴凤柱再次当选内阁总理，全国人大常委会委员长张德江致电祝贺金永南委员长再次当选最高人民会议常任委员会委员长。12月，中共中央政治局常委、书记处书记刘云山前往朝鲜驻华使馆，出席已故朝鲜最高领导人金正日逝世三周年纪念活动，以中共中央名义送花篮。

8月，外交部长王毅在缅甸首都内比都东亚合作系列外长会期间，会见朝鲜外务相李洙墉。2月，外交部副部长刘振民访问朝鲜。

两国各领域交流与合作不断发展。中国保持朝鲜最大贸易伙伴地位，“罗先经贸区和黄金坪经济区”等双边互利合作项目稳步推进。两国经济、人文等各领域交流合作发展良好。

刚果民主共和国
(D. R. Congo)

2014年，中华人民共和国同刚果民主共和国［简称“刚果（金）”］的友好合作关系继续稳步发展。

两国人员交往频繁。1月，中共中央对外联络部副部长艾平访问刚果（金）。6月，刚果（金）副总理兼国防部长亚历山大·卢巴·恩坦伯访华。

两国经贸合作进展良好。中国是刚果（金）第一大贸易伙伴，2013年双边贸易额37.2亿美元，其中中国出口9.6亿美元，进口27.6亿美元。9月，中方援建的农业技术示范中心竣工移交。

人文领域交流频繁。“2014金沙萨中国电影节”活动成功举办。刚果（金）铜雕大师弗里德里克·里耀娄获中国政府2014年文化交流贡献奖，是全球十名获奖者中唯一的非洲人。

厄瓜多尔
(Ecuador)

2014年，中华人民共和国与厄瓜多尔共和国友好合作关系发展顺利。

双方保持高层交往。7月，国家主席习近平在巴西出席中拉领导人会晤期间同厄瓜多尔总统科雷亚举行会见，就两国关系发展和中拉整体合作交换看法，达成重要共识。厄副总统格拉斯、主权祖国联盟运动执行书记索利斯、国防部长埃斯皮诺萨访华。

经贸合作不断加强。两国在能矿、基础设施建设等领域重点合作项目顺利推进。高科技领域合作取得积极进展。在贸易领域，中方进口增长明显，双边贸易结构更趋均衡。据中方统计，2014年，中厄双边贸易额为43.1亿美元，其中中方出口额32.5亿美元、进口额10.6亿美元，同比分别增长15.2%、9.6%、36.95%。中厄《避免双重征税协定》及议定书正式生效，改善了中资企业在厄投资环境。

人文交流日益密切。中国残疾人艺术团、云南省“山人乐队”访问厄瓜多尔演出反响热烈。同时，厄艺术家来华参加“相约北京”之第二届拉美艺术季系列活动，“印象·厄瓜多尔”、瓜亚萨明画展在华举办。首届“大使杯”中文演讲比赛在厄举办。中国科学院副院长张亚平访厄并与厄方签署合作备忘录。

厄政府在台湾、涉藏问题上坚持一个中国立场。两国在国际和地区事务中相互支持和配合。

埃　及
(Egypt)

2014年，中华人民共和国同阿拉伯埃及共和国战略合作关系继续深化，并建立全面战略伙伴关系。两国各领域交流合作进一步发展。

两国政治交往不断。6月，国家主席习近平致电祝贺阿卜杜勒法塔赫·塞西当选埃及总统，并委派工业和信息化部部长苗圩作为特使出席塞西总统的就职典礼。国务院总理李克强和外交部长王毅分别向埃及新政府总理易卜拉欣·马哈拉卜和外交部长萨米哈·舒克里致贺电。11月，习近平主席特使、中共中央政治局委员、中央政法委书记孟建柱访埃。8月，王毅外长访埃，会见塞西总统并同舒克里外长举行会谈暨两国外交部新一轮战略对话，同埃工业和贸易部部长穆尼尔·阿布杜努尔、电力和能源部部长穆罕默德·沙基尔、交通运输部部长哈尼·多希、投资部部长艾什拉夫·萨勒曼、国际合作部部长奈姬拉·艾赫瓦尼等就两国务实合作举行集体会谈。9月、10月，中国中东问题特使宫小生大使两次访埃。12月，阿卜杜勒法塔赫·塞西总统对中国进行国事访问，习近平主席、李克强总理、张德江委员长分别同其会谈、会见。两国元首共同签署《中华人民共和国和阿拉伯埃及共和国关于建立全面战略伙伴关系的联合声明》，并共同见证多个合作文件的签署。6月，纳比勒·法赫米外长来华出席中国—阿拉伯国家合作论坛第六届部长级会议，王毅外长会见。

两国经贸合作发展良好。2014年，双边贸易额实现较快增长。中埃双方就苏伊士经贸合作区二期开发达成一致。12月，中国—埃及经济、贸易和技术合作联合委员会第六次会议在北京举行。

两国在政党、文化等领域交流与合作持续发展。11月，中共中央党校常务副校长何毅亭访问埃及。9月，埃文化部部长贾比尔·阿斯福尔来华出席中阿（拉伯）文化部长会议和阿拉伯艺术节等活动。

赤道几内亚
(Equatorial Guinea)

2014年，中华人民共和国与赤道几内亚共和国友好合作关系持续平稳健康发展。

两国政治交往密切，互信不断增强。6月，中国政府特使、外交部副部长张明访问赤道几内亚并出席非洲联盟第23届首脑会议，其间同赤几总统特奥多罗·奥比昂·恩圭马·姆巴索戈和外交与合作部部长阿加皮托·姆巴·莫库伊分别举行会见、会谈。同月，赤道几内亚民主党总书记赫罗尼莫·奥萨·奥萨·埃科罗率民主党干部考察团访华，中共中央书记处书记、中央纪律检查委员会副书记赵洪祝会见。赤几公共工程与基础设施部部长胡安·恩科·姆布拉访华。

6月，中国驻巴塔总领事馆正式开馆。

两国各领域合作进展顺利。双方经贸合作特殊安排框架协议继续稳步实施。3月，援赤道几内亚示范农场项目开工。两国人文交流活动丰富多彩。1月，天津艺术团赴赤几举行“欢乐春节”访问演出。8月，赤几著名小说《三心一意》中文版正式发行。10月，中国国家汉语国际推广领导小组办公室同赤几国立大学签署设立孔子学院协议。

厄立特里亚
(Eritrea)

2014年，中华人民共和国和厄立特里亚国友好合作关系继续保持良好发展势头，各领域合作顺利推进。

政治关系平稳发展。5月和9月，国家主席习近平和厄立特里亚总统伊萨亚斯·阿费沃基互致国庆贺电。6月，全国妇联副主席、书记处书记孟晓泗访厄。8月，伊萨亚斯总统就云南鲁甸地震向习近平主席致慰问电。

经贸合作继续推进。双边贸易额迅速增长。中方援建的中非友好小学、奥罗特医院项目移交厄方。科技学院科学学院、涉农工厂等项目进展顺利。

人文交流进一步深化。厄立特里亚孔子学院设立多个汉语教学点，举办“汉语桥”中文大赛等活动。厄高等教育委员会、高校等官员赴贵州、北京访问。

12月16日，中国新任驻厄立特里亚大使邱学军向伊萨亚斯总统递交国书。

爱沙尼亚
(Estonia)

2014年，中华人民共和国与爱沙尼亚共和国关系取得积极进展。

两国高层及各级别保持接触。12月，国务院总理李克强在塞尔维亚贝尔格莱德会见出席中国—中东欧国家领导人会晤的爱沙尼亚总理塔维·罗伊瓦斯。爱外交部长乌尔马斯·佩特先后就新疆乌鲁木齐严重暴力恐怖案件、云南鲁甸地震向外交部长王毅致慰问函。爱议会外事委员会代表团与全国人大外事委员会代表团实现互访。9月，外交部副部长王超会见爱驻华大使托马斯·罗克，接受爱政府照会。照会重申，爱沙尼亚政府坚持一个中国政策，承认西藏是中华人民共和国不可分割的一部分，不支持任何企图分裂中国的势力和行为。中国外交部在会见后发布消息稿。因爱总统托马斯·亨德里克·伊尔韦斯2011年8月会见达赖受到影响的中爱关系开始逐步恢复。

经贸合作续有发展。6月，爱沙尼亚经济与交通部对外贸易和企业部长安娜·苏琳格来华出席中国—中东欧国家经贸促进部长级会议。12月，国家税务总局副局长解学智访爱，双方签署《关于修订避免双重征税协定的议定书》。

人文交流与地方合作日益密切。2014年下半年，波罗的海三国首次在华联合举办“波罗的海艺术节”。9月，波罗的海三国联合新闻团访问北京、甘肃、上海。

埃塞俄比亚
(Ethiopia)

2014年，中华人民共和国与埃塞俄比亚联邦民主共和国友好合作关系继续保持快速发展势头，各领域合作成果丰硕。

两国高层交往密切。5月4～6日，国务院总理李克强对埃塞俄比亚进行正式访问。访问期间，李克强总理会见埃总统穆拉图·特肖梅，与总理海尔马里亚姆·德萨莱尼举行会谈。双方共同发表《中华人民共和国和埃塞俄比亚联邦民主共和国联合声明》，签署经贸、文化、司法、领事等领域16项合作文件。6月18日，国家副主席李源潮过境埃并与埃人民革命民主阵线（简称“埃革阵”）副主席、副总理德梅克·梅孔嫩举行会谈。1月6～8日，外交部长王毅访埃，分别会见穆拉图总统、海尔马里亚姆总理，与埃外交部长特沃德罗斯·阿达诺姆举行会谈。12月，王毅外长和特沃德罗斯外长就中埃关系发表共同署名文章。

7月8～13日，穆拉图总统对中国进行国事访问并出席生态文明贵阳国际论坛2014年年会。国家主席习近平、李克强总理、李源潮副主席分别与其会见和会谈，双方就双边关系发展达成重要共识。1月，穆拉图总统向习近平主席致春节贺函。3月和5月，穆拉图总统分别就云南昆明严重暴力恐怖事件和新疆乌鲁木齐严重暴力恐怖案件向习近平主席致慰问函。8月，穆拉图总统分别就江苏昆山爆炸事故和云南鲁甸地震向习近平主席致慰问函。10月31日至11月9日，埃人民代表院议长阿卜杜拉·戈梅达访华，全国人大常委会委员长张德江会见。10月27日至11月2日，埃总理府国务部长索罗门·塔斯法耶·特里拉访华，国务委员杨晶会见。

两国执政党保持友好交往。7月10～11日，中共中央政治局委员、北京市委书记郭金龙访问埃塞俄比亚，会见海尔马里亚姆总理，并与埃革阵副主席、副总理德梅克举行会谈。2月和12月，中共中央对外联络部副部长王尔乘、徐绿平分别访埃。11月23～27日，埃革阵副主席、副总理德梅克访华，中共中央政治局常委、中央书记处书记刘云山，中共中央政治局委员、上海市委书记韩正，全国政协副主席、中共中央对外联络部部长王家瑞分别同其会见、会谈。

两国经贸合作持续深入发展。双边贸易额继续增长。4月，商务部部长助理张向晨访问埃塞俄比亚，与埃财经发展部国务部长艾哈迈德·施伊德共同主持召开第八次中埃经贸联委会会议。亚的斯亚贝巴—阿达玛高速公路等项目完工并投入运营，亚的斯亚贝巴—吉布提铁路、亚的斯亚贝巴市轻轨等项目快速推进。

两国文化、教育、卫生等领域合作不断深化。双方签署《中埃文化合作协定2014年至2017年执行计划》。北京文化代表团在埃塞俄比亚成功举办“魅力北京”图片展、非物质文化遗产展和“魅力北京”文艺演出，福建艺术团赴埃访问演出。中方在亚的斯亚贝巴大学设立孔子学院。中方派遣眼科专家组为埃白内障患者实施“光明行”手术，并提供医疗设备和医护人员培训。

斐　济
(Fiji)

2014年，中华人民共和国与斐济共和国关系取得重要发展。

两国高层及各级别交往密切。11月21～23日，国家主席习近平对斐济进行国事访问。其间，习近平主席同斐济总统埃佩利·奈拉蒂考会见，同总理乔萨亚·沃伦盖·姆拜尼马拉马会谈。9月，外交部长王毅在纽约出席第69届联合国大会一般性辩论期间会见斐外交部长伊诺凯·昆布安博拉。1月，中共中央对外联络部副部长于洪君访斐。4月，中国—太平洋岛国论坛对话会特使杜起文访斐。8月，奈拉蒂考总统出席南京青奥会开幕式并访问浙江、上海。其间，习近平主席在南京会见。

双方经贸、人文等各领域务实合作取得新成果。6月，第二届中国—斐济经济贸易联委会在斐济苏瓦举行。中方援建的纳务瓦医院和公租房项目顺利竣工，索摩索摩小水电站、菌草技术示范中心等项目稳步推进。浙江天洁集团水泥厂项目建成投产。“欢乐春节”品牌系列活动首次在斐举办。8月，中国“和平方舟”海军医院船访问斐济并在当地开展人道主义医疗服务。中国红十字会向斐提供10万美元紧急人道主义援助，用于防控登革热疫情。10月，广东省友好代表团访斐。

国家主席习近平对斐济进行国事访问

2014年11月21～23日，国家主席习近平对斐济进行国事访问。习近平主席在斐济楠迪会见奈拉蒂考总统，同姆拜尼马拉马总理举行会谈，并出席姆拜尼马拉马总理举行的传统欢迎仪式和奈拉蒂考总统举行的欢迎宴会。访问取得丰硕成果。两国领导人一致同意保持两国高层和各级别交往合作，推动中斐关系不断向前发展。两国领导人还见证了《中华人民共和国政府和斐济共和国政府经济技术合作协定》等六项双边合作文件的换文。习近平主席此访为中斐关系未来发展作出顶层设计和战略规划，加深两国传统友谊，有力推动双方各领域务实合作，翻开了中斐关系新的一页。

芬　兰
(Finland)

2014年，中华人民共和国与芬兰共和国关系继续深入发展。

两国各层级交往密切。3月，国家主席习近平在荷兰出席第三届核安全峰会期间同芬兰总统绍利·尼尼斯托举行双边会见。10月，国务院总理李克强在意大利米兰出席亚欧首脑会议期间与芬总理亚历山大·斯图布举行双边会见。6月，中共中央政治局常委、中央书记处书记刘云山对芬进行正式友好访问，分别同芬总统尼尼斯托，总理、联合党主席于尔基·卡泰宁，议长埃罗·海内卢奥马，社民党主席、财政部长安提·林奈，中间党主席尤哈·西比莱分别会见、会谈。11月，国务院副总理汪洋对芬兰进行正式访问，分别同芬总统尼尼斯托、总理斯图布、财政部长林奈会见，并出席芬初创企业融资洽谈会和中芬经贸论坛。国家体育总局局长刘鹏、司法部副部长郝赤勇、人力资源和社会保障部副部长胡晓义、国土资源部副部长王世元、环境保护部副部长翟青、交通运输部副部长何建中、农业部副部长陈晓华、国家卫生和计划生育委员会副主任刘谦、国家林业局局长赵树丛、国家宗教事务局局长王作安、新华社社长李从军等分别访芬。

6月，芬兰议会第一副议长佩卡·拉维访华，与全国人大常委会副委员长向巴平措、全国政协副主席兼秘书长张庆黎分别会见。此外，芬农林部长亚瑞·考斯基宁、社会事务和卫生部长葆拉·瑞斯科、国际发展部长兼总理办公室国有资产管理部长佩卡·哈维斯托、农林部长佩特里·奥莱普、经济部长杨·瓦帕沃里、国际发展部长斯帕·帕特罗、环境部长桑妮·葛朗—拉瑟宁分别访华。

2月，中国新任驻芬兰大使于庆泰向芬兰总统尼尼斯托递交国书。

各领域务实合作不断深化。6月，农业部与芬兰农林部签署《中华人民共和国农业部与芬兰农林部关于在中国建立中芬农业发展与创新合作平台的框架协议》。交通运输部同芬交通与通讯部签署《关于交通运输领域合作谅解备忘录》。国家卫生计生委同芬社会事务和卫生部签署《中华人民共和国国家卫生和计划生育委员会与芬兰社会事务和卫生部2014—2019年度卫生合作执行计划》。8月，中芬预防犯罪研讨会在赫尔辛基召开。9月，人力资源和社会保障部与芬社会事务与卫生部签署《中华人民共和国和芬兰共和国政府社会保障协定》。中芬经贸联委会经贸领域节能环保工作组第三次会议在芬召开。芬在华启动“纯净芬兰”系列宣介活动。10月，中芬林业合作工作组第18次会议在北京举行。11月，两国农业部签署《中国农业部和芬兰农业部2015—2016年农业合作行动计划》。商务部同芬外交部签署《中国商务部和芬兰外交部关于支持在北京经济技术开发区建立“中芬生态创新园”的谅解备忘录》。

人文领域交流取得新进展。2月，第八届“欢乐春节”活动在赫尔辛基举办。6月，文化部与赫尔辛基市政府签署关于共同支持2015年“赫尔辛基艺术节——聚焦中国”活动的谅解备忘录。北京市与赫尔辛基市签署《文化艺术合作谅解备忘录》。11月，文化部与芬教育文化部签署《中华人民共和国文化部与芬兰共和国教育文化部关于2015年中芬文化交流与合作的谅解备忘录》。全国妇联、中国人民对外友好协会、中央歌剧院等代表团分别访芬。

两国政党、立法机构、军队交流不断深入。湖南省中共友好代表团访芬并出席芬社民党党代会，全国政协、全国人大代表团分别访芬，芬议会法律委员会主席安妮·霍姆隆德访华。中国人民解放军副总参谋长王冠中中将访芬，芬国防部长卡尔·哈格伦德访华，与中央军委副主席许其亮空军上将、国务委员兼国防部长常万全上将分别会见、会谈。

两国地方交往更趋活跃。广西壮族自治区政府主席陈武、北京市副市长程红、上海市副市长赵雯、天津市人大常委会副主任李泉山、海南省委秘书长孙新阳、河南省副省长张广智、安徽省副省长方春明等访芬。芬赫尔辛基市市长尤西·帕尤宁、图尔库市市长阿莱克斯·兰德尔、北卡雷利亚大区委员会行政长官班迪·海帝宁等分别访华。截至2014年年底，两国已缔结友好省市23对。

法　国
(France)

2014年是中华人民共和国与法兰西共和国建立大使级外交关系50周年。两国政治互信继续巩固，各领域务实合作不断深入，双边关系进入持续快速健康发展的新时期。

两国高层交往频繁密切。3月，国家主席习近平对法国进行国事访问，两国元首共同决定开创紧密持久的中法全面战略伙伴关系新时代。11月，习近平主席在澳大利亚布里斯班出席二十国集团领导人第九次峰会期间，会见法总统弗朗索瓦·奥朗德。10月，国务院总理李克强在意大利米兰出席第十届亚欧首脑会议期间会见奥朗德总统。9月，国务院副总理张高丽在纽约出席联合国气候变化峰会期间会见奥朗德总统。2月，国务委员杨洁篪访法，同法总统外事顾问燕保罗共同主持召开新一轮中法战略对话。

务实合作成果丰硕。9月，国务院副总理马凯赴法国，同法财政和公共账目部部长米歇尔·萨班共同主持第二次中法高级别经济财金对话。双方共达成46项互利共赢的成果，将在宏观经济政策协调、全球经济治理、金融财税、贸易投资、核能、航空航天等领域加强合作。10月，以法为主宾国的第15届中国西部国际博览会在成都举行。马凯副总理在博览会开幕当天会见法参议院外事委员会主席、前总理让-皮埃尔·拉法兰及法政府代表、外交和国际发展部国务秘书马蒂亚斯·费克尔。

两国外交部保持密切沟通协调。2014年，外交部长王毅与法国外交部长洛朗·法比尤斯四次通话，就双边关系和共同关心的地区热点问题交换意见。法比尤斯外长分别于2月、5月、10月对中国进行三次工作访问，外交部长王毅同其举行会谈。双方并于10月19日发表关于合作抗击非洲埃博拉疫情的联合新闻稿。9月，王毅外长在纽约出席联合国大会期间会见法比尤斯外长，就双边关系等问题交换意见。10月，王毅外长在阿富汗问题伊斯坦布尔进程第四次外长会期间应约简短会见法外交和国际发展部国务秘书阿尼克·吉拉尔丹，就中法合作应对西非埃博拉疫情事交换意见。9月，外交部副部长李保东代表中方出席在巴黎举行的伊拉克和平与安全国际会议。

人文交流更加活跃，中法建交50周年庆祝活动精彩纷呈。10月，国家副主席李源潮在杭州会见出席第二届中法青年领导者论坛的中法方代表。1月，国务院副总理刘延东和法国民议会议长巴尔托洛内共同出席在北京举办的中法建交50周年回顾展和音乐会。9月，刘延东副总理访法，同法比尤斯外长共同主持中法高级别人文交流机制启动仪式暨首次会议，双方在会后签署《联合宣言》。习近平主席、李克强总理和法总统奥朗德、总理瓦尔斯分别向中法高级别人文交流机制启动仪式暨首次会议致贺信。1月，中国政府特使、文化部长蔡武和法总理埃罗共同出席在巴黎举行的“中国之夜”晚会。5月，王毅外长陪同来访的法比尤斯外长参观“名馆·名家·名作——纪念中法建交50周年特展”。10月，习近平主席和奥朗德总统就法机械龙马来华巡演和“汉风——中国汉代文物展”在巴黎开幕互致贺信。7月，中国政府代表、前外长李肇星访法，出席“一战百年”暨法国庆纪念活动。

政党、议会、军队和地方交流活跃。1月，法国民议会议长克洛德·巴尔托洛内访华，全国人大常委会委员长张德江与其举行会谈。10月，法社会党第一书记让-克里斯托夫·冈巴德利斯访华，中央政治局常委、中央纪委书记王岐山会见。法三军参谋长皮埃尔·德维里耶上将访华，中央军委副主席范长龙上将会见，总参谋长房峰辉上将同其举行会谈。4月，国务委员兼国防部长常万全上将会见法空军参谋长丹尼斯·麦西耶空军上将。11月，第四届中法地方政府合作高层论坛在法斯特拉斯堡举行。截至2014年年底，中法两国共有友好城市和省区87对。

2月20日，中国新任驻法国大使翟隽向法国总统奥朗德递交国书。

国家主席习近平对法国进行国事访问

3月25～28日，国家主席习近平对法国进行国事访问。访问期间，习近平主席同法总统奥朗德举行大、小范围会谈，见证签署合作协议，共同会见记者，共同出席中法建交50周年纪念大会和音乐会并发表重要讲话。奥朗德为习近平主席夫妇举行欢迎仪式、欢迎晚宴和私人晚宴。习近平主席还会见了法总理让-马克·埃罗、国民议会议长巴尔托洛内和参议长让-皮埃尔·贝尔。双方发表《中法关系联合声明》和《中法关系中长期规划》，签署了70项合作文件，涉及经贸、核能、航空航天、工业、汽车、能源、金融、农业、可持续发展、科技、质检等多个领域。

习近平主席在与奥朗德总统会谈时表示，很高兴在中法建交50周年这个重要而特殊的时刻访问法国。法是第一个同中华人民共和国建交的西方大国。长期以来，中法关系以战略性、时代性、全球性的鲜明特点，走在中国同西方国家关系前列，引领中欧关系发展。为共同开创紧密持久的中法全面战略伙伴关系新时代，习近平主席提出四点建议：第一，始终视对方为优先战略伙伴，增进互信，支持对方发展理念和发展道路，尊重对方核心利益和重大关切。第二，抓住各自推进经济结构改革新机遇，深化务实合作。坚持开放，共同反对保护主义。第三，促进人文交流，建立高级别人文交流机制，打造中法合作第三个机制性支柱。第四，加强在国际和地区事务中的合作，推动改革全球经济治理体系，共同促进世界和平、稳定、繁荣。

奥朗德总统完全赞同习近平主席就发展两国关系提出的建议。他表示，习近平主席此访将为两国合作注入新活力，推动两国关系进入新阶段，成为法中关系史上新的重要里程碑。当前，两国关系发展势头良好。法方希望同中方保持高层交往，深化政治对话，加强全方位合作，密切在国际和地区事务中的沟通与协调。

加　蓬
(Gabon)

2014年是中华人民共和国与加蓬共和国建交40周年，两国友好合作关系稳步发展。

4月，国家主席习近平和外交部长王毅分别与加蓬总统阿里·邦戈·翁丁巴和外交、国际合作、法语国家事务、非洲发展新伙伴计划和地区一体化部长埃马纽埃尔·伊索泽·恩贡戴就中加建交40周年互致贺电。

4月、5月，恩贡戴外长分别就马航MH370客机失联事件和新疆乌鲁木齐严重暴力恐怖案件向王毅外长致慰问电。8月，邦戈总统和恩贡戴外长分别就云南鲁甸地震向习近平主席和王毅外长致慰问电。

两国各领域、各层次人员往来频繁。6月，加蓬国民教育、技术和职业教育部长莱昂·恩祖巴来华出席世界语言大会。加数字经济、新闻和邮政部长巴斯托尔·恩古阿·恩内梅来华出席第二届中非媒体合作论坛。7月，中国全国人大委员会委员、办公厅研究室主任窦树华访加。

两国经贸领域合作不断密切。7月，中国企业承建的加蓬让蒂尔港至翁布埃公路项目开工。同月，中国企业承建的拉拉腊至库玛梅永沥青公路、大布巴哈水电站项目交付验收。

两国人文领域交流成果丰硕。2月，《媳妇的美好时代》在加蓬国家电视台播出，这是中国电视剧首次亮相加电视屏幕。5月，云南省艺术团赴加访演。

格鲁吉亚
(Georgia)

2014年，中华人民共和国与格鲁吉亚关系稳步发展。

两国政治互信加深，交往日趋活跃。两国领导人就重要事件和节日互致电函。9月，中共中央对外联络部副部长周力率中共友好代表团访格，全国政协外事委员会主任、中国工程院常务副院长潘云鹤率团赴格与对方就丝绸之路经济带建设进行深入交流。10月，外交部副部长程国平与格外交部副部长大卫·贾拉加尼亚在北京举行副外长级政治磋商。9月，格副议长兹维亚德·基吉古里、副总理兼经济和可持续发展部长乔治·克维里卡什维利分别来华出席第四届中国—亚欧博览会和天津夏季达沃斯论坛，并与中国领导人会晤。两国地方交往发展迅速。中国新疆、四川、江西、安徽、广东等地方领导赴格交流，多名格地方领导人来华访问。双方还在涉及彼此核心利益问题上相互支持，在国际组织竞选中密切协作。

中格经贸和务实合作成果丰硕。10月，第六次中格经贸混委会在华举行。双边贸易额快速增长，中国跃升为格第三大贸易伙伴。中格在建筑、公路、铁路、水电站、通讯等领域的务实合作顺利实施。中国援格项目发挥积极作用。

人文交流日益活跃。中格签署《中华人民共和国和格鲁吉亚教育合作协议议定书》，增加互派奖学金留学生名额。孔子学院在格蓬勃发展，格掀起“汉语热”。3月，中国残疾人艺术团赴格访演。7月，中国美术家协会常务副主席吴长江访格。8月，中国十余家主要媒体记者组成“丝绸之路万里行”采访团赴格采访报道。“中国—格鲁吉亚国际技术转移中心”在烟台成立。10月，“文化中国·魅力新疆”慰问侨胞文艺晚会在格举行。格电影参加首届西安“丝路”国际电影展并获奖。

德　国
(Germany)

2014年，中华人民共和国与德意志联邦共和国关系提升为全方位战略伙伴关系。两国高层交往频繁，各领域务实合作成果丰硕，国际事务协调密切。

两国领导人保持密切交往，政治互信达到新水平。3月9日，国家主席习近平同德国总理安格拉·默克尔通电话，双方就中德关系和乌克兰局势交换意见。3月28～30日，习近平主席对德国进行国事访问，会见总统约阿希姆·高克并同默克尔总理举行大范围会谈。11月16日，习近平主席在出席二十国集团布里斯班峰会期间与默克尔总理进行交谈。

10月9～12日，国务院总理李克强赴德国主持第三轮中德政府磋商并对德国进行正式访问。10日，李克强总理会见高克总统，与默克尔总理举行小范围会谈，共同主持第三轮中德政府磋商并会见记者，出席第七届中德经济技术合作论坛并致辞。两国总理就进一步全面深化中德各领域务实合作、中欧关系和国际地区热点问题深入交换意见。11日，李克强总理赴汉堡出席中欧论坛汉堡峰会第六届会议闭幕式，并发表题为《树立互利共赢的新标杆》的主旨演讲。访问期间，双方共同发表包含360多项共识的《共塑创新——中德合作行动纲要》，全面规划和布局中德中长期合作；签署11项政府间合作协议和40项商业合同，总金额181亿美元。12月23日，李克强总理与默克尔总理通电话，重点就2015年重要双边活动安排交换意见。

1月27～28日，国务委员杨洁篪访问德国，分别会见默克尔总理和外交部长弗兰克-瓦尔特·施泰因迈尔，就中德关系、中欧关系和共同关心的国际热点问题交换意见。

7月6～8日，德国总理默克尔对中国进行正式访问，这是默克尔以总理身份第七次访华。访问期间，习近平主席、李克强总理和全国人大常委会委员长张德江分别同默克尔会谈、会见。两国总理共同会见记者并出席中德经济顾问委员会首次会议。两国领导人就双边关系、中欧关系和乌克兰问题等深入交换意见，就进一步充实中德全方位战略伙伴关系内涵达成广泛共识。

4月22～24日，德国副总理兼经济和能源部长、社民党主席加布里尔访华，李克强总理，全国政协副主席、中共中央对外联络部部长王家瑞分别会见。

两国立法机构和政党交往活跃。4月15日，中共中央政治局常委、中央书记处书记刘云山会见德国联盟党议会党团主席福尔克·考德尔。11月18日，中共中央政治局常委、中央书记处书记刘云山会见来华出席中国共产党和德国社民党建立关系30周年纪念活动的德社民党副主席托斯滕·舍费尔–君贝尔。4月10日，全国人大常委会副委员长、中华全国总工会主席李建国会见德国工会联合会主席米夏埃尔·佐默尔。5月15～18日，中共中央政治局委员、天津市委书记孙春兰率中共代表团访问德国。8月26日，国家副主席李源潮会见德国社民党副主席君贝尔。10月15日，中共中央政治局委员、中央书记处书记、中宣部部长刘奇葆会见德国左翼党主席贝恩德·雷克辛格。10月27日，全国人大常委会副委员长吉炳轩会见德国联邦议院法律和消费者保护委员会主席雷纳特·屈纳斯特。

两国外交部交往密切。中德两国外交部长年内五次会面、一次通话，就双边关系和国际地区热点问题保持密切沟通。3月4日，外交部长王毅同德国外交部长施泰因迈尔通电话，就习近平主席访德、乌克兰局势等交换意见。3月29日，王毅外长在柏林会见施泰因迈尔外长。4月12～14日，施泰因迈尔外长访华，李克强总理、杨洁篪国务委员分别会见，王毅外长同其举行第四轮中德外长级战略对话。9月27日、10月9日和11月24日，王毅外长分别在出席纽约第69届联合国大会、第三轮中德政府磋商和维也纳伊朗核问题外长会期间会见施泰因迈尔外长。3月29日，外交部副部长程国平会见来访的德国外交部国务秘书马库斯·艾德和，就乌克兰和克里米亚局势交换意见。6月13～16日，艾德和国务秘书访华，王毅外长会见，外交部副部长王超同其举行中德副外长级政治磋商，程国平副外长同其就乌克兰局势交换意见。9月3～4日，王超副外长赴柏林同艾德和国务秘书举行中德副外长级政治磋商。9月23～24日，程国平副外长赴柏林同艾德和国务秘书举行会谈，就双边关系、乌克兰危机等国际问题交换意见。此外，两国外交部还举行了网络安全、领事事务、军控与防扩散事务磋商和第12届人权对话，第二届德国青年外交官代表团访华。

两国经贸合作水平续有提升。中德继续互为在各自地区最大贸易伙伴，双边贸易额占中国与欧盟贸易总额三成。德国中国商会、中国国际投资促进中心（德国）相继在德挂牌成立。两国财金合作稳步推进，双方新签《避免双重征税和防止偷漏税协定》，中方指定中国银行法兰克福分行为法兰克福人民币清算行，并给予德国人民币合格境外机构投资者配额。

两国人文交流亮点纷呈。3月29日，习近平主席访德期间专程看望在德国训练的“彩虹桥工程——大众汽车志丹、红安少年足球队”。7月7日，李克强总理和默克尔总理在北京天坛会见出席中德语言年闭幕式活动的两国青少年代表。5月28日至6月8日，中华全国青年联合会与德国墨卡托基金会在北京和上海合作举办第三届“中德未来之桥”青年领导者交流营活动。7月5～6日，中德对话论坛2014年会议在成都举行。10月8日，国务院新闻办公室主任蔡名照和德国前总理格哈德·施罗德出席法兰克福国际书展上举行的《习近平谈治国理政》多语种图书首发式。2014年，中国在德留学生近3万人，德在华留学生近6000人，建有500多对大学校际关系。中国在德已开设17家孔子学院和3家孔子课堂。

两国军事、安全、法律、科技、媒体、卫生、农业、地方等各领域交往与合作深入开展。1月15日，中德第15次国防部工作对话在北京举行。3月2日，公安部副部长孟宏伟会见到访的德国联邦警察总局长迪特·罗曼。10月9日，公安部副部长孟宏伟与德国内政部国务秘书艾米丽·哈珀尔在柏林举行第五次中德公安、内政部门副部级年度会晤。8月30日至9月2日，中德法治国家对话第14届法律研讨会在德国莱比锡举行，国务院法制办主任宋大涵、德国司法和消费者保护部部长海克·马斯出席。4月29日，中德第三届创新政策会议在北京举行。30日，中德“清洁水”创新中心在上海正式启动。9月3日，外交部部长助理刘建超会见第五届中德媒体论坛德方代表。12月16日，第四届中德媒体对话在北京举行，国务院新闻办公室主任蔡名照和德国外交部国务秘书斯蒂凡·施泰因莱出席。10月9日，国家卫生和计划生育委员会主任李斌同德国卫生部长赫尔曼·格罗厄在柏林举行首届中德卫生对话。10月10日，农业部长韩长赋与德国食品和农业部长克里斯蒂安·施密特在柏林举行中德农业部长对话机制首次会议。

5月27日至6月1日，德国柏林市市长克劳斯·沃沃赖特访华，中共中央政治局委员、北京市委书记郭金龙会见。11月12～16日，德国下萨克森州州长斯蒂凡·魏尔访华，全国政协副主席、科技部长万钢会见。11月19～24日，德国基社盟主席、巴伐利亚州州长霍斯特·泽霍夫访华，李克强总理，中共中央政治局委员、广东省委书记胡春华，全国政协副主席、科技部长万钢，全国政协副主席、中共中央对外联络部部长王家瑞分别会见。

截至2014年年底，中德两国共结有友好省州和城市77对。

国家主席习近平访问德国

3月28～30日，习近平主席对德国进行国事访问。28日，习近平主席在柏林会见德国总统约阿希姆·高克并出席高克总统举行的国宴，同德国总理默克尔举行大范围会谈并共同会见记者。两国领导人重点就深化中德合作、提升双边关系水平进行坦诚、深入交流，达成许多重要共识。双方共同发表《建立中德全方位战略伙伴关系的联合声明》，宣布将共同制订中德合作中长期行动纲要，决定将中德外长级战略对话拓展为外交和安全战略对话，建立高级别财金对话机制，建立中德创新伙伴关系，将2015年确定为中德“创新合作年”。在柏林期间，习近平主席还在科尔伯基金会发表重要演讲，全面深入阐述中国的和平发展理念。29日，习近平主席赴北威州访问，在德国副总理兼经济和能源部长西格玛·加布里尔的陪同下参观杜伊斯堡港，出席中德工商界晚宴并发表题为《把握中国机遇，实现共同发展》的重要讲话。访德期间，双方领导人见证签署8项政府间协议和10项商业合同，合同累计金额近100亿美元。

加　纳
(Ghana)

2014年，中华人民共和国与加纳共和国友好合作关系稳步发展，各领域交流与合作不断取得新进展。

两国政治交往不断。1月，外交部长王毅对加纳进行正式访问，会见加纳总统约翰·德拉马尼·马哈马，并与外交和地区一体化部长汉娜·特塔赫举行会谈，双方就新形势下进一步发扬传统友谊、深化全方位合作达成一系列重要共识。宁夏回族自治区党委常委、组织部长傅兴国，中国银监会副主席周慕冰，江西省副省长谢茹等先后访问加纳。3月和8月，马哈马总统分别就云南昆明严重暴力恐怖事件和云南鲁甸地震向国家主席习近平致慰问函。加议长爱德华·多伊·阿伽霍、加执政党全国民主大会党主席约翰逊·恩凯提亚、能源和石油部长伊曼纽尔·阿尔马·科菲·布阿、财政部长塞斯·特克珀、通讯部长爱德华·奥马内·博阿马等分别访华。

4月，中国新任驻加纳大使孙保红向马哈马总统递交国书。7月，加纳新任驻华大使阿纳尼·奥库米尼·德穆亚科尔向习近平主席递交国书。

两国经贸合作持续发展，贸易和投资合作稳步增长。在中非合作论坛框架下，中方向加纳援建的职业技术学校和太阳能路灯项目竣工。中国继续向加经济社会发展提供力所能及的帮助，完成加阿克拉职业技术学校扩建等项目，并向加提供抗击埃博拉疫情紧急物资援助和应对霍乱紧急人道主义援助。两国在能源、电力、农业、航空等领域合作进一步拓展。

两国人文和地方等领域交流日益活跃。中方派出第四批援助加纳医疗队。加纳孔子学院举办成立周年庆典暨“汉语桥”比赛及“学院日”活动。

中国驻加纳大使馆召开推广汉语教学和传播中国文化座谈会。江西省与加北部省建立友好省关系。加纳—中国友好协会在加首都阿克拉举办旅游论坛，推介和宣传两国旅游业合作发展。

希　腊
(Greece)

2014年，中华人民共和国与希腊共和国双边关系实现全面快速发展，各领域友好合作不断深化，中希全面战略伙伴关系提升至新水平。

双方高层交往势头强劲，政治互信显著增强。2月，国家主席习近平在俄罗斯出席索契冬奥会开幕式期间会见希腊总统卡罗洛斯·帕普利亚斯。7月，习近平主席在赴巴西出席金砖国家领导人第六次会晤并对拉美四国进行国事访问途中过境访问希腊罗德岛，其间，会见希总统帕普利亚斯和总理安东尼斯·萨马拉斯。6月，国务院总理李克强对希腊进行正式访问。10月，李克强总理在意大利米兰出席第十届亚欧首脑会议期间会见萨马拉斯总理。12月，李克强总理同萨马拉斯总理通电话。11月，中央书记处书记、全国政协副主席杜青林对希腊进行友好访问。其间，分别会见萨马拉斯总理、埃万盖洛斯·梅伊玛拉奇斯议长，并与希议会第一副议长约阿尼斯·特拉加基斯会谈。8月，希腊军舰搭载79名中国公民从利比亚安全撤离，这是希方近年来第四次协助中方从战乱国家撤离人员，李克强总理就此向萨马拉斯总理致感谢信。帕普利亚斯总统、萨马拉斯总理、副总理兼外交部长埃万盖洛斯·维尼泽洛斯分别就云南鲁甸地震向习近平主席、李克强总理、王毅外长致慰问函。其他重要访问还有：外交部副部长王超赴希磋商，最高人民法院副院长江必新，全国人大常委会委员、全国人大财政经济委员会副主任委员吕祖善，中共中央对外联络部副部长李进军访希。希腊教育部长安德烈·洛维尔佐斯、发展和竞争力部副部长帕纳约蒂斯·米塔拉基斯先后访华。

双边经贸交流合作不断深化。6月，第24届波塞冬海事展览会在雅典举办，约200家中国企业参加。12月，希议会表决通过中远集团比雷埃夫斯港《友好协商协议》。

双方人文交流亮点频现。4月，第二届夏季青年奥林匹克运动会火种采集仪式在雅典隆重举行，帕普利亚斯总统出席。6月，科技部副部长曹健林赴希共同主持召开第11次中希科技合作联委会会议。6月，全国青年联盟代表团赴希腊塞萨洛尼基参加“丝绸之路国际青年联盟”第三次会员代表大会。9月，国家新闻出版广电总局副局长童刚访希并出席“中国电影周”开幕式。

两国军事交流稳中有进。7月，希军队国防参谋长米哈伊尔·科斯塔拉科斯上将访华，中央军事委员会副主席范长龙上将，中央军委委员、中国人民解放军总参谋长房峰辉上将分别与科会见、会谈。

李克强总理访问希腊

6月19～21日，李克强总理对希腊进行正式访问。在雅典期间，李克强总理同希总理萨马拉斯举行会谈，会见总统帕普利亚斯、议长梅伊玛拉奇斯。与萨马拉斯总理共同视察中远比雷埃夫斯港集装箱码头，出席中希海洋合作论坛并发表题为《努力建设和平合作和谐之海》的致辞。李克强总理还在萨马拉斯总理陪同下参访克里特岛，会见克里特省省长斯塔夫洛斯·阿尔纳乌塔基斯，并出席伊拉克里翁博物馆开馆仪式。

访问期间，两国共同发表《中华人民共和国和希腊共和国关于深化全面战略伙伴关系的联合声明》，签署了7项政府间合作协议，以及19项商业协议，总金额超过48亿美元。

李克强总理在会谈会见中表示，中希传统友谊历久弥坚，是相互依赖的好伙伴。中方愿同希方一道努力，进一步巩固政治互信，扩大务实合作，将中希全面战略伙伴关系提升到新的更高水平。希方表示，中国是希真诚、可靠的朋友和伙伴，在希遭遇主权债务危机时及时给予宝贵支持，给希带来信心和力量，希方愿与中方全面深化各领域友好互利合作和人文交流。

格林纳达
(Grenada)

2014年，中华人民共和国与格林纳达友好关系稳步发展。

两国各层级交往密切，政治互信不断加深。1月和9月，格林纳达副总理埃尔文·尼姆罗德两次访华。7月，安徽省副省长谢广祥访格。

经贸、文化、教育等领域交往保持良好势头。10月，中国政府援建的格林纳达低收入住房项目一期竣工。11月，格媒体代表团访华。广州市杂技团赴格演出，格钢鼓乐队来华访演。格方积极派员来华参加各种培训和研讨班，来华留学生人数创历史新高。中方援格汉语教学项目进展顺利。

几内亚
(Guinea)

2014年，中华人民共和国和几内亚共和国友好关系继续健康稳定发展。

两国保持各层次交往。8月，国家主席习近平就埃博拉疫情向几内亚总统孔戴致慰问电。1月，国务院总理李克强、全国人大常委会委员长张德江和外交部长王毅分别致电祝贺几新任总理穆罕默德·赛义德·福法纳、国民议会议长克洛德·科里·孔迪亚诺、外交和海外侨民国务部长弗朗索瓦·隆塞尼·法尔就职。8月，孔戴总统就云南鲁甸地震向习近平主席致慰问电。5月，几前总理塞卢·达莱茵·迪亚洛访华。6月，几执政党几内亚人民联盟—彩虹联盟代表团访华。

两国经贸合作稳步推进。中国援建的几内亚总统府改扩建项目已顺利完工并于5月正式移交使用，体育场增项工程于6月开工。中国水利电力对外公司承建的卡雷塔水电站项目和华为公司承建的几内亚电信公司扩容项目进展顺利。中国港湾工程有限责任公司承建的科纳克里集装码头扩建项目已交付使用，孔戴总统出席竣工交付仪式并给予高度评价。

医疗卫生等其他领域合作成果突出。4月，中国援建的中国—几内亚友好医院正式启用。几爆发埃博拉疫情后，中国政府率先驰援，先后向几提供四轮物资、粮食、现汇等紧急人道主义援助，并用包机将抗疫物资第一时间送抵疫区。中方还派出公共卫生和医疗专家协助抗击疫情和培训当地医护人员。中方援助举措为几抗击疫情发挥重要积极作用，得到几各界高度评价。在“中非民间友好行动”项目下，中方向几科纳克里妇女自助协会“妇女之家”捐赠缝纫用品，并向几大学生体育联合会援赠足球等体育器材等，取得积极社会效果。

几内亚比绍
(Guinea-Bissau)

2014年，中华人民共和国与几内亚比绍共和国关系保持良好发展势头。

两国政治互信不断加深。6月，国家主席习近平致电祝贺几内亚比绍新任总统若泽·马里奥·瓦斯就职。12月，习近平主席向瓦斯总统致生日贺函。6月，国务院总理李克强、全国人大常委会委员长张德江和外交部长王毅分别致电祝贺几比新任总理多明戈斯·西蒙斯·佩雷拉、全国人民议会议长西普里亚诺·卡萨马和外交、国际合作与侨务部长马里奥·洛佩斯·达罗萨就职。

两国经贸合作稳步推进。中国援助几内亚比绍司法大楼项目顺利开工。中国多家渔业企业赴几比考察并签署合作协议。

中国政府采取积极措施协助几内亚比绍政府防范埃博拉疫情。应几比政府请求和世界卫生组织呼吁，中国政府向几比提供了100万元人民币紧急粮食援助和两批共计600万元人民币预防埃博拉疫情紧急物资援助，并派遣公共卫生专家组赴几比开展培训工作。

圭亚那
(Guyana)

2014年，中华人民共和国与圭亚那共和国友好关系顺利发展，双边互利合作取得积极进展。

两国政治交往不断。7月，国家主席习近平在巴西出席金砖国家同南美国家领导人对话会、中国—拉美和加勒比国家领导人会晤时，圭亚那总统拉莫塔参加集体会晤。7月，圭执政党人民进步党参加加勒比执政党干部考察团访华。

两国经贸、文化、教育、卫生等领域交流与合作取得新进展。5月，圭亚那大学孔子学院正式揭牌。6月，第11期中国援圭医疗队抵圭。9月，国家卫生和计划生育委员会主任李斌访圭。10月，圭自然资源和环境部长罗伯特·帕索德来华出席第16届世界矿业大会。

匈牙利
(Hungary)

2014年是中华人民共和国同匈牙利建立外交关系65周年，两国友好合作伙伴关系深入发展，各领域交流与合作蓬勃开展。

两国继续保持友好往来势头。10月，国家主席习近平同匈牙利总统阿戴尔·亚诺什、国务院总理李克强同匈牙利总理欧尔班·维克多、外交部长王毅同匈牙利外交与对外经济部部长西雅尔多·彼得分别就两国建交65周年互致贺电。4月，李克强总理应约同欧尔班总理通电话。12月，李克强总理在塞尔维亚首都贝尔格莱德出席中国—中东欧国家领导人会晤期间同欧尔班总理举行双边会见。中、匈、塞（尔维亚）、马（其顿）四国总理一致同意合作建设中欧陆海快线，并共同见证中、匈、塞三国合作建设匈塞铁路的谅解备忘录和中、匈、塞、马四国通关便利化等合作文件的签署。2月，欧尔班总理对中国进行正式访问，习近平主席、李克强总理、全国人大常委会委员长张德江分别与其会见、会谈。双方发表了《中华人民共和国政府和匈牙利政府关于在新形势下深化双边合作的联合声明》。10月，外交与对外经济部部长西雅尔多对中国进行工作访问，王毅外长与其会谈。

在中国—中东欧国家合作框架下中匈双边合作不断加强。5月，中国—中东欧国家旅游促进机构和旅游企业联合会协调中心在布达佩斯成立。中国—中东欧国家旅游合作首次高级别会议在匈召开，国家旅游局局长邵琪伟出席。6月，匈总理府国务秘书西雅尔多·彼得来华出席匈塞铁路三方工作组第一次组长会议及宁波中国—中东欧国家经贸促进部长级会议，外交部副部长、中国—中东欧国家合作秘书处秘书长王超与其会见。

双方经贸、司法、人文、党际、国防、地方等领域交流与合作不断取得新进展。匈牙利最高法院院长道拉克·彼得访华。中东欧汉语教师培训中心在匈牙利罗兰大学孔子学院正式建立。《美丽中国　美丽匈牙利》画册首发式暨同名摄影展、首届中匈媒体论坛在匈举办。农业部长韩长赋访匈。中共中央对外联络部副部长周力，中共中央候补委员、湖南省委副书记孙金龙分别访匈。中国人民解放军军事科学院政委孙思敬上将访匈。中国人民解放军副总参谋长王冠中中将与匈牙利国防部副国务秘书希克洛什·彼得在布达佩斯共同主持首次中匈防务政策战略磋商。

截至2014年年底，中匈两国已建立34对友好省州（市）关系。

冰　岛
(Iceland)

2014年，中华人民共和国与冰岛共和国关系继续平稳健康发展。

两国高层交往保持良好势头。11月14～16日，中共中央书记处书记、全国政协副主席杜青林访问冰岛，分别与冰总统奥拉维尔·拉格纳·格里姆松、总理西格蒙杜尔·戴维·贡劳格松和第一副议长克里斯特杨·穆勒会见、会谈。6月28日至7月4日，冰外交部长贡纳尔·布拉吉·斯韦英松访华并见证中冰自贸协定生效实施。

两国经贸合作保持稳定。7月1日，中冰自贸协定正式生效实施。6月，中国—冰岛经济合作圆桌会在冰举行。

两国在极地、旅游等人文领域的交流与合作持续发展。6月，第二届中国—北欧北极合作研讨会在冰举行，中冰联合极光观测站在冰岛阿库雷里市正式奠基。10月，中国首次派出官方代表团赴冰出席第二届“北极圈论坛”大会。10月，文化部副部长丁伟访冰，与冰教育科学和文化部长伊特路吉·贡纳尔松会谈，双方签署了中冰文化合作谅解备忘录。

截至2014年年底，两国已缔结友好城市三对。

印　度
(India)

2014年，中华人民共和国与印度共和国面向和平与繁荣的战略合作伙伴关系持续保持良好发展势头，各领域务实合作不断取得新进展。

两国高层交往密切。7月，国家主席习近平和印度总理莫迪在巴西出席金砖国家领导人第六次会晤期间举行双边会见。9月17～19日，习近平主席对印度进行国事访问。5月，国务院总理李克强在印度大选后致电祝贺莫迪出任印新一届政府总理，并与其通电话。11月，李克强总理在缅甸出席东亚合作领导人系列会议期间会见莫迪总理。1月，国家副主席李源潮在北京出席“中印友好交流年”启动仪式。2月，国务委员杨洁篪访印，与印国家安全顾问梅农在新德里举行中印边界问题特别代表第17次会晤，并与印副总统安萨里在新德里共同出席“中印友好交流年”启动仪式。6月，外交部长王毅以习近平主席特使身份访印。同月，安萨里副总统访华并出席和平共处五项原则60周年纪念活动。9月上旬，印国家安全顾问多瓦尔以莫迪总理特使身份访华。

两国务实合作取得重要进展。中国是印度第一大贸易伙伴；印是中国第18大贸易伙伴，是中国重要的海外工程承包市场。3月，中印第三次战略经济对话在京举行。9月，中印经贸联合小组第十次会议在京举行。12月，中印第七次财金对话在印新德里举行。12月，孟中印缅经济走廊四国联合工作组第二次会议在孟加拉国科克斯巴扎召开，四方签署了会议纪要。习近平主席访印期间，中方宣布在印古吉拉特邦和马哈拉施特拉邦建立两个工业园区，并争取在未来五年内向印工业和基础设施发展项目投资200亿美元。双方还签署铁路合作备忘录和行动计划。

两国防务交流顺利开展。2014年2月，第六届中印防务与安全磋商在新德里举行。4月，中国人民解放军副总参谋长戚建国上将访问印度。5月，中国海军训练舰编队访印。7月，印参谋长委员会主席兼陆军参谋长比克拉姆·辛格上将访华，国家副主席李源潮、中央军委副主席范长龙上将分别会见，中央军委委员、中国人民解放军总参谋长房峰辉上将与其举行会谈。11月，中印第四次陆军反恐联合训练在印举行。

两国边界谈判进程稳步推进。双方在印度新德里举行边界问题特别代表第17次会晤，就推动中印边界谈判进程和双边关系发展，以及共同关心的国际和地区问题交换意见。双方召开边境事务磋商和协调工作机制会议，就维护边境地区和平安宁交换意见。

两国人文交流成果显著。中方决定增开经乃堆拉山口的印度官方香客朝圣路线。两国同意启动“中国—印度文化交流计划”，商定2015年在中国举办“印度旅游年”，2016年在印举办“中国旅游年”，决定2015～2019年每年各派200名青年互访。中印签署视听合拍协议。中国作为主宾国出席2014年印度国际电影节。中印缔结第二批共三对友好省邦/城市关系，分别是广东省—古吉拉特邦、广州市—艾哈迈达巴德市、上海市—孟买市。

习近平主席对印度进行国事访问

9月17～19日，习近平主席对印度进行国事访问，其间，同莫迪总理举行会谈，会见总统慕克吉、副总统安萨里、人民院议长马哈詹等印方领导人，双方发表《关于构建更加紧密的发展伙伴关系的联合声明》。习近平主席在世界事务委员会发表题为《携手追寻民族复兴之梦》的政策演讲，会见“和平共处五项原则友谊奖”首批获奖人士和团体。双方签署了涵盖经贸、投资、人文等领域共12项合作文件。

印度尼西亚
(Indonesia)

2014年，中华人民共和国和印度尼西亚共和国关系在印尼政府换届情况下实现平稳过渡并续有进展，两国全面战略伙伴关系迎来发展新契机。

双方政治互信不断加深，高层交往热度不减。7月，国家主席习近平致电祝贺佐科·维多多当选印度尼西亚总统。10月，习近平主席同佐科总统通电话，祝贺其就任并就进一步提升中印尼关系交换看法。7月，中共中央政治局委员、中央军委副主席范长龙上将访问印尼。10月，习近平主席特使、全国人大常委会副委员长严隽琪赴印尼出席佐科总统就职仪式。9月，全国政协副主席、中共中央对外联络部部长王家瑞访问印尼。12月，全国政协副主席陈晓光访问印尼。11月，外交部长王毅访问印尼。同月，佐科总统来华出席亚太经合组织第22次领导人非正式会议。9月，印尼国防部长普尔诺莫·尤斯吉安多罗访华。2月，印尼国民军司令穆尔多科访华。

两国经贸合作进展顺利。中国保持印尼第一大贸易伙伴地位，印尼是中国在东盟第二大投资目的地国，印尼也是中国周边重要天然气、煤炭资源供应基地之一。印尼新政府提出的“建设海洋强国”战略与习近平主席关于建设21世纪海上丝绸之路重大倡议高度契合，两国正在对接发展战略，规划具体合作。两国基础设施建设领域合作成果丰硕，印尼加迪格蒂大坝、巴厘电站等大项目建设惠及印尼民生。双方还积极推进综合产业园区建设，助力两国能源资源领域深度合作。

两国“上天入海”等新兴领域合作不断取得新成果。海事卫星地面站、海洋与气候中心等项目进展顺利。双方还就航天、核电领域合作达成一致。两国加强人文交流，夯实民意基础。2014年，中国赴印尼游客数量创历史新高，已成为印尼第四大旅游客源国。两国青年百人团实现互访，印尼伊斯兰长老团访华。双方签署反恐合作谅解备忘录，警务、安全、司法等领域合作不断加强。两军交流密切，举行“利刃”空降兵联训。

两国在地区和国际事务中的合作继续加强，在联合国、亚太经合组织、二十国集团、东盟地区论坛、东盟—中日韩、中国—东盟等框架下保持良好的沟通与合作。

6月，中国新任驻印度尼西亚大使谢锋向印尼总统苏希洛·班邦·尤多约诺递交国书。

伊　朗
(Iran)

2014年，中华人民共和国与伊朗伊斯兰共和国各领域友好合作关系稳步发展。

两国政治交往密切。5月，伊朗总统哈桑·鲁哈尼对中国进行国事访问并出席亚信峰会。其间，国家主席习近平同哈桑·鲁哈尼举行会谈。两国元首共同规划中伊关系发展，决定携手努力，推动各领域友好合作迈上新台阶。11月，习近平主席特使、中共中央政治局委员、中央政法委书记孟建柱访问伊朗，分别会见伊朗第一副总统埃斯哈格·贾汉吉里、副总统伊尔哈姆·阿明扎德、内政部长阿卜杜礼萨·拉赫马尼·法兹里，并同最高国家安全委员会秘书阿里·沙姆哈尼举行会谈。

两国经贸合作顺利开展。2月，商务部长陈德铭同伊朗财经部长阿里·塔布尼亚在德黑兰共同主持召开中伊经贸科技联委会第15次会议。

两国文化领域交流日益密切。1月，中国驻伊朗大使馆举办第二届“欢乐春节走进伊朗”活动。9月，国家新闻出版广电总局副局长童刚访伊并出席“2014中国电影周”开幕式。10月，新华社总编辑何平、中华全国妇女联合会副主席喻红秋、教育部副部长郝平访问伊朗。

两国各部门和地方交往稳步开展。中共中央对外联络部、外交部、国防部、商务部、公安部、文化部、中国人民对外友好协会、中国社会科学院、国际广播电台等部门代表团访问伊朗或出席国际会议。中国海军第17批赴亚丁湾护航编队访伊。湖北、甘肃等省党政领导访伊并开展省际友好交流。

伊朗外交部长穆罕默德·贾瓦德·扎里夫来华出席阿富汗问题伊斯坦布尔进程第四次外长会。伊领袖外事顾问兼确定国家利益委员会战略研究中心主任阿里·阿克巴尔·韦拉亚提、国防部长侯赛因·德赫甘、财经部长阿里·塔布尼亚、海军司令哈比卜拉·萨亚里准将、国家监察组织主席纳赛尔·赛拉吉、外交部副部长伊布拉希姆·拉希姆普尔访华。库姆省省长穆罕默德·萨迪格·萨利希马内什访问甘肃。

6月23日，中国新任驻伊朗大使庞森向哈桑·鲁哈尼总统递交国书。

伊拉克
(Iraq)

2014年，中华人民共和国与伊拉克共和国友好合作关系平稳发展。

两国保持各层次政治交往。7月，国家主席习近平、全国人大常委会委员长张德江分别致电祝贺伊拉克新任总统福阿德·马苏姆、国民议会议长赛利姆·朱布里就职。9月，国务院总理李克强、外交部长王毅分别致电祝贺伊新任总理海德尔·阿巴迪、外交部长易卜拉欣·贾法里就职。2月，王毅外长访伊，分别会见伊总理努里·马利基、国民议会议长乌萨玛·努贾伊菲，与外交部长霍希亚尔·兹巴里举行会谈。9月，王毅外长在纽约联合国大会期间出席安理会反恐峰会，宣布向伊中央政府和库尔德地区政府提供总额为6000万元人民币的紧急人道主义援助，并会见贾法里外长。同月，外交部副部长李保东出席在法国巴黎举行的伊拉克和平与安全问题国际会议。12月，外交部副部长张明访伊首都巴格达和库尔德地区首府埃尔比勒。7月，中国中东问题特使吴思科访伊。5月，伊外交部负责双边事务的次长尼扎尔·海腊拉来华出席亚信峰会。6月，伊教育部长穆罕默德·贾布里来华出席中国—阿拉伯国家合作论坛第六届部长级会议。

1月，新任中国驻伊拉克大使王勇向伊副总统胡代尔·胡扎伊递交国书。12月，中国驻埃尔比勒总领事馆开馆。

两国经贸、能源等领域合作进展顺利，双边贸易额、中国自伊拉克原油进口量持续增长，中国是伊最大贸易伙伴和最大原油买主，伊是中国第五大原油供应国。

两国在文化、艺术、体育等领域合作持续发展。9月，伊拉克文化次长法兹·阿特鲁希来华出席第三届阿拉伯艺术节，与文化部长蔡武签署《中华人民共和国政府和伊拉克共和国政府文化合作协定2014年至2016年执行计划》。8月，伊画家参加第五届阿拉伯知名艺术家来华采风活动。9月，伊体育代表团来华参加南京青奥会。10月，伊拉克国家图书和档案馆负责人来华出席中国—阿拉伯国家图书馆馆长论坛。

爱尔兰
(Ireland)

2014年，中华人民共和国与爱尔兰政治互信加深，互利合作扩大，人文交流密切，互惠战略伙伴关系内涵进一步丰富。

高层交往频繁。2014年6月15～17日，中共中央政治局常委、中央书记处书记刘云山对爱尔兰进行正式访问，会见爱总统迈克尔·希金斯，总理、统一党领袖恩达·肯尼，副总理兼外交贸易部长、工党领袖埃蒙·吉尔摩。12月7～15日，爱总统希金斯对中国进行国事访问。国家主席习近平、国务院总理李克强、全国人大常委会委员长张德江同其会谈、会见。

3月，银行业监督管理委员会主席尚福林访问爱尔兰，同爱央行、投资促进发展局负责人会谈。3月，中共中央对外联络部副部长于洪君访爱，会见爱工党领袖、副总理兼外交贸易部长吉尔摩，统一党副领袖、卫生部长詹姆斯·赖利。10月，贵州省委书记、省人大常委会主任赵克志和江苏省省长李学勇分别访爱。爱交通、旅游和体育部长利奥·沃尔德卡，爱就业、企业和创新部长理查德·布鲁顿，爱教育技能部长简·奥沙利文，爱农业、食品和海事部长西蒙·科文尼等先后于4月、6月、10月和11月访华。8月，爱议会外交贸易联合委员会主席帕特·布林访华并出席“第四届中国西藏发展论坛”。

经贸合作不断扩大，相互投资持续增长。爱尔兰农产品、食品对华出口迅猛增长，中国成为爱第六大出口市场和奶制品第二大出口目的地。双方成立1亿美元的科技基金。中国—爱尔兰投资贸易说明会、都柏林—北京商务峰会等活动成功在爱举行。

人文等其他领域交流合作密切。中国赴爱尔兰留学人员规模逐年攀升。汉语教学在爱推广取得重大进展，爱政府将汉语列为初中选修课程。2月，都柏林中国新年庆典和欧洲地区孔子学院联席会议等活动成功举办。都柏林大学孔子学院教学楼顺利奠基，中爱签署关于在爱设立文化中心谅解备忘录。“大河之舞”20周年特别纪念版在中国24个城市进行为期三个多月的演出。

旅游及地方友好交流继续推进。11月，爱尔兰、英国“共同旅行区”协议生效，中国公民赴爱签证手续更加便利。6月，爱在香港新设总领事馆。成都市、云南省和贵阳市分别于3月、5月和8月同爱芬戈郡、克莱尔郡、米斯郡结成友好省（市）郡关系。

4月15日，中国新任驻爱尔兰大使徐建国向爱总统希金斯递交国书。

以色列
(Israel)

2014年，中华人民共和国同以色列国友好合作关系保持较快发展势头，双边各领域交流与合作顺利开展。

两国政治交往频繁。5月，国务院副总理刘延东访问以色列，以总统西蒙·佩雷斯、总理本雅明·内塔尼亚胡等会见，并出席以首届创新大会开幕式。1月，外交部长王毅在瑞士达沃斯出席世界经济论坛年会期间，会见以色列总理本雅明·内塔尼亚胡。中国农业部、教育部、国家卫生和计划生育委员会、科技部、国家汉办等多个团组访以。4月，以色列总统佩雷斯对中国进行国事访问，国家主席习近平、全国人大常委会委员长张德江会谈、会见。11月，以色列教育部长夏伊·皮隆、经济部长纳夫塔利·本内特、副外长查黑·哈内戈比等访华。

两国在经贸、科技、创新、投资等领域的交流与合作取得较大进展，稳步推进。刘延东副总理访以期间，与内塔尼亚胡总理共同签署《中华人民共和国政府和以色列国政府关于成立中以创新合作联合委员会的备忘录》。本内特经济部长访华期间，与商务部宣布结束两国自由贸易区联合可行性研究。此外，上海光明食品收购以最大食品公司Tnuva 56%的股权，光大集团、百度等公司在以成立了投资基金并进行风险投资。中土集团公司承建的基隆隧道提前三个月竣工。中港公司在以阿什杜德南港口项目竞标中胜出。

两国文化、教育交往活跃。“欢乐春节”等活动在以色列举行，河南武僧表演团和北京王亚彬现代舞团在特拉维夫等六座城市连续演出十场。侵华日军南京大屠杀遇难同胞纪念馆代表团访以，与以色列大屠杀纪念馆进行馆际交流。清华大学、北京大学、中国人民大学、北京师范大学等多所大学代表团访以，签署11项合作协议和备忘录。以色列耶路撒冷希伯来大学、以色列理工大学等七所研究性大学校长访华。2014年，中国赴以留学人员规模快速扩大，是2013年的四倍。希伯来大学孔子学院正式揭牌运营。

意大利
(Italy)

2014年是中华人民共和国和意大利共和国建立全面战略伙伴关系十周年，两国关系继续保持良好发展势头，政治互信进一步巩固，各领域务实合作不断取得新进展。

两国高层交往密切，两国总理年内实现互访，推动双边关系迈上新高度。10月14～17日，国务院总理李克强对意大利进行正式访问并出席第十届亚欧首脑会议。6月，中共中央政治局委员、中央政法委书记孟建柱访意，分别会见意总理马泰奥·伦齐和内政部长安杰利诺·阿尔法诺。11月，全国人大常委会副委员长张平访意。6月9～12日，意总理伦齐对中国进行正式访问，其间，李克强总理同伦齐总理会谈，国家主席习近平、全国人大常委会委员长张德江分别会见。两国总理共同发表《中意关于加强经济合作的三年行动计划（2014 ～ 2016年）》，共同出席中意企业家委员会成立大会。双方有关部门签署了航空、电力、核能等领域共十项合作文件。其他重要访问还有，外交部副部长王超赴意磋商，意环境、领土与海洋部部长吉安·卢卡·加莱蒂访华。

1月15日，中国新任驻意大利大使李瑞宇向意总统乔治·纳波利塔诺递交国书。

两国经贸合作不断扩大，相互投资规模实现飞跃。1 ～ 10月，中国对意投资金额逾70亿欧元。中国国家电网公司斥资21亿欧元收购意能源网公司35%股权。上海电气集团股份有限公司收购意安萨尔多能源公司40%股权。

科技、世界博览会、人文等双边重点领域合作日益扩大。中意工业、通信业和信息化合作机制联委会第一次会议、中意航天合作协调会第三次会议成功举行，决定建立空间科技联合实验室。2015年米兰世博会中国国家馆和企业馆建设顺利启动。两国建立文化合作机制。双方互换永久博物馆项目进展顺利，“罗马与巴洛克艺术展”在北京举行，“马王堆汉墓传奇展”在罗马举办。3月，同济大学建立佛罗伦萨海外校区，成为中国高校在意落户的首个海外校区。

两国地方交往继续深入开展。截至2014年年底，中意已缔结友好省、区74对。

执法安全合作和军事交往取得新进展。两国公安部门建立定期工作会晤机制。两国司法部签署合作谅解备忘录。意首次专门为中国军人开办军事院校专题培训班。

李克强总理访问意大利

国务院总理李克强于10月14 ～ 17日对意大利进行正式访问。其间，与意总理伦齐举行会谈，并分别会见总统纳波利塔诺、参议长彼得罗·格拉索和众议长劳拉·宝尔德里尼。两国总理共同发表《中华人民共和国政府和意大利共和国政府联合声明》，并见证签署环保、能源、金融等领域的十余项合作文件，总金额逾100亿美元。

会谈会见时，李克强总理表示，近年来，中意两国政治互信不断增强，经贸、创新、环保和人文等领域合作成果丰硕。2015年是中意建交45周年，双边关系发展面临新的机遇。为此，李克强总理对中意关系下一步发展提出几点建议：一是继续巩固高层交往势头；二是进一步扩大双边经贸规模，提升双向投资水平；三是深化中小企业、创新、环保领域务实合作；四是加强世界博览会、文化、旅游等人文领域交流。

意领导人赞同李克强总理对发展两国关系的建议，表示意方高度重视发展对华务实合作，将采取切实措施吸引更多中国企业赴意投资。感谢中方对米兰世博会的支持，愿与中方继续在文化、旅游等领域深化合作。

牙买加
(Jamaica)

2014年，中华人民共和国和牙买加“共同发展的友好伙伴关系”不断深入发展。

两国高层交往密切，政治互信不断深化。中国人民对外友好协会顾问白立忱、国家海洋局局长刘赐贵、教育部副部长杜占元等访问牙买加。牙旅游和娱乐业部长威克姆·麦克尼尔及科技、能源和矿业部长菲利普·鲍威尔分别来华出席2014中国国际旅游交易会和首届世界互联网大会。

两国人文等领域交流活跃，经贸合作成果丰硕。2月，中国政府援建牙买加的园林项目开工。8月，中资企业承建牙南北高速公路项目中段举行通车仪式。4月，牙宣布对持中国普通护照游客单方面给予免签待遇。牙方积极派员来华参加各种培训和研讨班，中方奖学金及孔子学院项目进展顺利。

日　本
(Japan)

日本是中华人民共和国的重要近邻，中国政府重视中日关系，一贯主张在中日四个政治文件的基础上，本着以史为鉴、面向未来的精神发展中日战略互惠关系。受钓鱼岛和历史等问题的影响，2014年，中日关系在严重困难局面下开局。中方坚决维护国家领土主权、历史正义和民族尊严，同日方错误行径进行针锋相对的斗争，同时也从中日关系与地区和平稳定大局出发，就领土争议和涉东海问题推进对话磋商，积极推进各领域友好交流和务实合作，致力于增进两国人民的友好感情和相互信任。2014年11月，中日双方经过多轮外交磋商，就处理和改善中日关系达成并发表四点原则共识，两国领导人在亚太经合组织领导人非正式会议期间进行会见，中日关系朝改善方向迈出重要步伐。

双边政治关系触底回升

4月15日，国务院副总理汪洋会见日本国际贸易促进协会会长、前众议长河野洋平。

5月5日，全国人大常委会委员长张德江会见日中友好议员联盟会长高村正彦。

5月9日，全国政协主席俞正声会见日本自民党亚非问题研究会代表团。

6月27日，国务院副总理刘延东会见日本国土交通大臣太田昭宏。

7月16日，中共中央政治局常委、中央书记处书记刘云山会见日本民主党代表团。

8月19日，国家副主席李源潮会见日本跨党派年轻议员代表团。

11月7日，国务委员杨洁篪同日本国家安全保障局局长谷内正太郎举行会谈。

11月8日，外交部长王毅会见来华出席亚太经合组织双部长会的日本外务大臣岸田文雄。

11月10日，国家主席习近平会见来华出席亚太经合组织领导人第22次非正式会议的日本首相安倍晋三。

12月4日，国务院总理李克强会见第五届中日友好21世纪委员会双方委员。

12月19日，全国政协主席俞正声会见日本国际贸易促进协会会长、前众议长河野洋平。

双边经贸合作保持稳定

2014年，中日双边贸易额为3124.38亿美元，与2013年持平。其中，中方出口额1494.42亿美元，同比下降0.5%；进口额1629.96亿美元，同比增长0.4%。2014年日本对华投资总额43.3亿美元，同比减少38.8%。

双边人员往来回升，民间交流和务实合作继续开展

2014年中日双边人员往来为556.6万人次，其中中国内地赴日人员达284.8万人次，同比增长55.22%。入境中国内地的日本公民为271.8万人次，同比下降5.56%。截至2014年年底，两国共缔结友好城市252对。

4月24～26日，日本东京都知事舛添要一访华。6月5日，第五届中日友好21世纪委员会在日本长崎举行中日关系研讨会。9月23～24日，第二轮中日海洋事务高级别磋商在山东青岛举行。9月28～29日，第十届北京—

东京论坛在东京举行。10月28日，第二届中日省长知事论坛在北京举行。12月3～4日，第五届中日友好21世纪委员会在北京举行全体会议。12月28日，第八届中日节能环保综合论坛在北京举行。

中日就处理和改善中日关系达成四点原则共识

11月7日，国务委员杨洁篪同来访的日本国家安全保障局长谷内正太郎举行会谈，双方就处理和改善中日关系达成四点原则共识，并分别对外发表。共识重申了指导中日关系发展的政治文件和基本原则，重点就妥善处理当前影响两国关系发展的突出问题明确了原则和方向，对双方循序渐进重启各领域多双边对话、构建政治互信提供了基本条件。

约　旦
(Jordan)

2014年，中华人民共和国与约旦哈希姆王国友好合作关系稳步发展，各领域交流与合作不断深化。

高层交往不断。3月，国家主席习近平在出席荷兰核安全峰会期间与约旦国王阿卜杜拉二世·本·侯赛因寒暄。11月，全国人大常委会委员长张德江致电祝贺约众议长阿提夫·塔拉瓦纳连任。11月7～9日，全国政协主席俞正声访约，会见约国王阿卜杜拉二世、首相阿卜杜拉·恩苏尔和代理众议长艾哈迈德·萨法迪，与参议长阿卜杜勒·拉乌夫·拉瓦比德会谈。3月，阿卜杜拉二世国王就云南昆明严重暴力恐怖事件向习近平主席致慰问电并对事件予以谴责。

政治交往频繁。4月，外交部副部长张业遂、全国政协外事委员会主任潘云鹤访约。7月，中国中东问题特使吴思科大使访约。9月，新任中国中东问题特使宫小生大使访约。5月，约外交与侨务大臣纳赛尔·朱达来华出席亚信峰会。6月，约文化部长拉娜·麦姆卡来华出席中国—阿拉伯国家合作论坛第六届部长级会议。10月，约众议院约中友好小组代表团访华。11月，约参议院约中友好委员会代表团访华。

经贸合作继续发展。5月，约旦计划与国际合作大臣易卜拉欣·赛义夫与商务部副部长李金早共同在北京主持召开中约经贸联委会第六次会议。中国继续保持约第三大贸易伙伴和除石油外第一大进口来源国地位。中国企业同约方签署新的合作协议。

两国人文、新闻、学术等领域交流活跃。6月，教育部副部长郝平访问约旦。9月，中国在约举办“孔子学院日”活动。10月，新华社总编辑何平访约。12月，中央电视台台长胡占凡访约。9月，约文化部长麦姆卡来华出席第三届“阿拉伯艺术节”，并与文化部长蔡武签署《中约两国政府2015—2018年文化合作执行计划》。

2014年，中国向约旦提供人道主义援助，用于救助在约旦的叙利亚难民。

哈萨克斯坦
(Kazakhstan)

2014年，中华人民共和国和哈萨克斯坦共和国全面战略伙伴关系持续健康深入发展。

两国高层交往密切。2月7日，国家主席习近平在出席俄罗斯索契冬奥会开幕式期间，同哈萨克斯坦总统努尔苏丹·纳扎尔巴耶夫进行交谈。3月23日，习近平主席在荷兰海牙出席第三届核安全峰会期间会见纳扎尔巴耶夫总统。9月12日，习近平主席在杜尚别出席上海合作组织峰会期间同纳扎尔巴耶夫总统举行双边会见。12月14～15日，国务院总理李克强对哈萨克斯坦进行首次正式访问并举行中哈总理第二次定期会晤。其间，会见纳扎尔巴耶夫总统，同哈总理卡里姆·马西莫夫举行小、大范围会谈并共同出席中哈企业家委员会第二次会议，双方签署《中哈总理第二次定期会晤联合公报》及涉及经贸、能源、投资等领域的16份双边合作文件。9月21～23日，全国人大常委会副委员长张宝文对哈进行正式友好访问，分别同哈议会下院议长卡比布尔拉·贾库波夫、上院议长卡瑟姆若马尔特·托卡耶夫举行会谈，会见马西莫夫总理。6月19日，中共中央政治局委员、中央政法委书记孟建柱在俄罗斯喀山出席第五届安全事务高级代表国际会议前，同哈安全会议副秘书沙伊胡特季诺夫交谈。12月2～4日，国务委员兼公安部长郭声琨对哈进行正式访问，同哈内务部长卡尔穆罕别特·卡西莫夫、国家安全委员会主席努尔泰·阿贝卡耶夫举行会谈，同马西莫夫总理、总统助理兼国家安全会议秘书努尔兰·叶尔梅克巴耶夫举行会见。4月17日，国务委员兼公安部长郭声琨在塔吉克斯坦杜尚别出席上海合作组织第九次安全会议秘书会议期间，会见哈萨克斯坦总统助理兼国家安全会议秘书凯拉特·科扎姆扎罗夫。9月1日，哈总理马西莫夫赴乌鲁木齐出席第四届中国—亚欧博览会，汪洋副总理同其举行双边会见。12月15日，外交部长王毅陪同李克强总理访哈期间会见哈外交部长叶尔兰·伊德里索夫。

5月19～22日，哈萨克斯坦总统纳扎尔巴耶夫对华进行国事访问并出席在上海举行的亚信峰会。其间，国家主席习近平同其举行会谈，并共同出席中哈（连云港）物流合作项目远程投产仪式和双边文件签字仪式。两国元首签署并发表《中华人民共和国和哈萨克斯坦共和国联合宣言》。在两国元首见证下，双方有关企业签署了涉及财金、投资、能源等领域的五份双边合作文件。纳扎尔巴耶夫总统还被授予首个“丝绸之路和平奖”。9月23日，国务院总理李克强在北京会见访华的哈国防部长、前总理谢里克·阿赫梅托夫。10月28日，全国人大常委会委员长张德江在北京会见访华的哈议会下院副议长达丽加·纳扎尔巴耶娃。4月3日，国务院副总理张高丽在北京会见访华的哈副总理兼工业和新技术部长阿谢特·伊谢克舍夫。

两国经贸合作成果显著。能源、非资源、互联互通等领域合作不断取得新进展。中国成为哈第二大贸易伙伴和最大出口市场。哈是中国在独联体地区第二大贸易伙伴和在欧亚地区第一大投资对象国。

两国人文合作不断扩大。6月，哈纳扎尔巴耶夫大学199名师生来华参加夏令营活动。其间，习近平主席会见。9月，“中国文化日”活动在哈成功举行。

两国在联合国、上海合作组织、亚信等多边框架内协作密切。在联合国安理会改革、乌克兰、阿富汗、伊朗等国际和地区热点问题上保持良好沟通和协调。

肯尼亚
(Kenya)

2014年，中华人民共和国与肯尼亚共和国平等互信、互利共赢的全面合作伙伴关系稳步发展，各领域合作顺利推进。

高层交往频繁。5月，国家主席习近平和国务院总理李克强就内罗毕连环爆炸案分别向肯尼亚总统肯雅塔致慰问电。8月，肯雅塔总统就云南鲁甸地震向习近平主席致慰问电。12月，习近平主席就肯连续发生恐怖袭击事件向肯雅塔总统致慰问电。5月9～11日，国务院总理李克强对肯尼亚进行正式访问。访问期间，李克强总理与乌胡鲁·肯雅塔总统举行会谈，会见副总统威廉·卢托，双方发表联合声明并签署17项合作文件。李克强总理还会见了联合国环境规划署执行主任阿希姆·施泰纳和联合国人类住区规划署执行主任华安·克洛斯。7月，中共中央政治局委员、北京市委书记郭金龙访肯，会见肯雅塔总统，并与执政的朱比利联盟领导人全国联盟党主席萨卡加和联合共和党代主席穆罕默德举行会谈。中共中央宣传部副部长孙志军，新闻出版广电总局副局长聂辰席，国务院侨务办公室副主任任启亮，中华全国总工会副主席、书记处书记刘国中，商务部部长助理张向晨，中央人民广播电台台长王求等先后访肯。5月，肯参议院议长埃奎·大卫·埃苏罗访华，全国政协副主席马培华同其会见。9月，肯众议院副议长乔伊丝·拉波索来华出席在福建省厦门市举办的第18届中国国际投资贸易洽谈会；肯前副总统史蒂芬·穆西约卡来华出席在北京举行的第九届杰出华商大会华商500强论坛。肯农业、畜牧业与渔业部长菲利克斯·科斯盖，东非事务、商业与旅游部长菲利丝·坎迪等访华。

经贸合作实现新突破。两国贸易额持续增长。李克强总理访问肯尼亚期间，双方就蒙巴萨—内罗毕铁路、塔纳河大瀑布多功能水坝等多个大型经贸合作项目签署协议。蒙内铁路是肯建国以来规模最大的单体项目，也是中非合作建设“三大交通网络”工程的开局之作。中国参与建设的非洲最大地热发电站奥卡瑞项目、肯雅塔国际机场1A航站楼正式启用。肯国家光纤骨干网、内罗毕南环城公路、内罗毕电网改造等项目进展顺利。双方就区域航空合作、石油开发合作等展开探讨。

文化、科技、教育、军事等领域交流合作取得新成果。2013年11月至2014年1月，国家博物馆派遣30人考古小组赴肯尼亚开展年度水下联合考古调查。12月，中非联合研究中心正式破土动工。1月，中方派出专门工作组赴肯，同肯方联合开展打击走私濒危物种违法犯罪活动专项行动。2月，中国海军第15批护航编队访肯。

2月11日，中国新任驻肯尼亚大使刘显法向肯总统肯雅塔递交国书。

科威特
(Kuwait)

2014年，中华人民共和国和科威特国关系保持良好发展势头，各领域互利合作成果丰硕。

两国高层交往密切。6月，科威特首相贾比尔·穆巴拉克·哈马德·萨巴赫来华访问，并出席中国—阿拉伯国家合作论坛第六届部长级会议开幕式，国家主席习近平、全国人大常委会委员长张德江分别会见，国务院总理李克强与其举行会谈。双方有关部门签署互免外交公务护照签证、共同推进丝绸之路经济带和“丝绸城”合作、科方支持设立亚洲基础设施投资银行、扩大能源合作等十个合作文件。1月，科第一副首相兼外交大臣萨巴赫·哈立德·哈马德·萨巴赫来华与外交部长王毅共同主持中国—海湾合作委员会第三轮战略对话。5月，科副首相兼国防大臣哈立德·贾拉赫·萨巴赫来华出席亚信峰会。此外，科威特埃米尔宫廷事务大臣纳赛尔·萨巴赫·艾哈迈德·萨巴赫访华，阿里·萨巴赫军事学院院长艾哈迈德·穆巴拉克·阿勒欧麦里少将出席第五届香山论坛。宁夏回族自治区党委书记李建华、新华社总编辑何平、外交部副部长张明、教育部副部长郝平、中共中央党史研究室副主任吕世光、中国工商银行董事长姜建清、中非发展基金总裁迟建新等分别访科。两国在国际和地区事务中保持良好的沟通和协调。

两国经贸、能源、金融等领域合作稳步推进。科威特是中国在阿拉伯国家第五大原油进口国，中国是科第五大原油出口国。9月，中国工商银行科威特分行正式开业。

两国文化、教育、青年、新闻等人文领域交流更加密切。以浙江女子乐团、南京小红花艺术团等赴科威特演出为代表的“欢乐春节”活动首次举办，受到广泛欢迎。9月，科埃米尔萨巴赫向在华举办的第三届阿拉伯艺术节发来贺电，科三个团组来华参加该艺术节。中科互换政府奖学金留学生名额继续增加。

吉尔吉斯斯坦
(Kyrgyzstan)

2014年，中华人民共和国与吉尔吉斯共和国战略伙伴关系持续健康稳定发展。

两国高层交往频繁，政治互信不断加深。5月17～21日，吉总统阿尔马兹别克·阿塔姆巴耶夫对中国进行国事访问并出席亚信峰会，国家主席习近平与其举行会谈并共同签署《中华人民共和国和吉尔吉斯共和国关于进一步深化战略伙伴关系的联合宣言》。5月5～7日，吉议长阿西尔别克·热恩别科夫对华进行正式访问。9月1日，吉总理卓马尔特·奥托尔巴耶夫赴乌鲁木齐出席第四届中国—亚欧博览会，国务院副总理汪洋同其举行双边会见。12月29日，习近平主席特使、国务委员杨洁篪访吉，同吉总统阿塔姆巴耶夫举行会见。7月25～28日，全国政协副主席兼工商联主席王钦敏访吉，会见吉副议长阿希娅·萨瑟克巴耶娃、第一副总理萨尔帕舍夫。11月，全国政协副主席兼国家民族事务委员会主任王正伟访吉，会见吉副总理瓦列里·吉尔、经济部长铁木尔·萨利耶夫。

两国经贸合作进展顺利。在中方支持下实施的吉南北公路新线一期工程、比什凯克热电厂改造项目进展顺利。两国建交以来规模最大的战略性合作项目——中国—中亚天然气管道D线吉境内段建设筹备工作稳步推进。两国农业合作势头强劲。

老　挝
(Laos)

2014年，中华人民共和国与老挝人民民主共和国全面战略合作伙伴关系深入发展，各领域务实合作取得新进展。

双方领导人交往频繁。5月，中共中央总书记、国家主席习近平，国务院总理李克强分别向老挝人民革命党中央总书记、国家主席朱马里·赛雅颂，总理通邢·塔马冯致唁电，对5月17日老挝人民革命党中央政治局委员、副总理兼国防部长隆再·皮吉等四位领导人因飞机失事不幸遇难表示深切哀悼。10月，中共中央政治局委员、中央书记处书记、中共中央宣传部部长刘奇葆赴老挝主持第三次中老两党理论研讨会并访老，拜会朱马里总书记、国家主席。5月，国务委员兼国防部长常万全上将访老。

7月，朱马里总书记、国家主席访华，中共中央总书记、国家主席习近平，中共中央政治局常委、中央纪律检查委员会书记王岐山分别同其会谈会见。11月，朱马里总书记、国家主席来华出席加强互联互通伙伴关系对话会，习近平总书记、国家主席，国家副主席李源潮分别同其会谈会见。4月，通邢总理访华并出席博鳌亚洲论坛2014年年会，习近平总书记、国家主席，国务院总理李克强，全国政协主席俞正声分别同其会见、会谈，双方发表联合新闻公报。

两国经贸、人文等领域合作继续发展。双边贸易额持续增长，中国继续是老挝第一大投资国、第二大贸易伙伴。11月，中国文化中心在老揭牌。

拉脱维亚
(Latvia)

2014年，中华人民共和国和拉脱维亚共和国友好合作关系进一步拓展和深化。

两国高层保持接触。10月，国务院总理李克强在意大利米兰出席亚欧首脑会议期间，会见拉脱维亚总统安德里斯·贝尔津什。12月，李克强总理在塞尔维亚贝尔格莱德会见出席第三次中国—中东欧国家领导人会晤的拉总理莱姆多塔·斯特劳尤马。5月，拉议会议长索尔薇塔·阿博尔京娜访华，李克强总理、全国人大常委会委员长张德江分别会见、会谈。

两国外交部交往密切。5月，拉脱维亚外交部国务秘书安德烈斯·贝德高维奇斯来北京出席中国—中东欧国家合作国家协调员会议，并与外交部副部长王超举行两国外交部磋商。10月，贝德高维奇斯国务秘书来北京出席阿富汗问题伊斯坦布尔进程第四次外长会，王超副部长会见。

经贸、交通、农业、文化等领域合作取得新进展。2月，两国经贸联委会第九次会议在拉脱维亚举行。6月，交通部副部长翁孟勇出席里加高级别交通物流会议。同月，拉经济部国务秘书马丁斯·拉兹多夫斯基斯来华出席中国—中东欧国家经贸促进部长级会议。9月，拉交通部国务秘书卡什帕·奥佐林斯赴新疆出席第四届中国—亚欧博览会。6月，国家质量监督检验检疫总局局长支树平访拉，双方签署牛羊肉输华议定书。7月，数千名中国选手参加在里加举行的第八届世界合唱比赛。下半年，拉脱维亚、立陶宛、爱沙尼亚联合在华举办“波罗的海艺术节”。截至2014年年底，两国结好省市两对。

黎巴嫩
(Lebanon)

2014年，中华人民共和国与黎巴嫩共和国友好合作关系进一步发展。

双边交往密切，政治互信增强。9月，中国中东问题特使宫小生大使访问黎巴嫩，分别会见黎议长纳比·贝里、总理塔马姆·萨拉姆、外交部长巴西勒。6月，黎外交与侨民事务部长纪伯伦·巴西勒来华出席在北京举行的中国—阿拉伯国家合作论坛第六届部长级会议。其间，外交部长王毅会见。此外，黎主要政党分别组团访华，参加研修班和对话会，增进对中国的全面了解。

中黎两国在共同关心的国际和地区问题上保持良好沟通与合作。中方支持黎巴嫩捍卫国家主权和领土完整、维护政治和社会稳定、促进民族和解、发展国民经济的努力。中方积极参与黎“国际支持小组”工作。黎方坚持一个中国原则，在台湾、涉藏、涉疆等问题上支持中国政府立场。

两国在有关领域互利合作顺利发展。2014年，在黎巴嫩经济低迷的背景下，中黎双边贸易额较2013年稳步增长，中国仍保持黎第一大贸易伙伴和第一大进口货源国地位。中黎文教、新闻媒体、艺术团组互访频繁，丰富了两国各层次、各领域交流内容。9月，黎文化部长罗尼·阿拉伊吉来华出席“第三届阿拉伯艺术节”。孔子学院运转良好，成为黎汉语教学和传播中国文化的重要平台。

莱索托
(Lesotho)

2014年，中华人民共和国与莱索托王国友好合作关系继续保持平稳顺利发展。

两国高层和政府部门保持密切交往。5月，莱索托首相莫措阿哈·托马斯·塔巴内率多位内阁大臣来华参观访问，考察中国发展经验，推动双方经贸合作。5月，莱贸易、工业、合作社与市场部大臣斯库卢米·措阿奥勒来华参加中国（北京）国际服务贸易交易会。6月，莱农业与粮食安全大臣利措阿内·利措阿内来华出席第12届中国·海峡项目成果交易会。两国在联合国等国际组织中继续相互支持与配合。

两国经贸合作稳步推进，双边合作项目进展顺利。中国在莱索托启动国家会议中心大修、新首相府、中莱友谊中学等三个成套项目，第三期菌草种植推广技术合作、新议会大厦第一期技术合作、援莱全国通讯网二期等项目继续落实。

两国其他领域交流与合作不断深化。5月，海南省委常委、组织部长李秀领访问莱索托，分别同莱首相、全巴索托大会党领袖塔巴内，副首相兼地方政府、酋长与议会事务大臣，民主大会党领袖莫泰乔阿·梅辛会见。

6月，国家新闻出版广电总局与莱国家广播电视局签署第二批影视合作协议——《中华人民共和国国家新闻出版广电总局授权莱索托国家广播电视局播放中国影视节目的合作协议》。

利比里亚
(Liberia)

2014年，中华人民共和国与利比里亚共和国友好合作关系全面健康发展。

两国保持各层次交往。8月，国家主席习近平就埃博拉疫情向利比里亚总统埃伦·约翰逊·瑟利夫致慰问电。11月，国家卫生和计划生育委员会副主任崔丽访利并出席中国援建的埃博拉治疗中心启用仪式。8月，瑟利夫总统就云南鲁甸地震向习近平主席致慰问电。

2月10日，中国新任驻利比里亚大使张越向瑟利夫总统递交国书。

两国经贸合作稳步推进。中国技术进出口总公司承建的世界银行援助利比里亚10兆瓦重油电站项目正式动工，葛洲坝易普利公司在利建设首个中资炸药厂。中方援助的农业示范中心和电台组等项目进展顺利，中国援利政府大楼及议会配楼建设、SKD体育场全面翻修等项目取得积极进展。利副总统约瑟夫·博阿凯视察中国援建的蒙罗维亚职业技术培训中心扩建项目时给予高度评价。

医疗卫生等其他领域合作成效突出。利比里亚爆发埃博拉疫情后，中国政府率先驰援，先后向利提供四轮物资、粮食、现汇等紧急人道主义援助，并用包机将抗疫物资第一时间送抵疫区。中方还派出公共卫生和医疗专家协助抗击疫情和培训当地医护人员。10月，中国政府决定为利方援建和运营一个100张床位的埃博拉治疗中心，并派出5架次包机运送建设物资、医疗设备和160名医护人员。在中国维和部队全力参与下，该治疗中心于11月25日启用，瑟利夫总统出席启用仪式并给予高度赞扬。在“中非民间友好行动”项目下，改善利妇女集贸市场设施的工程于3月移交利方，瑟利夫总统出席移交仪式。9月，中国第16批和第17批维和部队及第二批维和警察防暴队顺利轮换。中国公安部向利国家警察局提供130万元人民币物资援助，帮助利警察部门提升能力。

利比亚
(Libya)

2014年，中华人民共和国和利比亚国关系总体平稳，但由于利比亚国内局势持续动荡，双边交往受到较大影响。

政治关系总体平稳。3月，中国中东问题特使吴思科大使出席在意大利首都罗马举行的利比亚国际援助部长级会议，并会见利总理阿里·扎伊丹。

经贸合作陷入停滞。由于利比亚国内局势恶化，中利双边经贸合作受到严重影响，中国在利企业和绝大部分中方人员于8月撤离，所有在建承包项目全部停工。

列支敦士登
(Liechtenstein)

2014年，中华人民共和国与列支敦士登公国关系稳中有进，各领域交往更加密切。

9月5日，中国作为主宾国参展第20届列支敦士登工商及手工业博览会，列方元首汉斯-亚当二世、摄政王储阿洛伊斯等皇室主要成员，政府正副首相等五名政府委员均赴中国馆参观，精美的展品和文化演出在列掀起一股“中国热”，成为2014年中列关系的最大亮点。

经贸合作更加深入。7月1日生效的《中国—瑞士自由贸易协定》自动适用于中列间的货物贸易领域，有力推动两国贸易往来。1月27日，双方签署《中华人民共和国和列支敦士登公国政府关于税收情报交换的协定》及议定书，为深化中列税务合作打下良好基础。

人文交流不断加强。列王室珍品展在上海圆满闭幕，列支敦士登大学列入中方承认的外国高校名录，藏历新年招待会暨广东省援藏成就图片展在列成功举办。

立陶宛
(Lithuania)

2014年，中华人民共和国与立陶宛共和国各领域合作有所进展。

两国政治领域保持一定接触。12月，国务院总理李克强在塞尔维亚贝尔格莱德会见出席中国—中东欧国家领导人会晤的立陶宛总理阿尔吉尔达斯·布特克维丘斯。8月，立总统达利娅·格里包斯凯特、总理阿尔吉尔达斯·布特克维丘斯、议会议长洛丽塔·格劳济涅内、外交部长利纳斯·林克维丘斯就云南鲁甸地震分别向国家主席习近平、国务院总理李克强、全国人大常委会委员长张德江、外交部长王毅致慰问函。

经贸、交通、人文等领域合作进一步加强。6月，商务部长高虎城会见来华出席中国—中东欧国家经贸促进部长级会议的立陶宛经济部长瓦尔达斯·库斯塔斯。6月、10月，立交通部副部长阿里扬达斯·什柳帕斯先后来华出席第六届中国国际物流、交通运输及远程信息处理博览会和中国（连云港）“丝绸之路”国际物流博览会。9月，立教育和科技部长代钮斯·帕瓦尔基斯来华出席天津夏季达沃斯论坛年会。下半年，立陶宛、拉脱维亚、爱沙尼亚联合在华举办“波罗的海艺术节”。截至2014年年底，两国结好省市三对。

卢森堡
(Luxembourg)

2014年，中华人民共和国和卢森堡大公国关系继续保持良好发展势头。

政治交往稳步推进。10月，国务院总理李克强在出席中欧论坛汉堡峰会前会见卢森堡首相格扎维埃·贝泰尔。8月，卢外交部秘书长温鹍豪访华，同外交部副部长王超举行两国外交部首轮政治磋商。

经贸合作继续发展，航空货运、金融等领域合作取得新成果。中国保持卢森堡在亚洲第一大贸易伙伴的地位。6月，卢森堡直飞郑州的货运航线开通运营。12月，中国工商银行卢森堡分行正式启动人民币业务清算行服务，进一步促进双边贸易自由化、投资便利化。

人文交流日趋多元化。1月，卢森堡体育大臣施耐德宣布中国乒乓球学院欧洲分院将在卢成立。11月，中国文化部和北京市东城区联合代表团访卢，商讨在卢建立中国文化中心事。

马其顿
(Macedonia)

2014年，中华人民共和国与马其顿共和国友好合作关系发展顺利。

两国保持高层交往。12月，国务院总理李克强在塞尔维亚首都贝尔格莱德会见出席第三次中国—中东欧国家领导人会晤的马其顿总理尼古拉·格鲁埃夫斯基。

5月，中国新任驻马其顿大使温振顺向马其顿总统格奥尔盖·伊万诺夫递交国书。7月，马新任驻华大使伊利亚·伊萨伊洛夫斯基向国家主席习近平递交国书。

两国经贸关系发展顺利。7月，格鲁埃夫斯基总理赴香港和广州举办商务推介活动。中国企业承建的马其顿米拉蒂诺维奇—史地普高速公路和基塞沃—奥赫里德高速公路正式开工，项目进展顺利。12月，中国、匈牙利、塞尔维亚、马其顿四国总理在贝尔格莱德举行会晤，共同签署《通关便利化框架合作协议》，为匈塞铁路延伸至马其顿和希腊、合作建设中欧陆海快线奠定基础。

双方执法、军事、党际等领域交流与合作不断扩大。4月，公安部副部长杨焕宁访马。8月，中国人民解放军副总参谋长王冠中中将访马。9月，中共中央对外联络部副部长周力率中共友好代表团访马。

马其顿高度重视并积极参与中国—中东欧国家合作。5月，中国—中东欧国家合作马其顿国家协调员、马外交部国务秘书弗拉多·米萨伊洛夫斯基出席在北京举行的第三次中国—中东欧国家合作国家协调员会议。6月，马交通和通讯部长米莱·亚纳基埃斯基来华出席中国—中东欧国家经贸促进部长级会议。7月，马外国投资和出口促进局副局长克莱门特·赛凯洛夫斯基参加中国—中东欧国家高级别官员访华团。8月，马外国投资部长比尔·巴佛莱斯基出席在捷克首都布拉格举行的第二届中国—中东欧国家地方领导人会议。9月，马方代表团出席在斯洛文尼亚布莱德举行的第二届中国—中东欧国家高级别智库研讨会。同月，马方代表团出席在天津举行的第二届中国—中东欧国家教育政策对话。11月，中国—中东欧国家合作马其顿国家协调员、外交部国务秘书艾莲娜·库茨曼诺夫斯卡出席在贝尔格莱德举行的第四次中国—中东欧国家合作国家协调员会议。马方还派团参加了合作框架下的科技、旅游、经贸、农业等领域活动。

马达加斯加
(Madagascar)

2014年，中华人民共和国与马达加斯加共和国关系呈现全面、快速发展的良好势头。

双边交往全面恢复。1月，国家主席习近平致电祝贺埃里·马夏尔·拉乔纳里马曼皮亚尼纳当选马达加斯加总统。4月，国务院总理李克强致电祝贺库卢·罗歇·洛朗·克里斯托夫就任马总理。10月26～28日，全国人大常委会副委员长向巴平措访马，会见埃里总统，与马国民议会议长让·马克斯·拉库图马蒙吉举行会谈。2月27日至3月2日，外交部副部长张明访马，会见埃里总统，并与马外交部代理部长维克托·马南楚阿举行会谈。全国政协常务委员会委员、全国政协港澳台侨委员会主任委员杨崇汇，国家旅游局副局长王志发，国防部外事办公室副主任胡昌明少将，国家汉语国际推广领导小组办公室主任许琳，中国人民对外友好协会副会长冯佐库等分别访马。3月，埃里总统分别就云南昆明严重暴力恐怖事件和马航MH370客机失联事件向习近平主席致慰问函。7月和8月，埃里总统分别就“威马逊”台风和云南鲁甸地震向习近平主席致慰问函。8月24～30日，马总理库卢来华出席南京青奥会闭幕式，并访问浙江、广东，李克强总理会见。

经贸合作稳步推进。中非合作论坛框架内的太阳能路灯、综合医院、中马友好小学项目竣工。援马国际会议中心和体育馆技术合作项目进展顺利。

人文交流日益密切。浙江艺术代表团赴马达加斯加访演。马文化部与中国驻马达加斯加大使馆联合举办《美丽中国·美丽马达加斯加》摄影展。两国邮电部门联合发行中马风光和动物系列邮票。中方为马方培训各类人员近200人。

马拉维
(Malawi)

2014年，中华人民共和国与马拉维共和国关系继续顺利发展，各领域交流合作不断扩大。

双方政治互信持续增强。6月，国家主席习近平致电祝贺阿瑟·彼得·穆塔里卡当选马拉维总统。10月，外交部副部长张明访马，会见穆塔里卡总统，同马外交部长乔治·沙蓬达举行会谈，就推进两国关系深入交换意见。马政府继续坚定奉行一个中国政策，在国际事务中给予中方有力配合，支持中方当选联合国残疾人权利委员会委员和国际电信联盟秘书长及理事国。

9月3日，中国新任驻马拉维大使张清洋向穆塔里卡总统递交国书。

中国在马拉维援建项目进展顺利，双边务实合作稳步推进。两国签署中方给予马97%输华商品免关税优惠待遇换文。中国援建的马拉维科技大学正式挂牌。援马国家体育场项目和农业技术示范中心项目进展顺利，将于2015年竣工。中国企业继续扩大对马农业、工程建筑等领域投资。

中马卫生、文化、教育、地方政府等领域交流合作取得积极进展。6月，国家卫生和计划生育委员会副主任李熙访问马拉维，与马卫生部长珍妮·卡利拉尼举行会谈，就推进双边卫生领域合作进行探讨。浙江省文化厅分别与马国家图书馆、马拉维大学大臣学院签署对口合作协议。中方与马拉维大学合作建立孔子学院筹备工作稳步推进。青岛市、南宁市代表团分别访马。

马来西亚
(Malaysia)

2014年是中华人民共和国与马来西亚建立大使级外交关系40周年。中马关系全面、稳定发展，各领域交流与合作提高到新水平。

高层往来密切。4月，中共中央政治局委员、广东省委书记胡春华访问马来西亚。10月，国务委员杨洁篪对马来西亚进行正式访问。12月，全国政协副主席陈晓光访问马来西亚。9月，马来西亚最高元首端古·阿尔哈吉·阿卜杜勒·哈利姆·穆阿扎姆·沙阿对中国进行国事访问。5月，马来西亚总理达图·斯里·穆罕默德·纳吉布对中国进行正式访问，国家主席习近平、全国人大常委会委员长张德江分别会见，国务院总理李克强和纳吉布总理共同出席中马建交40周年庆祝大会并签署《中华人民共和国和马来西亚建立外交关系40周年联合公报》。11月，纳吉布总理来华出席亚太经合组织第22次领导人非正式会议。12月，马副总理丹斯里·穆希丁·宾·亚辛正式访华。6月，马下议院议长丹·斯里·达图·班迪卡·阿敏访华。4月，马前总理敦·马哈蒂尔·宾·穆罕默德访华。

两国在经贸、金融、执法、国防科工等领域合作成果显著。中国连续六年成为马来西亚最大贸易伙伴，马是中国在东盟国家中第一大贸易伙伴和第二大外资来源地。两国合作建设的“两国双园”等大项目合作进展顺利。11月，中国人民银行同马来西亚国家银行签署《中国人民银行与马来西亚国家银行合作备忘录》。中马打击跨国犯罪合作联合工作组第二次会议在北京举行。12月，中马两军首次联合桌面推演在吉隆坡举行。5月，双方签署《中华人民共和国政府和马来西亚政府关于国防科技工业领域合作谅解备忘录》。

两国在其他领域的交流与合作进展顺利。5月，中国向马来西亚提供一对大熊猫进行合作研究。厦门大学马来西亚校区建设稳步推进。

3月，马来西亚航空公司由吉隆坡飞往北京的MH370客机在吉隆坡空管区与越南空管区交界处失联。机上有乘客及机组人员239人，其中中国同胞154人。事件发生后，习近平主席、李克强总理分别向马来西亚最高元首哈利姆和总理纳吉布致慰问电，并先后派出军舰、直升机和搜救人员，动用卫星提供数据支持，全方位开展地面、水面、水下搜寻和扫测。

2月，中国新任驻马来西亚大使黄惠康向马最高元首哈利姆递交国书。

马尔代夫
(Maldives)

2014年，中华人民共和国与马尔代夫共和国双边关系取得历史性进展。

政治交往取得历史性突破，推动中马关系进入发展新阶段。9月，国家主席习近平对马尔代夫进行国事访问。访问期间，习近平主席与亚明总统举行会谈，会见议长玛斯赫、前总统加尧姆。双方决定构建面向未来的全面友好合作伙伴关系。两国元首共同见证签署九项合作协议。双方还发表《中马联合新闻公报》。8月，亚明总统来华出席南京青奥会开幕式，其间，习近平主席会见。6月，马副总统贾米尔来华出席在昆明举行的第二届中国—南亚博览会。4月，马前总统瓦希德访华。

经贸合作稳步推进。中国政府继续在力所能及的范围内向马尔代夫提供经济援助。中方援建的拉穆环礁连接公路项目、住房二期等项目相继启动。双方就中方帮助马方建设马累—机场岛跨海大桥项目达成原则性共识，并在习近平主席访马期间签署政府间谅解备忘录。中马建立经贸联委会机制，并于12月在北京举行第一次会议。

12月，马尔代夫首都马累因火灾导致海水淡化设施受损，造成淡水短缺，对马民众日常生活和社会经济造成严重影响。应马政府要求，中国政府向马方提供紧急现汇援助，并通过军舰、军机、商业航班等多种方式向马累运送淡水约800吨，中国军舰在马累港口现场产水100余吨。

旅游、人员交流等领域的合作不断深化。2014年，中国赴马尔代夫游客36万人次。武汉至马累直航开通，中马间已有八个城市有直航相通。

马　里
(Mali)

2014年，中华人民共和国和马里共和国传统友好合作关系保持良好发展势头，各领域合作取得显著成果。

两国政治交往密切，各层级人员往来频繁。1月，全国人大常委会委员长张德江致电祝贺伊萨卡·西迪贝就任马里国民议会议长。4月，马新政府组成后，国务院总理李克强、外交部长王毅分别致电祝贺马新任总理穆萨·马拉和外交、非洲一体化和国际合作部长阿卜杜拉耶·迪奥普就职。5月，李克强总理在出席第24届世界经济论坛非洲峰会期间会见马拉总理。8月，马总统易卜拉欣·布巴卡尔·凯塔就云南鲁甸地震向国家主席习近平致慰问电。9月，凯塔总统来华出席天津世界经济论坛2014年新领军者年会。其间，李克强总理会见，双方就中马关系发展达成重要共识。3月，马执政党马里联盟党总书记博卡里·特雷塔访华。6月，马数字经济、信息和新闻部长穆罕默杜·卡马拉来华出席第二届中非媒体合作论坛。9月，马矿业部长布布·西塞来华出席2014年中国国际矿业大会并签署中马矿业合作备忘录。12月，马妇女、儿童和家庭部长桑加雷·乌穆·巴来华出席2014年世界家庭峰会。

12月11日，中国新任驻马里大使陆慧英向凯塔总统递交国书。

中马经贸合作取得积极进展。中国援助马里巴马科大学城卡巴拉校区建设、巴马科—塞古公路扩建、政府光纤网等大型项目进展顺利。巴马科国际会议中心大修、马职业培训中心建设等新项目准备工作启动。

其他领域合作续有发展。10月，中国驻马里大使曹忠明和马外交、非洲一体化和国际合作部长迪奥普分别代表两国政府签署《中华人民共和国政府和马里共和国政府关于互免持外交、公务护照人员签证的协定》。中国政府和中国红十字会分别向马政府和马红十字会提供价值500万元人民币的防疫物资和3万美元现汇，支持马抗击埃博拉疫情。中方向“联合国驻马里综合稳定特派团”派遣的维和部队于1月全部部署到位。

马耳他
(Malta)

2014年，中华人民共和国与马耳他共和国关系平稳发展，各领域交流与合作不断深化。

高层交往保持良好势头。4月，国家主席习近平致信祝贺马耳他新任总统玛丽·露易丝·科勒略·普雷卡就职。5月，外交部副部长王超访马，礼节性拜会马总理约瑟夫·穆斯卡特，与外交部长乔治·维拉举行两国外交部间磋商。3月，中共中央对外联络部副部长于洪君访马，会见马总统乔治·阿贝拉、总理穆斯卡特和反对党国民党领袖西蒙·布苏蒂尔。7月，马总理穆斯卡特来华出席生态文明贵阳国际论坛，国务院总理李克强、国家副主席李源潮分别同其会见。10月，马工党副领袖托尼·阿贝拉率团访华，国家副主席李源潮、文化部副部长董伟、中共中央对外联络部副部长徐绿平同其会见。

务实合作取得新动力、新成果。7月，中马签署《中马政府中期合作规划谅解备忘录》。12月，商务部国际贸易谈判代表兼副部长钟山与马经济、投资与小企业部部长克里斯琴·卡东纳在北京共同主持召开中马经贸混委会第九次会议。中国电力投资集团下属的上海电力公司就参股马耳他能源公司、合作开发欧洲新能源项目及共同成立能源服务中心等正式同马方签署合作协议。

人文交流日益密切。1月，马耳他文化与地方政府事务国务秘书乔斯·赫雷拉访华，文化部副部长丁伟与其会见，双方签署《中华人民共和国政府和马耳他共和国政府2014～2018年文化交流执行计划》。“2014年瓦莱塔欢乐春节”和“2014年马耳他世界太极日”等活动成功举办。马耳他中国文化中心成功举办“人文上海”图片展、“百年北京生活回顾”图片展和“广西文化日”等活动。5月，为期一周的首届中国电影节在马举行，《一代宗师》、《唐山大地震》等八部知名国产影片上映。7月，马为从利比亚撤离的中国公民提供协助。9月，首届“中国—马耳他文化传媒论坛”在马举行。

毛里塔尼亚
(Mauritania)

2014年，中华人民共和国与毛里塔尼亚伊斯兰共和国友好关系平稳向前发展，各领域交流合作成果不断。

双方继续保持各层次友好交往。6月，国家主席习近平致电祝贺当选连任的毛里塔尼亚总统穆罕默德·乌尔德·阿卜杜勒·阿齐兹就职。8月，国务院总理李克强致电祝贺毛新任总理叶海亚·乌尔德·哈达明就职。2月，全国人大常委会委员长张德江致电祝贺毛新任国民议会议长穆罕默德·乌尔德·布瓦里勒就职。8月，外交部长王毅致电祝贺毛留任外交与合作部长艾哈迈德·乌尔德·提克迪就职；习近平主席特使、国家卫生和计划生育委员会主任李斌赴毛出席阿齐兹总统连任就职典礼。6月，毛商业、工业及旅游部长娜哈·曼特·穆克纳斯来华出席中国—阿拉伯国家合作论坛第六届部长级会议。

中毛经贸务实合作有序推进。中国继续保持毛里塔尼亚第一大贸易伙伴国地位，两国在矿业、渔业、基础设施建设等传统领域的互利合作进展势头良好。中国政府援建的毛友谊港扩建项目竣工并投入运营，农业技术示范中心如期完工，友谊港清淤和挡沙堤项目顺利动工。

双方在卫生、文化、青年、残疾人等人文领域的交流与合作日益密切。7月，毛里塔尼亚向中方第30批援毛医疗队员授勋，第31批中国援毛医疗队在毛展开工作。2月，桂林艺术团在毛举办“欢乐春节”演出。9月，毛文化与手工业部长法蒂玛·瓦尔·苏维娜访华，与文化部长蔡武签署《中华人民共和国政府和毛里塔尼亚伊斯兰共和国政府文化协定2014—2018年执行计划》。

7月，中国新任驻毛里塔尼亚大使武东向阿齐兹总统递交国书。

毛里求斯
(Mauritius)

2014年，中华人民共和国和毛里求斯共和国友好合作关系进一步深入发展。

两国高层交往保持良好势头，政治互信不断加深。12月，国务院总理李克强、全国人大常委会委员长张德江分别致电祝贺毛里求斯总理贾格纳特、国民议会议长哈努曼吉当选。外交部长王毅致电祝贺毛新任外交、地区一体化和国际贸易部长西纳坦布就职。5月，国家旅游局副局长王志发访毛并出席《中国游客来毛里求斯文明游公约》首发仪式。10月，国务院侨务办公室副主任何亚非访毛。11月，中国政府非洲事务特别代表钟建华大使赴毛出席契约劳工之路特别大会。毛高等教育部长拉杰什瓦尔·吉塔、旅游部长杨尊绍、性别平等部长马丁等访华，双方就进一步开展各领域合作进行广泛交流。

两国经贸务实合作有序开展。中国银联在毛里求斯发行首张信用卡。多家中资旅游企业进入毛旅游市场。中国援毛维多利亚医院配建病房和手术楼竣工，第17期农业技术专家组在毛开展工作。

文化、教育、旅游等领域的交流与合作全面开展。2月，“欢乐春节”系列活动在毛里求斯举行，在当地反响热烈。中央电视台、广东省梅州电视台与毛国家电视台签署电影、电视剧、专题片等节目交换协议。两国高校间合作进展顺利。在中毛全面互免签证协定2013年生效的基础上，2014年两国签署《中华人民共和国政府和毛里求斯共和国政府关于简化航空公司机组人员签证手续的协定》，进一步便利人员往来。

墨西哥
(Mexico)

2014年，中华人民共和国与墨西哥合众国全面战略伙伴关系持续深入发展。

两国高层互访频繁。11月，全国人大常委会委员长张德江对墨西哥进行正式友好访问，会见墨总统恩里克·培尼亚·涅托，同参议长米格尔·巴尔沃萨·韦尔塔和众议长西尔瓦诺·奥雷奥莱斯·科内霍分别举行会谈。12月，国务委员、国家行政学院院长杨晶访问墨西哥并考察墨国家公共管理高等学院。

中方对墨西哥的其他重要访问包括：1月，全国人大常委会副委员长陈昌智访墨并出席亚太议会论坛第22届年会。5月，全国政协副主席韩启德访墨。6月，文化部长蔡武访墨。8月，国家发展和改革委员会主任徐绍史访墨并同墨财政和公共信贷部长路易斯·比德加赖·卡索共同主持中墨政府间高级投资工作组首次会议。9月，外交部长王毅访墨并同墨外交部长何塞·梅亚德·库里布雷尼亚共同主持召开中墨政府间两国常设委员会第六次会议。12月，国家旅游局局长李金早访墨。

11月，墨西哥总统培尼亚来华出席亚太经合组织第22次领导人非正式会议并对中国进行国事访问。墨方其他对华重要访问包括：经济部长伊尔德方索·瓜哈尔多·比利亚雷亚尔、通信与交通部长赫拉尔多·鲁伊斯·埃斯帕萨等访华。

两国经贸合作蓬勃发展。中墨政府间高级投资工作组和中墨企业家高级别工作组运行顺利。中墨投资基金正式设立。中国工商银行取得在墨西哥设立子行的牌照。墨牛肉、莓类产品等实现对华出口，中国柑橘类产品实现对墨出口。

两国人文交流不断深化。墨西哥在北京举办“玛雅，美的语言”文化展和“探寻墨西哥之旅”展览，在上海举办白银文化展。墨多位州长访华，中国安徽省同墨尤卡坦州建立友好关系。两国教育合作和青年交流进一步加强。

双方在多边事务中保持密切配合。两国在联合国及其安理会改革、国际金融和货币体系改革、气候变化、可持续发展等全球性议题上保持良好沟通与合作。

墨西哥总统恩里克·培尼亚·涅托来华出席亚太经合组织第22次领导人非正式会议并对中国进行国事访问

11月10～13日，墨西哥总统恩里克·培尼亚·涅托来华出席亚太经合组织第22次领导人非正式会议并对中国进行国事访问。其间，国家主席习近平同培尼亚总统会谈，双方共同出席中墨企业家高级别工作组会议和“玛雅，美的语言”文化展开幕式。国务院总理李克强和全国人大常委会委员长张德江分别会见。双方发表《中墨关于推进全面战略伙伴关系的行动纲要》，签署了质检、投资、金融、能源、科技、旅游等领域14个合作文件。

会谈时，习近平主席表示，中方愿同墨方继续保持密切高层接触，做好顶层设计，从战略高度和长远角度引领两国关系发展，在涉及彼此核心利益的问题上继续相互理解和支持，深化互信。两国政府部门、立法机构、政党、地方要加强交流。双方要紧扣两国发展战略契合点，制定务实管用、有针对性的行动计划，打造以金融合作为引擎，以贸易和投资合作为主线，以基础设施、能源、高技术领域合作为重点的中墨务实合作“一二三”新格局。双方要加强多边协作，共同推动国际秩序朝着更加公正合理的方向发展，维护发展中国家共同利益。

培尼亚总统赞同中方对发展两国关系的主张，表示，墨中关系建立在相互理解、相互信任、真诚友好的基础上。墨西哥将毫不动摇地发展同中国的互信关系，同中国开展顺畅、友好、开放的对话。墨方愿同中方用好双边合作机制，推动落实双方达成的合作共识，扩大贸易、投资、金融、基础设施建设、能源、科技等领域合作。墨西哥积极支持和推动拉美国家开展对华整体合作。

密克罗尼西亚联邦
(Micronesia, F. S.)

2014年，中华人民共和国与密克罗尼西亚联邦关系取得重要进展。

两国高层交往密切，政治互信进一步深化。11月，国家主席习近平在斐济楠迪同建交太平洋岛国领导人会晤。其间，同密克罗尼西亚联邦总统伊曼纽尔·莫里举行双边会见。两国领导人就深化双边关系、促进务实合作达成重要共识，并共同见证《中华人民共和国政府和密克罗尼西亚联邦政府经济技术合作协定》等四项双边合作协议的换文。两国共同庆祝建交25周年。9月，全国政协副主席、国家民族事务委员会主任王正伟在北京出席中密建交25周年招待会。外交部长王毅同密联邦外交部长洛林·罗伯特就中密建交25周年互致贺电。10月，密联邦副总统阿利克·阿利克对中国进行正式访问，全国人大常委会委员长张德江会见，国家副主席李源潮同其会谈。

两国各领域交流与合作稳步发展。中方援助密克罗尼西亚联邦科斯雷州大桥顺利开工，密联邦丘克州政府办公楼项目正式立项，第九期援密联邦农业专家组抵密联邦开展工作。4月，波纳佩州长约翰·艾萨访问上海和广东。5月，密中友好协会名誉会长、莫里总统夫人艾玛·莫里赴华参加中国国际友好大会暨全国友协成立60周年庆祝活动。7月，丘克州长约翰森·艾利莫和科斯雷州议长吉布森·西巴参加中共中央对外联络部组织的第四批太平洋岛国政治家高级考察团访华。

摩尔多瓦
(Moldova)

2014年，中华人民共和国与摩尔多瓦共和国关系继续健康稳定发展。

两国政治互信加深，双边交往密切。两国领导人就重要事件和节日互致贺电。党际交往和地方合作日趋频繁。9月，中共中央对外联络部副部长周力率中共友好代表团访问摩尔多瓦，增进了中国共产党与摩主要政党的相互了解和友谊。9月，甘肃省政协副主席刘立军访摩，签署《甘肃省与基希讷乌市建立友好合作关系意向书》，云南省与摩农业部签署《云南省与摩农业部合作备忘录》，丰富了双方交流合作的渠道与平台。6月，摩民主党第一副主席弗拉基米尔·普拉霍特钮克访华；7月，摩共产党人党干部考察团访华。此外，中摩外交部第三轮领事磋商在广西桂林举行。中摩继续在联合国等多边场合保持密切沟通与协调，摩方在多个国际组织竞选中支持中方人选。

中摩经贸关系稳步推进，务实合作顺利实施。12月，中摩政府间经贸合作委员会第七次会议在北京举行。双边贸易额稳步增长，基础设施建设、电信、葡萄酒贸易等领域合作积极开展。中国援摩项目顺利实施，双边投资合作有序推进。双方积极利用论坛、参展等方式促进两国企业交流，探讨在摩铁路、公路建设、电子政务、机场项目等方面投资合作。

两国人文交流日益密切。2月，摩尔多瓦文化部长莫妮卡·巴布克访华，签署2015～2018年两国文化部合作协议。4月，摩教育部长迈娅·桑杜访华，签署两国教育部合作协议。3月，中国残疾人艺术团赴摩参加“迎春花”国际艺术节，在摩举行“我的梦”大型音乐舞蹈演出。摩孔子学院影响不断扩大，学习汉语人数不断增加。

摩纳哥
(Monaco)

2014年，中华人民共和国与摩纳哥公国关系发展顺利，政治、经贸、文化等各领域合作不断深化。

8月17日，国家主席习近平在南京会见以国际奥委会委员身份来华出席南京青奥会开幕式的摩纳哥元首阿尔贝二世亲王，双方一致同意以2015年两国建交20周年为契机，深化政治互信，推进各领域合作，推动中摩关系迈上新台阶。中摩贸易额保持增长，中国继续保持摩纳哥在欧盟外第一大贸易国地位。2月14日，“今日中国”艺术周暨“摩纳哥中国节”在摩开幕，这是摩纳哥政府首次举办中国主题的艺术周，摩纳哥国务大臣米歇尔·罗杰出席。6月26～28日，“摩纳哥文化周”活动在上海举行。两国在国际事务中继续保持良好合作，摩纳哥支持中方候选人竞选国际电信联盟秘书长。

4月10日，中国新任驻摩纳哥大使翟隽向摩纳哥元首阿尔贝二世亲王递交国书。

蒙　古
(Mongolia)

2014年，中华人民共和国和蒙古国关系继续保持良好发展势头，双方政治、经济、文化等各领域务实交流合作不断取得新进展。

双方高层往来密集。8月，国家主席习近平对蒙古进行国事访问，同蒙古总统查黑亚·额勒贝格道尔吉举行会谈，在蒙古国家大呼拉尔发表演讲，并分别会见总理诺罗布·阿勒坦呼雅格、国家大呼拉尔主席赞达呼·恩赫包勒德。两国元首签署并发表联合宣言，宣布将中蒙关系提升为全面战略伙伴关系。双方还签署了涉及政治、经济、文化等领域的20余项合作文件。9月，习近平主席在塔吉克斯坦首都杜尚别出席上海合作组织成员国元首理事会第14次会议期间同额勒贝格道尔吉总统、俄罗斯联邦总统普京举行中蒙俄三国元首会晤。6月，外交部长王毅访蒙，会见总统额勒贝格道尔吉、总理阿勒坦呼雅格和副总理敦德布·特尔比希达格瓦，同外交部长包勒德举行会谈。12月，外交部部长助理刘建超访蒙并同蒙副外长那旺云登·奥云达丽举行中蒙外交部门间首次战略对话。5月，额勒贝格道尔吉总统来华出席亚信峰会，习近平主席会见。11月，额勒贝格道尔吉总统来华出席加强互联互通伙伴关系对话会，习近平主席、全国人大常委会委员长张德江分别会见。10月，蒙古国家大呼拉尔主席恩赫包勒德访华，习近平主席会见，张德江委员长同其举行会谈。1月，蒙古对外关系部长鲁布桑旺丹·包勒德访华，国家副主席李源潮、国务委员杨洁篪分别会见，外交部长王毅同其举行会谈。

经贸合作进展顺利。中国连续多年保持蒙古最大贸易伙伴和投资来源国地位。习近平主席访蒙期间，两国经贸合作取得重要成果。双方签署中蒙经贸合作中期发展纲要，提出至2020年使双边贸易额达到100亿美元的目标。双方进一步明确将互联互通和大项目合作作为两国经贸合作的优先方向，决定成立中蒙矿能和互联互通合作委员会，统筹推进中蒙矿能和互联互通合作。双方本币互换规模扩大为150亿元人民币/4.5万亿图格里克。双方将积极研究把中方提出的丝绸之路经济带倡议同蒙方提出的“草原之路”倡议进行对接，实现共同发展。双方还将在过境运输、矿产品深加工、电力等领域积极开展合作。

两国人文领域的交流与合作蓬勃发展。习近平主席访问蒙古期间，宣布了今后一个时期对蒙一揽子人文交流计划。双方将进一步加强两国青年、媒体等领域的机制化交流。2014年是中蒙建交65周年、中蒙友好合作关系条约修订20周年和中蒙友好交流年，双方成功互办文化周，并举办了贯穿全年的纪念活动。中国青年代表团和辽宁省洪涝灾区儿童代表团访问蒙古。两国新闻媒体代表团实现互访。

中蒙在国际和地区事务中保持着良好沟通与协调。双方在联合国、亚欧会议、亚信会议、“大图们倡议”等多边机制框架内的合作进展顺利。中方积极支持蒙古国提出的“东北亚安全乌兰巴托对话”倡议。蒙古成为亚洲基础设施投资银行创始成员国之一。

黑　山
(Montenegro)

2014年，中华人民共和国与黑山友好合作关系发展顺利。

两国高层交往密切。2月，国家主席习近平出席索契冬奥会开幕式期间同黑山总统菲利普·武亚诺维奇寒暄。8月，习近平主席在南京会见来华出席青奥会开幕式的武亚诺维奇总统。12月，国务院总理李克强在塞尔维亚首都贝尔格莱德会见出席第三次中国—中东欧国家领导人会晤的黑山总理米洛·久卡诺维奇。8月，武亚诺维奇总统、久卡诺维奇总理就云南鲁甸地震分别向习近平主席、李克强总理致慰问电。11月，全国人大常委会副委员长张平访黑。7月，中共中央对外联络部副部长周力率中共友好代表团访黑。

7月，中国新任驻黑山大使崔志伟向武亚诺维奇总统递交国书。

两国经贸合作发展势头良好。黑山在华采购的四艘远洋货轮全部建成并交付完毕。中国企业参与援建的黑山巴尔—博利亚尔高速公路（南北高速）斯莫科瓦茨至梅特索瓦路段项目正式启动。

黑山重视并积极参与中国—中东欧国家合作。5月，中国—中东欧国家合作黑山国家协调员副总理顾问戈兰·约韦蒂奇出席在北京举行的第三次中国—中东欧国家合作国家协调员会议。6月，黑经济部副部长德拉吉察·塞库利奇来华出席中国—中东欧国家经贸促进部长级会议。7月，黑总理外事顾问内博伊沙·卡卢杰洛维奇参加中国—中东欧国家高级别官员访华团。8月，黑山采蒂尼亚市市长亚历山大·波哥达诺维奇出席在捷克首都布拉格举行的中国—中东欧国家地方领导人会议。9月，黑代表团出席在斯洛文尼亚布莱德举行的第二届中国—中东欧国家高级别智库研讨会。同月，黑代表团出席在天津举行的第二届中国—中东欧国家教育政策对话。11月，中国—中东欧国家合作黑山国家协调员、副总理顾问戈兰·约韦蒂奇出席在贝尔格莱德举行的第四次中国—中东欧国家合作国家协调员会议。黑方派团参加了合作框架下的经贸、科技、旅游、农业等领域活动。

摩洛哥
(Morocco)

2014年，中华人民共和国与摩洛哥王国友好合作关系进一步深入发展。

两国政治交往密切。11月，全国政协主席俞正声访问摩洛哥，会见摩国王穆罕默德六世、政府首脑阿卜杜勒伊拉·班基兰、众议长哈希德·塔尔比·阿拉米，同参议长穆罕默德·谢赫·比耶迪拉举行会谈。4月，摩外交与合作部秘书长纳赛尔·布里达访华。6月，摩外交与合作大臣、阿盟外长理事会主席萨拉赫丁·梅祖阿尔来华与外交部长王毅共同主持中国—阿拉伯国家合作论坛第六届部长级会议。同月，摩新闻大臣穆斯塔法·哈勒菲来华出席第二届中非媒体合作论坛。

两国经贸关系稳步发展。双边贸易额持续增长，在渔业、通信、工程承包等领域的互利合作不断深化，在金融、新能源等领域的合作逐步展开。11月，摩洛哥在北京召开中摩经贸论坛，摩外交与合作大臣梅祖阿尔、经济与财政大臣穆罕默德·布赛德、农业与海洋渔业大臣阿齐兹·阿赫努什、中国国际贸易促进委员会副会长于平出席，双方企业和金融机构等签署了20余项双边合作协议和谅解备忘录。

两国在地方、文化、体育、教育等领域的交流与合作不断扩大。3月，宁夏回族自治区党委常委、组织部傅兴国访问摩洛哥。4月，全国妇联党组成员、第十届全国妇联书记处书记张静赴摩出席第三届国际妇女赋权会议。6月，人力资源与社会保障部副部长何宪访摩并出席2014国际行政科学学会大会。11月，宁夏回族自治区主席刘慧访摩。同月，科技部副部长曹健林访摩。10月，摩互助、妇女、家庭和社会发展大臣巴西玛·哈卡维访华。

莫桑比克
(Mozambique)

2014年，中华人民共和国与莫桑比克共和国传统友好进一步加强，各领域友好交流与合作不断深化。

政治互信不断深化。10月，国家主席习近平致电祝贺菲利佩·雅辛托·纽西当选莫桑比克总统，强调两国是完全可以彼此信赖的“全天候朋友”。纽西总统复函感谢，并表示愿不断巩固和增强两国传统友好关系。2月，中莫两国外交部举行第四次政治磋商，就促进双边关系发展及扩大务实合作达成广泛共识，就国际和地区形势深入交换意见。中莫在国际事务中互相支持，密切配合。

2014年，中共中央党校副校长张伯里、财政部副部长王宝安、中国国际贸易促进委员会副主任王锦真、最高人民检察院代表团等分别访问莫桑比克。莫副议长绍梅拉、农业部长帕谢科、交通和通讯部长穆迪塞、科技部长、议会国际关系委员会副主席西利亚分别访华或来华出席国际会议。

经贸合作更加深入。双边贸易额创历史新高，莫桑比克成为中国在非洲投资最多的国家之一。中国援莫友谊学校和打井项目交付使用，农业技术示范中心合作运营。马普托环城公路和跨海大桥等中莫合作项目进展顺利。安徽外经建设（集团）联合云南新立有色金属有限公司获得莫大型锆钛矿开发权，该集团还在马普托建设五星级酒店；上海通鉴集团投资的莫汽车装配厂投产。

人文交流活跃。浙江省艺术团参加莫桑比克全国文化节活动。中央电视台与莫两家主要电视台签署合作协议。莫蒙德拉内大学孔子学院开办汉语培训班24期，招生逾600人。9月，莫在澳门设立总领事馆。

缅　甸
(Myanmar)

2014年，中华人民共和国与缅甸联邦共和国全面战略合作伙伴关系稳步发展，各领域务实合作取得新进展。

双方高层交往密切。11月，国务院总理李克强赴缅甸出席东亚合作领导人系列会议并对缅甸进行正式访问。其间，分别同缅总统登盛、联邦议会议长兼人民院议长瑞曼会谈、会见，双方发表关于深化两国全面战略合作的联合声明。12月，国家副主席李源潮赴缅出席中国—东盟文化交流年闭幕式，分别同登盛总统、副总统年吞、瑞曼议长会见、会谈。5月，全国人大常委会副委员长严隽琪、国务委员兼国防部长常万全上将分别访缅。9月，全国政协副主席、中共中央对外联络部部长王家瑞访缅。外交部长王毅、商务部长高虎城、农业部长韩长赋、国务院新闻办公室主任蔡名照等分别赴缅出席东盟有关会议和访缅。

缅甸总统登盛先后于6月、11月来华出席和平共处五项原则发表60周年纪念活动并对中国进行国事访问、出席加强互联互通伙伴关系对话会，国家主席习近平、国务院总理李克强和全国人大常委会委员长张德江分别同其会谈、会见。4月，瑞曼议长访华，习近平主席、张德江委员长、王家瑞部长分别同其会见、会谈。年吞副总统分别于4月、9月来华出席中国—东盟文化交流年开幕式和第11届中国—东盟博览会。10月，缅副总统赛茂康赴广西出席第45届世界体操锦标赛开幕式。5月，缅空军司令钦昂敏上将访华。11月，缅国防军参谋长拉泰温上将来华出席香山论坛并访华。

两国各领域互利合作不断深化，双边贸易额较快增长，农业、能源、基础设施、民生等领域合作取得新进展。双方举行中缅经济、贸易和技术合作联合委员会第三次会议，成立中缅电力合作委员会，签署了中缅关于加强农业合作的谅解备忘录，继续开展小额农贷项目合作。中方积极支持缅方主办东亚合作领导人系列会议。双方继续在大湄公河次区域经济合作框架下开展合作，共同推动孟中印缅经济走廊建设。

人文交流不断拓展。中缅签署互设文化中心、促进文化遗产保护等合作文件，分别主办中国—东盟文化交流年开、闭幕式。缅方捐建的洛阳白马寺缅式佛塔落成。

中方积极支持缅北和平进程，同缅方共同维护中缅边境地区的安宁稳定。

纳米比亚
(Namibia)

2014年，中华人民共和国与纳米比亚共和国友好合作关系继续保持良好发展势头，各领域交流与合作取得新成果。

两国政治交往频繁，友好与互信不断加深。12月，国家主席习近平致电祝贺哈格·根哥布当选纳米比亚新一届总统。3月，司法部副部长张彦珍、中国人权发展基金会理事长黄孟复先后访纳。5月，山东省副省长孙绍骋访纳。8月，文化部副部长丁伟访纳。6月，中国海军第16批护航舰艇编队访纳。4月，纳总理哈格·根哥布对中国进行正式访问并出席博鳌亚洲论坛年会。其间，习近平主席、全国政协主席俞正声分别会见，国务院总理李克强与其会谈。8月，纳总统希菲凯普涅·波汉巴就云南鲁甸地震向习近平主席致慰问函。10月，纳矿业与能源部长伊萨克·卡塔利访华。12月，纳青年、国家服务、体育和文化部长杰里·埃坎乔访华。

两国经贸合作取得积极进展。4月，两国政府签署《中华人民共和国政府和纳米比亚共和国政府经济技术合作协定》。5月，中广核集团联合中非发展基金有限公司组成的中方联合体投资的纳湖山铀矿项目顺利试投产。

两国文艺团组互访活跃。辽宁艺术团和天津艺术团赴纳演出。纳“VM6”合唱团来华开展文化交流。

尼泊尔
(Nepal)

2014年，中华人民共和国和尼泊尔关系发展顺利。

两国高层交往密切，政治互信进一步提升。2月，国务院总理李克强、全国人大常委会委员长张德江、外交部长王毅分别致电祝贺尼新任总理柯伊拉腊、新任制宪会议主席内姆旺和新任外交部长潘迪就职。8月，李克强总理就尼严重山体滑坡向尼总理致慰问信。9月，王毅外长在联大期间会见尼外长潘迪。12月，王毅外长访尼，会见尼总统亚达夫、总理柯伊拉腊，与外长潘迪会谈。9月，尼副总统贾阿来华出席西藏旅游文化国际博览会。6月，尼总理柯伊拉腊来华出席第二届中国—南亚博览会，国务院副总理汪洋与其会见。10月，尼副总理兼内政部长高塔姆访华，中央政法委书记孟建柱、国务委员郭声琨分别会见。5月，尼共（联）主席卡纳尔访华，国家副主席李源潮会见。

两国经贸合作发展势头良好，2014年贸易额达23.3亿美元，增长3.4%。中尼吉隆口岸正式开通。中国政府继续向尼泊尔经济社会发展提供力所能及的帮助，中国援尼国家武警学院项目奠基开工。尼作为创始成员国参与亚洲基础设施投资银行筹备工作。

两国人文交流持续发展。6月，尼泊尔青年代表团访华。7月，中尼签署蓝毗尼中华寺新增用地协议。9月，第二届“尼泊尔文化节”在京开幕。康巴卫视在尼落地。10月，“感知西藏——2014年尼泊尔中国书展”在加德满都开幕。

尼泊尔在涉藏等问题上继续给予中方坚定支持，承诺不允许任何势力利用尼领土从事反华活动。两国在国际和地区事务中保持密切沟通与配合。

荷 兰
(Netherlands)

2014年，中华人民共和国和荷兰王国关系迈上新台阶。两国关系首次明确定位为“开放务实的全面合作伙伴关系”，各领域务实合作不断取得新成果。

高层交往密切，政治互信继续巩固。3月，国家主席习近平对荷兰进行国事访问并出席在荷海牙举行的第三届核安全峰会。7月，国家主席习近平、国务院总理李克强和外交部长王毅分别就马航MH17客机坠毁事件向荷兰国王威廉–亚历山大、首相马克·吕特和外交大臣弗朗斯·蒂莫曼斯致慰问电。11月，习近平主席和夫人彭丽媛向威廉–亚历山大国王和马克茜玛王后致口信。9月，国务院副总理张高丽在纽约出席联合国气候变化峰会期间分别会见荷兰王后、联合国秘书长包容性金融特别代表马克茜玛和吕特首相。2月，国务委员杨洁篪访问荷兰，同蒂莫曼斯外交大臣举行会谈。11月，全国政协副主席杜青林访问荷兰。10月，王毅外长向荷兰新任外交大臣伯特·孔德尔斯致贺电。8月，威廉–亚历山大国王与吕特首相分别就云南鲁甸地震向习近平主席致慰问电（函）。11月，马克茜玛王后以联合国秘书长包容性金融特别代表身份访华，分别会见中国人民银行行长周小川、中国银行业监督管理委员会主席尚福林等。

务实合作领域不断拓展，成果丰硕。荷兰连续11年保持中国在欧盟内第二大贸易伙伴地位，是欧盟第三大对华直接投资来源国。中国是荷兰欧盟外第一大贸易伙伴和第二大投资来源国。10月，荷兰外贸与发展合作大臣莉莉安·普劳曼访华，与中方共同主持召开中荷经贸混委会第16次会议，两国企业签署价值5亿美元合作协议。12月，荷兰奶业技术示范中心正式在北京揭牌。中国保险监督管理委员会主席项俊波、国家税务总局局长王军、国家质量监督检验检疫总局副局长魏传忠、国务院国有资产监督管理委员会副主任徐福顺等访问荷兰，进一步推动了中荷有关领域的交流合作。

两国在教育、科技、文化等领域积极开展合作，人文交流蓬勃发展。习近平主席访荷期间，两国决定在荷建立首家中国文化中心，筹备工作进展顺利。在荷两所孔子学院办学效果良好，赴荷中国留学生人数不断增加。中国在荷兰海外属地库拉索威廉斯塔德、荷兰在重庆分别增设总领事馆，进一步便利双方人员往来和民间合作。3月，荷兰教育、文化与科技大臣杰特·布瑟玛克访华，续签两国文化合作谅解备忘录。荷兰在京、沪等多个城市举办“荷兰日”活动，阿姆斯特丹皇家音乐厅管弦乐团、皇家芭蕾舞团等国际一流文艺团体来华演出；“欢乐春节”、“莱顿中国电影周”、“海牙中秋节”、中国参与花车巡游、新疆歌舞团赴荷演出等活动在荷兰掀起新一轮“中国热”。

地方交往持续深入，各级别来往频繁。截至2014年年底，两国已建立26对友好省市关系。

国家主席习近平访问荷兰

3月22～24日，国家主席习近平对荷兰进行国事访问。访问期间，习近平主席同荷兰首相吕特举行会谈，会见国王威廉–亚历山大、议会两院议长安吉·布鲁克斯–克诺尔和阿努齐卡·范米尔腾伯格，出席中荷经贸合作论坛并发表演讲。两国发表《中华人民共和国和荷兰王国关于建立开放务实的全面合作伙伴关系的联合声明》。双方有关部门签署农业、金融、能源、航空、电信等领域共26项合作协议。

习近平主席在与吕特首相会谈时表示，荷兰是最早承认中华人民共和国的西方国家之一，两国合作起步早、领域广、基础牢。双方都对加强合作有强烈意愿。中方愿同荷方一道，建设好开放务实的全面伙伴关系，提升双边合作水平，为中欧关系发展作出更大贡献。为此，习近平主席提出五点建议：一是保持高层交往，相互尊重，深化互信；二是重视农业和水利在两国合作中的基础性作用，重点加强奶业、育种、食品安全等方面合作；三是加强互联互通，促进商品、人员和技术自由流动；四是欢迎荷方参与中国新“四化”建设，拓展合作领域；五是坚持开放和自由贸易，共同反对保护主义。

吕特首相表示，荷中关系发展良好，两国经济、文化互补性强，互利合作广泛，彼此是重要合作伙伴。荷兰愿同中国保持密切交往，扩大双边贸易和投资，加强食品安全、环境保护、服务业等领域合作。荷兰主张自由贸易，将继续在欧盟内积极推动欧中合作。

新西兰
(New Zealand)

2014年，中华人民共和国与新西兰关系继续保持良好发展势头。

两国高层交往频繁。11月，国家主席习近平对新西兰进行国事访问，其间会见新西兰总督迈特帕里，同总理约翰·基会谈，会见反对党工党领袖利特尔。两国领导人决定将中新关系提升为全面战略伙伴关系，发表建交以来首份双边关系联合声明。3月，约翰·基总理对中国进行工作访问，习近平主席会见，李克强总理同其会谈，刘延东副总理会见。11月，约翰·基总理来华出席亚太经合组织第22次领导人非正式会议并访问四川省。

9月，李克强总理致信祝贺约翰·基总理蝉联总理。3月，约翰·基总理就马航MH370客机失联及云南昆明严重暴力恐怖事件向习近平主席致慰问信。8月，约翰·基总理就云南鲁甸地震向李克强总理致慰问信。10月，约翰·基总理来信感谢李克强总理致信祝贺其胜选连任，并祝贺中国国庆65周年。

其他重要双边交往有：1月，全国政协副主席、国家开发银行董事长陈元访问新西兰。中共中央对外联络部副部长于洪君访新。2月底3月初，外交部部长助理郑泽光赴新举行第19次中新外交部政治磋商。7月，全国人大常委会委员、全国人大民族委员会主任委员李景田，财政部副部长史耀斌访新。9月，外交部长王毅访新。11月，文化部副部长董伟访新。3月，新议会外交、国防与贸易委员会主席约翰·海斯访华。5月，新西兰妇女事务部长乔·古德休参加北京亚太经合组织妇女与经济论坛。新警察部长安妮·托利访华。

经贸关系日益紧密。2014年，中新双边贸易额达142.5亿美元，同比增长15%。中国继续保持新西兰第一大贸易伙伴地位。中国—新西兰自由贸易协定实施顺利。11月，双方签署《中华人民共和国政府与新西兰政府关于合作制作电视片的协议》，并将之作为附件纳入中新自贸协定。3月，人民币和新元实现直接交易。4月，双方续签《中国人民银行与新西兰储备银行双边本币互换协议》。中国工商银行、中国建设银行、中国银行在新设立分支机构。中国林业集团、伊利集团、蒙牛集团、雅士利集团、上海鹏欣集团、华为公司在新投资。

教育、旅游、科技、文化等领域交流与合作不断扩大。新西兰是中国公民出国留学主要目的国之一。2014年，中国在新各类留学人员约5.64万人，是新西兰最大的留学生来源国。中国公民首站赴新旅游17万人次，新公民来华旅游12.9万人次。11月，新方将中国在新度假并工作的人员为新单一企业主最高工作时长由三个月增至六个月。双方签署《中华人民共和国国家旅游局和新西兰商业、创新和就业部旅游事务对话与合作安排》、《中国人民对外友好协会与新西兰地方政府协会关于建立中国—新西兰市长交流合作机制的协议》、《中国银联与新西兰移民局银联高端卡助签合作协议》，新西兰移民局、新西兰旅游局和特定中国旅行机构签署商务旅行者签证申请安排谅解备忘录。中国文艺团组多次赴新西兰惠灵顿市、奥克兰市、克赖斯特彻奇市演出和参加当地文化活动。

两军交往密切。4月，中国人民解放军第二炮兵政治委员张海阳上将访问新西兰。7月，中央军委副主席范长龙上将访新。12月，中国、新西兰、澳大利亚在南京联合举行“合作精神—2014”中、新、澳三边人道主义救援减灾联合室内推演。中国人民解放军副总参谋长王冠中中将和新国防军副司令凯文·肖特空军少将、国防部副秘书长托尼·林奇举行第七次中新两军战略对话。

国家主席习近平对新西兰进行国事访问

2014年11月19～21日，国家主席习近平对新西兰进行国事访问，在惠灵顿会见迈特帕里总督，同约翰·基总理举行会谈，在奥克兰出席新西兰各界举行的欢迎午宴。这是中国国家主席11年来首次访新。访问取得重要丰硕成果，两国领导人决定将中新关系提升为全面战略伙伴关系，双方发表建交以来首份双边关系联合声明，并签署25项合作文件，涉及经贸、金融、投资、农林、电信、食品安全、教育、旅游等领域。习近平主席此访标志着中新关系又上了一个新台阶，为两国关系今后发展指明大方向。

尼日尔
(Niger)

2014年，中华人民共和国与尼日尔共和国友好合作关系稳步发展。

两国政治关系发展顺利。11月，全国人大常委会委员长张德江致电祝贺阿马杜·萨利富当选尼日尔国民议会新任议长。1月，全国政协副主席、中共中央对外联络部部长王家瑞访问尼日尔，会见尼总统穆罕默杜·伊素福、总理布里吉·拉菲尼，同尼日尔争取民主和社会主义党主席、国务部长兼外交、合作、非洲一体化和侨民部长穆罕默德·巴祖姆会谈。8月，穆罕默杜·伊素福总统就云南鲁甸地震向国家主席习近平致慰问电。2月，尼国务部长兼矿业和工业发展部长奥马尔·哈米杜·奇亚纳访华。

10月，尼日尔新任驻华大使伊努萨·穆斯塔法向习近平主席递交国书。

双边各领域合作稳步推进。尼亚美综合医院项目进展顺利。5月，尼国民议会批准尼政府同中国进出口银行签署的整体性融资协议。12月，中国红十字会向尼提供5万美元紧急人道主义援助。中方继续为尼提供政府奖学金并培训各类人员。10月，第18批中国援尼医疗队抵尼工作。

尼日利亚
(Nigeria)

2014年，中华人民共和国与尼日利亚联邦共和国战略伙伴关系保持稳定发展势头，各领域务实合作成效显著。

两国高层交往密切。4月和12月，国家主席习近平分别就尼日利亚阿布贾发生炸弹袭击、卡诺州一座清真寺发生自杀式炸弹袭击并造成重大人员伤亡事件向尼日利亚总统乔纳森致慰问电。5月6～8日，国务院总理李克强对尼进行正式访问，同尼总统古德勒克·乔纳森举行会谈，双方就加强中尼友好、深化务实合作深入交换意见并达成广泛共识。两国领导人共同见证《中华人民共和国政府和尼日利亚联邦共和国政府经济技术合作协定》、《中华人民共和国政府和尼日利亚联邦共和国政府航空运输协定》等13个合作文件的签署。双方发表中尼联合声明。访问期间，李克强总理还出席了在尼首都阿布贾举行的第24届世界经济论坛非洲峰会全会，发表题为《共同推动非洲发展迈上新台阶》的特别致辞。5月10～13日，尼国民议会参议长戴维·马克访华。李克强总理会见，全国人大常委会委员长张德江同其会谈。

双方重要团组互访频繁。外交部副部长张明、中国政府非洲事务特别代表钟建华大使、外交部长王毅特别代表周欲晓大使、福建省副省长郑晓松、国务院侨务办公室副主任任启亮等分别访问尼日利亚。8月8～14日，尼外交部长、离任驻华大使阿米努·瓦利来京辞行，王毅外长同其会见。尼交通部长阿卜杜拉希·乌马尔、工程部长迈克·奥诺莱梅门、航空部长奥卢塞贡·阿甘加等分别访华。

4月，中国新任驻尼日利亚大使顾小杰向乔纳森总统递交国书。

两国经贸等领域务实合作成果丰富。尼日利亚是中国在非洲第三大贸易伙伴和第二大出口市场，中国是尼第一大进口来源国。2014年，中国企业与尼交通部签署尼沿海铁路项目商务合同，合同总金额119.7亿美元，这是中国对外工程承包史上单体合同金额最大的项目。中国向尼捐赠疟疾诊疗设备和耗材，援助抗疟药品和埃博拉疫情防护救治物资。

两国文化、军事等领域交流活跃。设在尼日利亚阿布贾的中国文化中心举办中国电影周、汉语比赛、“体验中国”等文化活动。7月，南京市工艺品代表团参加在阿布贾举办的第七届非洲工艺品博览会。5月，中国海军第16批护航编队访问尼日利亚拉各斯港，与尼海军开展反海盗联合演习。

纽　埃
(Niue)

2014年，中华人民共和国与纽埃友好合作关系继续稳步发展。

11月，习近平主席在斐济楠迪同建交太平洋岛国领导人举行集体会晤期间会见纽埃总理塔拉吉。4月，国务院总理李克强和全国人大常委会委员长张德江分别致电祝贺纽埃总理塔拉吉、议长托吉亚·皮希吉亚当选。7月，中国—太平洋岛国论坛对话会特使杜起文在帕劳科罗尔出席第26届太平洋岛国论坛会后对话会期间会见塔拉吉总理。10月，塔拉吉总理就中国国庆65周年向李克强总理致贺信，李克强总理向塔拉吉总理复函感谢来信祝贺中国国庆，并祝贺纽埃宪法日。

挪　威
(Norway)

2014年，中华人民共和国与挪威王国之间无高级别官方交往，各领域合作继续停滞。

阿　曼
(Oman)

2014年，中华人民共和国和阿曼苏丹国传统友好合作关系继续稳步发展。

两国各层次交往不断。2月，中国外交部副部长张明访问阿曼，分别会见阿内阁事务副首相法赫德·本·马哈茂德·阿勒赛义德、卡布斯苏丹外事顾问、阿曼—中国友好协会名誉会长欧麦尔·扎瓦维，并与阿外交部秘书长巴德尔·本·哈马德举行会谈。12月，中国外交官代表团访阿。4月，阿外交部秘书长巴德尔来华同张明副外长共同举行两国外交部第八轮战略磋商。6月，阿外交事务主管大臣尤素福·本·阿拉维来华出席中国—阿拉伯国家合作论坛第六届部长级会议，其间，外交部长王毅会见。

两国务实合作富有成果。中国连续多年稳居阿曼第一大原油买主，阿是中国在全球第四大原油供应国和阿拉伯国家中第四大贸易伙伴。阿作为创始成员国加入亚洲基础设施投资银行。两国在非洲开展三方合作迈出实质步伐，中国招商局同阿公共储备基金及坦桑尼亚政府就共同开发巴加莫约港达成一致。

两国其他领域合作也取得积极进展。1月，承载着中阿友谊的“苏哈尔”号帆船纪念碑在广州重建工程完工。中国艺术团组多次赴阿曼演出，受到广泛欢迎。中国海军护航编队多次在阿萨拉拉港实施综合补给和人员休整。

巴基斯坦
(Pakistan)

2014年，中华人民共和国与巴基斯坦伊斯兰共和国战略合作伙伴关系取得进一步发展，各领域交流与合作取得新突破。

中巴两国高层互访频密，政治和战略互信水平不断提升。2月，国务委员兼国防部长常万全上将访问巴基斯坦。12月，国务委员兼公安部长郭声琨访巴。2月，巴总统马姆努恩·侯赛因访华，中巴双方发表《关于深化中巴战略与经济合作的联合声明》。5月，侯赛因总统来华出席亚信峰会，国家主席习近平会见。4月，巴总理纳瓦兹·谢里夫出席在海南举办的博鳌亚洲论坛2014年年会，国务院总理李克强会见。11月，谢里夫总理来华出席加强互联互通伙伴关系对话会，习近平主席、李克强总理、张高丽副总理分别会见。双方就中巴经济走廊等重大项目深入交换意见。

两国务实合作取得丰硕成果。中巴经济走廊建设进展顺利，涵盖通信、电力、水利、交通、资源开发等多个领域，成为两国务实合作的新战略框架和周边互联互通建设的旗舰项目。中巴双方确定了25个早期收获项目，其中部分项目已奠基和开工。侯赛因总统访华和来华出席会议以及谢里夫总理来华出席会议期间，两国领导人见证签署了一系列务实合作文件。

人文交流日益密切。两国不断开拓媒体、青年、高校的交流合作。中方启动驻拉合尔总领事馆建馆工作。中方在费萨拉巴德设立孔子学院。

中巴两军交流进展顺利。2014年4月，巴基斯坦海军参谋长穆罕默德·阿西夫·桑迪拉上将来华出席第14届西太平洋海军论坛。6月，巴陆军参谋长拉希尔·谢里夫上将访问北京和上海。11月，巴基斯坦参谋长联席会议主席拉沙德·马茂德上将访华。

两国在国际和地区事务中的合作进一步加强。巴基斯坦在涉台、涉藏、涉疆等问题上坚定支持中方立场。两国在阿富汗问题、安理会改革等国际和地区热点问题上保持紧密沟通与协作。

巴勒斯坦
(Palestine)

中华人民共和国是最早支持巴勒斯坦解放组织和承认巴勒斯坦国的国家之一。2014年，两国传统友好关系得到进一步巩固和发展。

中巴政治关系顺利发展。11月，国家主席习近平向联合国“声援巴勒斯坦人民国际日”纪念大会致贺电。8月，外交部长王毅在访问埃及期间提出解决巴以冲突五点和平倡议，积极斡旋加沙冲突。3月、6月、7月，中国中东问题特使吴思科大使访巴。9月，新任中国中东问题特使宫小生大使访巴。3月，巴总统马哈茂德·阿巴斯就云南昆明严重暴力恐怖事件向国家主席习近平致慰问信。5月和6月，巴外交部长利雅得·马立基来华分别出席亚信峰会、中国—阿拉伯国家合作论坛第六届部长级会议。8月，巴外交部部长助理马金·沙米亚访华。10月，巴总统特使萨利赫·拉法特访华，外交部长王毅、外交部副部长张明分别与其会见、会谈。

中国继续向巴勒斯坦提供力所能及的援助。中方在7、8月巴以冲突期间向加沙人民提供紧急人道主义援助。10月，中国中东问题特使宫小生大使出席在埃及举行的加沙重建大会。

巴布亚新几内亚
(Papua New Guinea)

2014年，中华人民共和国与巴布亚新几内亚独立国关系取得重要发展。

两国高层交往密切。11月，国家主席习近平在斐济楠迪同建交太平洋岛国领导人举行会晤。其间，同巴布亚新几内亚总理彼得·奥尼尔举行双边会见。两国领导人就进一步发展双边关系，深化两国务实合作达成重要共识，并共同见证《中华人民共和国政府和巴布亚新几内亚独立国政府经济技术合作协定》等六项双边合作协议的换文。7月，中国—太平洋岛国论坛对话会特使杜起文在帕劳出席第26届太平洋岛国论坛会后对话会期间会见巴新外交与移民部长伦宾克·帕托。11月，巴新总理奥尼尔来华出席亚太经合组织第22次领导人非正式会议，习近平主席会见。12月，巴新石油与能源部长尼克松·杜班赴青岛出席中国石油化工集团公司山东液化天然气接收站首船商业气到港仪式。9月，巴新政党干部考察团访华。

4月15日，中国新任驻巴新大使李瑞佑向巴布亚新几内亚总督迈克尔·奥吉奥递交国书。

两国在经贸、能源资源、基础设施建设、卫生、人文等领域合作取得新进展。中方援建的巴布亚新几内亚国际会议中心项目复工，第三期哈根综合农业技术合作项目进展顺利。利用中国优惠贷款建设的巴新戈罗卡大学学生宿舍、电子政务网等项目完工并交付巴新方，巴新太平洋渔业工业园项目重新启动，电子身份证、首都地区道路改造等项目进展顺利。12月，中国石油化工集团公司向巴新液化天然气项目采购液化天然气首船商业气运抵山东青岛。9月，中国海军“和平方舟”号医院船对巴新进行友好访问并开展人道主义医疗服务。7月，广东省友好代表团访问巴新。

秘　鲁
(Peru)

2014年，中华人民共和国与秘鲁共和国全面战略伙伴关系深入发展，各领域务实合作富有成效。

双方高层交往密切，政治互信增强。7月16日，国家主席习近平在巴西利亚会见前来出席金砖国家与南美国家联盟领导人对话会的秘鲁总统奥扬塔·乌马拉·塔索。11月20～23日，全国人大常委会委员长张德江对秘鲁进行正式友好访问，分别同乌马拉总统、国会主席安娜·玛丽亚·索洛萨诺举行会见、会谈。9月23日，习近平主席特使、国务院副总理张高丽在纽约出席联合国气候峰会期间会见乌马拉总统。11月10～12日，乌马拉总统来华出席亚太经合组织第22次领导人非正式会议并对中国进行工作访问，习近平主席、张德江委员长分别同其举行会谈、会见。双方签署《中华人民共和国政府与秘鲁共和国政府关于建立经济合作战略对话机制的谅解备忘录》等七项合作文件。1月10～17日，秘国会主席弗雷迪·奥塔罗拉·佩尼亚兰达访华，张德江委员长、国家副主席李源潮分别与其会谈和会见。

两国务实合作不断深化。五矿资源有限公司牵头的联合体、中国石油、天然气股份有限公司分别完成对秘鲁拉斯邦巴斯铜矿和巴西能源秘鲁公司的收购，交割金额近百亿美元。中铝秘鲁矿业公司特罗莫克铜矿项目实现达产，中国工商银行（秘鲁）有限公司正式营业。中国是秘鲁第二大贸易伙伴、第二大出口市场、第二大进口来源国，秘鲁是中国在拉美第六大贸易伙伴。

两国在文教、科技、军事等领域的交流与合作不断发展。中国在秘鲁成功举办“中国文化节”、“国庆文化月”等活动。秘首届“汉语桥”比赛举行。21名秘鲁青年获中国政府奖学金来华学习。中科院院长白春礼访秘。中国人民解放军军事科学院副政委、武警后勤部长、空军指挥学院政委等相继访秘；秘海军司令、陆军参谋长等访华。

菲律宾
(Philippines)

2014年，中华人民共和国和菲律宾共和国关系受南海问题影响遭遇困难。两国互利合作及人文交流也不同程度受到影响。中方从维护中菲关系长远发展大局出发，坚持通过协商谈判妥善处理有关问题，力避南海争议进一步升温，努力维护两国关系大局。

3月30日，菲律宾向国际仲裁庭提交南海争议诉状，中方拒绝接受，并向菲方提出严正交涉，敦促菲方纠正错误做法，回到谈判解决争议的正确轨道上来。12月7日，中国外交部受权发布《中华人民共和国政府关于菲律宾共和国所提南海仲裁案管辖权问题的立场文件》，重申中方不接受、不参与该仲裁的严正立场，并从法律角度全面阐述中国关于仲裁庭没有管辖权的立场和依据。

11月，菲律宾总统贝尼尼奥·阿基诺三世来华出席亚太经合组织第22次领导人非正式会议，国家主席习近平同其简短交谈。习近平主席指出，中菲建交以来，两国关系发展一直很好。双方在处理分歧问题上也形成了一些共识。近年来，两国关系因南海问题面临严重困难。希望菲方回到过去共识的基础上，同中方相向而行，建设性地处理好有关问题，为中菲关系健康发展创造条件。阿基诺表示，愿同中方解决有关问题，希望两国关系得到改善和发展。

4月，中国新任驻菲律宾大使赵鉴华向菲律宾总统阿基诺递交国书。

波　兰
(Poland)

2014年，中华人民共和国与波兰共和国战略伙伴关系持续深入发展，各领域合作富有成果。

两国高层保持密切交往。10月，国家主席习近平、国务院总理李克强、外交部长王毅分别同波兰总统布罗尼斯瓦夫·科莫罗夫斯基、总理埃娃·科帕奇、外交部长格热戈日·谢蒂纳就中波建交65周年互致贺电。3月，李克强总理与波总理唐纳德·图斯克就乌克兰局势通电话。6月，中共中央政治局委员、重庆市委书记孙政才率中共友好代表团访波。8月，国务委员兼国防部长常万全上将，全国政协副主席、科技部长万钢分别访波。9月，全国政协副主席马培华访波。

政府部门、立法机构和政党间交流与合作不断加强。司法部长吴爱英、工业和信息化部副部长毛伟明、文化部副部长项兆伦、科技部副部长王伟中、卫生和计划生育委员会副主任马晓伟、国务院发展研究中心主任李伟、国家质量监督检验检疫总局副局长魏传忠、国家林业局局长赵树丛、全国人大法律委员会副主任委员丛斌、最高人民法院副院长江必新、中央机构编制委员会办公室副主任张崇和等先后访波。波科学与高等教育部副国务秘书达莉亚·里宾斯卡–纳温池、国防部副国务秘书罗伯特·库别茨基、内务部副国务秘书彼得·斯塔汉奇克、农业和农村发展部长马雷克·萨维茨基、经济部副国务秘书安德鲁·德哈等相继访华或来华出席各类会议。

两国外交部保持良好合作。3月，王毅外长与波兰外长拉多斯瓦夫·西科尔斯基就乌克兰局势通电话。5月，外交部副部长王超与波外交部副国务秘书阿图尔·诺瓦克–法尔在北京共同主持中波第二轮副外长级战略对话。6月，中波第十轮领事磋商在华沙举行。

双边经贸合作快速发展。双边贸易额再创新高，波兰保持中国在中东欧地区最大贸易伙伴地位。中国人民银行批准波兰国家银行进入中国银行间债券市场，投资额度60亿元人民币。江苏扬帆集团为波兰汽船公司建造总价约1.1亿美元的散货轮。中国—中东欧投资合作基金投资1.38亿美元入股波两个新能源项目。

人文交流和地方交往日益活跃。“中国民族文化周”和波兰文化节分别在华沙和北京成功举行。第二届中波地方合作论坛在广州举行。中国在波设立第五所孔子学院。截至2014年年底，两国结好省市24对。

葡萄牙
(Portugal)

2014年是中华人民共和国与葡萄牙共和国建交35周年，两国全面战略伙伴关系不断深化，各领域务实合作蓬勃发展。

两国继续保持高层互访势头，政治互信进一步增强。7月，国家主席习近平过境葡萄牙特塞拉岛，会见葡总统特使、副总理保罗·波尔塔斯。6月，中共中央政治局常委、书记处书记刘云山对葡萄牙进行正式访问，分别会见葡总统卡瓦科·席尔瓦、总理佩德罗·帕索斯·科埃略和主要政党领袖。此外，中方访葡的主要有：国家新闻出版广电总局局长蔡赴朝、中共中央统战部常务副部长张裔炯、全国人大环境与资源保护委员会主任委员陆浩、贵州省委书记赵克志、浙江省省长李强、上海市人大常委会主任殷一璀、广东省人大常委会主任黄龙云等。

5月12～18日，葡萄牙总统席尔瓦对中国进行国事访问。其间，习近平主席同席尔瓦总统会谈，国务院总理李克强、全国人大常委会委员长张德江分别会见。国务院副总理汪洋会见陪同访华的葡副总理波尔塔斯。双方有关部门签署科技、金融、能源、通讯等领域的八项政府合作文件和商业协议。两国元首会谈时，习近平主席表示，中葡建交35年来，两国友好合作关系始终保持健康平稳发展。当前，中葡关系处于历史最好时期，两国应继续保持高层交往势头，扩大双边贸易和相互投资，推动能源、电信、金融、海洋、环保等领域合作，开展形式多样的文化交流活动，加强在国际事务中沟通协调，通过中国—葡语国家经贸合作论坛等机制，探索开展面向非洲和拉美的三方合作。席尔瓦总统表示，葡中相互尊重，友好互信，两国合作取得长足进步。葡方愿同中方进一步加强政治交往，扩大经贸、绿色低碳、旅游、科技等领域合作，吸引更多中国企业投资。葡方访华的主要还有：葡农业与海洋部长阿松桑·克里斯塔斯、文化国务秘书若热·沙威尔、财政部国库国务秘书伊莎贝尔·布兰科、经济与创新部旅游国务秘书阿多尔夫·努内斯等。

两国相互投资规模进一步扩大。复星国际中标葡储蓄总行80%保险业务私有化项目，收购葡电网公司3.9%股份和葡第二大医疗服务公司ESS 96%股权。三峡集团欧洲公司总部落户里斯本，与葡电力公司进一步加大在水电、风电等清洁能源领域的合作，加快拓展拉美、非洲等第三方市场。

科技合作成为中葡关系新亮点。两国在空间技术等高尖端科技领域合作取得重大突破，中国科学院上海微小卫星工程中心与葡特科威公司签署合作备忘录，共同研发微小卫星通讯设备。第一届“中国—葡萄牙先进材料创新论坛”在杭州举行。中国科学院上海药物研究所与葡科研机构开展药物联合研发。

人文交流持续升温，成果丰硕。两国续签文化交流和教育合作年度执行计划，启动互设文化中心项目。中国中央电视台与葡国家电视台、卢萨新闻社等签署合作协议，开拍“魅力葡萄牙”、“魅力中国”纪录片。“欢乐春节”、“中国文化周”、“汉学论坛”等活动在葡成功举办。葡“茉莉花”合唱团赴华演出。

军事交往取得新进展。7月，中央军委委员、中国人民解放军总政治部主任张阳上将访问葡萄牙。12月，葡萄牙空军参谋长若泽·皮涅伊罗上将访华。

卡塔尔
(Qatar)

2014年，中华人民共和国与卡塔尔国关系迈上新台阶，两国建立战略伙伴关系，各领域互利合作全面深入发展。

两国各层次往来密切。11月，卡塔尔埃米尔塔米姆·本·哈马德·阿勒萨尼对中国进行国事访问，国家主席习近平与塔米姆埃米尔会谈，国务院总理李克强、全国人大常委会委员长张德江分别会见。双方共同发表《中华人民共和国和卡塔尔国关于建立战略伙伴关系的联合声明》，并签署“一带一路”、金融、教育等领域六个合作文件。5月，卡副首相兼内阁事务国务大臣艾哈迈德·本·阿卜杜拉·阿勒马哈茂德来华出席亚信峰会。6月，卡外交大臣哈立德·本·穆罕默德·阿提亚来华出席中国—阿拉伯国家合作论坛第六届部长级会议。7月，中国中东问题特使吴思科访卡。10月，文化部副部长丁伟访卡。

两国经贸、能源、金融等领域务实合作取得新进展。双边贸易额持续增长。卡塔尔是中国第一大液化天然气供应国。中国企业在卡承建的港口、高速公路等基础设施建设项目稳步推进。双方签署了规模为350亿元人民币/208亿里亚尔的双边本币互换协议，中方给予卡方300亿元人民币的人民币合格境外机构投资者额度，中方还在多哈建立人民币清算安排。此外，卡作为创始成员国积极参与亚洲基础设施投资银行筹建工作。

两国人文交流不断扩大。双方决定共同举办2016“中卡文化年”。中卡专家学者、智库间交流频繁，“欢乐春节”系列活动在卡塔尔获得良好反响。卡塔尔大学在北京大学设立中东研究讲席项目。

大韩民国
(ROK)

2014年，中华人民共和国与大韩民国的战略合作伙伴关系呈现全面、快速和深入发展态势。

两国高层交往频繁。7月3～4日，国家主席习近平对韩国进行国事访问，分别同韩国总统朴槿惠、国会议长郑义和、国务总理郑烘原举行会见、会谈。两国元首总结中韩关系二十多年发展经验，提出中韩成为实现共同发展的伙伴、致力地区和平的伙伴、携手振兴亚洲的伙伴、促进世界繁荣的伙伴。双方发表《中华人民共和国和大韩民国联合声明》，签署12个双边合作文件。3月，习近平主席在出席荷兰海牙核安全峰会期间，与朴槿惠总统举行双边会见。11月，习近平主席在亚太经合组织第22次领导人非正式会议期间，与朴槿惠总统举行双边会见。10月，国务院总理李克强在出席第10届亚欧首脑会议期间，与朴槿惠总统举行双边会见。4月，李克强总理在出席博鳌亚洲论坛2014年年会期间，与郑烘原总理举行双边会见。

两国立法机构交流活跃。12月，郑义和议长访华，习近平主席、全国人大常委会委员长张德江分别会见、会谈。5月，双方在韩国举行中韩议会定期交流机制第九次会议。

两国外交部保持密切沟通协调。5月，外交部长王毅访问韩国。两国外长还在各种场合多次会晤、互通电话。2月，外交部副部长刘振民访韩。7月，韩国外交部第二次官赵兑烈访华。12月，韩国外交部次官补李京秀访华。

两国经贸合作保持快速发展。中国继续保持韩国最大贸易伙伴、最大出口市场和最大进口来源国地位。韩国是中国第三大贸易伙伴国。7月，双方宣布在韩国先行建立人民币对韩元直接交易机制。11月，双方宣布完成中韩自贸区实质性谈判。

两国人文领域交流活跃。2014年，两国人员往来突破1000万人次，双方已有167对省市建立了友好关系。11月，刘振民副部长与韩国外交部第一次官赵太庸在华举行中韩人文交流共同委员会第二次会议。12月，双方持外交、公务护照人员互免签证协定生效。

韩方支持中方举办亚太经合组织第22次领导人非正式会议、亚信峰会等多边会议，双方在中日韩、气候变化、东亚区域合作、二十国集团等问题上保持良好协调。

2月28日，中国新任驻韩国大使邱国洪向朴槿惠总统递交国书。

罗马尼亚
(Romania)

2014年是中华人民共和国同罗马尼亚建立外交关系65周年，两国全面友好合作伙伴关系继续深入发展，各领域务实合作不断取得新进展。

两国高层保持密切交往。10月，国家主席习近平同罗马尼亚总统特拉扬·伯塞斯库、国务院总理李克强同罗马尼亚总理维克多·蓬塔、外交部长王毅同罗马尼亚外交部长蒂图斯·科尔勒采恩分别就中罗建交65周年互致贺电。12月，习近平主席向罗新任总统克劳斯·约翰尼斯致就职贺电。12月，李克强总理在塞尔维亚首都贝尔格莱德出席第三次中国—中东欧国家领导人会晤期间同蓬塔总理举行双边会见。11月，全国政协主席俞正声致电祝贺罗马尼亚新任参议长克林·波佩斯库–特里恰努就职。9月23日，国务院副总理张高丽在纽约出席联合国气候峰会期间同蓬塔总理举行双边会见。9月25～26日，张高丽副总理对罗马尼亚进行正式访问，与罗第一副总理兼地区发展和公共行政部长利维乌·德拉格内亚、议会众议长瓦列留·兹格内亚、副总理加布里埃尔·奥普雷亚分别会谈、会见。3月，蓬塔总理分别就云南昆明严重暴力恐怖事件、马航MH370客机失联事件向李克强总理致慰问信。8月，蓬塔总理就云南鲁甸地震向李克强总理致慰问信。8月31日至9月2日，蓬塔总理对中国进行正式访问，习近平主席、李克强总理、全国人大常委会委员长张德江分别与其会谈、会见。两国总理共同会见记者并见证签署四份政府间协议和商业合作文件，涵盖核电、经贸、金融等领域。3月，德拉格内亚第一副总理兼地区发展和公共行政部长对中国进行正式访问，张高丽副总理与其会谈。

两国外交部保持良好沟通与合作。8月，科尔勒采恩外长就云南鲁甸地震向王毅外长致慰问信。11月，王毅外长致电祝贺罗新任外交部长波格丹·奥雷斯库就职。

在中国—中东欧国家合作框架下，中罗双边合作蓬勃开展。5月，罗马尼亚外交部国务秘书拉杜·波德戈雷安来华出席中国—中东欧国家合作第三次国家协调员会议。7月，罗总理府国务秘书拉杜·普基乌参加中东欧国家高级别官员代表团访华。10月，农业部长韩长赋赴罗出席中国—中东欧国家农业经贸合作论坛并访罗，双方签署《中华人民共和国农业部与罗马尼亚农业部关于进一步加强农业领域合作的谅解备忘录》。

两国经贸、交通、能源领域合作不断拓展。蓬塔总理访华期间，双方签署《中华人民共和国政府和罗马尼亚政府和平利用核能合作协定》、《中国工商银行和罗马尼亚政府金融合作备忘录》等协议。6月，国家发展改革委员会副主任、国家能源局局长吴新雄和交通部副部长翁孟勇分别访罗，罗经济部长康斯坦丁·尼策来华出席中国—中东欧国家经贸促进部长级会议。8月，民航局副局长王志清访罗，双方签署关于扩大航权安排的谅解备忘录。10月，商务部部长助理王受文访罗，同罗经济部国务秘书科斯明·奥尔泰亚努共同主持召开中罗政府经济联委会第24次会议。同月，国家能源局局长刘琦访罗，与罗能源特派部长勒兹万－尤金·尼古列斯库共同主持召开中罗可再生能源产业合作研讨会。

两国党际、军事、文教、科技、农业、卫生、地方等各领域务实合作扎实推进。6月，中共中央政治局委员、重庆市委书记孙政才访罗，双方签署《重庆市与布加勒斯特市友好合作谅解备忘录》及重庆市旅游局与罗马尼亚旅游企业合作协议。8月，全国政协副主席、科技部长万钢访罗。4月，国家林业局局长赵树丛访罗，双方签署《关于森林、湿地保护和野生动物保护合作的谅解备忘录》。5月，当代世界研究中心理事会执行主席艾平访罗。6月，中国人民解放军总参谋长助理陈勇中将和全国人大常委会原副委员长、中国科学院大学管理学院院长成思危分别访罗。国家卫生和计划生育委员会副主任马晓伟访罗，双方签署《中华人民共和国卫生和计划生育委员会与罗马尼亚卫生部卫生和医学科学合作协议》。8月，中国地震局副局长阴朝民访罗。9月，国家新闻出版广电总局副局长童刚访罗并出席中国电影节开幕式。10月，国家汉语国际推广领导小组办公室主任许琳和全国人大法律委员会副主任委员从斌分别访罗。

9月，罗马尼亚国防部长米尔恰·杜沙访华。8月，罗41名运动员来华参加南京青奥会。11月，罗信息社会部副国务秘书维奥雷拉·多布里克来华出席首届“世界互联网大会”。

截至2014年年底，两国共结有30对友好城市，较2013年增加3对。

俄罗斯
(Russia)

2014年，中华人民共和国与俄罗斯联邦全面战略协作伙伴关系进入新的发展阶段。两国关系保持高水平运行，政治互信不断深化，务实合作取得新的重要成果，人文交流蓬勃发展，在国际和地区事务中的战略协作更加密切。

两国高层和各级别交往密切。2014年，两国元首五次会晤，对中俄全面战略协作伙伴关系发展进行战略引领和顶层设计。2月6～8日，国家主席习近平赴俄罗斯出席第22届索契冬奥会开幕式。5月20～21日，俄罗斯总统弗拉基米尔·弗拉基米罗维奇·普京对中国进行国事访问并出席亚信峰会，两国元首签署并发表《中华人民共和国与俄罗斯联邦关于全面战略协作伙伴关系新阶段的联合声明》，推动两国各领域合作取得一批重要成果。11月9～11日，普京总统来华出席亚太经合组织领导人第22次非正式会议，习近平主席会见普京总统，两国元首见证双方有关部门和企业签署17个各领域合作文件。7月14日和9月11日，两国元首分别在金砖国家领导人第六次会晤和上海合作组织杜尚别峰会期间举行双边会晤，就中俄关系和共同关心的国际和地区问题深入交换意见。

两国总理两次会晤，促进中俄关系和各领域务实合作持续深入发展。10月12～14日，国务院总理李克强对俄进行正式访问，与俄总理德米特里·梅德韦杰夫举行中俄总理第19次定期会晤，共同签署并发表《中俄总理第19次定期会晤联合公报》，分别会见俄罗斯总统普京、联邦委员会主席瓦莲京娜·马特维延科和国家杜马主席谢尔盖·纳雷什金。12月15日，李克强总理在哈萨克斯坦阿斯塔纳出席上海合作组织政府首脑（总理）理事会第13次会议期间，与梅德韦杰夫总理举行双边会见。

两国立法机构合作顺利。9月21～23日，俄罗斯联邦委员会主席马特维延科访华，习近平主席、李克强总理分别会见。张德江委员长与马特维延科举行会谈，共同出席全国人大与俄罗斯联邦委员会合作委员会第八次会议，签署《中华人民共和国全国人民代表大会与俄罗斯联邦联邦会议合作委员会章程》，并共同出席中俄建交65周年暨中俄友协成立65周年招待会。7月15～19日，俄罗斯国家杜马第一副主席伊万·梅利尼科夫访华，全国人大常委会委员长张德江会见。

两国各领域机制性交往频繁。8月29日至9月1日，国务院副总理张高丽赴俄与俄副总理阿尔卡季·德沃尔科维奇在莫斯科举行中俄能源合作委员会第11次会议，与普京总统在雅库茨克共同出席中俄东线天然气管道俄境内段“西伯利亚力量”管道开工仪式。3月28日，国务院副总理刘延东赴俄与俄副总理奥莉加·戈洛杰茨共同出席在圣彼得堡举行的中俄青年友好交流年开幕式。9月13～16日，刘延东副总理赴俄与戈洛杰茨副总理在乌里扬诺夫斯克举行中俄人文合作委员会第15次会议。4月16～19日，国务院副总理汪洋赴俄与俄副总理德米特里·罗戈津在符拉迪沃斯托克举行中俄总理定期会晤委员会双方主席会晤。10月9～14日，汪洋副总理赴俄与罗戈津副总理在索契举行中俄总理定期会晤委员会第18次会议，并共同出席第九届中俄经济工商界高峰论坛。6月22～24日，国务委员杨洁篪赴俄与俄总统驻伏尔加河沿岸联邦区全权代表米哈伊尔·巴比奇举行中国长江中上游地区和俄罗斯伏尔加河沿岸联邦区领导人座谈会。4月9日，俄副总理德沃尔科维奇来华与张高丽副总理在北京举行中俄能源合作委员会双方主席会晤。5月8日，俄第一副总理伊戈尔·舒瓦洛夫来华与张高丽副总理在北京举行会谈。6月4～6日，俄联邦安全会议秘书尼古拉·帕特鲁舍夫访华，分别与中共中央政治局委员、中央政法委书记孟建柱和国务委员杨洁篪在北京举行中俄执法安全合作机制首次会议和中俄第十轮战略安全磋商，其间，习近平主席会见帕特鲁舍夫。6月29～30日，罗戈津副总理来华与汪洋副总理在哈尔滨举行中俄总理定期会晤委员会双方主席会晤，并共同出席首届中俄博览会开幕式。7月9～11日，俄总统办公厅主任谢尔盖·伊万诺夫访华，并出席生态文明贵阳国际论坛2014年年会。其间，习近平主席会见，中共中央政治局委员、中央书记处书记、中央办公厅主任栗战书在北京与其举行会谈，国家副主席李源潮在贵阳会见。9月9日，舒瓦洛夫第一副总理来华与张高丽副总理在北京举行中俄投资合作委员会第一次会议。11月18～19日，俄国防部长谢尔盖·绍伊古访华，李克强总理、中央军委副主席许其亮空军上将分别会见，国务委员兼国防部长常万全上将与绍伊古举行会谈。

两国其他高级别接触频繁。5月21～24日，国家副主席李源潮赴俄出席第18届圣彼得堡国际经济论坛并会见普京总统。6月18～20日，中共中央政治局委员、中央政法委书记孟建柱赴俄出席第五届安全事务高级代表国际会议并会见俄联邦安全会议秘书帕特鲁舍夫。1月15日，俄安全总局负责人阿列克谢·谢多夫来华出席中国公安部和俄罗斯联邦安全总局联合工作组第一次会议，国务委员兼公安部长郭声琨会见。4月10日，德沃尔科维奇副总理来华出席博鳌亚洲论坛2014年年会，杨洁篪国务委员会见。8月16～18日，俄罗斯国家杜马第一副主席、俄奥委会主席、国际奥委会2022年冬奥会评估委员会主席亚历山大·茹科夫来华出席南京青奥会开幕式。9月10日，德沃尔科维奇副总理来华出席2014天津夏季达沃斯论坛，李克强总理会见。12月10～12日，俄副总理兼总统驻远东联邦区全权代表尤里·特鲁特涅夫访华，汪洋副总理会见。

两国外交部长保持密切接触。4月15日，俄外交部长谢尔盖·拉夫罗夫访华，习近平主席会见，外交部长王毅与其举行会谈。11月9日，王毅外长会见来华出席亚太经合组织外交和贸易双部长会议的拉夫罗夫外长。王毅外长还与拉夫罗夫外长多次在国际场合会晤、通话和互致函电，就重大国际和地区热点问题深入交换意见，协调立场。

中俄在涉及国家主权、安全、领土完整、发展等核心利益问题上继续相互坚定支持。中方支持俄方打击恐怖主义、维护国家主权和安全，俄方支持中方在涉及台湾、西藏、新疆、打击“东突”恐怖势力、香港占领中环等问题上的原则立场。

务实合作取得新的重要成果。贸易和投资合作规模持续扩大，2014年中俄双边贸易额超过900亿美元，再创历史新高。中国连续五年稳居俄第一大贸易国。双方新建中俄投资合作委员会，正在推进实施一批重大投资合作项目。能源合作特别是油气合作取得突破性进展。中俄原油管道及俄对华增供油项目顺利运营，双方签署东线天然气项目购销合同并已开工修建俄方境内段管道，积极推进西线天然气项目谈判并已签署框架合作协议。核能、煤炭、电力、新能源等领域合作不断扩大。一批战略性大项目合作顺利开展。联合研制远程宽体客机和重型直升机项目按计划推进，双方积极商谈修建莫斯科—喀山高铁项目，同江跨境铁路桥中方一侧已开工修建。两国本币结算规模持续扩大，签署双边本币互换协议。高科技和创新领域合作不断深化。中国作为主宾国参加第三届莫斯科“开放式创新”国际创新发展论坛，俄罗斯作为主宾国参加“2014—浦江创新”论坛。地方合作全方位发展。首届中俄博览会在哈尔滨成功举办，俄38个联邦主体和5000多位客商参会。中国长江中上游地区和俄罗斯伏尔加河沿岸联邦区合作发展迅速，双方制定包括100多个经贸、投资和人文领域项目清单，一批重点项目已启动实施。

人文交流蓬勃发展。成功举办中俄青年友好交流年开幕式，在中俄青年友好交流年框架内顺利举办约300项活动，交流规模达数万人次。不断扩大互派留学生规模，积极组建中俄同类高校联盟，北京理工大学和莫斯科国立大学积极商谈在深圳合作办学。组建中俄青年联合交响乐团并成功举行多场演出。相互翻译对方国家文学经典。以索契冬奥会为契机开展冬季体育项目交流。加强在媒体、档案等方面合作。中国共产党第六次代表大会纪念馆建设、电视频道相互落地、红色旅游等合作顺利推进。签署2015年中俄青年友好交流年活动清单和中俄共同庆祝第二次世界大战胜利70周年人文领域活动计划，推动人文合作向联合办学、共同发展文化产业等提升两国软实力的方向发展。

在国际事务中保持密切协调配合。9月11日，习近平主席和普京总统、蒙古国总统额勒贝格道尔吉在上海合作组织杜尚别峰会期间举行中俄蒙三国元首首次会晤，建立三方副外长磋商机制并举行首次磋商。中俄在联合国、二十国集团、金砖国家、亚太经合组织、上海合作组织、亚信峰会等共同参与的多边机制框架内进行有效协调，就维护国际法和国际关系基本准则、联合国改革、打击恐怖主义、毒品走私等全球性问题保持密切沟通，推动叙利亚、伊朗核、乌克兰等热点问题政治解决进程，共同维护朝鲜半岛和东北亚地区和平稳定。双方商定2015年共同举办第二次世界大战胜利70周年庆祝和纪念活动，维护二战胜利成果和战后国际秩序。

卢旺达
(Rwanda)

2014年，中华人民共和国与卢旺达共和国的友好合作关系继续稳步发展。

两国各层次人员往来频繁。7月，国务院总理李克强致电视贺卢旺达总理阿纳斯塔斯·穆雷凯齐就职。5月，全国政协副主席、人民银行行长周小川出席在卢举行的非洲开发银行2014年理事会会议。4月，外交部副部长张明赴卢出席卢大屠杀20周年纪念活动。6月，卢农业和动物资源部长阿尼斯·卡丽巴塔访华。9月，卢青年和信息产业部长让·菲尔贝·恩森吉马纳来华出席在天津举行的世界经济论坛2014年年会。同月，卢教育部负责职业技术教育和培训的国务部长艾伯特·恩森吉永瓦访华。

经贸领域合作进展顺利。中国援建的卢旺达职业技术学校及马萨卡医院三期竣工。基加利市政道路项目顺利开工，政府综合办公楼项目取得积极进展。

人文交流保持良好势头。5月，中卢签署广电合作协议，中国影视节目登上卢国家电视台荧屏。7月，中国多部影片参展第十届卢旺达电影节。中国文化之夜、中卢制片人对话、“卢旺达人眼中的中国”摄影比赛等活动相继开展。

萨摩亚
(Samoa)

2014年，中华人民共和国与萨摩亚独立国关系取得重要发展。

两国高层及各级别交往频繁。11月，国家主席习近平在斐济楠迪同建交太平洋岛国领导人举行会晤。其间，同萨摩亚总理图伊拉埃帕·萨伊莱莱·马利埃莱额奥伊举行双边会见。两国领导人就双边关系和共同关心的国际地区问题交换意见，并共同见证《中华人民共和国政府和萨摩亚独立国政府经济技术合作协定》等五项双边合作协议的换文。6月，中共中央政治局委员、上海市委书记韩正访萨。9月，习近平主席特使、外交部副部长张业遂出席在萨举行的第三届小岛屿发展中国家国际会议并会见图伊拉埃帕总理。7月，中国—太平洋岛国论坛对话会特使杜起文在帕劳出席第26届太平洋岛国论坛会后对话会期间会见图伊拉埃帕总理。5月，萨议长拉乌利·施密特访华，全国人大常委会委员长张德江会见。10月，萨副总理兼工商劳工部长福诺托·皮埃尔·拉沃福访华。9月，萨教育、体育与文化部长马格莱·马乌伊利乌·马格莱访华。

两国各领域交流与合作稳步发展。中方援建萨四所小学校项目全部竣工并交付萨方，援建萨国立大学海洋学院、修睦小学和残疾人培训中心项目进展顺利。利用中国优惠贷款建设的国家宽带通信网项目竣工并投入使用。萨摩亚国家医疗中心二期项目进展顺利。中方援萨农业、医疗和游泳馆等技术合作项目继续顺利实施。中方积极支持萨承办第三届小岛屿发展中国家国际会议，向萨方提供办会援助。5月，广东省友好代表团访萨。

圣马力诺
(San Marino)

2014年，中华人民共和国与圣马力诺共和国双边关系平稳发展，保持良好势头。

两国秉承相互尊重、平等互利的原则，积极拓展双边关系，传统友谊和各领域合作进一步深化，树立了大小国家和谐相处、相互支持的典范。两国在国际组织中继续保持密切沟通与协调，圣马力诺在一系列国际组织竞选中支持中方候选人。

4月1日，中国驻意大利大使兼驻圣马力诺大使李瑞宇出席圣马力诺新任执政官瓦莱里亚·齐亚瓦塔和卢卡·贝卡利的就职典礼。

5月15日，圣马力诺中国友好协会主席吉安·佛朗哥·泰伦齐来华出席中国国际友好大会暨中国人民对外友好协会成立60周年纪念活动并致辞。

沙特阿拉伯
(Saudi Arabia)

2014年，中华人民共和国和沙特阿拉伯王国战略性友好关系继续保持健康发展势头，双边各领域合作稳步推进。

两国政治交往密切。3月，沙特阿拉伯王储兼副首相、国防大臣萨勒曼·本·阿卜杜勒阿齐兹·阿勒沙特访华。国家主席习近平、国务院总理李克强、国务委员兼国防部长常万全上将分别会见，国家副主席李源潮同其举行会谈，双方签署涉及质检、航天、投资促进等领域的多项协议，并发表《中华人民共和国和沙特阿拉伯王国联合公报》。6月，沙特协商会议沙中友好委员会主席苏莱曼·侯迈伊德访华，全国人大常委会副委员长王胜俊，外交部副部长张明分别会见，全国人大外事委员会主任委员、全国人大中沙友好小组组长王晓初与其举行会谈。6月，沙特外交国务大臣纳扎尔·本·奥贝德·迈达尼来华出席中国—阿拉伯国家合作论坛第六届部长级会议。8月，沙特阿卜杜拉国王核能和可再生能源城主席哈希姆·亚马尼访华，国家能源局局长吴新雄会见，双方举行中沙核能联委会第一次会议。11月，沙特外交部次大臣图尔基·本·穆罕默德·本·沙特·卡比尔来华出席阿富汗问题伊斯坦布尔进程第四次外长级会议。

9月，外交部长王毅在纽约出席第69届联合国大会一般性辩论期间会见沙特阿拉伯外交大臣沙特·费萨尔·本·阿卜杜勒阿齐兹·阿勒沙特亲王。6月，亚洲基础设施投资银行（简称“亚投行”）中方筹建组组长金立群访问沙特，就沙方参与筹建亚投行进行工作交流。11月，国务院发展研究中心副主任刘世锦、中国中东问题特使宫小生大使分别访问沙特。

两国经贸、能源合作进展良好，双边贸易额持续增长。沙特阿拉伯继续是中国全球第一大原油供应国和在西亚非洲地区第一大贸易伙伴，中国保持沙特第一大贸易伙伴地位。

两国军事合作稳步推进。4月，中国人民解放军副总参谋长王冠中中将访问沙特阿拉伯，会见沙特国防副大臣萨勒曼·本·苏尔坦·本·阿卜杜勒阿齐兹·阿勒沙特亲王。11月，中国人民解放军总后勤部副部长秦银河中将访问沙特；沙特皇家陆军司令艾德·沙拉维访华，出席第十届中国国际航空航天博览会（珠海）和第五届香山论坛，并会见中国人民解放军副总参谋长王宁中将。中国海军护航编队多次在沙特吉达港停靠补给。

两国人文交流活跃。2月，中国专家学者代表团访问沙特阿拉伯，出席中沙学者联谊会，赴“杰纳第利亚遗产文化节”参观交流；国家新闻出版广电总局副局长邬书林访问沙特，与沙特文化新闻副大臣阿卜杜拉·杰西尔举行会谈。9月，沙特文化新闻副大臣杰西尔来华出席中国—阿拉伯国家文化部长论坛。

两国地方合作进展顺利。5月，沙特利雅得省副省长图尔基·本·阿卜杜拉·本·阿卜杜勒阿齐兹·阿勒沙特亲王访问陕西。

2014年，中国有组织赴沙特朝觐穆斯林近1.45万人。

塞内加尔
(Senegal)

2014年，中华人民共和国和塞内加尔共和国友好关系迈上新台阶，各领域合作取得新的成果。

两国各层次交往密切。7月，国务院总理李克强致电祝贺塞内加尔新任总理穆罕默德·布恩·阿卜杜拉·迪奥纳就职。1月，外交部长王毅访塞，会见塞总统马基·萨勒、总理阿米娜塔·杜尔及塞外交和海外侨民部长曼克尔·恩迪亚耶，双方签署《中华人民共和国外交部和塞内加尔共和国外交和海外侨民部关于建立磋商机制的协议》。5月，中共中央对外联络部副部长于洪君率中共友好代表团访塞，分别会见塞争取共和联盟主席、总统萨勒和塞社会党总书记、社会党国际副主席乌斯曼·塔诺·迪安，并与争取共和联盟指导委员会委员、国务部长姆巴耶·恩迪亚耶会谈。2月，萨勒总统对中国进行国事访问。国家主席习近平与其会谈，李克强总理、全国人大常委会委员长张德江会见。双方就构建中塞长期友好合作伙伴关系达成共识，并签署两个经济技术合作协定及《中华人民共和国政府和塞内加尔共和国政府关于互免持外交、公务护照人员签证的协定》等重要文件。5月和8月，萨勒总统分别就新疆乌鲁木齐严重暴力恐怖案件和云南鲁甸地震等向习近平主席致慰问电。3月，塞执政联盟三党干部考察团访华。

两国经贸合作稳步推进。9月，恩迪亚耶外长来华出席第二届中塞经贸混委会，双方签署97%塞输华产品零关税换文、《中华人民共和国国家质量监督检验检疫总局和塞内加尔共和国农业部关于塞内加尔花生输华植物卫生要求议定书》和《中华人民共和国国家旅游局和塞内加尔共和国旅游和航空运输部关于中国旅游团队赴塞旅游实施方案谅解备忘录》等合作文件。中国援塞四期体育场维修项目陆续完工，萨勒总统出席圣路易体育场竣工典礼。黑人文明博物馆、达喀尔环城输变电和达喀尔配电网改扩建项目进展顺利。孔子学院教学楼项目开工建设，竞技摔跤场项目完成设计工作。

人文、军事、卫生等领域交流进一步扩大。2014年，两国文化、智库、媒体等团组互访达十余次。1月，中国驻塞内加尔大使馆举办“欢乐春节”系列文化活动。2月，中国援塞、援马里医疗队前往塞南部卡萨芒斯地区进行联合义诊。5月，中国海军第16批护航编队访塞，此系中国海军编队首次访问非洲西海岸国家。

塞尔维亚
(Serbia)

2014年，中华人民共和国与塞尔维亚共和国战略伙伴关系全面深入发展，各领域合作继续深化。

两国各层级交往密切，政治互信进一步巩固。12月15～18日，国务院总理李克强出席在塞尔维亚首都贝尔格莱德举行的第三次中国—中东欧国家领导人会晤并对塞尔维亚进行正式访问。其间，李克强总理同塞总统托米斯拉夫·尼科利奇、总理阿莱克桑达尔·武契奇分别会见、会谈。双方签署《中华人民共和国政府和塞尔维亚共和国政府航空运输协定》、《中华人民共和国政府和塞尔维亚共和国政府经济技术合作协定》等13项合作协议。5月，李克强总理就塞发生严重洪涝灾害向武契奇总理致慰问函。中国政府向塞提供500万元人民币实物援助，中国红十字会提供5万美元紧急现汇援助。3月，塞总统尼科利奇、总理达契奇和外长姆尔基奇就云南昆明严重暴力恐怖事件向习近平主席、李克强总理和王毅外长分别致慰问函。9月，武契奇总理来华出席天津夏季达沃斯论坛2014新领军者年会，李克强总理会见。11月，外交部副部长王超赴塞举行两国外交部政治磋商。

7月，中国新任驻塞尔维亚大使李满长向塞尔维亚总统尼科利奇递交国书。

两国经贸合作成效显著，成果丰硕。李克强总理在出席第三次中国—中东欧国家领导人会晤期间同塞尔维亚总理武契奇、匈牙利总理欧尔班·维克多、马其顿总理尼古拉·格鲁埃夫斯基共同宣布合作建设从匈牙利首都布达佩斯至希腊比雷埃夫斯港的中欧陆海快线。李克强总理访塞期间同武契奇总理共同出席贝尔格莱德跨多瑙河大桥竣工仪式。中国企业承建欧洲E761号高速公路塞境内路段正式动工。中塞双方签署科斯托拉茨电站项目二期工程贷款协议。

文化、新闻出版、军事、农业等领域合作进一步深化。2月，国家新闻出版广电总局代表团访塞。10月，中方首次作为主宾国出席第59届贝尔格莱德国际书展。塞文化和信息部长伊万·塔索瓦茨访华。11月，塞国防部长布拉蒂斯拉夫·加希奇访华并出席“香山论坛”。12月，李克强总理访塞期间，双方签署《中华人民共和国政府和塞尔维亚共和国政府互设文化中心协定》、《中华人民共和国国家质量监督检验检疫总局与塞尔维亚共和国农业和环境保护部关于中国从塞尔维亚输入冷冻牛肉的检疫与兽医卫生条件议定书》。

塞尔维亚积极参与中国—中东欧国家合作。6月，塞贸易、旅游和电信部国务秘书斯特凡·尼克切维奇来华出席中国—中东欧国家经贸促进部长级会议。7月，塞总理外事顾问杰尔吉·马特科维奇参加中国—中东欧国家高级别官员访华团。9月，塞前外长、第67届联大主席耶雷米奇出席在斯洛文尼亚布莱德举行的第二届中国—中东欧国家高级别智库研讨会。11月，中国—中东欧国家合作塞尔维亚国家协调员、能源和矿产部长阿莱克桑达尔·安蒂奇出席在塞举行的第四次中国—中东欧国家合作国家协调员会议。

塞舌尔
(Seychelles)

2014年，中华人民共和国与塞舌尔共和国友好关系稳步发展。

两国政治互信日益加强。6月，中共海南省委常委、组织部长李秀领率中共友好代表团出席塞舌尔人民党成立50周年庆典，其间分别会见塞总统詹姆斯·阿里克斯·米歇尔、副总统丹尼·富尔和外交部长让-保罗·亚当。3月、5月、8月，米歇尔总统分别就云南昆明严重暴力恐怖事件、新疆乌鲁木齐严重暴力恐怖案件、马航MH370客机失联事件、云南鲁甸地震等向国家主席习近平致慰问电。1月，塞国防军司令巴耶特准将访华。10月，塞外长亚当赴上海主持塞驻上海总领事馆开馆仪式并赴广州参加塞方向广州动物园赠送塞舌尔国宝象龟的活动。11月，塞旅游文化部长圣安杰对中国进行工作访问。

双边经贸合作惠及民生。截至2014年年底，双方已完成商定的所有中方对塞舌尔援建项目。2014年，双方还开启了一些面向塞社区，惠及塞基层民众的小、微型项目，如修建儿童乐园和运动场更衣室及为贫困家庭修葺房屋等。为支持塞打击海盗，中方为塞援建一艘巡逻艇并于6月塞国庆之际举行交接仪式。

文化合作形式多样。1月，中国驻塞舌尔大使馆和塞旅游文化部共同举办为期三天的“中国日”活动，活动包括“塞舌尔人眼中的中国”摄影展、中国庙会、文艺演出等。4月，辽宁高跷秧歌艺术团参加塞第四届国际嘉年华活动。6月，塞舌尔大学与中国对外经济贸易大学签署建立校际合作与交流机制备忘录。同月，塞舌尔大学与大连大学共同建立塞首家孔子课堂。

塞拉利昂
(Sierra Leone)

2014年，中华人民共和国与塞拉利昂共和国友好关系保持良好发展势头。

两国政治交往密切。8月，国家主席习近平就埃博拉疫情向塞拉利昂总统欧内斯特·巴伊·科罗马致慰问电。1月，全国人大常委会委员长张德江致电祝贺塞议会新任议长谢库·巴达拉·巴希鲁·敦布亚就职。8月，科罗马总统就云南鲁甸地震向习近平主席致慰问电。9月，外交部长王毅在出席第69届联合国大会期间会见塞外交与国际合作部长萨穆拉·卡马拉，就双边关系及埃博拉疫情等交换意见。4月，外交部副部长张明在北京会见塞外交与国际合作部副部长伊邦·埃德博拉·斯特拉瑟-金，就双边关系及共同关心的问题交换意见。

各领域交流与合作取得积极成果。中国援助塞拉利昂外交部办公楼顺利启用，中塞友谊路和博城体育场完成交接。7月，塞农业、林业及粮食安全部长萨姆·塞萨伊，交通与航空部长莱昂纳德·巴洛贡·科罗马，司法部长弗兰克·拜·卡尔博等陆续访华。

医疗卫生领域合作卓有成效。塞拉利昂爆发埃博拉疫情后，中国政府率先驰援，先后向塞提供四轮物资、粮食、现汇等紧急人道主义援助，并用包机将抗疫物资第一时间送抵疫区。中方还派出公共卫生和医疗专家协助抗击疫情和培训当地医护人员。9月，中国政府决定向塞方提供生物安全检测移动实验室并派遣实验室检测队。10月1日，中国援塞移动实验室和留观中心正式对外运营。中国还为塞援建了固定实验室，并将留观中心扩建为留观治疗中心。

新加坡
(Singapore)

2014年，中华人民共和国与新加坡共和国关系持续深入发展。双方政治互信进一步加深，务实合作成效显著，合作领域不断拓展。

双方高层交往频密。4月，中共中央政治局委员、广东省委书记胡春华访问新加坡。8月，国务委员杨洁篪访新。同月，新总统陈庆炎来华出席南京青奥会开幕式。9月，新加坡总理李显龙来华出席第11届中国—东盟博览会并访问广东、广西和香港。11月，李显龙总理来华出席亚太经合组织第22次领导人非正式会议。7月，新加坡副总理兼国家安全统筹部长及内政部长张志贤来华举行第二届中新社会治理高层论坛。10月，张志贤副总理访华并与国务院副总理张高丽共同主持中新双边合作联委会第11次会议、苏州工业园区联合协调理事会第16次会议和天津生态城联合协调理事会第七次会议。6月，新加坡外交部长兼律政部长尚穆根访华。4月，新加坡荣誉国务资政吴作栋来华出席博鳌亚洲论坛2014年年会并访问山东。

两国经贸投资合作成果丰硕。双边贸易额持续增长，中国成为新加坡第一大贸易伙伴，新是中国在东盟国家中第二大贸易伙伴。双向投资大幅增加，新成为中国第一大投资来源国和仅次于香港的第二大投资来源地。苏州工业园区、天津生态城两大合作旗舰项目持续发挥先行示范作用。双方正探讨在中国西部地区建设第三个政府间合作项目。

中新金融合作不断提速，新加坡人民币清算业务运转良好，10月，人民币对新加坡元正式在中国外汇交易中心挂牌交易。双方在人力资源、环保、教育、知识产权等领域签署多项合作协议。

斯洛伐克
(Slovak)

2014年是中华人民共和国同斯洛伐克共和国建立外交关系65周年，中斯关系在经历曲折后重回正常发展轨道。

两国高层保持接触。10月，国家主席习近平同斯洛伐克总统安德雷·基斯卡、国务院总理李克强同斯洛伐克总理罗贝尔特·菲佐、外交部长王毅同斯副总理兼外交和欧洲事务部部长米罗斯拉夫·莱恰克分别就两国建交65周年互致贺电。12月，李克强总理在塞尔维亚首都贝尔格莱德出席第三次中国—中东欧国家领导人会晤期间同菲佐总理举行双边会见。11月，全国人大常委会委员长张德江致电祝贺斯新任国民议会议长彼得·佩列格里尼就职。12月，全国政协副主席、中共中央对外联络部部长王家瑞访斯，分别同菲佐总理、佩列格里尼议长会谈、会见。8月，基斯卡总统、莱恰克副总理兼外长分别就云南鲁甸地震向习近平主席、王毅外长致慰问电。1月，斯最高法院院长什捷凡·哈拉宾访华。

两国各领域务实合作成果丰富。2011年起，斯洛伐克一直是中国在中东欧地区第四大贸易伙伴及对华出口和顺差最多的中东欧国家。11月，两国文化部签署2015～2019年文化合作计划。第13届“汉语桥”世界大学生中文比赛捷克和斯洛伐克赛区预赛首次在斯洛伐克举行。“中国电影周”及“武·蹈《门》”、“云南声音”演出等活动在斯举办。

斯洛伐克积极参与中国—中东欧国家合作框架下的经贸、地方、文教、科技、旅游等活动。6月，斯经济部国务秘书杜省·佩特里克来华出席中国—中东欧国家经贸促进部长级会议。

截至2014年年底，双方共有结好省（州）、市四对。

斯洛文尼亚
(Slovenia)

2014年，中华人民共和国与斯洛文尼亚共和国友好合作关系稳步发展。

两国保持各级别政治交往。12月，国务院总理李克强在塞尔维亚首都贝尔格莱德会见出席第三次中国—中东欧国家领导人会晤的斯洛文尼亚总理米罗·采拉尔。11月，国务院副总理汪洋访斯，分别同总统博鲁特·帕霍尔，总理采拉尔，副总理兼农业、林业和食品部长戴扬·日丹会见会谈。9月，唐家璇出席在斯举行的第二届中国—中东欧国家高级别智库研讨会，分别会见帕霍尔总统和采拉尔总理。

各领域务实合作不断取得新成果。12月，中国和斯洛文尼亚政府间经贸合作联委会第11次例会在北京举行。中国企业成功并购斯洛文尼亚TAM-Dura Bus客车公司并获得斯政府补贴，这是中方企业在斯投资的首家生产型企业。7月，最高人民法院副院长南英访斯。10月，农业部副部长牛盾访斯。4月，斯在京举办“感受斯洛文尼亚”旅游推介活动。截至2014年年底，中斯共结有四对友好城市。

斯洛文尼亚积极参与中国—中东欧国家合作。5月，中国—中东欧国家合作斯国家协调员、外交部经济外交总司司长斯坦尼斯拉夫·拉什昌来华出席第三次中国—中东欧国家合作国家协调员会议。6月，斯经济发展和技术部长梅托德·德拉贡亚来华出席中国—中东欧国家经贸促进部长级会议。8月，斯地方领导人代表团赴捷克出席第二届中国—中东欧国家地方领导人会议。9月，中斯在斯共同主办第二届中国—中东欧国家高级别智库研讨会。同月，斯方代表团出席在天津举行的第二届中国—中东欧国家教育政策对话。11月，国家协调员拉什昌出席在贝尔格莱德举行的第四次中国—中东欧国家合作国家协调员会议。

索马里
(Somalia)

2014年，中华人民共和国驻索马里联邦共和国大使馆正式复馆，两国友好合作关系步入新的发展阶段。

两国友好交往增加。3月和4月，国家主席习近平和索马里总统哈桑·谢赫·马哈茂德就加强中索友好合作互致信函。10月，外交部副部长张明访索，会见马哈茂德总统，与索外交与投资促进部部长阿卜迪拉赫曼·杜阿莱·贝莱举行会谈，并与马哈茂德总统共同出席中国驻索马里大使馆复馆仪式。8月，马哈茂德总统就云南鲁甸地震向习近平主席致慰问函。6月，索外交部长贝莱来华出席中阿合作论坛第六届部长级会议，外交部长王毅会见。9月，索文化与高等教育部部长杜阿莱·阿达姆·穆罕默德来华出席第三届阿拉伯艺术节和中阿文化部长论坛。11月，索国民军司令埃尔米访华。

中国继续支持索马里和平进程，向索提供新的援助。中国政府非洲事务特别代表钟建华大使出席哥本哈根索马里伙伴论坛部长级高级别会议。中方出席索马里海盗问题联络小组第17次会议和阿联酋反海盗会议。自2008年底以来，中国共派出19批护航编队赴亚丁湾和索马里海域开展护航行动，为5800余艘中外船舶护航。

随着中国驻索马里大使馆复馆，一些中国企业赴索考察商机，两国经贸联系逐渐增加。

12月15日，中国新任驻索马里大使韦宏添向马哈茂德总统递交国书。

南　非
(South Africa)

2014年，中华人民共和国与南非共和国全面战略伙伴关系水平进一步提升，两国各领域交流与合作持续扩大。

两国高层交往、互访频繁。7月，国家主席习近平在巴西出席金砖国家领导人第六次会晤期间同南非总统雅各布·祖马举行双边会见。5月，民政部长李立国作为习近平主席特使出席祖马总统的连任就职仪式并面交习近平主席的亲署贺信，祖马总统和副总统西里尔·拉马福萨分别会见代表团，表示愿意继续发展深化南中全面战略伙伴关系。12月3～5日，祖马总统对中国进行国事访问，两国元首为中南关系发展作出全面规划，决定共同把中南关系打造成为政治互信、经济互利、人文互鉴、安全互助的全面战略伙伴关系。

两国外交部保持密切交流。12月，外交部副部长张明赴南非与南非国际关系与合作部副部长卢威尔林·兰德斯共同主持中南第七次战略对话。

两国经贸合作继续蓬勃发展。中南双边贸易额占中非贸易额近三分之一。南非是中国在非洲第一大贸易伙伴和直接投资最多的国家，中国是南非全球第一大贸易伙伴。9月4日，中南联合工作组首次会议在北京举行，会议由商务部长高虎城与南非国际关系与合作部长迈特·恩科阿纳-马沙巴内共同主持，双方重点就促进贸易、投资、人力资源开发、金融等领域合作，特别是两国重大项目合作达成重要共识，并签署会议纪要。国务院副总理汪洋、国务委员杨洁篪分别会见马沙巴内。3月，中国南车和北车集团分别中标南非机车采购合同，涉及459台电力机车和232台内燃机车，合同总额约30亿美元，不仅创下中国机车出口最大单纪录，也成为近年来中南双方在装备制造领域达成的一个重大合作项目。在中方积极支持下，“南非商品展”继续在中国多个城市举办。

两国军事、人文、科技、卫生等领域交往进一步密切。6月，中国海军第16批护航编队访问南非开普敦港。7月，国务委员兼国防部长常万全上将访南，会见祖马总统并与南国防和退伍军人部长诺西维韦·马皮萨-恩卡库拉举行会谈，就中南关系特别是两国防务合作和两军交流合作等交换意见。8月，南非国防军司令索利·肖基上将来华出席中南防务委员会第六次会议。

1月，国家卫生和计划生育委员会副主任王培安访问南非。2月，全国政协副主席、科技部长万钢出席在开普敦举行的首届金砖国家科技创新部长会议并与南科技部长格蕾丝·娜莱迪·潘多尔举行双边会晤。7月，国家新闻出版广电总局副局长聂辰席访南。8月，文化部副部长丁伟访南，双方签署两国文化部门《关于执行2014—2015年互办南非/中国文化季（年）的谅解备忘录》。9月，人力资源与社会保障部长尹蔚民、国家工商总局副局长刘玉亭先后访南。同月，南新闻部长费丝·穆坦比、高等教育部长布莱德·恩齐曼德、卫生部长阿伦·莫措阿莱迪赴天津出席第八届夏季达沃斯论坛会议。2014年，南在中国成功举办“南非年”活动。

祖马总统对中国进行国事访问

12月3～5日，祖马总统对中国进行国事访问，习近平主席与祖马总统举行会谈，国务院总理李克强、全国人大常委会委员长张德江分别会见，张德江委员长并同祖马总统共同出席中国“南非年”闭幕式。访问期间，双方签署《中华人民共和国和南非共和国5—10年合作战略规划2015—2024》等多项合作文件。

习近平主席在会谈中表示，中南两国都是发展中大国和新兴市场国家，相互理解、相互支持，是平等互信、全面合作、互利共赢、共同发展的好朋友、好兄弟。双方要登高望远，抓住机遇，顺势而为，全面规划中南关系发展，深化合作，使中南关系成为引领中非友好合作的典范，成为加强发展中国家团结合作、完善全球治理、促进国际关系民主化的重要力量。双方要保持高层交往势头，加强治国理政经验交流，深化经贸、投融资、农业、能矿、基础设施、海洋经济等领域合作，扩大人文交流，加强在重大国际问题上的沟通和协调，共同推进金砖合作。中方愿同南方加强合作，共同促进非洲和平、稳定、发展，为南方倡导建设非盟快速反应部队提供支持，继续帮助西非国家抗击埃博拉疫情，并支持和配合南方办好中非合作论坛第六届部长级会议。

祖马总统完全赞同习近平主席对发展两国关系的建议，表示南中全面战略伙伴关系正在不断推进，双边关系重要性日益上升。双方此次签署《南中5—10年合作战略规划》，将把双边关系提升到一个新的高度。南非希望借鉴中国发展的成功经验，欢迎中国企业加大对南投资，积极参与南基础设施建设和经济特区、产业园区发展，支持南方发展海洋经济。祖马代表非洲国家感谢中国政府在支持非洲国家抗击埃博拉疫情方面所发挥的重要作用，表示非洲国家希望和欢迎中国为非洲和平与发展发挥更大作用，南方愿意同中方开展更多面向非洲的合作。

中国“南非年”

2013年习近平主席访问南非期间，两国元首共同宣布，确定2014年为中国“南非年”，2015年为南非“中国年”。2014年4月29日，中国“南非年”开幕式在北京举行。文化部副部长杨志今和南非驻华大使兰加出席开幕式并分别宣读习近平主席和祖马总统的贺信。习近平主席在贺信中说，中南互办国家年是两国人文领域的重大活动，也是两国友好交往的重要事件，必将增进两国人民间的了解和友谊，丰富两国全面战略伙伴关系的内涵。祖马总统在贺信中说，近年来南中关系取得跨越式发展，互办国家年将把两国人民间的交流提升至更高水平。

在中方积极配合下，南非在中国“南非年”框架内举办了一系列精彩纷呈的活动，覆盖经贸、文化、教育、旅游等领域，涉及中国多个省市，为中国人民打开一扇近距离感知南非的窗口，为两国人民架起一座相互了解和友谊的桥梁。

12月5日，中国“南非年”在北京闭幕。祖马总统与张德江委员长共同出席闭幕式。

南苏丹
(South Sudan)

2014年，中华人民共和国与南苏丹共和国友好关系持续发展。

两国保持各层次交往。7月，南苏丹副总统詹姆斯·瓦尼·伊加访华，国务院总理李克强会见，国家副主席李源潮与其举行会谈，外交部长王毅会见。8月，南外交与国际合作部长巴拿巴·马瑞尔·本杰明访华。中国政府非洲事务特别代表钟建华大使于4月、9月、12月三次访南。

2013年12月，南苏丹爆发激烈武装冲突，2014年仍未完全平息。两国经贸、文化、卫生等领域的交流与合作因此受到一定影响。

西班牙
(Spain)

2014年，中华人民共和国与西班牙王国全面战略伙伴关系持续深入发展，各领域交流与务实合作不断扩大。

两国高层交往密切。6月，国家主席习近平向退位的西班牙老国王胡安·卡洛斯一世致感谢电，同时向新国王费利佩六世致贺电。10月，习近平主席和费利佩六世国王互致国庆贺电。12月，全国政协副主席、中共中央对外联络部部长王家瑞率中共代表团访西，分别会见西众议长赫苏斯·玛丽亚·波萨达·莫雷诺、参议长皮奥·加西亚–埃斯库德罗·马克斯和西班牙人民党总书记玛丽亚·多洛雷斯·德科斯佩达尔等。3月，西参议院副议长胡安·何塞·卢卡斯访华，全国政协主席俞正声会见。9月，西首相马里亚诺·拉霍伊·布雷对中国进行正式访问。习近平主席和全国人大常委会委员长张德江分别会见，国务院总理李克强与拉霍伊首相会谈，双方共同见证签署14项政府间合作文件和商业协议，涉及总额达40亿美元。李克强总理表示，中方愿同西方进一步加强务实合作，扩大人员往来，加强在国际和地区事务中的沟通与协调，推动中西、中欧关系不断向前发展。拉霍伊首相表示，希望通过此访进一步加深政治互信，推动两国务实合作取得更大成绩。

两国各级别人员交往频繁。2月，工业和信息化部副部长尚冰赴西出席“2014世界移动通信大会”。4月，最高人民检察院检察长曹建明赴巴塞罗那主持并出席国际反贪局联合会执委会会议。6月，水利部副部长胡四一赴西出席第三届中国—西班牙水论坛。9月，国家质检总局田世宏副局长访问西标准化与认证协会。

两国贸易关系发展顺利。西班牙是中国在欧盟内第七大贸易伙伴，中国是西在欧盟外最大贸易伙伴。7月，中西经贸混委会第24次会议在京召开，会议由商务部副部长钟山和西经济与竞争力部贸易国务秘书加西亚·勒加斯共同主持。12月，从浙江义乌发车的首趟“义新欧”铁路货运班列抵达马德里。西发展大臣安娜·帕斯托尔、马德里市长安娜·博特利亚等政要出席抵达仪式并致辞。西媒体进行积极报道，认为货运班列的开通对进一步密切中西经贸往来，深化双边务实合作具有十分重要的意义。

人文领域交流合作日益扩大。6月，由中国作家协会主办的第二届中国—西班牙文学论坛在北京举办。9月，国家体育总局副局长肖天访西。

两军交流密切。中国人民解放军总后勤部部长赵克石上将等多个团组与西军方实现互访，两军进行了友好交流与考察活动。

中西地方合作顺利开展。2014年，上海市人大常委会主任殷一璀，宁夏回族自治区主席刘慧，广东省委常委、省纪委书记黄先耀等先后访西。截至2014年年底，两国已结有24对友好省市。

斯里兰卡
(Sri Lanka)

2014年，中华人民共和国与斯里兰卡民主社会主义共和国真诚互助、世代友好的战略合作伙伴关系不断深化。

两国高层交往频繁。9月，国家主席习近平对斯里兰卡进行国事访问，这是28年来中国国家主席首次访斯。习近平主席同斯总统拉贾帕克萨举行会谈，并会见总理贾亚拉特纳、议长恰马尔·拉贾帕克萨等斯方领导人，就中斯关系深入交换意见。两国元首共同见证签署了27项合作协议。双方还发表《关于深化战略合作伙伴关系的行动计划》。5月，中央军委副主席许其亮空军上将访问斯里兰卡，会见拉贾帕克萨总统，同斯国防与城市发展部常务秘书戈塔巴雅举行会谈。5月，拉贾帕克萨总统来华出席在上海举行的亚信峰会，其间，习近平主席会见。6月，斯副议长维拉科迪来华出席在昆明举行的第二届中国—南亚博览会，7月，斯总统夫人施兰蒂访华，习近平主席夫人彭丽媛会见。2月，斯总统特使、外交部长佩里斯访华，国家副主席李源潮会见，外交部长王毅同其举行会谈。6月，斯总统经济合作事务特使、经济发展部长巴西尔访华，国务院副总理汪洋会见，商务部长高虎城同其举行会谈。

经贸合作进展顺利。中国在斯里兰卡累计签订承包工程与劳务合作合同额130.8亿美元，其中2014年新签合同额28亿美元。两国继续在基础设施建设等领域开展合作，中方承建的普特拉姆燃煤电站、科伦坡港南集装箱码头、南部高速公路高尔至马特拉段等项目顺利完成，汉班托塔港二期、科伦坡港口城等项目按期保质进行。中斯自贸谈判正式启动，2014年已进行两轮谈判。

人文、防务等领域合作进一步拓展。9月，习近平主席访问斯里兰卡期间为在科伦坡的中国文化中心揭牌。科伦坡大学孔子学院正式建成。两国人员往来增长迅速，2014年，中国赴斯游客达128166人次，同比增长136.1%。两国正式建立副部级防务安全对话机制，并于9月在北京举行首次对话。

双方在人权、南海等问题上继续相互支持。

苏 丹
(Sudan)

2014年，中华人民共和国与苏丹共和国友好合作关系继续稳步向前发展，各领域交流与合作取得积极成果。

两国保持各层次友好交往。2月4日，国家主席习近平与苏丹总统奥马尔·哈桑·艾哈迈德·巴希尔、外交部长王毅与苏丹外长阿里·艾哈迈德·库尔提分别就中苏建交55周年互致贺电。8月、9月，习近平主席与巴希尔总统就进一步发展中苏关系互致信函。11月，中共中央总书记习近平致信祝贺巴希尔总统连任苏执政党全国大会党主席。10月，中共中央党史研究室副主任吕世光出席苏全国大会党第四次代表大会。中国政府非洲事务特别代表钟建华大使于1月、3月、10月、12月四次访问苏丹。6月，外交部部长助理刘建超会见来华参加苏全国大会党高级干部研修班的该党对外关系部部长迪尔迪里·穆罕默德·艾哈迈德。8月，苏总统巴希尔、外长库尔提分别就云南鲁甸地震向习近平主席和王毅外长致慰问信。4月，苏国民议会议长法提赫·伊扎丁访华，习近平主席会见，全国人大常委会委员长张德江与其会谈。5月，苏副总统、全国大会党领导局成员、政治部部长哈赛卜·穆罕默德·阿卜杜拉赫曼来华出席中国—西亚北非“未来发展愿景”对话会，国家副主席李源潮会见。6月，苏外交国务部长凯马勒·赛义德来华出席中国—阿拉伯国家合作论坛第六届部长级会议，外交部副部长张明会见。8月，苏外长库尔提访华，国务委员杨洁篪会见，王毅外长与其举行会谈。10月，苏国防部长阿卜杜拉希姆·穆罕默德·侯赛因访华，中央军委副主席许其亮空军上将会见，国务委员兼国防部长常万全上将与其举行会谈。3月、5月，苏外交部分别就云南昆明严重暴力恐怖事件、新疆乌鲁木齐严重暴力恐怖案件发表声明，予以强烈谴责。

11月，中国新任驻苏丹大使李连和向巴希尔总统递交国书。

两国经贸合作稳步发展。中国继续保持苏丹最大贸易伙伴国地位。两国石油合作不断深化，“石油、信贷、工程”一揽子合作稳步推进，农业、矿业、加工制造业领域合作进展顺利。10月，中国国家航天局和苏国家航天委员会签署了关于加强两国航天合作的谅解备忘录。同月，苏矿业部长艾哈迈德·穆罕默德·萨迪克·卡鲁里出席在天津举行的“2014中国国际矿业大会”。

两国文化、教育、卫生等领域的交流与合作顺利开展。5月，第三届中非民间论坛在苏首都喀土穆举行。6月，苏新闻部长艾哈迈德·比拉勒·奥斯曼来华出席第二届中非媒体合作论坛。

苏里南
(Suriname)

2014年，中华人民共和国与苏里南共和国友好合作关系稳步发展，取得积极进展，各领域合作日益深化。

两国保持各层次交往。7月，国家主席习近平在巴西出席金砖国家同南美国家领导人对话会、中国—拉美和加勒比国家领导人会晤，苏里南总统德西·鲍特瑟出席会晤。8月，国防部外事办公室孔利少将、湖南省副省长何报翔分别访苏。苏中央银行行长吉尔摩·霍夫德拉德数次访华。

经贸合作深化，人文交流活跃。中国政府援建的苏里南瓦尼卡医院项目有序推进。苏政府将中国农历春节确定为苏永久性全国节日。5月，《中华人民共和国政府和苏里南共和国政府关于互免持外交、公务护照人员签证协议》生效。12月，新疆艺术团赴苏访问演出。

瑞　典
(Sweden)

2014年，中华人民共和国与瑞典王国关系稳步发展，各领域合作进一步深化。

两国高层保持交往。3月，国家主席习近平在出席荷兰核安全峰会期间同瑞典首相赖因费尔特寒暄。9月，国务院总理李克强会见来华出席第18届国际银行监督官大会的瑞央行行长斯特凡·英格维斯。同月，国务院副总理汪洋在北京会见瑞典瓦伦堡家族第五代领袖马库斯·瓦伦堡。1月，全国政协副主席、科技部部长万钢会见来华访问的瑞典前首相佩尔松。2月，瑞典外交大臣比尔特来华出席第13届“斯德哥尔摩中国论坛”，外交部长王毅、全国人大外委会主任委员傅莹分别会见。

立法机构交流良好。4月，全国人大教科文卫委员会副主任委员王陇德访问瑞典。5月，全国人大常委会副委员长、中华医学会会长陈竺访瑞。6月，全国人大常委会委员、中国民生促进会中央委员会副主席王佐书访瑞。9月，全国政协社会和法制委员会副主任委员陈翼平访瑞。

各层级交往频繁。国家体育总局局长刘鹏、中国银行业监督管理委员会主席尚福林、国家自然科学基金委员会主任杨卫、国家信访局局长舒晓琴、教育部副部长鲁昕、商务部副部长钟山、中共中央宣传部副部长王晓晖、国家卫生和计划生育委员会副主任刘谦、中国社会科学院副院长赵胜轩、新华社秘书长张锦、中医药管理局副局长于文明、中国科协副主席陈章良、中国银行行长陈四清、香港特区行政长官梁振英、广东省委组织部长李玉娃、广西壮族自治区主席陈武、山西省副省长张建欣、安徽省副省长方春明、天津人大常委会副主任李泉山等访问瑞典。

各领域务实合作深入发展。11月，中国—瑞典经贸联委会第19次会议在瑞召开。中国同瑞典绿色产业合作初结硕果，5月，双方签署《环保创新出口信贷融资总协议》，6月，签署“布莱肯风电场项目”协议，11月，签署《中国—瑞典绿色产业合作平台行动计划》。沃尔沃卡车集团同东风集团合资成立东风商用车集团，成为全球最大重型卡车制造商。

人文交流更加活跃。瑞典斯德哥尔摩孔子学院举行成立十周年暨首个“孔子学院日”庆祝活动，“欢乐春节”、“汉语桥”中文比赛等文化活动在瑞举办，中国广播艺术团到瑞巡演，中国旅游局在瑞举办“中国旅游之夜”活动。中瑞签署《2014—2016年教育与科技合作意向书》。军事交往不断增强，中国人民解放军总参谋部战略规划部部长张鸣少将访瑞。

截至2014年年底，两国已缔结友好省份和友好城市29对。

瑞　士
(Switzerland)

2014年，中华人民共和国与瑞士联邦关系保持高水平运行，各领域务实合作不断拓展。

两国高层交往密切。7月，瑞士联邦议会联邦院议长汉纳斯·格尔曼率议会两院代表团对中国进行正式访问并出席生态文明贵阳国际论坛2014年年会，全国人大常委会委员长张德江、国家副主席李源潮分别会见，这是瑞议会主要领导人近五年来首次访华。8月，瑞士联邦主席兼外交部长迪迪埃·布尔克哈尔特就云南鲁甸地震向国家主席习近平致慰问电。12月，张德江委员长分别向新任的瑞士联邦议会国民院议长斯特凡·罗西尼和瑞士联邦议会联邦院议长克洛德·埃什致就职贺电。

经贸、金融等领域务实合作亮点纷呈。7月1日，《中国—瑞士自由贸易协定》正式生效。7月21日，中国人民银行与瑞士国家银行签署规模为1500亿元人民币/210亿瑞士法郎的双边本币互换协议。

双边对话和磋商机制运转顺畅。中瑞国防部年度对话、中瑞副外长级政治磋商、第八轮中瑞领事（移民）对话、第二届中瑞金融对话、首届中瑞高级别商业圆桌会、第一届中瑞教育对话等顺利举行。

人文交流更趋活跃。日内瓦孔子学院、巴塞尔孔子学院在瑞影响不断扩大。巴塞尔中秋节等中国主题文化活动渐成品牌，广东援藏成就图片展在瑞成功举办。截至2014年年底，两国已建立13对友好省州（市）关系。

3月20日，瑞士驻华大使戴尚贤向习近平主席递交国书。

叙利亚
(Syria)

2014年，阿拉伯叙利亚共和国局势持续动荡。军事冲突不断，人道主义形势严峻。恐怖极端势力崛起坐大，成为影响叙局势发展的突出因素。中国旗帜鲜明地推动政治解决叙利亚问题，积极做叙政府和反对派劝和促谈工作，参与叙化学武器销毁工作，努力帮助缓解叙人道主义状况。

1月22～23日，外交部长王毅出席在瑞士举行的叙利亚问题第二次日内瓦会议，提出中方关于政治解决叙问题的“五个坚持”，并分别会见叙副总理兼外交部长瓦利德·穆阿利姆、叙反对派和革命力量全国联盟（“全国联盟”）主席艾哈迈德·杰尔巴。4月15～18日，叙反对派组织“全国联盟”主席杰尔巴应中国人民外交学会邀请率团访华，王毅外长、外交部副部长张明分别会见、会谈。

6月，中国新任驻叙利亚大使王克俭向叙总统巴沙尔·阿萨德递交国书。

2014年，中国政府继续通过多种渠道，多批次地向叙利亚人民包括在黎巴嫩、约旦等叙邻国境内的叙难民提供新的人道主义援助。

塔吉克斯坦
(Tajikistan)

2014年，中华人民共和国与塔吉克斯坦共和国政治关系不断深化，各领域合作全面开展。

两国高层交往密切，政治互信不断深化。9月12～14日，国家主席习近平对塔吉克斯坦进行国事访问。其间，习近平主席分别会见塔总统埃莫马利·拉赫蒙、总理科希尔·拉苏尔佐达、议会下院议长舒库尔忠·祖胡罗夫。两国元首签署并发表《中华人民共和国和塔吉克斯坦共和国关于进一步深化和发展战略伙伴关系的联合宣言》，批准《中华人民共和国和塔吉克斯坦共和国2015—2020年合作纲要》。4月17～19日，国务委员兼公安部长郭声琨赴塔出席上海合作组织安全会议秘书第九次会议，其间，同拉赫蒙总统及塔执法安全部门负责人举行会见。5月16～21日，拉赫蒙总统来华出席亚信峰会。其间，习近平主席同拉赫蒙总统举行会见，中共中央政治局委员、中央政法委书记孟建柱与拉赫蒙总统会见。11月6～9日，拉赫蒙总统来华出席亚太经合组织加强互联互通伙伴关系对话会。其间，习近平主席、国务院总理李克强、中共中央政治局常委王岐山分别会见。5月29日至6月5日，塔议会上院议长马赫马德萨义德·乌拜杜洛耶夫过境访问中国新疆和广州。8月17～20日，塔内务部长拉马宗·拉希姆佐达访华，孟建柱书记、郭声琨国务委员兼公安部长分别与拉希姆佐达举行会见、会谈。

两国务实合作深入发展，一批有代表性的大型项目顺利实施。中国是塔吉克斯坦第一大投资国、最大债权国和第三大贸易伙伴。中国—中亚天然气管道D线塔吉克斯坦境内段建设正式启动。双方签署共建丝绸之路经济带合作备忘录，商定农业、金融、交通等重点领域合作项目。

两国军事交流与合作不断扩大。3月29日至4月1日，国务委员兼国防部长常万全上将赴塔吉克斯坦出席上海合作组织成员国国防部长会议并访塔。

两国人文合作蓬勃开展。5月，塔吉克斯坦文化日在华举行。8月上旬，塔200名中学生来华参加夏令营活动，国务院副总理刘延东会见。9月，中塔双方签署协议，商定在塔新设一所孔子学院。

坦桑尼亚
(Tanzania)

2014年，中华人民共和国与坦桑尼亚联合共和国互利共赢的全面合作伙伴关系继续巩固和发展。

高层交往密切。4月，国家主席习近平与坦桑尼亚总统贾卡亚·姆里绍·基奎特就两国建交50周年互致贺函。5月，国务院总理李克强在尼日利亚出席世界经济论坛非洲峰会期间会见基奎特总统。6月，国家副主席李源潮访坦，会见基奎特总统，并与坦副总统穆罕默德·加里布·比拉勒、坦革命党副主席菲利普·曼古拉分别举行会谈。7月，国务委员兼国防部长常万全上将访坦，会见基奎特总统，并与坦国防和国民服务部部长侯赛因·阿里·姆维尼举行会谈。1月，习近平主席特使、住房和城乡建设部部长姜伟新出席桑给巴尔革命胜利50周年庆典，分别会见基奎特总统、坦桑尼亚桑给巴尔总统阿里·穆罕默德·谢因。4月，习近平主席特使、全国人大常委会副委员长陈昌智出席坦桑尼亚联合共和国成立50周年庆典，并会见基奎特总统。民用航空局副局长李健、浙江省副省长朱从玖等先后访坦。

10月21～26日，基奎特总统对中国进行国事访问，习近平主席与其举行会谈，李克强总理、全国人大常委会委员长张德江分别会见，李源潮副主席与其共同出席中坦建交50周年招待会。双方签署九项合作文件。11月，坦桑尼亚桑给巴尔第二副总统赛义夫·阿里·伊迪访华并出席中非合作圆桌会议第五次大会。6月，坦内政部长马赛厄斯·迈因拉德·奇卡维访华。2月，坦革命党副主席菲利普·曼古拉访华，李源潮副主席会见。9月，坦革命党高级干部代表团来华考察。

经贸合作持续深化。双边贸易额继续增长。互利合作稳步推进，坦桑尼亚外交部办公楼、桑岛医院升级改造、姆特瓦拉—达累斯萨拉姆天然气管道等项目进展顺利。双方共同举办三届“中坦投资论坛”。8月，中方在坦第三次举办“中国品牌商品非洲展”。

人文交流掀起热潮。以“庆祝中坦建交50周年、传承中坦友好”为主题，中方在坦桑尼亚先后组织“欢乐春节”大型演出、联合攀登乞力马扎罗山、庆祝中坦友好摄影展等20余项友好交流活动。五部斯瓦希里语配音版中国电视剧和十余部斯语版纪录片在坦陆续播出。

军事合作取得新进展。10～11月，两军海军陆战队首次成功举行“超越—2014”联合训练。

泰　国
(Thailand)

2014年，中华人民共和国和泰王国全面战略合作伙伴关系保持健康稳定发展。

两国高层交往频繁。10月，国务院总理李克强在米兰出席第十届亚欧首脑会议期间与泰国总理巴育·詹欧差举行会晤。12月，李克强总理赴泰出席大湄公河次区域经济合作第五次领导人会议，并同巴育总理共同见证签署《中华人民共和国政府和泰王国政府关于在泰国2015—2022年交通运输基础设施发展战略框架下开展铁路基础设施发展合作的谅解备忘录》和《中华人民共和国政府和泰王国政府关于农产品贸易合作的谅解备忘录》。9月，外交部长王毅在美国纽约出席第69届联合国大会期间会见泰副总理兼外交部长塔纳萨·巴迪玛巴功。4月，泰公主诗琳通访华。2月、6月和12月，泰公主朱拉蓬访华。11月，巴育总理来华出席亚太经合组织第22次领导人非正式会议。12月，巴育总理对中国进行正式访问，国家主席习近平会见，李克强总理与其会谈，全国人大常委会委员长张德江会见。10月，泰副总理兼国防部长巴威·翁素旺访华。11月，泰国副总理比里亚通·帖瓦军来华主持召开中泰经贸联委会第三次会议。9月，泰副总理兼外交部长、武装部队最高司令塔纳萨来华出席第11届中国—东盟博览会并访问北京。

两国各领域合作持续发展。中国是泰国最大贸易伙伴，泰国是中国在东盟国家中第三大贸易伙伴。中泰铁路合作取得重要进展。巴育总理访华期间，双方发表《中华人民共和国政府和泰王国政府联合新闻公报》，双方有关部门分别签署《中国人民银行与泰国银行合作备忘录》、《中国人民银行与泰国银行人民币/泰铢双边本币互换协议》、《中华人民共和国水利部和泰王国农业与合作部关于水资源和灌溉领域技术合作谅解备忘录》等合作文件。中国政府在泰南部普吉府设立领事办公室。

两国在联合国、亚太经合组织、亚洲合作对话、大湄公河次区域经济合作、东亚峰会、东盟—中日韩、中国—东盟等国际和地区合作机制中保持密切配合。

东帝汶
(Timor-Leste)

2014年，中华人民共和国和东帝汶民主共和国正式建立睦邻友好、互信互利的全面合作伙伴关系，两国关系发展进入新的历史阶段。

4月，东帝汶总理凯·拉拉·夏纳纳·古斯芒对中国进行正式访问并出席博鳌亚洲论坛2014年年会。其间，国家主席习近平、全国人大常委会委员长张德江在北京分别会见，国务院总理李克强在海南三亚为夏纳纳举行欢迎仪式并同其会谈。两国政府共同发表《中华人民共和国和东帝汶民主共和国关于建立睦邻友好、互信互利的全面合作伙伴关系联合声明》。外交部长王毅同东外交部长古特雷斯共同签署《中华人民共和国外交部和东帝汶民主共和国外交部关于加强合作的谅解备忘录》和《中华人民共和国政府和东帝汶民主共和国政府关于互免持外交、公务护照人员签证的协定》。11月，东国防军司令蒂穆尔来华出席“香山论坛”。10月，东前总统若泽·拉莫斯·奥尔塔访华。

两国经贸合作取得新成果。中方支持东帝汶发展建设，继续通过无偿援助、优惠贷款、优买信贷等形式对东经济发展提供帮助。4月，两国签署《中华人民共和国政府和东帝汶民主共和国政府经济技术合作协定》。中方同意向东方提供1亿元人民币无偿援助。中方宣布向东方提供1.5亿美元优惠买方出口信贷，用于实施帝力国际机场和市政排涝项目。东方明确表态支持中方建设21世纪海上丝绸之路，积极通过经贸合作提升两国互联互通水平。两国农业合作逐步进入商业合作阶段，中美东三方农业合作取得阶段性成果。

两军交流与合作不断深入，东方积极评价中国警察参与东帝汶维和行动，欢迎双方开展执法交流合作。双方在军舰互访、人员培训、军工军贸等方面开展合作。两国人文交流领域合作不断加强。双方签署《中华人民共和国国家旅游局和东帝汶民主共和国旅游部合作谅解备忘录》，中方将鼓励更多游客赴东旅游。中方将东来华留学生政府奖学金名额从每年3人增至20人。两国议会、政党、地方、媒体、智库间交流合作逐步加强。

多　哥
(Togo)

2014年，中华人民共和国与多哥共和国友好合作关系顺利发展，各领域务实合作不断深化。

两国政治互信不断增强。5月，国务院总理李克强出席在尼日利亚召开的世界经济论坛非洲峰会期间会见多哥总统福雷·埃索齐姆纳·纳辛贝，双方就进一步发展双边关系达成共识。6月，中国政府特使、外交部副部长张明访多，分别同福雷总统和多外交与合作部长罗贝尔·迪塞举行会见、会谈。3月，福雷总统就云南昆明严重暴力恐怖事件向国家主席习近平致慰问函。6月，多新闻、文化、艺术与公民教育部长库梅阿洛·阿纳特来华出席第二届中非媒体合作论坛。9月，两国签署《中华人民共和国政府和多哥共和国政府关于互免持外交、公务护照人员签证的协定》。

双边经贸合作稳步推进。中方在中非合作论坛第四届部长级会议宣布的援非新八项举措框架下援助多哥的道关中学项目进展顺利。10月，在中国政府向非洲国家提供第三轮抗击埃博拉疫情紧急援助项下，中方援多的埃博拉疫情防控物资运抵交付多方。11月，使用中国政府优惠贷款实施的多哥太阳能照明系统项目签署贷款协议。

两国人文交流与合作有声有色。1月，“欢乐春节”系列文化活动在多哥举行。4月，中国—多哥影视文化年暨法语版中国电视剧《媳妇的美好时代》首播仪式在多国家电视台举行。10月，中多友谊青年长跑比赛在多举行，数千名多哥青年和各界民众参赛。

汤　加
(Tonga)

2014年，中华人民共和国与汤加王国关系取得重要进展。

两国高层及各级别交往密切。11月，国家主席习近平在斐济楠迪同建交太平洋岛国领导人举行会晤。其间，同汤加首相图伊瓦卡诺举行双边会见。两国领导人就双边关系和各领域合作交换意见，并共同见证《中华人民共和国政府和汤加王国政府经济技术合作协定》等双边合作文件的换文。3月，全国政协副主席、中共中央对外联络部部长王家瑞访汤，会见汤国王图普六世、首相图伊瓦卡诺，并同议长法卡法努阿举行会谈。4月，中国—太平洋岛国论坛对话会特使杜起文对汤进行工作访问。7月，杜起文特使在帕劳出席第26届太平洋岛国论坛会后对话会期间会见图伊瓦卡诺首相。5月，汤加副首相萨米乌·瓦伊普卢访华。

两国各领域交流与合作稳步发展。中国援助汤加的一架运12飞机交付。中汤医疗合作项目二期、瓦瓦乌农场技术合作项目一期顺利结束。5月，汤加公主、汤中友好协会主席皮洛莱乌·图伊塔来华出席中国国际友好大会暨全国友协成立60周年纪念活动。9月，皮洛莱乌公主出席在贵阳举办的第六届美大地区友好论坛。8月，中国海军“和平方舟”医院船访汤，并为当地民众提供人道主义医疗服务。中国政府就汤遭受风灾向汤方提供紧急人道主义援助。6月，中国新闻代表团访汤，探讨开展中汤媒体交流合作。重庆市艺术团及广东省友好代表团分别访汤。

特立尼达和多巴哥
(Trinidad and Tobago)

2014年是中华人民共和国与特立尼达和多巴哥共和国建交40周年，两国关系持续深入发展。

两国为庆祝建交40周年举行系列活动。6月，国家主席习近平同特立尼达和多巴哥总统安东尼·托马斯·阿基纳·卡莫纳、国务院总理李克强同特多总理卡姆拉·佩萨德–比塞萨尔、外交部长王毅同特多外交部长温斯顿·杜克兰分别就两国建交40周年互致贺电。双方联合发行中特建交40周年纪念封和纪念邮票。中国人民对外友好协会和特立尼达和多巴哥驻华大使馆联合在北京举行庆祝招待会，全国人大常委会副委员长向巴平措出席。比塞萨尔总理专程在总理府为特多华人华侨举行招待会。中国驻特立尼达和多巴哥大使馆同特方联合在当地举办庆祝招待会，卡莫纳总统夫妇、比塞萨尔总理夫妇、参议长蒂莫西·哈梅尔–史密斯以及多位内阁部长出席。双方还联合在特多举办首届中特、中国同加勒比国家关系研讨会和中特建交周年图片展。国务院侨务办公室代表团赴特多同特方联合举办首届中华美食节。残疾人艺术团、天津歌舞团赴特多访演。特多华人钢鼓乐队赴华演出。

两国政治互信不断增强。2月24日至3月1日，特立尼达和多巴哥总理比塞萨尔对中国进行正式访问，这是特多总理近30年来首次访华。访华期间，比塞萨尔总理同习近平主席、李克强总理、全国政协主席俞正声分别举行会见、会谈，中特有关部门和企业签署能源、卫生、体育、航空等领域合作文件。

2月，特立尼达和多巴哥驻华大使馆举行开馆仪式。3月，特多首任驻华大使钱德拉达思·辛格向习近平主席递交国书。

经贸合作稳步推进。利用中方优惠贷款建设的特立尼达和多巴哥库瓦儿童医院举行封顶仪式。特多首个农业示范园进展顺利。9月，中国援特多集装箱检测设备举行交接仪式。6月和7月，农业部副部长张桃林、中国国际贸易促进委员会副会长张伟先后访问特多。

文教卫、军事和地方交流亮点频呈。5月，特立尼达和多巴哥国家钢鼓乐队来华参加“拉美和加勒比音乐节”。8月，中国首支援特医疗队赴特多开展诊疗。首个特多媒体代表团访华并在返特后举办《特多媒体人眼中的中国》图片展。安徽省副省长谢广祥、湖南省副省长何翔先后访问特多。9月，第二届中国电影节在特多开幕，《坚强——特多的中国故事》纪录片在特多首映。10月，中国人民解放军副总参谋长王冠中中将访问特多。纪念华人抵特208周年龙舟赛暨首届“中国梦”大使杯龙舟赛在特多举行。12月，中方向特多慈善机构“何才夫人之家”捐赠的小额物资顺利移交。

突尼斯
(Tunisia)

2014年是中华人民共和国与突尼斯共和国建交50周年，两国举行系列庆祝活动，友好关系持续发展。

两国政治往来不断。1月，国家主席习近平与突尼斯临时总统蒙塞夫·马尔祖基就中突建交50周年互致贺电。12月，国家主席习近平致电祝贺突新任总统贝吉·卡伊德·埃塞卜西就职。同月，全国人大常委会委员长张德江致电祝贺突人民代表大会主席穆罕默德·纳塞尔就职。1月，外交部副部长张明访突，会见马尔祖基总统和过渡政府总理阿里·拉哈耶德，与外交部长奥斯曼·贾兰迪会谈，并与过渡政府总理拉哈耶德、候任总理迈赫迪·朱玛、贾兰迪外长等共同出席中国驻突尼斯大使馆举办的庆祝中突建交50周年招待会。3月，突外长蒙吉·哈米迪就云南昆明严重暴力恐怖事件向外交部长王毅致慰问信。6月，突外长哈米迪来华出席中国—阿拉伯国家合作论坛第六届部长级会议，王毅外长会见。9月，突复兴运动党主席拉希德·格努希访华，中共中央政治局委员、中央组织部部长赵乐际会见。

双边经贸、文化等领域的交流与合作继续发展。双边贸易额保持稳定。9月，突尼斯文化部长穆拉德·萨克里访华，双方签署《中华人民共和国农业部与突尼斯共和国2014—2016年文化交流执行计划》。

土耳其
(Turkey)

2014年，中华人民共和国与土耳其共和国关系保持平稳发展势头。

两国高层交往密切。11月，国家主席习近平特使、中共中央政治局委员、中央政法委书记孟建柱访问土耳其，会见土总统雷杰普·塔伊普·埃尔多安，与副总理阿里·巴巴詹会谈，分别会见内政部长埃夫坎·阿拉和国家安全委员会秘书长塞伊夫拉赫·哈哲穆夫提奥卢。9月，最高人民法院院长周强访土，分别会见土最高法院院长阿里·奥坎、司法部长白克尔·博兹达。11月，全国政协副主席、中国人民争取和平与裁军协会副会长马飚访土，会见土大国民议会副议长萨迪克·雅库特，并出席“丝绸之路：交流、合作、共赢”研讨会。8月，习近平主席特使、水利部长陈雷赴土出席新总统就职典礼。5月，土总统特别代表、外交部长阿赫迈特·达乌特奥卢来华出席亚信峰会。10月，土迈乌吕特·查武什奥卢外长来华出席阿富汗问题伊斯坦布尔进程第四次外长会。

各领域交流活跃。4月，外交部副部长张业遂赴土耳其主持召开中土外交部联合工作组第三次会议期间，分别会见副总理阿里·巴巴詹和外交部长阿赫迈特·达乌特奥卢。此外，国家新闻出版广电总局局长蔡赴朝、中共中央统一战线工作部常务副部长张裔炯、中央党校常务副校长何毅亭、中国人民解放军副总参谋长王冠中中将、公安部副部长李伟、国家外文出版发行事业局局长周明伟等分别访土。土国防工业署署长伊斯梅尔·德米尔、海军司令布伦特·博斯坦哲奥卢上将、文化旅游部副部长阿卜杜拉赫曼·阿瑞奇和青年外交官代表团等分别访华。

经贸务实合作稳步发展。2014年，中国对土耳其非金融类投资达2.19亿美元，增长约12.7%。投资领域逐渐从传统矿业向交通、能源等拓展。7月，中国铁道建筑总公司承建的安卡拉至伊斯坦布尔高铁二期工程正式通车，中国高铁产业“走出去”实现“零的突破”。

人文交流日益密切。诺贝尔文学奖获得者莫言、“欢乐春节”艺术团和“无锡文化周”艺术团等先后访土。人民日报、人民网、新疆电视台、中国社会科学院边疆史地研究中心、中国工程院、国务院发展研究中心等访土团组与当地知名媒体、智库学者深入交流，取得良好效果。

此外，两国在联合国、二十国集团等多边框架内均保持良好合作。

7月10日，中国新任驻土耳其大使郁红阳向土耳其总统阿卜杜拉·居尔递交国书。

土库曼斯坦
(Turkmenistan)

2014年，中华人民共和国与土库曼斯坦战略伙伴关系持续快速发展。

两国领导人保持密切交往，政治互信进一步增强。9月，国家主席习近平在出席上海合作组织杜尚别峰会期间同土库曼斯坦总统库尔班古力·别尔德穆哈梅多夫举行双边会见。5月，别尔德穆哈梅多夫总统对中国进行国事访问，习近平主席同其会谈，国务院总理李克强、全国人大常委会委员长张德江分别同其会见。双方签署《中华人民共和国和土库曼斯坦友好合作条约》。11月，土副总理兼外交部长拉希德·梅列多夫来华出席阿富汗问题伊斯坦布尔进程第四次外长会，其间外交部长王毅与其举行会见。

经贸合作发展顺利。中国是土库曼斯坦第一大贸易伙伴和最大的天然气出口市场。8月，国务院副总理张高丽访问土库曼斯坦，同土副总理拜穆拉特·霍贾穆哈梅多夫举行中土合作委员会第三次会议，并会见别尔德穆哈梅多夫总统。

人文领域合作日益扩大。5月，世界汗血马协会特别大会在华举行，土方马术队来华演出，两国元首出席特别大会开幕式及圆桌会议。9月，土库曼斯坦文化日在华成功举行。2014年，双方在华举行中土教育合作成果展、土诗人弗拉吉·马赫图姆库里诞辰290周年纪念活动等。

乌干达
(Uganda)

2014年，中华人民共和国与乌干达共和国友好合作关系继续稳步发展。

高层交往密切。10月，国务院总理李克强致电祝贺鲁贡达·鲁哈卡纳就任乌干达总理。5月，李克强总理在访问肯尼亚期间同出席中肯融资协议签字仪式的乌干达总统约韦里·卡古塔·穆塞韦尼会见。4月，中国政府非洲事务特别代表钟建华大使访乌，穆塞韦尼总统会见。8月，穆塞韦尼总统就云南鲁甸地震向国家主席习近平致慰问电。3月，乌外交部长、第69届联合国大会候任主席库泰萨访华，李克强总理、国务委员杨洁篪和外交部长王毅分别同其会见、会谈。

经贸合作取得新进展。中国人民银行行长周小川、中国进出口银行行长李若谷分别访问乌干达。两国签署新的经济技术合作协定。阿尔伯特湖石油开发、卡鲁玛水电站、恩德培—坎帕拉高速公路等一批重大合作项目稳步推进，太阳能路灯示范项目完工。中国向乌捐赠抗虐药品、应对气候变化物资、红十字会非紧急人道主义物资，继续帮助乌培养农业和通讯等各领域人才。

文化、教育等领域的交流与合作深入开展。湘潭大学与乌干达麦克雷雷大学在“中非高校20+20”框架内结成合作伙伴。12月，中国在乌首家孔子学院正式揭牌。天津艺术团、河南文化厅代表团访乌。

双方在国际和地区事务中保持良好合作，特别是就安理会改革问题保持密切沟通。乌干达支持中国候选人竞选国际电信联盟秘书长及联合国残疾人权利委员会委员等。

乌克兰
(Ukraine)

2014年，中华人民共和国与乌克兰战略伙伴关系在乌政权更迭后实现平稳过渡，中乌政府间合作委员会及其下属分委会保持正常运转，各领域互利合作有序推进。

中乌高层通过互致信函等方式保持接触，巩固中乌互信基础。6月4日，国家主席习近平致电祝贺彼得·波罗申科当选乌总统。6月7日，波罗申科总统复信习近平主席表示感谢。6月6～8日，习近平主席特使、文化部长蔡武出席波罗申科总统就职仪式，并会见乌总理阿尔谢尼·亚采纽克，双方积极评价两国关系，强调愿共同努力，进一步巩固传统友谊，推进各领域合作。8月24日，习近平主席、外交部长王毅分别致电波罗申科总统、乌外交部长帕维尔·克里姆金，祝贺乌独立23周年。12月3日，国务院总理李克强致电祝贺亚采纽克留任乌总理。

两国外交部间保持积极对话沟通。3月4～5日，外交部副部长程国平作为中国驻乌克兰大使馆客人访乌，同乌副外长安德烈·奥列菲罗夫就乌局势、中乌关系等问题交换意见。6月16日，乌副外长奥列菲罗夫作为乌驻华使馆客人来华，外交部副部长程国平与其会见。10月16日，王毅外长在米兰亚欧首脑会议期间会见乌外长克里姆金。

两国稳妥应对和化解乌政局动荡对双方务实合作的影响，经贸合作继续稳妥推进。中乌农业合作、基辅鲍利斯波尔机场轻轨建设等大项目取得新的进展。两国文化、教育、科技等领域交流持续发展。

阿拉伯联合酋长国
(United Arab Emirates)

2014年，中华人民共和国和阿拉伯联合酋长国战略伙伴关系稳步向前发展，各领域互利合作日益深入。

两国各层次、各领域交往密切。11月，国家主席习近平、国务院总理李克强、外交部长王毅分别与阿联酋总统哈利法·本·扎耶德·阿勒纳哈扬，副总统兼总理、迪拜酋长穆罕默德·本·拉希德·阿勒马克图姆，外交部长阿卜杜拉·本·扎耶德·阿勒纳哈扬就两国建交30周年互致贺电。4月，外交部副部长张业遂访问阿联酋，与阿联酋外交事务国务部长安瓦尔·穆罕默德·卡尔卡什举行两国外交部首轮政治磋商，并会见阿布扎比王储穆罕默德·本·扎耶德·阿勒纳哈扬和阿卜杜拉外长。5月，阿联酋国务部长莉姆·易卜拉欣·哈希米来华出席亚信峰会。6月，阿卜杜拉外长来华出席中国—阿拉伯国家合作论坛第六届部长级会议。两国在国际和地区事务中保持良好沟通协调。

两国经贸、能源、金融等领域合作稳步推进。阿联酋继续保持中国在西亚北非地区第二大贸易伙伴和最大出口市场地位。中国石油天然气总公司与阿布扎比国家石油公司合资成立联营石油作业公司，标志着中国石油企业首次进入阿联酋油气上游领域。中国银行在阿联酋开设分支机构。

两国在文化、教育、旅游等领域交流日趋活跃。两所孔子学院和阿布扎比中文学校成为阿联酋民众学习汉语、了解中国文化的重要窗口。阿联酋“青年大使”项目继续组织本国青年精英来华参观访问。中国赴阿联酋游客数量保持增长，阿联酋成为中国公民出境旅游重要的中转地和目的地国。

英　国
(United Kingdom)

2014年，中华人民共和国与大不列颠及北爱尔兰联合王国关系踏上快速发展轨道。

双方高层交往频繁，两国领导人多次在双边和多边场合会面。国家主席习近平分别于3月在荷兰海牙核安全峰会及11月在二十国集团布里斯班峰会期间两次同英国首相戴维·卡梅伦寒暄。6月，国务院总理李克强对英国进行正式访问并举行中英总理年度会晤，会见女王伊丽莎白二世，同卡梅伦首相举行会谈，并与英各界人士广泛接触。双方重点就深化核电、高铁、科技、金融、人文等领域的合作深入沟通，并签署总金额300多亿美元的合作协议。9月，国务院副总理马凯和英国财政大臣乔治·奥斯本在伦敦共同主持第六次中英经济财金对话。11月，马凯副总理与奥斯本通电话，主要就第六次中英经济财金对话成果后续落实情况等交换意见。2月，国务委员杨洁篪赴英同英国外交大臣威廉·黑格举行中英战略对话。11月，外交部长王毅在奥地利维也纳出席伊朗核问题六国与伊对话会期间会见英国新任外交大臣菲利普·哈蒙德。

双边务实合作成果丰硕。英国是中国在欧盟内的第二大贸易伙伴、第二大实际投资来源地、主要海外投资目的地以及除香港外最大的人民币境外交易中心，中国是英国在欧盟外的第二大贸易伙伴。两国在核电、高铁、金融等领域合作取得重大进展，成立高铁合作工作组，宣布成立改革和创新论坛，签署关于加强双边投资合作和加强民用核能领域合作的谅解备忘录。1月，大连万达集团宣布将投资20亿至30亿英镑在英国开展城市改造项目。1～10月，中国对英投资达65亿美元。3月，中国人民银行与英格兰银行签署在伦敦建立人民币清算安排的合作备忘录。6月，中英宣布英镑和人民币直接挂牌交易，中方指定中国建设银行为伦敦的人民币清算银行。9月，中国工商银行在伦敦设立分行。英国政府在西方国家中率先发行30亿元人民币主权债券，并将人民币纳入外汇储备货币。

人文交流充满活力。4月，国务院副总理刘延东和英卫生大臣杰里米·亨特在北京共同主持中英高级别人文交流机制第二次会议，双方签署《中英高级别人文交流机制第二次会议会议纪要》，确定两国在2014—2015年举办“交流互鉴，共享未来”为主题的系列交流活动，并于2015年举办“中英文化交流年”。英国是中国海外留学生人数最多的欧洲国家。中国在英留学人员约13万人，英国在华留学生5000余人。中国在英建立了25所孔子学院和92个孔子课堂，数量居欧洲之首。中方连续参加爱丁堡艺术节和莎士比亚戏剧节，每年在伦敦举办春节庆祝活动。

3月，英国国防副参谋长斯图尔特·彼奇上将来华参加第五次中英防务战略磋商。

两国地方交往深入开展。截至2014年年底，两国已缔结友好城市（省、郡、区）50对。

中英在国际事务中保持磋商与协调。两国在联合国、二十国集团等框架内就气候变化、防扩散、国际发展、网络安全、非洲事务等问题保持沟通与协调。

美　国
(United States of America)

2014年，中华人民共和国与美利坚合众国关系总体保持稳定并取得新进展。

两国高层和各级别交往密切。两国元首两次会晤、两次通话、多次通信，就中美关系及共同关心的问题保持密切沟通。

3月10日，国家主席习近平同美国总统奥巴马通电话，就中美关系及乌克兰局势交换意见。

3月24日，习近平主席同奥巴马总统在海牙举行会晤，双方一致同意继续推进中美新型大国关系建设。

7月14日，习近平主席在巴西福塔莱萨同奥巴马总统通电话，就中美关系、伊朗核、朝鲜核、气候变化等问题交换看法，双方再次确认将致力于构建中美新型大国关系。

11月10～12日，奥巴马总统来华出席亚太经合组织第22次领导人非正式会议并对中国进行国事访问。习近平主席为奥巴马总统举行欢迎仪式和欢迎午宴，与其会谈并共同会见记者。两国元首还在中南海瀛台以散步、晚宴、茶叙等轻松方式进行了交流。双方就当前国际形势、中美各自内外政策重点和中美关系等问题进行了坦诚深入、富有建设性的沟通，达成广泛共识。国务院总理李克强、全国人大常委会委员长张德江也分别同奥巴马总统会见。

9月23日，习近平主席特使、国务院副总理张高丽赴纽约出席联合国气候峰会期间会见奥巴马总统，就中美关系及气候变化问题等交换意见。

此外，全国人大常委会副委员长张平，国务委员杨洁篪，全国政协副主席、科技部部长万钢，全国政协副主席、中共中央对外联络部部长王家瑞，全国政协副主席刘晓峰，中国人民解放军总参谋长房峰辉上将，外交部长王毅，中共中央台湾事务办公室、国务院台湾事务办公室主任张志军等分别访美。奥巴马总统夫人米歇尔、国务卿克里、总统国家安全事务助理赖斯、国防部长哈格尔、财政部长雅各布·卢、贸易代表弗罗曼、总统气候变化和能源政策顾问波德斯塔、常务副国务卿伯恩斯、总统国家安全事务副助理阿特金森等访华。

两国机制性对话磋商频繁。中美两国间已建立90多个政府间对话机制。7月9～10日，第六轮中美战略与经济对话和第五轮中美人文交流高层磋商在北京举行。习近平主席出席联合开幕式，并发表题为《努力构建中美新型大国关系》的重要讲话。奥巴马总统发来书面致辞。习近平主席、李克强总理分别会见美方代表团主要成员。习近平主席特别代表、国务院副总理汪洋和国务委员杨洁篪与奥巴马总统特别代表、国务卿克里和财政部长雅各布·卢共同主持战略与经济对话。国务院副总理刘延东与克里国务卿共同主持人文交流高层磋商。对话和磋商取得丰硕成果，其中战略对话成果116项，经济对话成果87项，人文交流成果104项。12月16～18日，第25届中美商贸联委会在美国芝加哥举行，汪洋副总理与会，双方共取得34项成果。

2014年，中美经贸合作保持积极发展势头，两国在反恐、执法、能源、环保、人文、地方等领域的交流合作不断深化，两军关系持续改善和发展。

中美贸易保持较快增长势头。2014年，双边贸易额达到5551亿美元，同比增长6.6%，再创历史新高。中美互为第二大贸易伙伴，美国是中国第二大出口市场和第六大进口来源地，中国是美国第三大出口市场和第一大进口来源地。

中美双边投资平稳较快发展。2014年，中国企业在美累计非金融类直接投资52.4亿美元，同比增长23.9%。中国新批设立美资企业1176家，同比增长10.8%，实际使用美资23.7亿美元，同比下降15.9%（不含通过自由港对华投资数据）。双方已完成18轮双边投资协定谈判。

中美在教育、科技、文化、体育、旅游、卫生等领域交流合作密切深入。6月26日至7月4日，文化部部长蔡武访美，并参加美国史密森学会和中国对外文化交流协会联合举办的“史密森民俗节中国主宾国”活动。9月11～15日，全国政协副主席、科技部部长万钢访美，主持召开第15届中美科技合作联委会，与美政府对口部门举行双边会谈，并访问相关企业、科研机构和创新型街区。9月20日，国家卫生与计划生育委员会与美国中华医学基金会在北京共同举办中美医学教育高层论坛，全国人大常委会副委员长陈竺、国家卫生和计划生育委员会主任李斌等出席论坛并致辞。10月15日，教育部与美国职业篮球协会（NBA）在北京签署关于推广校园篮球的合作谅解备忘录，刘延东副总理、NBA主席萧华和国家体育总局局长刘鹏共同见证签字仪式。11月，亚太经合组织第22次领导人非正式会议期间，中美宣布互为双方旅游、商务人员颁发十年多次签证，为留学人员互发五年多次签证，进一步便利了中美两国人员往来。12月，教育部副部长郝平访美，并出席“知行中国”中美青年菁英项目启动仪式。

两国立法机构交流稳定发展。5月，全国政协副主席刘晓峰访美。6月，全国人大常委会副委员长张平访美。7月和9月，全国人大华侨委员会主任委员白志健、教育科学文化卫生委员会主任委员柳斌杰分别访美。美国全年共14批56名议员、15批约180名议员助手访华。3月，美众议院“美中工作组”共同主席波斯坦尼、拉森访华。4月，美临时参议长莱希、众议院多数党领袖坎托访华。7月，参议院卫生教育劳工和养老金委员会主席哈金访华。8月，参议院财政委员会主席怀登，众议院军事委员会主席麦基恩、司法委员会主席古德莱特、交通与基础设施委员会主席舒斯特、能源与商业委员会名誉主席巴顿等访华。

两军关系保持发展势头。2月，美国陆军参谋长奥迪尔诺访华。中国派员参加美泰“金色眼镜蛇”联合演习。4月，美国防部长哈格尔访华，习近平主席、中央军委副主席范长龙上将、国务委员兼国防部长常万全上将分别会见、会谈。5月，中国人民解放军总参谋长房峰辉上将访美，就深化两军合作达成共识。6月至8月，中国海军舰艇参加“环太平洋”多边联合军演并访美。10月，中国人民解放军副总参谋长王冠中中将赴美与美国防部副部长沃穆斯共同主持第15次中美国防部防务磋商。中国同美国、澳大利亚举行三边陆军联合训练。11月，中国人民解放军副总参谋长孙建国海军上将访美。中美双方已签署两军重大军事行动相互通报机制谅解备忘录和海空相遇安全行为准则谅解备忘录。

两国执法合作保持良好发展势头，双方执法部门各级别交流合作密切。6月20日，中美执法合作联合联络小组（简称“JLG”）团长电话会在北京举行。12月3～5日，JLG第12次会议在北京举行，外交部副部长刘振民和美国驻华使馆临时代办康达出席会议开幕式并致辞。会议期间，双方回顾了自JLG第11次会议以来两国执法合作的总体情况和成功合作的重要案例，并承诺将在此基础上继续加强合作，讨论了在识别、遣返或起诉逃犯，资产返还，遣返非法移民，禁毒，知识产权和联合打击诈骗等双方共同关注的多个执法领域加强合作的方式。

两国在重大国际地区和全球性问题上保持着密切沟通协调，中美关系的战略意义和全球影响进一步上升。

中美和有关各方共同努力，为防止朝鲜半岛紧张局势升级发挥了重要作用，促使叙利亚化武问题实现软着陆，推动伊朗核问题谈判出现转机并取得积极进展。两国在阿富汗、南北苏丹等问题上的沟通对话也富有成效。同时，两国还就应对气候变化、反恐、抗击埃博拉疫情等全球性问题保持协调和合作。奥巴马总统访华期间，中美两国元首一起宣布了各自2020年后应对气候变化行动目标。同时，两国加强在联合国、二十国集团、亚太经合组织、东亚峰会等多边框架内的合作，共同维护和促进世界的和平、稳定与繁荣。

另一方面，中美两国在台湾、涉藏、涉港、海上、网络、人权等问题上时有分歧与摩擦。

奥巴马政府多次重申坚持一个中国政策，恪守中美三个联合公报，支持两岸关系和平发展。但同时，美方继续不顾中国政府反对，与台湾发展官方往来和军事联系，提升美台实质关系。美国会提出多项涉台议案，通过授权总统售台四艘“佩里级”护卫舰法案并经奥巴马总统签署成法。

达赖先后于2月、10月到美国窜访。2月21日，奥巴马总统不顾中方强烈反对，执意在白宫地图室会见达赖。3月初，美国国会参众两院领导人及一些议员会见达赖。

2月28日，美国国务院发表“2013年国别人权报告”，涉华内容中继续对中国人权状况说三道四。美国国际宗教自由委员会和美国务院分别于4月30日、7月28日发表年度“国际宗教自由报告”，对中国宗教状况和宗教政策等进行无端指责。12月10日，克里国务卿在国务院网站就“世界人权日”发表声明，干涉中国内政。

美国继续炒作所谓“网络商业窃密”问题。

针对美方上述涉华消极动向，中方进行了坚决有力的斗争，同时维护了中美关系总体稳定发展的局面。

乌拉圭
(Uruguay)

2014年，中华人民共和国与乌拉圭东岸共和国关系继续稳定发展。

两国各层级交往密切。3月，中共中央对外联络部副部长陈凤翔访问乌拉圭。2月，乌工业、能源及矿产部长罗伯托·克雷伊梅尔曼来华出席“中国企业走进拉美”论坛。9月，乌经济及财政部长马里奥·贝尔加拉来华出席第八届中拉企业家高峰会和第六届中拉投资者论坛。12月，乌执政联盟“广泛阵线”干部考察团访华。

两国经贸合作稳步发展。双边贸易保持增长势头。中国保持乌拉圭第一大贸易伙伴和乌羊毛、大豆、牛肉最大进口国地位。吉利、奇瑞、力帆等在乌中资企业投资项目进展顺利。

乌兹别克斯坦
(Uzbekistan)

2014年，中华人民共和国与乌兹别克斯坦共和国关系健康稳定快速发展。

两国高层交往频繁。5月19～21日，乌兹别克斯坦总统伊斯拉姆·卡里莫夫来华出席亚信峰会。其间，国家主席习近平同卡里莫夫总统举行双边会见，并共进工作早餐。8月19～20日，卡里莫夫总统对中国进行国事访问。其间，习近平主席与卡里莫夫总统举行会谈，国务院总理李克强与卡里莫夫总统举行会见。两国元首批准《中华人民共和国和乌兹别克斯坦共和国战略伙伴关系发展规划（2014—2018年）》。10月7～8日，最高人民检察院检察长曹建明访乌并出席第12次上海合作组织成员国总检察长会议。其间，同乌总检察长拉希德·卡德罗夫举行会谈。10月14～16日，乌国家安全总局局长鲁斯塔姆·伊纳雅托夫访华。其间，中共中央政治局委员、中央政法委书记孟建柱会见，国务委员兼公安部长郭声琨与其举行会谈。11月30日至12月2日，国务委员兼公安部长郭声琨访乌，分别会见卡里莫夫总统、国家安全会议秘书维克多·马赫穆多夫、国家安全总局局长伊纳雅托夫、内务部长阿德哈姆·阿赫梅德巴耶夫。11月9～10日，全国政协副主席、国家民族事务委员会主任王正伟访乌，分别会见乌最高会议立法院主席基洛拉姆·塔什穆哈梅多娃、副总理古洛姆容·易卜拉吉莫夫。

两国务实合作发展势头强劲。中国继续保持乌第二大贸易伙伴和第一大投资国地位。中国对乌投资和经济技术合作涵盖能源、经贸、交通、农业水利、通信等领域，已成为对乌提供商业贷款金额最大的国家。中国—中亚天然气管道C线顺利投产并通气，双方签署中国—中亚天然气管道D线企业间合作协议，中国企业在乌油气区块勘探、安格连—帕普铁路隧道、鹏盛工业园、“吉扎克”工业园等合作项目进展顺利。

两国人文交往和地方合作十分活跃。陕西省与撒马尔罕州建立友好省州；乌塔什干东方语言大学设立中国学系；乌方派团来华参加2014年南京青奥会并获得优异成绩；两国科研院所、学术机构相互交流增多，考古合作进展顺利。

瓦努阿图
(Vanuatu)

2014年，中华人民共和国与瓦努阿图共和国关系取得重要进展。

两国高层交往密切。11月，国家主席习近平在斐济同建交太平洋岛国领导人会晤。其间，同瓦努阿图总理乔·纳图曼举行双边会见。双方就双边关系发展和各领域合作深入交换意见。两国领导人共同见证《中华人民共和国政府和瓦努阿图共和国政府经济技术合作协定》等四个双边合作文件的换文。6月，中共中央政治局委员、上海市委书记韩正访瓦。1月，全国政协副主席陈元访瓦。9月，中国—太平洋岛国论坛对话会特使杜起文在帕劳出席第26届太平洋岛国论坛对话会期间会见瓦外交外贸部长萨托·基尔曼。8月，纳图曼总理赴南京出席第二届青奥会开幕式，习近平主席会见。7月，瓦努阿图副总理哈姆·利尼赴贵州出席生态文明贵阳国际论坛2014年年会，国家副主席李源潮会见。

双方经贸等各领域合作成果丰硕。中国援建的瓦努阿图国家会议中心项目主体工程完工，塔纳岛与马勒库拉岛公路升级项目开工。中国向卢甘维尔码头维修扩建项目提供融资支持。9月，中国海军“和平方舟”号医院船访瓦并在当地开展人道主义医疗服务。

委内瑞拉
(Venezuela)

2014年是中华人民共和国和委内瑞拉玻利瓦尔共和国建交40周年，两国建立全面战略伙伴关系，各领域互利友好合作继续深入发展。

双方保持高层交往，政治互信加深。7月，国家主席习近平对委内瑞拉进行国事访问，同委总统尼古拉斯·马杜罗举行会谈，会见委全国代表大会主席迪奥斯达多·卡韦略，与马杜罗总统共同出席中国—委内瑞拉高级混合委员会第13次会议闭幕式。访问期间，双方发表《中华人民共和国和委内瑞拉玻利瓦尔共和国关于建立全面战略伙伴关系的联合声明》，两国有关部门和企业签署了金融、能矿、基础设施建设、农业、高科技、人员培训等领域30余项合作文件。

4月，外交部长王毅对委内瑞拉进行正式访问，同马杜罗总统会见，与委外交部长埃利亚斯·豪阿举行会谈。

委内瑞拉石油矿业部长拉斐尔·拉米雷斯、经济财政部长鲁道夫·托雷斯、教育部长埃克托尔·罗德里格斯先后访华。

两国经贸往来日益密切，金融、能矿、基础设施建设、制造业等领域互利合作稳步推进，双方就农业、航空航天等领域合作达成新的共识。

两国在人文领域交流活跃。双方围绕建交40周年举办一系列文化庆祝活动。天津艺术团赴委内瑞拉演出，中国图片展、水彩画展、木版画展在委巡展。委方派团参加第二届“拉丁美洲和加勒比艺术季”，委民族音乐和舞蹈团来华演出。中国文化部和委内瑞拉驻华使馆合作举办纪念委内瑞拉前总统乌戈·查韦斯逝世一周年音乐会及图片展。

越　南
(Vietnam)

2014年，中华人民共和国与越南社会主义共和国全面战略合作伙伴关系保持发展势头，各领域合作取得重要成果。

两国高层接触频繁。1月，中共中央总书记、国家主席习近平同越南共产党中央总书记阮富仲通电话。10月，国务院总理李克强赴米兰出席亚欧首脑会议期间会见越政府总理阮晋勇。12月，中共中央政治局常委、全国政协主席俞正声访越。9月，中共中央政治局常委、国务院副总理张高丽在南宁会见前来出席第11届中国—东盟博览会的越南政府副总理兼外交部长范平明。11月，中共中央政治局委员、中央书记处书记、中共中央宣传部部长刘奇葆赴越主持第十次中越两党理论研讨会并访越。4月，中共中央政治局委员、广东省委书记胡春华率中共代表团访越。6月，国务委员杨洁篪赴越同范平明副总理兼外长举行中越双边合作指导委员会团长会晤。10月，杨洁篪国务委员赴越同范平明副总理兼外长共同主持中越双边合作指导委员会第七次会议并访越。

11月，越南国家主席张晋创来华出席亚太经合组织第22次领导人非正式会议。2月，越共中央政治局委员、越南祖国阵线主席阮善仁访华。8月，越共中央政治局委员、中央书记处常务书记、阮富仲总书记特使黎鸿英访华。10月，越共中央政治局委员、国防部长冯光清访华，越共中央政治局委员、公安部长陈大光来华同国务委员兼公安部长郭声琨共同主持中越第四次合作打击犯罪会议并访华。4月，越副总理武德担来华出席博鳌亚洲论坛2014年年会。5月，越国家副主席阮氏缘来华出席亚信峰会。

两国经贸、人文等各领域及地方合作继续发展，中国连续11年成为越南第一大贸易伙伴，广西、云南与越南北部相应省市合作机制保持运转，孔子学院在越挂牌。

两国就边界领土问题保持接触。中越海上共同开发磋商工作组正式成立并举行三轮磋商。海上低敏感领域合作专家工作组和北部湾湾口外海域工作组均分别举行第五、六轮磋商，陆地边界联委会举行第五次会议。

也门
(Yemen)

2014年，中华人民共和国和也门共和国友好合作关系继续保持平稳发展。

两国保持高层沟通与交往。11月，国务院总理李克强、外交部长王毅分别致电祝贺也门新任总理哈立德·马哈福兹·巴哈赫、新任外交部长阿卜杜拉·穆罕默德·萨伊迪就职。9月，外交部亚非司司长陈晓东作为王毅外长代表出席在纽约召开的也门之友小组第八届部长级会议。6月，也外长艾布贝克尔·科尔比来华出席中国—阿拉伯国家合作论坛第六届部长级会议。

两国经贸、文化等领域合作保持稳步发展。双方签署《中华人民共和国政府和也门共和国政府经济技术合作协定》、《中华人民共和国和也门共和国政府文化合作协定2014—2017年执行计划》。

两国政党保持交流。11月，也门全国人民大会副总书记艾布贝克尔·科尔比访华。

赞比亚
(Zambia)

2014年是中华人民共和国与赞比亚共和国建交50周年，两国友好合作关系继续稳步健康发展，各领域务实合作持续推进。

高层交往频繁，政治互信不断增强。2月，国家主席习近平同赞比亚总统迈克尔·奇卢菲亚·萨塔就中赞建交50周年互致贺函。6月，国家副主席李源潮访问赞比亚，会见萨塔总统，与副总统盖伊·斯科特举行会谈，就进一步推动双边关系发展深入交换意见并签署一系列经贸合作协议。10月，习近平主席特使、全国人大常委会副委员长向巴平措出席赞比亚独立50周年庆典并访赞，会见赞代总统埃德加·伦古，向其转交习近平主席就赞比亚独立50周年致萨塔总统的贺函，其间，还会见副总统盖伊·斯科特，并同议长帕特里克·马蒂比尼举行会谈。萨塔总统去世后，习近平主席和外交部长王毅于10月30日分别向赞方领导人致慰问电。10月31日，李源潮副主席前往赞驻华大使馆吊唁。11月，习近平主席特使、住房和城乡建设部部长陈政高赴赞出席萨塔总统葬礼，会见赞代总统斯科特，代表习近平主席、中国政府和人民对萨塔总统不幸逝世表示深切哀悼。

9月2日，中国新任驻赞比亚大使杨优明向赞比亚总统萨塔递交国书。

两国经贸互利合作顺利推进。中国已成为赞比亚第三大贸易伙伴、第二大出口目的国、第三大进口来源国、第三大投资来源国、第一大工程承包方，对赞各类投资不断增加。在赞中资企业超过500家，涉及矿业、农业、制造业、基础设施建设等各个领域。中国继续向赞提供援助用于打井以及姆瓦纳瓦萨医院扩建项目，并向马安巴2×150兆瓦燃煤电站提供融资支持。中赞经贸合作区建设取得积极进展。中非合作论坛框架内涉赞合作项目落实顺利。

人文等领域交流与合作有序进行。为协助赞比亚筹办独立50周年庆典，中方向赞方提供团体操、仪仗队、武术培训等援助。中国驻赞比亚大使馆举办第二届赞比亚中国春节庙会、中赞建交50周年大型图片展、中国电影周。南京艺术团赴赞演出。1月，赞国土资源和环境保护部部长哈里·卡拉巴访问吉林省。10月，吉林省副省长隋忠诚访赞。

津巴布韦
(Zimbabwe)

2014年，中华人民共和国与津巴布韦共和国传统友好关系全面、深入发展。

两国高层保持频繁交往，政治互信进一步巩固。8月24～28日，津巴布韦总统罗伯特·加布里埃尔·穆加贝对中国进行国事访问。其间，国家主席习近平、国务院总理李克强和全国人大常委会委员长张德江分别同穆加贝总统举行会谈、会见，就中津关系未来发展达成重要共识。双方同意进一步增进政治互信，推进经贸、人文等各领域友好互利合作，中津建立和发展平等相待、相互支持、互利共赢、共同发展的好朋友、好伙伴、好兄弟关系。双方签署《中华人民共和国政府和津巴布韦共和国政府经济技术合作协定》、《中华人民共和国政府和津巴布韦共和国政府关于互免持外交、公务护照人员签证的谅解备忘录》等合作文件。6月18日，国家副主席李源潮过境津巴布韦首都哈拉雷，与津副总统穆菊茹简短会见。

2014年，中共中央政治局委员、北京市委书记郭金龙，中央人民广播电台台长王求，国家烟草专卖局局长凌成兴，中国人民解放军副总参谋长戚建国上将等访津。中共中央对外联络部副部长徐绿平出席津非洲民族联盟—爱国阵线第六次全国代表大会。津外交部长辛巴拉谢·蒙本盖圭、财政部长帕特里克·齐纳马萨、工商部长、矿产部长、国防部长等内阁部长单独或陪同穆加贝总统访华。

两国经贸合作拓展深化，成果丰硕。中国援助津巴布韦项目稳步落实。2014年，中国政府向津方提供50万美元紧急现汇援助帮助其应对洪灾。农业技术示范中心运营基本顺利，中国援津打井、医院、中学、小学等项目正在实施。双边贸易持续增长，融资、工程承包等领域互利合作续有进展。中资企业承建的卡里巴南岸水电站扩建项目正式开工。中津签署电信改造（二期）项目框架协议和贷款协议。

两国人文交流亮点纷呈。1月，文化部“武艺生辉，福到津巴布韦”欢乐春节系列活动在哈拉雷市成功举行。5月，南京小红花艺术团赴津访问演出。7月，“北京之夜”艺术团赴津访问演出。8月，中国驻津巴布韦大使馆与津国家广播公司共同举办首届“中津国情知识竞赛”。10月，中国驻津巴布韦大使馆在哈拉雷市中国龙城广场举办“2014津巴布韦中国美食节”活动。同月，西藏艺术团抵津访问演出。

第四章

中国与国际和地区组织的关系

（一）中国与联合国

1. 政治安全领域

（1）积极参与联合国维持和平行动

联合国维和行动是践行多边主义、维护国际和平与安全的重要途径，为冲突地区带去和平，让当地人民看到希望。联合国维和行动自1948年开始以来，截至2014年年底，共部署69项维和行动。目前正在实施的有16项，共有89568名军事人员、1767名军事观察员、12326名警务人员、16961名文职人员和1826名联合国志愿者参加。2014年7月至2015年6月，联合国维和预算约为77.59亿美元。

中国重视并支持根据《联合国宪章》宗旨与原则开展维和行动，积极参与联合国安理会、联合国大会和联合国维和行动特别委员会的有关审议和磋商。

2014年，安理会多次就维和问题举行会议。9月26日，外交部长王毅出席第69届联大期间联合国维和行动问题高级别会议并发言。王毅外长表示，当前联合国维和行动面临的形势和任务发生了重大变化，需要与时俱进。中方倡议：第一，改进维和行动授权。安理会部署维和行动时，要制定现实可行目标，明确优先任务。第二，提高维和行动效率。加强维和行动快速部署能力，完善后勤保障体系。第三，加强维和行动能力建设。解决维和资源严重短缺问题，制定统一的维和人员组织、培训和监管标准。第四，联合国秘书处要加强同非盟等区域组织的协调与配合。中国将继续坚定支持并扩大参与联合国维和行动。

中国继续坚定支持和积极参与联合国维和行动。自1989年以来，中国共向30项联合国维和行动派出维和人员约3万人次。截至2014年年底，中国共有2100多名维和人员在中东、黎巴嫩、西撒哈拉、刚果（金）、利比里亚、科特迪瓦、苏丹达尔富尔、南苏丹、马里九个任务区执行任务。

2014年，中国应联合国请求决定向联合国驻南苏丹特派团派遣维和步兵营。这是中国首次向联合国维和行动派遣步兵营。

（2）安理会改革

2014年，联合国会员国继续围绕安理会改革问题展开讨论，并进行政府间谈判。第68届联合国大会举行了第十轮政府间谈判的七次会议，各方在谈判中继续阐述各自立场和关切，就安理会改革相关问题交换看法。

9月8日，第68届联大协商一致通过决定，要求第69届联大根据以往联大相关授权，在第68届联大所取得进展及会员国立场和建议的基础上，继续就安理会改革问题进行政府间谈判。

中国积极参与安理会改革政府间谈判。中国常驻联合国副代表王民大使在联大全会上发言表示，中方一贯积极支持安理会改革，认为改革的出发点和落脚点应是优先增加发展中国家、特别是非洲国家的代表性和发言权，同时让中小国家有更多机会进入安理会参与决策。如何推动改革进程取得进展，需要会员国通过广泛协商，兼顾各方特别是中小国家的利益和关切，寻求最广泛共识。中方认为，安理会改革谈判应坚持以下原则：一是团结一致原则。团结一致应该成为本届联大的关键词。包括安理会改革等在内的联合国各领域改革均不可能在各方争议指责、严重对立的情况下取得进展。不公正对待各国立场，人为设定时限，甚至强行推动不成熟改革方案的做法，只会加剧会员国对立与分裂。二是会员国主导原则。改革进程应该、也必须由会员国主导。没有会员国的共识，自行缩减谈判选项、仓促进入案文谈判，只会激化矛盾和分歧，让改革进程更为艰难，与各方期待背道而驰。三是民主协商原则。当前会员国对改革基本思路仍缺乏共识。但越是有分歧，就越需要会员国进行耐心协商，寻求一致。只有经各方充分协商，并得到绝大多数会员国支持的方案，才能赢得会员国普遍认可，只有会员国共同做出的决定才能经得起历史的检验。

（3）安理会处理的有关热点问题

乌克兰问题

2014年，安理会多次审议乌克兰问题并通过决议和主席新闻谈话。

3月15日，安理会表决美国提出的克里米亚公投问题决议草案。草案获美国、英国、法国、乍得、智利、立陶宛、尼日利亚、约旦、卢旺达、韩国、阿根廷、澳大利亚、卢森堡13个安理会成员国支持，因俄罗斯否决未能通过，中国投弃权票。中国常驻联合国代表刘结一大使在解释性发言中表示，中国一直呼吁国际社会为缓和乌克兰局势作出建设性努力并开展斡旋。安理会在此时搞决议草案只能造成各方对立，导致局势更加复杂，这不符合乌克兰人民和国际社会的共同利益。中方为此提出三点建议：第一，尽快设立由有关各方组成的国际协调机制，探讨政治解决乌克兰危机的途径；第二，各方在此期间均不采取进一步恶化局势的行动；第三，国际金融机构应着手探讨，并协助乌克兰维护经济和金融稳定。

7月17日，马航MH17客机在乌克兰东部坠毁，机上298人全部遇难。7月18日，安理会通过主席新闻谈话，对马航MH17客机遇难人员家属、所在国政府及人民表示慰问和哀悼，呼吁对事件进行全面、深入和独立的国际调查并追究责任，强调各方应立即允许调查人员进入坠机地区，以查明事件原因。

7月21日，安理会一致通过关于马航MH17客机坠毁事件的第2166号决议，强烈谴责该事件，支持根据国际民用航空有关规定，对事件开展全面、彻底和独立的国际调查。刘结一大使在解释性发言中表示，中方痛惜马航MH17客机在乌克兰东部坠毁，支持对此进行独立、公正和客观的调查。国际民航组织应在国际调查中发挥关键作用，各方应予配合和合作。在查明真相前，各方都不宜匆忙作出结论，进行主观推断，或相互指责。

叙利亚问题

2014年，叙利亚问题仍陷僵局，叙局势继续恶化。安理会就叙利亚人道问题通过三份决议和两份主席新闻谈话。

2月22日，安理会一致通过第2139号决议，重申尊重叙利亚的主权、独立、统一和领土完整，强烈谴责各方侵犯和违反人权的行为，要求立即停止一切形式的暴力，停止对平民的袭击，解除对居民区的包围，采取各种措施保护平民，立即让联合国人道主义救援机构等迅速、安全和不受阻碍地以人道主义救援为目的通行，包括穿越冲突线和边界，并敦促各方采取一切措施，协助联合国及其专门机构等实施的人道主义救援活动。

5月22日，安理会就法国等提交的将叙利亚局势提交国际刑事法院审理的决议草案进行表决。中国和俄罗斯投反对票。由于中俄行使否决权，决议草案未获通过。中国常驻联合国副代表王民大使在投票后的解释性发言中表示，中方一贯主张叙利亚各方都应尊重人权，遵守国际人道主义法，在冲突中应避免伤及无辜，坚决反对叙利亚冲突各方任何违反国际人道法和严重侵犯人权的行为。中方对决议草案存在几点重大困难：第一，中方认为，由国际刑事法院追究严重违法行为人的责任，应当以尊重国家司法主权为前提，遵守补充性原则。中国不是《国际刑事法院罗马规约》缔约国，一贯对安理会将一国局势提交国际刑事法院持保留态度；第二，当前叙利亚问题政治解决正面临困难，国际社会必须坚定信心，保持耐心，坚持政治解决大方向不动摇。当务之急是推动叙利亚政府和反对派尽快停火止暴，重启第三轮日内瓦谈判，推进政治进程，启动政治过渡。在当前形势下强行将叙利亚局势提交国际刑事法院，不利于叙利亚有关各方增进互信，无助于日内瓦谈判的尽快重启，将损害国际社会推动政治解决的努力；第三，在各方对决议草案尚存重大分歧的情况下，安理会应继续磋商，不应强行表决，以免损害安理会团结，干扰安理会在叙利亚问题及其他重大问题上的协调合作。王民表示，中国在叙利亚问题上始终秉持客观公正立场，没有一己私利，更不会庇护叙利亚任何派别或任何人。作为安理会常任理事国和国际社会负责任的一员，中国始终致力于寻求政治解决叙利亚问题的方案，并已多渠道、多批次地向叙利亚人民包括境外难民提供人道援助。中国高度重视有关各方、特别是阿拉伯国家在叙利亚问题上的合理关切。中国愿同有关各方保持密切沟通，为实现叙利亚问题的妥善解决，维护中东地区和平安全作出积极努力。

7月14日，安理会一致通过第2165号决议，授权联合国人道主义机构及其执行伙伴除使用已有路线外，有权在通知叙利亚当局的情况下使用跨越冲突线路线和四个新过境点，以最直接的路线，将包括医疗和手术用品在内的人道主义援助物资送抵叙利亚各地需要者手中。该决议还要求联合国成立一个由联合国秘书长主管的监测机制，负责监督联合国人道主义机构及其执行伙伴的人道主义救援工作，并承担证实援助物资人道主义性质的责任。

10月30日，安理会发表主席新闻谈话，对联合国秘书长叙利亚问题特使斯塔凡·德米斯图拉的斡旋努力和作用表示支持。

10月31日，安理会发表主席新闻谈话，对叙利亚暴力频仍深表关切，并谴责一切针对平民的暴力行为。

12月17日，安理会一致通过第2191号决议，决定将援助叙利亚人道行动监测机制以及通过叙利亚与邻国某些过境点向该国运送人道援助物资的做法延期一年。

伊拉克问题

2014年，国际社会持续关注伊拉克局势。安理会通过一份决议、两份主席声明和八份主席新闻谈话。

1月10日，安理会发表主席声明，谴责“基地”组织分子占领伊拉克安巴尔省城市并攻击民众行为，呼吁各方合作防范暴力和恐怖主义。

4月30日，安理会发表主席新闻谈话，欢迎伊拉克当天按时举行新一届国民议会选举。

5月20日，安理会发表主席新闻谈话，欢迎伊拉克5月19日公布新一届国民议会选举初步结果，呼吁伊拉克领导人尽快组建政府。

6月5日，安理会发表主席新闻谈话，呼吁伊拉克尽快组成新政府，并强调任何暴力和恐怖行动也无法逆转伊拉克的和平、民主和重建之路。

6月11日，安理会发表主席新闻谈话，强烈谴责恐怖组织“伊拉克和黎凡特伊斯兰国”（简称“伊斯兰国”）近期在伊拉克摩苏尔制造的事件，包括袭击伊安全部队和平民、占领土耳其驻摩苏尔领事馆和政府建筑、绑架土耳其外交人员、导致大量民众流离失所等。安理会要求立即释放所有被绑架的外交人员。

7月30日，安理会通过第2169号决议，决定将联合国伊拉克援助团任期延长一年，同时谴责恐怖组织“伊斯兰国”的大规模进攻活动。

8月5日，安理会发表主席新闻谈话，谴责“伊斯兰国”武装分子对伊拉克的袭击，并警告发动暴力袭击的人将面临反人类罪的审判。

8月7日，安理会发表主席新闻谈话，谴责伊拉克极端组织攻占伊北部部分城镇，同时呼吁国际社会为伊拉克政府和人民提供支持。

8月13日，安理会发表主席新闻谈话，欢迎伊拉克总统指派新总理组建政府，同时呼吁伊拉克各政党保持冷静。

9月19日，安理会发表主席声明，欢迎伊拉克新一届政府成立，呼吁国际社会支持其进一步加强民主体制、维护安全和打击恐怖主义，敦促国际社会加大对伊拉克政府打击“伊斯兰国”及相关武装团体的支持。

10月31日，安理会发表主席新闻谈话，强烈谴责伊拉克当天早些时候和近日发生的多起恐怖袭击事件。

巴勒斯坦问题

2014年，安理会持续关注巴勒斯坦问题。下半年，巴勒斯坦与以色列在加沙新一轮暴力冲突不断升级，引发安理会严重关切。安理会共通过一份主席声明及五份主席新闻谈话。

7月28日，安理会通过主席声明，对持续恶化的加沙地区局势表示严重关切，呼吁各方尊重国际人道主义法，并尽快达成持久停火协议。

12月中旬，应巴勒斯坦强烈要求，并经联合国大会阿拉伯地区组决定，约旦散发新的巴勒斯坦问题安理会决议草案，要点包括：确认决议通过12个月内达成巴勒斯坦问题和平解决方案；以色列最迟2017年底前完全撤出巴被占领土；重申要求以停止在巴被占领土所有定居活动等。

12月30日，安理会对约旦提交的巴勒斯坦问题决议草案进行表决。中国、俄罗斯、法国、卢森堡、约旦、乍得、阿根廷、智利八票赞成，英国、立陶宛、韩国、卢旺达、尼日利亚五票弃权，美国、澳大利亚两票反对，草案未获通过。

中国常驻联合国代表刘结一大使在表决后的解释性发言中表示，中方高度关注巴以问题，一直为推动中东和平进程作出建设性努力。中方支持巴勒斯坦人民恢复民族合法权利的正义事业，支持建立以1967年边界为基础、以东耶路撒冷为首都、拥有完全主权、独立的巴勒斯坦国，支持巴勒斯坦加入联合国等国际组织，希望巴以双方尽快恢复和谈，早日结束占领，实现两个国家和平共处。中方呼吁安理会在巴以问题上切实承担责任，发挥应有作用。中方愿与国际社会有关各方共同努力，继续为推动巴勒斯坦问题早日得到持久、公正的解决发挥建设性作用。

也门问题

2014年，也门政治过渡进程遭遇挫折，安全形势持续恶化。安理会高度关注也门局势，共通过一份决议、一份主席声明及八份主席新闻谈话。

2月26日，安理会一致通过关于也门问题的第2140号决议，主要内容包括：支持也门政治过渡进程，根据《联合国宪章》第七章设立也门制裁委员会及专家小组，对阻碍或破坏政治进程的个人及实体实施为期一年的资产冻结、旅行禁令等定向制裁措施。11月20日，安理会也门制裁委员会将也门前总统萨利赫等三人列入制裁清单。

8月29日，安理会一致通过关于也门局势的主席声明，对胡塞组织围攻也门首都导致局势恶化表示严重关切，谴责该组织军事领导人，并呼吁该组织尽快撤出阿姆兰省。声明同时谴责“基地”组织阿拉伯半岛分支在也门从事恐怖活动。

安理会多次就也门恐怖袭击发表主席新闻谈话，对恐怖行为予以强烈谴责。

中国代表在安理会通过主席声明后发言表示，中方支持也门政府在哈迪总统领导下推进政治过渡、实现国家稳定所作努力；敦促也门有关武装组织停止军事行动，与也门政府通过对话和平解决分歧；呼吁国际社会加强合作，协助推进也门政治进程和民族和解，帮助也门政府稳步推进经济改革，促进民生发展，改善人道局势。

利比亚问题

2014年6月以来，利比亚国内政治派别围绕议会选举进行了激烈政治斗争并爆发武装冲突，利国内安全形势迅速恶化。安理会关注利比亚问题，通过三份决议和六份主席新闻谈话。

3月14日，安理会通过第2144号决议，重申对利比亚制裁措施，强调核查武器禁运制裁执行情况应包括确保武器达到并保留在最终用户手中，鼓励有关各方就执行资产冻结等制裁措施和打击挪用资金等问题进行双边磋商。

3月19日，安理会通过第2146号决议，谴责从利比亚非法进出口原油的企图，实质性扩大对利比亚制裁措施，授权制裁委员会对涉嫌从利比亚非法进出口原油的船只进行检查并采取进一步措施。

8月27日，安理会通过第2174号决议，敦促利国内各方立即停火，谴责针对平民的暴力行为，决定对威胁利比亚和平、稳定与安全，或阻碍和破坏利比亚政治过渡进程的个人和实体实施列名制裁。

中国代表在安理会审议利比亚问题时表示，中国对利比亚国内形势恶化感到担忧，希望利比亚各方以国家和人民利益为重，根据安理会决议要求和古达米斯对话会承诺，立即停火，并通过包容性政治对话解决分歧，尽快实现国内和平稳定。

阿富汗问题

2014年，安理会多次审议阿富汗问题，通过了多份决议、主席声明及主席新闻谈话。

3月17日，安理会一致通过第2145号决议，决定将联合国阿富汗援助团（简称“联阿援助团”）任期延长一年，主要职能包括：支持阿政府优先发展计划和政府治理事项；支持阿总统、省议会和2015年议会选举；支持阿主导的和平和解；支持展开区域合作；加强与国际安全援助部队合作等。

12月12日，安理会一致通过第2189号决议，欢迎阿富汗和北约签署部队地位协定及建立坚定支持特派团，期待该特派团与阿富汗政府、联阿援助团等合作。

12月18日，安理会举行阿富汗问题公开辩论会。中国常驻联合国代表刘结一大使在发言中表示，中方支持“阿人主导、阿人所有”的和平和解进程，希望阿富汗各派别以人民利益为重，积极参与和解。中方支持阿富汗国家安全部队维护国内安全稳定的努力，国际社会应继续帮助阿富汗加强安全能力建设。中方将加大对阿和平重建的支持，促进当地经济发展，呼吁国际社会也兑现援助承诺。中方支持阿参与国际和地区合作，支持联合国和联阿援助团在协调国际社会援阿努力方面继续发挥主导作用，希望联阿援助团加强与阿富汗政府的沟通和协调。

苏丹和南苏丹问题

2014年，国际社会继续高度关注苏丹和南苏丹问题。安理会通过第2138、2155、2156、2173、2179、2187号决议，将联合国驻南苏丹特派团、联合国—非盟驻达尔富尔混合特派团、联合国驻阿布耶伊临时安全部队授权延期。安理会通过第2148号决议，确定联合国—非盟驻达尔富尔混合特派团优先授权为保护平民、协助人道救援物资运送与保障人道救援人员安全、调解苏丹政府与未签署多哈和平文件的武装团体关系。安理会通过两份主席声明，呼吁南苏丹政府与反对派推进政治进程，谴责南苏丹境内侵犯人权行为。安理会还发表13份主席新闻谈话。

中国常驻联合国副代表王民大使在安理会审议苏丹达尔富尔问题时表示，中方支持苏丹政府推进政治和解进程，欢迎苏丹政府与部分叛军就共同落实多哈和平文件所作努力，高度评价非盟两苏问题高级别执行小组就推进苏丹政府及叛军在埃塞俄比亚举行和谈所做工作，希望各方展现务实态度，寻求达尔富尔问题全面解决方案。

中国代表在安理会审议南苏丹问题时表示，中国支持东非政府间发展组织（简称“伊加特”）的斡旋努力，敦促南苏丹冲突双方与伊加特配合，通过谈判协商解决分歧。自南苏丹冲突爆发以来，中方通过各种途径为劝和促谈作出建设性努力，中方密切关注南苏丹人道主义形势，协助联合国驻南苏丹特派团修建国内流离失所者临时安置营地。

中非问题

2014年，中非国内动荡迄未平息。年初，“塞雷卡”领导人乔托迪亚辞去过渡元首职务，由原班吉市长庞扎接任。国际社会就过渡进程优先考虑选举基本形成共识，并将大选推迟至2015年8月举行。联合国全面接管中非维和事务。安理会多次讨论中非问题，通过三份决议、一份主席声明和四份主席新闻谈话。

1月28日，安理会通过第2134号决议，决定将联合国中非共和国建设和平综合办事处（简称“中非建和办”）任期延至2015年1月31日；为中非共和国政府机构提供援助，加强其履行基本政府职能和为中非共和国人民提供基本服务的能力等。

4月10日，安理会通过第2149号决议，决定设立联合国中非共和国多层面综合稳定团（简称“中非稳定团”），任期自2014年9月15日至2015

年4月30日，并将中非建和办的派驻人员并入中非稳定团。

10月21日，安理会通过第2181号决议，决定将第2134（2014）号决议第44段中对欧盟行动的授权延长至2015年3月15日。

9月26日，中国代表在安理会中非共和国问题高级别会议上发言表示，中方赞赏非洲联盟、中部非洲国家经济共同体等区域和次区域组织及地区国家为推进中非政治进程所作积极努力，希望中非有关各方切实履行停止敌对协定，欢迎中非稳定团顺利部署，强调国际社会在中非问题上应充分尊重非洲主导权，重申中方将继续为推动中非问题妥善解决提供力所能及的帮助。

索马里问题

2014年，索马里和平进程继续取得进展，索安全、人道局势进一步改善。同时，索实现持久和平与国家重建仍面临诸多严峻挑战。安理会多次审议索马里问题，并通过三份决议、一份主席声明和13份主席新闻谈话。

3月5日，安理会一致通过第2142号决议，决定对索马里的武器禁运不适用于仅为组建索马里联邦政府安全部队和保障索马里人民安全而交付的武器、弹药、军事装备或提供的咨询、援助及训练。

5月29日，安理会一致通过第2158号决议，决定将联合国索马里援助团的任务期限延长12个月。

10月24日，安理会一致通过第2182号决议，决定将非盟索马里特派团授权延期12个月；重申索当局应采取必要措施，防止从索出口木炭；授权会员国可在索海域和公海检查可能载有索木炭及向索运送武器等违反安理会决议的船只。

中国常驻联合国副代表王民大使在安理会表决非盟索马里特派团延期决议草案后作解释性发言，强调中方一贯主张安理会磋商相关决议时，应广泛听取各方意见，切实尊重有关国家和区域组织的合理要求。第2182号决议明确规定，本决议不应视作确立习惯国际法，各国根据本决议采取的措施不得影响船旗国对公海上船舶享有的专属管辖权，各国在检查有关船只时应先征得船旗国的同意。中方主张，第2182号决议应得到全面、准确执行。会员国在执行本决议时应恪守有关国际法原则，切实保障船旗国和有关国家的合法权益。

索马里海盗问题

2014年，索马里海盗威胁继续存在。在国际社会合作打击下，索马里海盗劫持事件呈下降趋势，前三季度仅有13起海盗袭击事件，未发生成功劫持事件。安理会就此通过一份决议。

11月12日，安理会一致通过第2184号决议，将国际社会打击索海盗授权延期一年。

中国支持国际社会就打击索马里海盗加强合作。截至2014年年底，中国共向亚丁湾和索马里海域派出19批护航编队，完成800批5854艘船舶护航任务，为维护海上交通要道安全发挥了重要作用。

5月，中国派代表团参加索马里海盗问题联络小组第16次全会。10月，中国派代表团参加联络小组第17次全会暨第四届阿联酋反海盗会议。中国驻阿联酋大使黄杰民与会发言。黄杰民表示，近年来，国际社会积极参与亚丁湾、索马里海域护航行动，取得积极成效。索马里海盗袭击事件大幅下降，但索马里沿海及亚丁湾海域国际航运仍面临安全威胁。解决索马里海盗问题需要标本兼治，国际社会应加强索马里安全能力建设，帮助索自主维护国家安全；履行对索马里援助承诺，加快索经济恢复和发展；提高沿岸国能力建设，从不同层面形成合力。黄杰民还介绍了中国参与亚丁湾、索马里海域护航行动和反海盗国际合作及向索提供帮助的有关情况，表示中方将继续积极参与国际社会打击海盗的行动，共同应对挑战。

刚果（金）问题

2014年，刚果（金）安全形势总体可控，东部非法武装依然活跃。刚政府在军事上击败反政府武装“M23运动”，并就前“M23运动”解除武装、人员复员等问题达成一致。安理会多次审议刚果（金）问题，通过两份决议、一份主席声明和一份主席新闻谈话。

1月30日，安理会通过第2136号决议，促请各国、特别是地区国家采取有效措施，不在本国或从本国领土支持刚果（金）东部武装团体，促请各方全面与联合国刚果（金）稳定特派团（简称“联刚稳定团”）合作，谴责袭击维和人员的行为。

3月28日，安理会通过第2147号决议，将联刚稳定团任期延长到2015年3月31日，敦促刚果（金）政府立即采取措施，包括建立快速反应部队、制定安全和司法部门路线图、制订全面解除武装方案等。

8月7日，中国常驻联合国代表刘结一大使在安理会刚果（金）问题公开会上发言表示，2014年以来，刚果（金）东部局势不断取得积极进展，联合国等国际社会以及非盟和大湖地区国际会议等区域和次区域组织为此做了大量工作，中方对此表示高度赞赏。中方呼吁国际社会从以下三个方面努力，推动大湖地区实现持久和平、稳定与发展。第一，坚持共同安全。鼓励大湖地区国家坚持通过对话协商解决有关争端和分歧，以对话增互信，以对话解纷争，以对话促安全。第二，坚持共同发展。切实帮助地区国家实现发展，解决贫困等诱发冲突的根源问题。地区各国在谋求发展时，应积极促进其他国家共同发展，让发展成果更多更好地惠及各国人民。第三，坚持合作共赢。希望大湖地区国家积极树立双赢、多赢、共赢理念，通过框架文件等区域合作平台，共同促进区域和平、安全与发展。

（4）积极参与安理会反恐工作

2014年，中国积极参与联合国框架下的国际反恐合作，支持联合国及其安理会在反恐方面发挥主导作用，积极参与联合国安理会反恐委员会、联合国反恐中心有关工作，支持安理会就反恐问题通过多份决议。

6月17日，安理会通过第2160和第2161号决议，分别将安理会针对“基地”组织和塔利班的制裁措施延长18个月。安理会还分别通过第2170号和第2178号决议，呼吁国际社会加强合作，共同应对“伊斯兰国”和外国恐怖作战人员的威胁。

9月24日，外交部长王毅出席安理会反恐峰会，阐述中方关于加强国际反恐合作的四点主张：第一，充分发挥联合国及相关国际机构的优势，分享反恐情报资源。第二，坚决封堵利用社交媒介传播极端思想的渠道，特别是发布暴力和恐怖音视频。第三，有效加强边境管控，强化金融监管合作，打击地下钱庄等非法活动，阻断恐怖融资。第四，推进去极端化，并保护正常宗教活动。

2. 经济领域

（1）综合性国际经济发展领域的活动

联合国亚洲及太平洋经济社会委员会

2014年6月2～6日，亚太经社会执行秘书沙姆沙德·阿赫塔尔访华。国务委员杨洁篪会见，外交部、国家发展和改革委员会等有关部门负责人与其就中国与亚太经社会各领域合作交换意见。

2014年8月7～8日，亚太经社会第70届年会部长级会议在泰国曼谷举行。会议以“促进区域互联互通，共享繁荣”为主题，就促进区域互联互通、推动地区经济一体化进行深入讨论。外交部副部长李保东出席会议并发表讲话，阐述对当前世界和地区形势的看法并就促进区域互联互通提出看法和主张，呼吁各方加强对亚太互联互通规划的顶层设计，逐步形成全方位的区域互联互通格局；多渠道增加投入，打造多样化平台；以各国现实情况和潜在需求为基础，推动务实合作，实现互利共赢。李保东副部长还重点介绍中国提出建设“一带一路”、亚洲基础设施投资银行等重要倡议，欢迎各方积极参与相关合作，共同推进亚太区域互联互通。

联合国第69届大会经济和金融委员会

联合国第69届大会经济和金融委员会（简称“第二委员会”）于2014年10月7日至12月11日在纽约联合国总部举行相关会议，讨论了消除贫困、可持续发展、宏观经济政策、发展业务活动等36项议题并审议通过39项相关决议。中国积极、全面、深入地参与第二委员会各项活动。中国常驻联合国副代表王民在一般性辩论发言中介绍了中国经济发展情况和全面深化改革的政策举措，深入阐述中国对全球经济治理、国际发展合作的政策主张，强调国际社会应改善全球经济治理，营造良好国际经济环境，继续落实千年发展目标，共同制定公平、包容、可持续的2015年后发展议程。

（2）发展领域活动

第68届联大举行2015年后发展议程系列会议

为落实第68届联合国大会“2015年后发展议程：确定平台”的主题，帮助各国就制定发展议程深入沟通交流，第68届联大于2014年上半年举行了六场2015年后发展议程相关会议，包括三场高级别会议和三场专题辩论会。各国围绕水、卫生和可持续能源在发展议程中的作用，妇女、青年和民间社会的地位，南南合作及三方合作，伙伴关系，人权和法治，稳定与和平社会等多个议题交换看法。中国代表团全程参与上述六场会议并全面阐述中国在有关议题上的看法和立场。

（3）在环境与可持续发展领域的活动

联合国可持续发展高级别政治论坛

2014年7月7～9日，联合国可持续发展高级别政治论坛第二次会议在纽约联合国总部举行。会议的主题是“实现千年发展目标，为2015年后发展议程及可持续发展目标铺平道路”，就宏观经济政策、落实可持续发展大会后续、消除贫困等议题举行多场部长级对话会，并通过《部长宣言》作为成果文件。

中国常驻联合国代表刘结一大使出席会议并发表讲话，表示各国应加大宏观经济政策协调，为可持续发展营造良好的外部环境，帮助发展中国家解决资金、技术、能力建设等方面的困难，呼吁国际社会携手强化政治论坛的监督、整合和交流三大职能，使其成为全球发展领域的核心机制。

联合国可持续发展目标工作组

联合国可持续发展目标工作组（简称“工作组”）于2013年1月正式建立，旨在落实联合国可持续发展大会成果，制定可持续发展目标。2014年7月19日，各方在历经16个月、先后举行13次会议和多次非正式磋商后，最终协商一致通过可持续发展目标报告。2014年9月，第68届联大通过关于报告的程序性决议。

可持续发展目标涵盖经济、社会、环境三大领域，重申“共同但有区别的责任”原则，就消除贫困、农业、卫生、教育、性别平等、水和卫生、能源、经济增长和就业、基础设施建设和工业化、减少不平等、城市、可持续消费和生产、气候变化、海洋、生物多样性、和平与包容社会、执行手段和伙伴关系等共设立17个目标，126项指标，为国际社会讨论制定2015年后发展议程奠定坚实基础。中国是工作组成员之一，全程参与可持续发展目标的制定工作。中国的建设性作用受到各国的普遍肯定。

联合国可持续发展筹资政府间专家委员会

联合国可持续发展筹资政府间专家委员会（简称“委员会”）于2013年6月正式建立，旨在落实联合国可持续发展大会成果，就可持续发展筹资战略问题进行研究。2014年8月8日，委员会在第五次会议上就可持续发展筹资报告达成一致。2014年12月，第68届联大通过关于报告的程序性决议。

报告包括委员会介绍、组织方式、序言、背景、战略方法、可持续发展筹资战略方案、全球治理、结论等八章，呼吁改善全球经济治理，发达国家兑现官方发展援助，明确南南合作是南北合作的补充，同时提出为所有筹资来源建立适当监督机制，加强“发展合作有效性”等观点。报告将为制定2015年后发展议程提供参考。国家发展和改革委员会国家应对气候变化战略研究和国际合作中心副主任邹骥作为委员会成员，全程参与报告的起草工作。

3. 人权领域

（1）积极参与联合国人权机构工作

2014年，中国继续积极和建设性参与联合国人权机构各项工作。

3月3～28日，人权理事会在日内瓦举行第25次会议。其间，举行了高级别会议，与人权高级专员皮雷以及粮食权、文化权、宗教信仰自由、朝鲜、缅甸等特别机制进行对话，举行“儿童享有司法公正”、“在联合国促进预防方式”等专题研讨会，核可中国、沙特、以色列等15国国别人权审查报告，通过42项决议、决定和主席声明。

6月10～27日，人权理事会在日内瓦举行第26次会议。其间，与人权高级专员皮雷以及极端贫困、法外处决、法官与律师独立性问题等特别机制进行对话，举行“妇女权利”、“通过技术合作和能力建设促进残疾人权利”等专题讨论会，核可新西兰、阿富汗、智利等14国国别人权审查报告，通过34项决议和决定。

9月8～26日，人权理事会在日内瓦举行第27次会议。其间，与新任人权高级专员侯赛因以及安全饮用水、促进民主国际秩序、当代形式奴隶制等人权特别机制进行对话，举行“历史教育与纪念进程”、“数字时代的隐私权”、“保护家庭及其成员”等专题讨论会，核可挪威、朝鲜、葡萄牙等14国国别人权审查报告，通过36项决议和主席声明。

中国代表团积极参与上述会议，宣传中国人权主张、政策举措和成就，参加各项议题讨论和决议草案磋商，反映发展中国家合理主张，推动人权理事会公正、客观处理各类人权问题。

3月20日，人权理事会核可中国第二轮国别人权审查报告。中国常驻日内瓦代表吴海龙大使率团与会，香港、澳门特区政府派代表作为中国政府代表团成员参加。中国接受了各国提出的252条建议中的204条，占总数的81%，涉及减贫、教育、司法改革等20多个领域，展示了中国开放、积极和认真的态度，受到一致好评。

1月27日至2月7日、4月28日至5月9日、10月27日至11月7日，人权理事会国别人权审查工作组第18、19、20次会议在日内瓦举行，对意大利、挪威、新西兰、伊朗、埃及、卡塔尔、哈萨克斯坦、埃塞俄比亚、智利等42国进行审查。中国积极主动参与有关审查，客观评价接受审查国家人权状况，提出建设性建议。

中国还积极参与人权理事会下属的发展权工作组、和平权工作组、社会论坛、工商业与人权论坛等机制工作，阐述相关主张，发挥了建设性作用。

2月24～28日、8月8～12日，人权理事会咨询委员会第12、13次会议在日内瓦举行，中国专家张义山出席，参与了“通过体育运动和奥林匹克理想促进人权”等重要人权专题研究工作。

10月7日至11月26日，第69届联合国大会第三委员会在纽约联合国总部举行。会议与人权高级专员进行对话，审议人权、社会发展、妇女、预防犯罪和刑事司法等议题并通过63项决议。中国常驻联合国副代表王民大使在人权议题下作综合性发言，介绍中国在人权问题上的政策主张和发展成就，强调中国人权事业必须按照中国国情和人民要求来发展。中国共产党十八届四中全会就全面推进依法治国作出战略部署，将进一步提升中国人权保障法治化水平。会议中，中国代表团全面深入参与各议题讨论及决议磋商，阐述中国立场和主张，对针对朝鲜、伊朗等国的国别人权决议投了反对票。

1月21～30日和2月7日、5月19～28日和6月6日，联合国非政府组织委员会2014年届会和续会分别在纽约联合国总部举行。中国作为委员会成员出席会议。会议审议了882个非政府组织的申请和有关组织的408份四年期报告，决定授予383个组织经社理事会咨商地位。中国人民对外友好协会、中国计划生育协会、中华环保协会和香港女工商及专业人员联合会等组织的四年期活动报告获得通过。中国和平发展基金会获得经社理事会特别咨商地位。2014年4月23日，中国成功当选联合国非政府组织委员会2015～2018年度成员。

（2）与联合国人权机制合作

2014年，中国继续致力于与联合国人权事务高级专员及其办公室开展合作。6月，外交部长王毅致信联合国新任人权事务高级专员扎伊德·侯赛因，祝贺其当选。中国并向人权高专办公室重申2014～2017年将大幅增加向其捐款。中国还及时答复人权理事会特别机制来文。

中国重视国际人权文书对促进和保护人权的积极作用，已加入包括《经济、社会和文化权利国际公约》在内的26项国际人权条约。中国继续与有关人权条约机构加强合作，认真履行已加入的条约义务。5月8日，中国执行《经济、社会和文化权利国际公约》第二次报告顺利接受联合国经济、社会和文化权利委员会审议。中国常驻日内瓦代表吴海龙大使率团参加，香港、澳门特区政府派代表作为中国政府代表团成员参加。审议中，委员会专家积极评价中国履约成绩，肯定中国根据自身国情制定的各项政策措施。中国代表团本着开放务实的态度与委员会专家互动，高效回答了专家们提出的110个问题，被委员会专家誉为“审议典范”。

（3）开展国际人权领域对话与交流

2014年，中国继续在平等和相互尊重的基础上开展国际人权对话与交流。中国与英国、欧盟、德国、澳大利亚、新西兰等举行人权对话与交流，与澳大利亚开展人权技术合作，增进了相互了解。中国与俄罗斯举行人权事务磋商，与老挝、斯里兰卡进行人权交流，分享参与国际人权工作经验。

11月18～22日，第14届亚欧非正式人权研讨会暨指导委员会会议在越南河内举行，主题为“工商业与人权”。中国政府派团参会，与亚欧40多国官方和民间代表进行交流。

2014年是“国家尊重和保障人权”写入中国《宪法》十周年。《中国“人权入宪”十年（2004—2014）》一书出版，全面介绍“人权入宪”十年来中国促进和保障人权取得的巨大成就。

4. 社会领域

（1）国际难民保护

联合国难民事务高级专员公署（简称“难民署”）于1951年成立，负责保护难民并促使难民问题的永久解决，总部位于瑞士日内瓦。现任难民事务高级专员古特雷斯（葡萄牙籍）于2005年6月上任，

2010年连任，任期至2015年。

中国是联合国《1951年关于难民地位公约》及其《议定书》的缔约国，高度重视难民保护问题，严格履行应尽义务。2014年，中国政府继续积极支持国际难民保护工作，与难民署保持良好合作关系。

2014年9月29日至10月3日，联合国难民执行委员会第65次会议在瑞士日内瓦举行。会议讨论了国际难民保护、难民署2014～2015双年度预算等议题，期间还举行了非洲难民问题高级别会议。中国驻日内瓦代表团团长吴海龙大使出席会议并发言，强调要努力维护和平，坚持用和平方式解决争端，促进共同发展，加大对妇女、儿童等弱势群体的保护，并宣介中国在难民保护方面所做工作。

（2）妇女权益保护

联合国妇女地位委员会于1946年成立，是联合国经社理事会职司委员会之一，也是联合国系统处理妇女问题的主要机构。该机构职责是促进妇女在政治、经济、社会及教育等方面实现男女平等，就有关妇女权益问题向经社理事会提出建议。现有成员45个，由经社理事会按地区分配原则选举产生，任期4年。中国于1972年首次当选妇女地位委员会成员，之后连选连任至今。中国积极参与该委员会的各项活动。

2014年3月10～21日，第58届联合国妇女地位委员会在纽约联合国总部举行，就各国和各区域落实《北京宣言》和《行动纲领》及妇女问题特别联大成果文件进行一般性辩论，就优先议题“实现千年发展目标中的有关妇女和女童目标的进展和挑战情况”、审查议题“妇女接受教育培训，特别是科技教育”和新出现问题“平等获得生产资料”举行高级别圆桌会议和专题讨论。中国代表团团长王民大使在一般性辩论中发言，积极宣传中国在妇女事业方面的成就和主张，支持在2015年后发展议程中单独设立妇女赋权目标，强调关注妇女经济发展和减贫等领域，在有关就业、卫生、教育等相关目标中充分考虑妇女需要，呼吁各国加强妇女领域国际发展合作，并在发言中专门就“慰安妇”问题敦促日本政府承担起应尽的责任。

自2011年1月1日正式运作以来，联合国妇女署推动世界妇女事业及联合国系统性别主流化进程取得长足进展。2013年，联合国副秘书长姆兰博-努卡担任妇女署新一届执行主任，妇女署执行局审议通过了2014～2017年战略规划，确定未来一个阶段的发展方向和业务重点。妇女署着眼2015后发展议程制订，主张将性别平等和妇女赋权设为独立目标，并重点关注消除对妇女暴力、妇女发展以及妇女参与决策。2013年9月，妇女署启动《北京宣言》和《行动纲领》20周年（简称“北京+20”）评估审查工作，要求各国政府和地区委员会在国家、地区层面开展相应的评审工作。

中国积极参与联合国性别机构改革进程和联合国妇女署的建章立制，并于2013年成功连任联合国妇女署执行局成员。2014年5月，中国向妇女署按期提交审评国别报告。

（3）劳工权益保护

国际劳工组织成立于1919年，1946年成为联合国负责劳工事务的专门机构。总部设在瑞士日内瓦，现有185个成员。成员国代表团按“三方性”原则由政府、雇主组织和工人组织的代表组成，三方代表有平等独立的发言权和表决权。主要机构有国际劳工大会、理事会和国际劳工局。国际劳工大会为该组织的最高权力机构，理事会为大会闭会期间的执行机构，国际劳工局是该组织常设秘书处。总干事盖·瑞德（英国籍）于2012年就任，任期五年。

中国是国际劳工组织的创始会员国，也是理事会政府组的常任理事国。1971年中国恢复在该组织的合法席位。1983年，中国派团出席第69届国际劳工大会，正式恢复在国际劳工组织中的活动。中国重视并积极参与国际劳工组织的各项活动，与其保持着良好的合作关系。

2014年，中国政府派团参加了国际劳工组织第320、321、322届理事会和第103届国际劳工大会等活动。

5月28日至6月12日，人力资源和社会保障部副部长邱小平率中国三方代表出席第103届国际劳工大会。在6月2日的理事会换届选举会议上，中国工人代表、中华全国总工会副主席江广平高票成功连任工人组正理事，中国雇主副代表、企业联合会国际劳工事务专员刘寒松成功连任雇主组副理事。中国代表团介绍了中方多渠道扩大就业、加强对就业人员保护的政策措施，呼吁成员国创造更多更高质量的就业，强化劳务移民输出国与输入国的共同责任，加强监管私营招聘机构，创造公平劳务移民的良好环境。

（4）联合国互联网治理论坛

联合国互联网治理论坛（简称“IGF”）是根据联合国信息社会世界峰会突尼斯阶段峰会的决定于2006年成立的。该论坛是多利益攸关方参与机制，专门讨论互联网全球治理框架问题，为期五年。2010年10月，第65届联合国大会讨论并决定延续该论坛。

2014年9月1～5日，联合国互联网治理论坛第九届会议在土耳其伊斯坦布尔举行，会议主题为“连接五大洲，加强多利益攸关方”，共设互联网促进增长与发展、IGF与互联网生态系统的未来、关键资源管理等八个分议题，土耳其交通、海事和通讯部长埃尔文，联合国负责经社事务的助理秘书长盖斯，国际电信联盟秘书长赵厚麟以及来自155个国家约3500名政府、私营部门、学术机构和非政府组织代表参会。中国代表团与会并积极宣介中方在互联网治理方面的政策主张和做法。

5. 中国与联合国专门机构

（1）世界卫生组织

世界卫生组织（简称“世卫组织”）创建于1948年，是联合国专门机构，系国际卫生工作的指导和协调机构，总部位于瑞士日内瓦。现有193个会员国和2个准会员国。世卫组织的最高权力机构为世界卫生大会，由全体会员国代表组成，每年举行例会。执行委员会是世界卫生大会的执行机构，由34名执行委员组成，名额按地域分配原则，由世卫组织区域委员会选出。

现任总干事为陈冯富珍（中国籍），2012年5月连任，任期至2017年6月30日。

中国是世卫组织创始国之一。1972年第25届世界卫生大会恢复中国在该组织的合法席位。此后，中国出席了历届世界卫生大会，多次当选执委会委员。

2014年1月20～25日，世卫组织执委会第134届会议在瑞士日内瓦召开。34个执委会成员国、71个非执委会成员国及联合国相关机构、区域经济组织、非政府组织等代表共约600人与会。中国政府派代表团与会。会议讨论了世卫组织改革、全球疫苗行动计划、非传染性疾病、千年发展目标、打击假药、基本药物、传统医学等议题。

5月17～23日，第67届世界卫生大会在瑞士日内瓦举行。来自180多个世卫组织成员国、相关国际组织和非政府组织等共约3300人参会。大会审议27项卫生技术议题和世卫组织与非国家行为者等30项行政、规划和管理议题，最终通过了32项决议和决定。大会通过由中国提出的“传统医学”和“获得基本药物”的两项决议。国家卫生和计划生育委员会副主任王国强率团出席会议，并在主题为“气候与健康之间的联系”一般性辩论中发言，介绍中国应对气候变化、制定实施气候变化与健康相关规划等工作。

7月2～9日，世卫组织总干事陈冯富珍访华。国务院总理李克强、副总理刘延东、全国人大常委会副委员长陈竺、外交部长王毅、国家卫生和计划生育委员会主任李斌、国家食品药品监管总局局长张勇等分别会见。

9月，中国向世卫组织紧急提供200万美元现汇援助，用于应对埃博拉疫情。

（2）国际电信联盟

国际电信联盟（简称“国际电联”）成立于1865年，是联合国专门机构，总部位于瑞士日内瓦，现有193个成员国。全权代表大会是国际电联最高权力和政策制定机构，每四年召开一次。理事会是该组织管理机构，由48个成员国组成。中国是国际电联成员国并担任理事会成员，一直积极参加国际电联各项活动。

2014年10月，国际电信联盟第19届全权代表大会在韩国釜山召开。171个成员国、部门成员及相关国际组织共2500多名代表与会。工业和信息化部长苗圩率团出席。会议就互联网及网络安全、物联网、未来四年战略规划和财务规划等多项议题达成共识，对国际电联未来工作和发展、全球信息通信发展产生积极影响。中国籍国际电信联盟副秘书长赵厚麟在大会上当选国际电联秘书长，2015年1月1日上任，任期至2018年底。

（3）国际海事组织

国际海事组织成立于1959年，原名“政府间海事协商组织”，1982年更名为“国际海事组织”，是联合国负责海上航行安全和防止船舶造成海洋污染的专门机构，其通过的条约对国际航运行为具有强制约束力。现有170个成员国和3个联系会员（中国香港、中国澳门和法罗群岛）。秘书处设在英国伦敦，现任秘书长关水康司（日本籍）于2012年1月1日上任，任期4年。

中国于1973年恢复在国际海事组织中的成员国地位，并从1989年起连续担任该组织A类理事国至今。中国批准或加入了该组织几乎所有的重要公约。

2014年，国际海事组织召开第112届和第113届理事会，以及第93届海上安全委员会、第66届海上环境保护委员会等委员会会议和相关分委会会议。中国代表团出席上述会议，积极参与国际海运温室气体减排、成员国审核机制、客船安全、打击海盗等重点议题讨论以及有关条约制订谈判进程。

（4）国际民航组织

国际民航组织于1947年成立，是联合国系统中负责处理国际民航事务的专门机构，现有191个成员国，总部设在加拿大蒙特利尔。按照《国际民用航空公约》授权，制定并更新航行方面的国际技术标准和建议措施。

国际民航组织的最高权力机构是所有成员国参加的大会，每三年召开一次。大会的常设机构为理事会，由36个理事国组成，理事国可连选连任。理事会设主席职位，任期三年，可连任两次。现任理事会主席为阿留（尼日利亚籍），任期为2013～2016年。国际民航组织还设秘书长，现为雷蒙·邦雅曼（法国籍），任期为2012～2015年。

中国自1974年恢复在国际民航组织活动以来，在历届大会选举中连选连任二类理事国，在2004年第35届大会首次成功竞选担任一类理事国，并于2007、2010年、2013年成功连任。

2014年9月，国际民航组织理事会主席阿留来华参加在郑州举行的2014年国际民航组织航空货运论坛，国家民航局局长李家祥、外交部副部长李保东分别会见。

10月，国际民航组织秘书长雷蒙·邦雅曼来华参加在昆明举行的国际民航组织低成本航空运输研讨会。国家民航局局长李家祥会见。

（5）联合国教科文组织

联合国教科文组织（简称“教科文组织”）1946年成立，总部设在法国巴黎。现有195个会员国，9个准会员。该组织旨在通过教育、科学及文化促进各国间合作，对和平与安全作出贡献。现任总干事伊琳娜·博科娃（保加利亚籍）女士于2009年10月当选，2013年11月连任，任期至2017年。

中国是教科文组织20个创始国之一，1971年恢复在该组织的合法席位。教科文组织是中国教育、科学和文化领域对外开放的重要合作伙伴，中方始终重视与该组织的合作，积极参与其各项重要项目和活动。2014年，双方合作得到进一步提升。

2014年3月27日，国家主席习近平访问教科文组织，会见博科娃总干事并发表重要演讲，全面阐述对文明交流互鉴的看法和主张。习近平主席夫人彭丽媛接受该组织授予的“促进女童和妇女教育特使”荣誉称号。

6月2日，国际工程与技术科学院理事会、中国工程院和教科文组织在北京联合举办2014年国际工程科技大会。大会主题为“科技与人类未来”，来自全球30多个国家的1500人与会。习近平主席出席大会并发表题为《让工程科技造福人类、创造未来》的主旨演讲。

6月15～25日，教科文组织第38届世界遗产委员会会议在卡塔尔多哈召开。中国的丝绸之路、大运河和南方喀斯特（二期）等三个项目成功列入《世界遗产名录》。至此，中国世界遗产总数达到47项，位居全球第二，仅次于拥有50项世界遗产的意大利。

9月18日，国务院副总理刘延东访问教科文组织，会见博科娃总干事并出席“丝绸之路与创意城市展”开幕式。

（6）世界知识产权组织

世界知识产权组织（简称“产权组织”）成立于1967年，1974年成为联合国专门机构，是致力于促进使用和保护人类智力作品的国际组织，现有185个成员国。中国于1980年加入世界知识产权组织，始终与该组织保持友好合作关系。

2014年5月8～9日，世界知识产权组织第53届成员国大会在日内瓦召开。国家知识产权局副局长何志敏率团出席。会议正式任命弗朗西斯·高锐（澳大利亚籍）为新任总干事，任期六年。

7月10日，世界知识产权组织中国办事处正式揭幕。这是继该组织在新加坡、日本、巴西设立办事处，在美国设立协调办公室后的又一新增驻外机构。办事处将为政府部门和机构提供法律和技术援助，为其更加高效地运用《专利合作条约》、商标国际注册马德里体系等提供帮助。

7月9～12日，世界知识产权组织总干事高锐访华，出席该组织中国办事处揭幕仪式。11日，国务院总理李克强会见高锐，就深化双方合作交换看法。

9月22～30日，世界知识产权组织第54届成员国大会在日内瓦召开。国家知识产权局局长申长雨率团出席，介绍中方知识产权事业发展成就，积极评价中方与产权组织合作，就产权组织工作提出建议，树立中方知识产权国际合作积极参与者和贡献者形象。会议批准世界知识产权组织新一届高级管理团队名单，包括四位副总干事和四位助理总干事。中国籍副总干事王彬颖成功连任。

（7）万国邮政联盟

万国邮政联盟（简称“万国邮联”）成立于1874年，目前有192个成员国，是有关国际邮政事务的联合国专门机构，总部设在瑞士伯尔尼。该组织旨在促进、组织和改善国际邮政业务，并向成员提供邮政技术援助。中国于1914年加入万国邮联，1972年恢复合法席位。自1974年以来，中国当选历届邮政经营理事会理事国，除两届轮空外，均当选行政理事会理事国。

2014年3月31日至4月11日，万国邮联邮政经营理事会在瑞士伯尔尼召开，会议主要讨论了函件包裹终端费未来的制定原则、邮政运输与安全、海关通关、邮政顶级域名、邮政技术与标准等问题。国家邮政局派团出席会议。

10月27日至11月14日，万国邮联行政理事会在瑞士伯尔尼召开，会议围绕邮联改革、法规修改、发展战略、技术合作与发展等问题进行了研讨。国家邮政局派团出席会议。

（8）联合国开发计划署

联合国开发计划署（UNDP）成立于1965年，是联合国系统最大的多边无偿援助机构。其前身为1949年设立的"技术援助扩大方案"和1958年设立的"联合国特别基金"。UNDP旨在向发展中国家和地区提供资金和技术援助，以促进其以人为中心的经济和社会可持续发展。

联合国开发计划署/联合国人口基金执行局2014年第一次常会、年会、第二次常会分别于1月27～31日、6月23～27日、9月2～5日在纽约举行，审议了署长报告、2014～2017年战略计划、人类发展报告、供资状况、财政预算和管理、国别方案、评估事项及项目计划安排等议题。

2014年6月3日，外交部与开发署驻华代表处共同举办2015年后发展议程国际研讨会，外交部副部长李保东出席并发表主旨讲话，国内相关部委，联合国系统、各国驻华大使馆及专家学者代表等共70余人与会。

（9）联合国工业发展组织

联合国工业发展组织（简称"工发组织"）成立于1966年，1985年6月成为联合国专门机构，旨在通过工业发展推进扶贫和环境友好型经济增长，提高全世界人民，尤其是最贫困国家人民的生活水平和生活质量。工发组织是联合国系统促进可持续工业发展和国际工业合作的专门机构，通过发挥其全球论坛职能及与发展中国家技术合作等活动，主要开展三大核心业务：减贫、贸易能力建设、能源和环境。

2014年11月25～27日，工发组织第42届理事会在维也纳召开，审议了总干事报告、预算委员会报告、2016～2019年中期方案临时纲要，以及工发组织推动落实《利马宣言》的有关情况。

2014年12月，中国政府与工发组织签署《中华人民共和国政府与联合国工业发展组织2014—2016年战略合作框架》，为双方进一步深化合作指明了道路。

（10）联合国人口基金

1969年，"联合国人口活动基金"成立，1987年正式定名为"联合国人口基金"（简称"人口基金"），属联合国经社理事会下属机构。人口基金的主要职能包括加强成员国能力建设，以对人口和计划生育领域的需求作出反应；促进发展中国家和发达国家提高人口意识及制订解决人口问题的战略；应发展中国家要求，采用适合其国情的方法帮助其解决人口问题；在联合国系统的人口领域发挥主导作用，负责协调由人口基金支持的方案和项目。

联合国开发计划署/联合国人口基金执行局2014年第一次常会、年会、第二次常会分别于1月27～31日、6月23～27日、9月2～5日在纽约举行，审议了执行主任年度报告、2014～2017年全球与区域干预措施战略框架、供资承诺、国别方案和评估政策等议题。

2014年9月21～23日，国际人口与发展大会行动纲领2014年后后续行动联合国大会特别会议在纽约联合国总部举行，会议回顾和总结了20年来人口与发展领域的经验和教训，审议了国际人口发展大会行动纲领2014年后后续行动框架报告。国家卫生和计划生育委员会主任李斌率团出席会议并发言。

（11）联合国人居署

1978年，联合国人居中心成立。2001年12月，联合国大会第56/206号决议决定将联合国人居中心升格为联合国人居署，旨在促进社会和环境方面可持续性人居发展，达到为所有人提供合适居所的目标。

联合国大会2011年第66/207号和2012年第67/216号决议决定召开联合国第三届住房和可持续城市发展大会（简称“人居三”）。“人居三”将回顾过去20年各国在住房和城市建设领域取得的进展，制定《新城市议程》，为今后20年世界城市的发展确立方向和目标。

2014年12月19日，联大通过决议，决定2016年10月在厄瓜多尔首都基多举办“人居三”。目前，“人居三”已举行一次筹备会议，还将于2015年4月及2016年7月分别在肯尼亚和印度尼西亚举办第二次和第三次筹备会。

（12）联合国儿童基金会

联合国儿童基金会（UNICEF）成立于1946年12月11日，当时称联合国国际儿童紧急基金会。1953年改称联合国儿童基金会，简称“儿童基金”或“儿基会”，英文缩写保留“UNICEF”。儿基会致力于全球儿童的生存、发展和保护，主要援助对象是发展中国家的儿童，重点在儿童保健、营养、教育、福利、妇女发展、安全饮用水等领域。

儿基会执行局2014年第一次常会、年会、第二次常会分别于2月4～6日、6月3～6日、9月9～12日在纽约举行，审议了执行主任年度报告、2014～2017年战略计划、综合预算、国别方案等议题。

（13）联合国环境规划署

联合国环境规划署（简称“环境署”）于1973年1月成立，总部设在肯尼亚首都内罗毕。宗旨为促进环境领域国际合作，在联合国系统内提供有关环境规划总政策的指导和协调并审查世界环境状况、提出政策建议等。

中国自1973年以来一直是环境署理事会成员。1976年，中国在内罗毕设立驻联合国环境规划署代表处，由中国驻肯尼亚大使兼任代表。长期以来，中国与环境署保持良好合作关系。2003年9月，环境署在北京设立代表处。

2014年6月23～27日，联合国环境规划署首届联合国环境大会在肯尼亚首都内罗毕举行。本次会议是联合国环境署理事会升格为联合国环境大会（实行普遍会员制，联合国会员国均可参加）后的首次会议。会议主要目标和任务是，落实联合国可持续发展大会成果文件中关于提升和加强环境署的相关要求，讨论环境署未来的机制安排和议事规则。环境保护部部长周生贤率中国政府代表团出席会议。

（14）联合国粮食及农业组织

联合国粮食及农业组织（简称“粮农组织”）成立于1945年，属联合国专门机构。宗旨是提高各国人民的营养水平和生活水准；提高所有粮农产品的生产和分配效率；改善农村人口的生活状况，促进世界经济的发展，并最终消除饥饿和贫困。

2013年4月，粮农组织总干事格拉齐亚诺向在罗马召开的粮农组织第146届理事会会议提交2014～2015年《工作计划和预算》。6月，粮农组织第38届大会在罗马举行，通过了2014～2015年粮农组织《工作计划和预算》。2014年11月，粮农组织与世界卫生组织在罗马联合举办第二届国际营养大会，会议一致通过《营养问题罗马宣言》和《行动框架》。

中国为粮农组织创始成员国之一，自1973年恢复在该组织席位以来，一直是理事会成员。中国与粮农组织合作良好。粮农组织积极支持中国农村改革和农业发展，中国也积极履行成员国义务，广泛参与和支持粮农组织活动。2014年10月，国务院总理李克强访问粮农组织总部并发表题为《依托家庭经营推进农业现代化》的演讲。其间，李克强总理会见格拉齐亚诺总干事，表示向粮农组织提供5000万美元额外捐款用于开展农业南南合作。

（15）国际农业发展基金

国际农业发展基金（简称“农发基金”）于1978年开始业务活动。宗旨是通过筹集资金，以优惠条件提供给发展中的成员国，用于发展粮食生产，改善人民营养水平，逐步消除农村贫困。

2014年2月，农发基金第37届理事会在意大利罗马举行，主要议题为关注小型家庭农场的发展。8月，“中国与农发基金第六届南南合作研讨班”在莫桑比克首都马普托举办。

中国1980年正式加入农发基金，一直与其合作良好，是农发基金最大的受援国之一。同时，中国积极发挥成员国的作用，在认捐等问题上给予农发基金积极支持。1993年以来，除1996年和2005年外，中国一直担任农发基金执行董事（2005年任副执行董事）。

（16）世界粮食计划署

世界粮食计划署（WFP）是联合国系统中负责多边粮食援助活动的专门机构，1963年正式开展业务。宗旨是以粮食为主要手段帮助受援国改善粮食自给制度，消灭饥饿和贫困。其总部设在意大利罗马。成员为联合国全体会员国。

2014年6月，世界粮食计划署执行局2014年年会，审议通过2013年年度报告、新的融资框架以及合作伙伴战略（2014～2017）等。

中国于1979年正式参加WFP活动。1987年以来，中国一直担任粮食援助政策和计划委员会（执行局前身）成员。1995年起，一直是执行局成员（2008年除外）。2006年起，WFP结束其在华常规粮援项目，中国从受援国转变为捐赠国，并逐渐加大对世界粮食计划署的支持力度。

（17）世界气象组织

世界气象组织成立于1950年，是开展气象业务和气象科学合作活动的政府间国际组织，其宗旨是促进国际气象合作，进行气象、水文以及与气象有关的地球物理观测，促进气象情报交换，鼓励气象及有关领域内的研究和培训等。

中国是1947年《世界气象组织公约》签字国之一。自1973年起，中国一直是世界气象组织的执行理事会成员。中国与该组织关系良好，该组织历届主席、秘书长及许多高级官员曾多次访华，受到中国领导人的接见。

2014年6月，世界气象组织执行理事会第66届会议在瑞士召开。会议讨论了全球气候服务框架、2012～2015年战略计划的实施、2016～2019年战略运行计划和预算、第59届国际气象组织奖和相关奖项、第17次世界气象大会的筹备以及大城市和城市群如何应对气候变化、极端事件、大气污染等事宜。中国气象局局长郑国光率中国代表团与会。

（18）世界贸易组织

中国重视世界贸易组织的作用，坚定维护多边贸易体制，反对贸易保护主义，敦促主要经济体秉持开放政策，支持世界贸易组织加强对贸易政策的监督，并通过二十国集团布里斯班峰会、亚太经合组织第22次领导人非正式会议等重要多边国际会议呼吁各国加强对贸易问题的关注，支持多哈回合谈判。

2014年11月，世界贸易组织一揽子通过《贸易便利化协定》议定书、《关于粮食安全问题的决定》和《关于“后巴厘”工作的决定》等三份总理事会决定，全面恢复巴厘岛协议实施工作，重启了“后巴厘”谈判进程。

世界贸易组织总干事阿泽维多重视中国作用，于2014年11月访华。

（二）中国与其他国际和地区组织、会议

1. 国际红十字组织

国际红十字组织包括红十字国际委员会（简称“国际红会”）和红十字会与红新月会国际联合会（简称“国际联合会”）。

国际红会成立于1863年，是国际红十字与红新月运动的发起者和创始组织，主要依据《日内瓦公约》所赋予的职责和权力，向战争和武装冲突受害者提供人道主义保护和救助，致力于发展和传播国际人道法。总部设在瑞士日内瓦。现任主席彼得·莫雷尔（瑞士籍）于2012年就任，任期至2017年。

国际联合会成立于1919年。主要负责宣传红十字运动原则，救灾，备灾，与各国红十字会或红新月会合作开展各项人道主义工作。总部设在瑞士日内瓦。现任主席近卫忠辉（日本籍）于2009年就任，2013年连任，任期至2017年。

2014年8月29日，中国外交部和国际红会在北京共同主办《改善战地武装部队伤者病者境遇之日内瓦公约》缔结150周年研讨会。外交部副部长王超、中国红十字会常务副会长赵白鸽、国际红会主席莫雷尔出席会议并致辞。

8月29～30日，国际红会主席莫雷尔访华，中国红十字会会长华建敏、中国社会科学院院长王伟光、外交部副部长李保东同其会见。

9月22日，中国人民解放军和国际红会在陕西省西安市共同举办“军事行动国际规则高级研讨班”。中国人民解放军总政治部副秘书长晏军少将、中国红十字会副会长郝林娜、国际红会大会委员桑多出席开幕式并致辞。

10月21日，外交部副部长李保东同来华出席第九届国际联合会亚太地区大会的国际联合会秘书长阿西会见。

10月22～24日，第九届国际联合会亚太地区大会在北京举行。国务委员王勇，中国红十字会会长华建敏，国际联合会副主席赵白鸽、副主席卢卡、秘书长阿西，国际红会常务副主席贝莉出席。

10月24日，中国人民解放军总政治部副主任吴昌德上将同来华出席第九届国际联合会亚太地区大会的国际红会常务副主席贝莉会见。

12月5～7日，国际红会和中国吉林大学法学院在吉林联合举办第八届高校间红十字“国际人道法”模拟法庭竞赛。

2. 国际移民组织

国际移民组织成立于1951年，是移民领域唯一的全球性政府间国际组织，总部设在瑞士日内瓦，现有157个成员国。宗旨是在世界范围内确保移民有序流动，并协助有关国家处理移民问题。现任总干事斯温（美国籍）于2008年10月上任，2013年6月连任，任期至2018年。

2001年，中国成为国际移民组织观察员国。2006年9月，中国与国际移民组织签署协议，正式同意其在华设立联络处。双方合作顺利，共同开展两期中国移民管理能力建设项目，取得良好效果。2014年，中国政府继续积极支持国际移民领域工作，与国际移民组织保持良好合作关系。

2014年5月17～26日，斯温总干事访华，出席在上海举行的亚信第四次峰会。26日，外交部副部长李保东会见斯温，就国际移民形势与加强双方合作交换意见。

2014年11月25～28日，国际移民组织第105届理事会会议在瑞士日内瓦举行。中国驻日内瓦代表团大使吴海涛率团以观察员国身份出席，就应对国际移民问题阐述中方立场，并介绍中国移民管理政策举措。

3. 亚洲太平洋邮政联盟

亚洲太平洋邮政联盟（简称“亚太邮联”）是区域性政府间国际邮政组织，成立于1962年，总部设在泰国曼谷，现有32个成员国。中国于1975年加入该组织。

2014年9月15～19日，亚太邮联2014年执行理事会年会在斯里兰卡科伦坡召开。会议主要审议亚太邮联行政部、培训部和亚太邮政合作机构的工作报告，并就函件、包裹、金融、电子业务等议题进行讨论。国家邮政局派团出席会议。

4. 中国环境与发展国际合作委员会

中国环境与发展国际合作委员会（简称“国合会”）是中国政府在环境领域的高级国际咨询机构，成立于1992年，主要职责是针对中国环境与发展领域的重大问题进行研究，开展政策示范和项目示范，向中国政府提出政策建议，促进中国可持续发展与决策科学化。国合会每四年改选一届，现任主席为国务院副总理张高丽，委员包括中外政府部门官员和国内外环境与发展领域的知名专家。

2014年12月1～3日，国合会2014年年会在北京召开，主题是“绿色发展的管理制度创新”。国合会主席、国务院副总理张高丽出席会议开幕式并发表主旨讲话。国合会中外方委员、有关国家和国际组织代表、专家学者等参加会议。会议听取了中外专家关于环境与发展领域的政策报告，并讨论通过给中国政府的相关政策建议。

5. 国际可再生能源署

国际可再生能源署于2009年1月在德国波恩成立，系政府间国际组织，总部设在阿拉伯联合酋长国首都阿布扎比。其宗旨是推广可再生能源的使用，提供可再生能源发展的信息服务和政策咨询，促进可再生能源开发的技术转移等。

2009～2013年，中国以观察员身份参与了国际可再生能源署的历次筹备委员会会议和前三届全体大会。2013年6月，中国国家能源局向国际可再生能源署提出加入申请。2013年11月，外交部长王毅签署加入书。中国于2014年1月2日正式成为国际可再生能源署成员。

2014年1月18～19日，中国首次以正式成员国身份参与国际可再生能源署第四届全体大会。国家能源局副局长刘琦在会上发言，提出希望国际可再生能源署加快推进全球可再生能源技术进步，制定自由的可再生能源技术和产品贸易规则，反对贸易保护主义，并介绍中国在可再生能源领域所做的工作。

6. 亚太经济合作组织

亚洲太平洋经济合作组织（简称“APEC”）是亚太地区级别高、领域广、影响力大的经济合作机制，成立于1989年，以加强多边贸易体制，消除区域贸易壁垒为宗旨。经过20多年的发展，APEC合作领域延伸至投资、金融、能源、农业、科技、电信、交通、旅游、人力资源，以及反恐、防灾减灾、反腐败、卫生等诸多领域。截至2014年年底，APEC共有21个成员及3个观察员。成员分别为澳大利亚、文莱、加拿大、智利、中国、中国香港、印度尼西亚、日本、韩国、马来西亚、墨西哥、新西兰、巴布亚新几内亚、秘鲁、菲律宾、俄罗斯、新加坡、中国台北、泰国、美国、越南。观察员分别是东盟秘书处、太平洋经济合作理事会和太平洋岛国论坛秘书处。APEC主要活动包括领导人非正式会议、部长级会议、高官会以及委员会、工作组会议等。

中国重视APEC的作用，一直支持并积极参与各层次、各领域的合作，并为合作不断取得进展作出重要贡献。中国支持APEC推进自身改革和机制建设、增强效率和效用，提高在应对重大国际经济问题方面的相关性、针对性和时效性，不断增强在区域合作中的影响力。

2014年11月10～11日，亚太经合组织第22次领导人非正式会议在中国北京成功举行。这是继2001年在上海办会后，中国时隔13年再次主办APEC领导人非正式会议。此次会议以“共建面向未来的亚太伙伴关系”为主题，重点讨论了“推动区域经济一体化”、“促进经济创新发展、改革与增长”和“加强全方位基础设施与互联互通建设”等议题，发表了《北京纲领：构建融合、创新、互联的亚太——亚太经合组织第二十二次领导人非正式会议宣言》和四个附件。宣言内容主要包括上述三大重点议题，涵盖了数十个合作领域和上百项成果，附件分别涉及推动实现亚太自贸区北京路线图，促进全球价值链发展合作战略蓝图，经济创新发展、改革与增长共识，以及互联互通蓝图。2014年恰逢APEC成立25周年，会议还发表《共建面向未来的亚太伙伴关系——亚太经合组织成立25周年声明》，总结历史成就和经验，勾画亚太发展愿景。

国家主席习近平出席并主持此次会议。习近平主席提出，应本着互信、包容、合作、共赢精神，共建面向未来的亚太伙伴关系，共同规划发展愿景，共同应对全球性挑战，共同打造合作平台，共同谋求联动发展；强调保持开放对亚太发展的重要性，指出既要深化对内开放，也要扩大对外开放，要坚持开放的地区主义理念，推动建设开放型经济新体制和区域合作构架，得到各方广泛支持和积极回应。习近平主席出席了APEC工商领导人峰会，发表题为《谋求持久发展　共筑亚太梦想》的主旨演讲，呼吁各方为本地区人民创造和实现亚太梦想，共同建设亚太伙伴关系，打造开放型亚太经济格局，发掘经济增长新动力，勾画全方位互联互通蓝图；并强调当前中国经济呈现出新常态，将给中国带来新的发展机遇。中国将坚定不移把改革事业推向深入。中国的发展将给亚太和世界带来巨大机会和利益。中国愿意同本地区各方携手实现亚太美好梦想。

习近平主席还出席了APEC领导人同工商咨询理事会代表对话会、APEC领导人欢迎晚宴和文艺演出、“亚太伙伴林”植树仪式、记者会等活动，并主持“加强互联互通伙伴关系”对话会。

2014年，中国作为东道主共主办超过300场APEC有关活动，包括领导人非正式会议，外交和贸易双部长会议，贸易、妇女、矿业、海洋、能源、中小企业、旅游、农业与粮食、财政等九场专业部长会议、五次高官会，以及反腐败、防灾减灾、卫生、环保等领域高级别论坛，政策对话会、研讨会，APEC各委员会、工作组会议等。全国共有20多个城市参与办会，参会及筹备人员数万人。领导人会议周与会总人数共计约14000人，包括各经济体和伙伴国注册代表7000余人，工商界代表1500人，媒体代表4000余人。

7. 上海合作组织

2014年，上海合作组织（简称“上合组织”）继续保持健康、稳定的发展势头，政治、安全、经济、人文等领域合作不断取得新进展。成员国团结互信与务实合作水平进一步提高，该组织在国际和地区事务中的影响力持续上升。

9月11～12日，上合组织成员国元首理事会第14次会议在塔吉克斯坦杜尚别举行。会议对一年来上合组织主要工作成果进行总结，广泛讨论政治、经贸和文化人文领域多边合作，就阿富汗、西亚北非及其他上合组织周边地区局势等国际和地区安全重大问题交换意见，达成广泛共识。成员国元首们共同签署《上海合作组织成员国元首杜尚别宣言》，发表《上海合作组织成员国元首理事会会议新闻公报》，见证签署《上海合作组织成员国政府间国际道路运输便利化协定》。此外，元首们还批准《给予上海合作组织成员国地位程序》和《关于申请国加入上海合作组织义务的备忘录范本》修订案，正式打开上合组织扩员大门。12月14～15日，上合组织成员国政府首脑（总理）理事会第13次会议在哈萨克斯坦阿斯塔纳举行。会议围绕落实上合组织杜尚别峰会成果，对下一阶段各领域务实合作发展作出规划，并发表《上海合作组织成员国政府首脑（总理）理事会会议联合公报》。

2014年，上合组织还举行了安全会议秘书、外交部长、国防部长、总参谋长、经贸部长、文化部长、教育部长、农业部长、司法部长会议，进一步深化和拓展了各领域合作，扩大了国际影响。

2014年，中国高度重视并全面参与上合组织框架内的各项活动，积极开展同其他成员国、观察员国和对话伙伴国的互利合作，在中方积极推动下，成员国签署《上海合作组织成员国政府间国际道路运输便利化协定》，为促进本地区互联互通发展奠定重要基础。

8．亚洲相互协作与信任措施会议

亚洲相互协作与信任措施会议（简称“亚信”）于1992年10月5日由哈萨克斯坦总统纳扎尔巴耶夫在第47届联合国大会上倡议建立。目前，亚信有26个成员国、13个观察员国，建立了峰会、外长会、高官会三级会议机制，并分别于2002年、2006年在阿拉木图，2010年在伊斯坦布尔，2014年在上海举行四次峰会。

2014年5月20～21日，亚信第四次峰会在上海举行。包括11位国家元首、1位政府首脑和10位国际组织负责人在内的47个国家和国际组织高级别代表与会。国家主席习近平出席峰会并发表重要讲话。与会各方围绕“加强对话、信任与协作，共建和平、稳定与合作的新亚洲”这一主题，就亚洲地区安全形势以及反恐、粮食安全、能源安全、网络安全、核裁军和防扩散等问题广泛交换意见。各方一致认为，亚洲各国面临的相同任务是发展，需要安全稳定的环境。各方愿发扬团结合作、同舟共济的亚洲精神，推动亚信进程，加强对话，增进互信，把亚洲建成持久和平、共同繁荣的和谐地区。各方高度评价中国为促进亚洲与世界和平、稳定、繁荣作出的重大贡献，赞赏中国坚持和平发展和睦邻友好，表示愿同中方携手努力，共建丝绸之路经济带，加强经济融合和互联互通，共同应对各种威胁和挑战，实现共同、综合、合作和可持续安全。会议通过《亚信国家元首和政府首脑第四次峰会上海宣言》。会上，中国接任2014年至2016年亚信主席国。

2014年11月4～6日，亚信特别工作组和高官委员会会议在扬州举行。此次会议是中方担任亚信主席国后举行的首次会议。外交部副部长程国平出席会议并致辞。会议围绕中方主席国工作主要设想、秘书处近期工作、各领域落实信任措施进展、对外交往等议题交换意见并通过会议记录。

9．东南亚国家联盟

2014年，中国与东南亚国家联盟（简称“东盟”）关系保持健康稳定发展势头。

11月13日，国务院总理李克强出席在缅甸内比都举行的第17次中国—东盟领导人会议。李克强总理在会上全面回顾2014年中国—东盟关系取得的进展，并在2013年提出的“2+7合作框架”的基础上，就打造更为紧密的中国—东盟命运共同体，在政治、经贸、互联互通、海上、安全、人文等领域提出一系列新倡议，得到东盟国家积极响应。

9月16～19日，第11届中国—东盟博览会和中国—东盟商务与投资峰会在广西南宁举行。国务院副总理张高丽出席开幕式并致辞。

4月7～9日，2014中国—东盟文化交流年活动在北京隆重开幕。国家副主席李源潮和国务院副总理刘延东分别会见专程来京出席文化年活动的东盟轮值主席国缅甸副总统年吞。刘延东副总理和年吞副总统共同出席开幕式并致辞。12月16～17日，中国—东盟文化交流年闭幕式在缅甸内比都举行。李源潮副主席出席闭幕式，并同缅甸总统登盛、副总统年吞、联邦议会议长兼人民院议长瑞曼分别举行会见或会谈。

8月9日，中国—东盟外长会在缅甸内比都举行，外交部长王毅出席。4月20日，第20次中国—东盟高官磋商在泰国帕塔亚举行。8月6日，中国—东盟非正式高官会在缅甸内比都举行。9月13～14日，中国—东盟特别高官会在广西桂林举行。外交部副部长刘振民出席上述高官会议，同东盟国家就中国—东盟关系和共同关心的国际地区问题交换了意见。

落实《南海各方行为宣言》（简称“《宣言》”）第七次和第八次高官会分别于4月和10月在泰国举行。落实《宣言》第10次、第11次和第12次联合工作组会议分别于3月、6月和10月在新加坡、印尼和泰国举行。会上，中国和东盟国家就进一步全面有效落实《宣言》、推进海上务实合作深入交换了意见，并在落实《宣言》框架下就“南海行为准则”（简称“准则”）举行了磋商，同意在协商一致基础上早日达成“准则”。

中国与东盟其他领域合作稳步推进。4月，第二次中国—东盟文化部长会议在越南举行。5月，第四次中国—东盟国防部长会晤在缅甸举行。7月，中国—东盟思想库网络在北京正式启动。8月，第13次中国—东盟经贸部长会议在缅甸举行。9月，中国—东盟自贸区联委会第六次会议暨首轮升级谈判和第五届中国—东盟卫生部长会议分别在越南举行。第四届中国—东盟质检部长会议在缅甸举行。第七届中国—东盟教育交流周在贵州举行。首届中国—东盟大法官论坛、首届中国—东盟网络空间论坛和首届中国—东盟警学论坛在广西举行。10月，《筹建亚洲基础设施投资银行的政府间框架备忘录》在北京签署。东盟十国均将作为创始成员加入亚洲基础设施投资银行。11月，第13次中国—东盟交通部长会议在缅甸举行。

10. 南亚区域合作联盟

南亚区域合作联盟（简称“南盟”）成立于1985年12月，包括阿富汗、孟加拉国、不丹、印度、马尔代夫、尼泊尔、巴基斯坦和斯里兰卡八个成员国。中国、日本、美国、欧盟、伊朗、韩国、毛里求斯、澳大利亚和缅甸为观察员国。

2005年11月，第13届南盟峰会原则同意接纳中国为观察员国。2006年

8月，南盟第27届部长理事会审议通过南盟观察员国指导原则，正式接纳中国为观察员国。2007年4月、2008年8月、2010年4月、2011年11月，中国以观察员国身份分别派团出席第14～17届南盟峰会。2014年11月，第18届南盟峰会在尼泊尔加德满都举行，中方代表团团长、外交部副部长刘振民出席开幕式，发表题为《深化互利合作，携手共同发展》的讲话，并在峰会期间会见南盟秘书长阿琼·巴哈杜尔·塔帕。

2014年6月，中国在昆明举行第二届中国—南亚博览会，南亚各国派团参加。南盟秘书长塔帕出席博览会开幕式，国务院副总理汪洋、外交部副部长刘振民分别会见。2014年，中方还同南盟各国举办了中国—南亚商务论坛、南亚国家政党干部研修班等合作项目。

11. 阿拉伯国家联盟

2014年，中国与阿拉伯国家联盟（简称“阿盟”）的友好合作关系取得积极发展，双方在中国—阿拉伯国家合作论坛（简称“中阿合作论坛”）框架下共同举办多项重要活动。

加强磋商与协调，不断深化政治互信

1月23日，外交部长王毅在瑞士蒙特勒会见阿盟秘书长纳比勒·阿拉比，双方就中国与阿拉伯国家关系、中阿合作论坛建设和中东地区局势等交换意见。

3月9日，第141届阿盟外长理事会通过决议，强调重视加强同中国在各领域的关系，重申阿拉伯国家支持一个中国原则。

6月4日，王毅外长在北京会见来华出席中阿合作论坛第六届部长级会议的阿盟秘书长阿拉比，双方就中阿合作论坛建设和中东地区局势等交换意见。

8月3日，王毅外长访问开罗阿盟总部，同阿盟秘书长阿拉比举行会谈，就落实国家主席习近平在中阿合作论坛第六届部长级会议开幕式上的重要讲话精神以及第六届部长级会议达成的各项成果深入交换看法。

9月7日，第142届阿盟外长理事会通过决议，强调重视加强同中国在各领域的关系，重申阿拉伯国家支持一个中国原则，对中阿合作论坛第六届部长级会议在北京成功召开表示赞赏。

进一步提升中阿集体对话与合作水平

6月3日，中阿合作共建“一带一路”专题研讨会在北京举行。外交部副部长张明、约旦前首相阿布杜·萨拉姆·马贾利、埃及前总理伊萨

姆·沙拉夫、阿盟副秘书长本·哈里等中阿双方官员、学者150余人与会。研讨会积极评价中阿合作共建“一带一路”倡议，就共建“一带一路”的原则、路径、优先领域、布局等进行深入讨论。6月4日，全国政协副主席王正伟会见出席研讨会的马贾利前首相、沙拉夫前总理等阿方代表。

6月4日，中阿合作论坛第11次高官会在北京举行。外交部副部长张明、阿盟副秘书长本·哈里以及来自21个阿拉伯国家、阿盟秘书处的高官及阿拉伯国家驻华使节出席。会议回顾和评估了论坛成立十年来的发展成就，研究了论坛的发展前景，审议了即将在北京举行的论坛第六届部长级会议相关议程和成果文件，并就共同关心的国际和地区问题进行政治磋商，为第六届部长级会议作准备。

6月5日，中阿合作论坛第六届部长级会议在北京举行，习近平主席集体会见与会阿拉伯各国代表团团长，出席会议开幕式并发表重要讲话。阿盟首脑理事会轮值主席国科威特首相贾比尔·穆巴拉克·哈马德·萨巴赫出席开幕式。王毅外长与阿盟各成员国的20名部长以及阿盟秘书长与会。会议以巩固中阿友好为基调，以共建21世纪丝绸之路为主线，以实现共同发展繁荣为目标，就新形势下加强中阿合作的重点方向、优先领域、具体举措、执行路线图达成一系列重要共识。双方签署《中国—阿拉伯国家合作论坛第六届部长级会议北京宣言》、《中国—阿拉伯国家合作论坛2014—2016年行动执行计划》、《中国—阿拉伯国家合作论坛2014—2024年发展规划》以及卫生、防治荒漠化等领域合作文件。

6月17～18日，首届“中国阿拉伯城市论坛”在福建泉州举行。全国人大常委会副委员长、中国阿拉伯友好协会会长艾力更·依明巴海，福建省人大副主任邓力平、副省长郑晓松，全国友协副会长、中阿友协副会长冯佐库，以及来自中阿10个国家36个城市的约200名代表与会。会议通过《首届中阿城市论坛宣言》及《建立“21世纪海上丝绸之路联盟”倡议书》。

9月10日，中国—阿拉伯国家友好年暨第三届阿拉伯艺术节在北京开幕，习近平主席和贾比尔首相发来贺信，国务院副总理刘延东出席开幕式。

9月10日，中阿文化部长论坛在北京举行。国务院副总理刘延东会见阿拉伯各国文化部长。文化部长蔡武和19个阿拉伯国家的政府文化代表团团长以及阿拉伯联盟代表与会。会议通过《中阿文化部长论坛北京宣言》。

10月25～31日，第三批阿拉伯国家青年代表团访华。外交部、商务部等相关部门负责人和北京外国语大学师生分别同代表团进行座谈交流。

11月18～20日，第四届中阿能源合作大会在沙特利雅得召开。来自中国和阿盟各成员国的政府官员、国际和地区能源机构代表以及双方企业界人士出席大会。

12月21～27日，第二批阿拉伯国家专家学者团访华。外交部副部长张明会见，外交部相关部门、中国社会科学院西亚非洲研究所、中国国际问题研究院、北京大学、上海外国语大学“中阿合作论坛研究中心”等单位负责人和专家学者分别就中国与阿拉伯国家关系、中阿合作共建“一带一路”、地区形势和热点问题等同代表团进行座谈交流。

12. 海湾合作委员会

2014年，中国和海湾阿拉伯国家合作委员会（简称“海湾合作委员会”）关系稳步发展。

1月，中国—海湾合作委员会第三轮战略对话在北京举行，外交部长王毅和海湾合作委员会轮值主席国科威特第一副首相兼外交大臣萨巴赫·哈立德·哈马德·萨巴赫共同主持，外交部副部长张明、海湾合作委员会秘书长阿卜杜拉提夫·扎耶尼等出席。双方共同签署《中华人民共和国和海湾阿拉伯国家合作委员会成员国2014年至2017年行动计划》并发表《中华人民共和国和海湾阿拉伯国家合作委员会第三轮战略对话新闻公报》。

9月，王毅外长在纽约出席第69届联大一般性辩论期间，集体会见海湾合作委员会“三驾马车”——轮值主席国科威特第一副首相兼外交大臣萨巴赫，下任轮值主席国卡塔尔外交大臣哈立德·本·穆罕默德·阿提亚，秘书长阿卜杜拉提夫·扎耶尼，双方就中国与海湾合作委员会关系及共同关心的国际和地区问题深入交换意见。

13. 非洲联盟

2014年，中国与非洲联盟（简称“非盟”）友好合作关系快速发展，各领域交流与合作成果丰硕。

双方高层交往密切。6月，国家主席习近平致电祝贺非盟第23届首脑会议召开。5月，国务院总理李克强访问非盟总部，会见非盟委员会主席恩科萨扎纳·德拉米尼·祖马，并在非盟会议中心发表题为《开创中非合作更加美好的未来》的演讲，这是中国国务院总理首次访问非盟总部。访问期间，中国同非盟发表《关于全面深化中国非盟友好合作的联合声明》以及减贫合作、经济社会发展经验交流的合作文件，并签署非洲跨国跨区域基础设施合作行动计划。5月，国务委员杨洁篪在北京出席非洲驻华使团举行的“非洲日”招待会。6月，外交部副部长张明作为中国政府特使出席非盟第23届首脑会议，并会见非盟委员会主席祖马。10月，非盟委员会和平与安全事务委员斯迈尔·切尔古访华，外交部副部长张明与其在北京共同主持中国—非盟战略对话和平与安全分组首轮对话。中国决定设立驻非盟使团并启动相关工作。

双方务实合作持续深入。双方就合作建设非洲“三大交通网络”实现初步对接。中非合作论坛第五届部长会涉非盟举措稳步推进。中方积极落实“中非和平安全合作伙伴倡议”，与非盟举行第二轮反恐磋商，继续向非盟在索马里维和行动提供帮助，并将支持非盟建设非洲常备军和危机应对快速反应部队。中方积极支持非盟抗击埃博拉疫情的有关努力，于2014年9月向“非盟应对西非埃博拉支持行动”提供赠款，是第一个向非盟抗疫行动提供援助的伙伴国。非盟继续在涉及中国重大和核心利益的问题上给予中国支持。双方还就加强中非人力资源开发、人文、农业、旅游业、制造业等领域合作保持密切沟通。

14. 欧洲联盟

2014年，中国与欧洲联盟共同提出打造和平、增长、改革、文明四大伙伴关系，进一步深化互利共赢的中欧全面战略伙伴关系。《中欧合作2020战略规划》作为各领域合作的“路线图”落实情况良好。

高层交往频繁。3月31日至4月1日，国家主席习近平访问欧盟总部，与欧洲理事会主席赫尔曼·范龙佩举行会谈，分别与欧洲议会议长马丁·舒尔茨、欧盟委员会主席若泽·曼努埃尔·巴罗佐举行会见，并在布鲁日欧洲学院发表重要演讲。9月，习近平主席致电祝贺唐纳德·图斯克当选新任欧洲理事会主席。9月，习近平主席向中欧高级别人文交流对话机制第二次会议致贺信。11月，习近平主席在出席二十国集团布里斯班峰会期间会见新任欧盟委员会主席让-克洛德·容克。12月，习近平主席应约与图斯克主席通话。

7月，国务院总理李克强致电祝贺容克当选新任欧盟委员会主席。9月，李克强总理致电祝贺唐纳德·图斯克当选新任欧洲理事会主席。10月，李克强总理在德国汉堡出席中欧论坛汉堡峰会期间会见欧洲议会议长舒尔茨，在意大利米兰出席第十届亚欧首脑会议期间同欧洲理事会主席范龙佩、欧盟委员会主席巴罗佐举行会晤。11月，李克强总理和欧盟委员会主席容克分别向第四届布鲁塞尔“中欧论坛”致贺信。

4月，国务院副总理张高丽会见欧盟委员会气候行动委员赫泽高。9月，习近平主席特使、张高丽副总理在纽约出席联合国气候峰会期间会见欧盟委员会主席巴罗佐。

1月，国务院副总理马凯分别会见欧盟委员会副主席兼经济与货币事务委员雷恩、欧元集团主席兼荷兰财政大臣迪塞尔布洛姆。

9月，国务院副总理刘延东同欧盟委员会教育、文化、语言多样性及青年事务委员安德鲁拉·瓦西利乌在北京共同主持中欧高级别人文交流对话机制第二次会议。11月，刘延东副总理会见来华出席2014中欧文化高峰论坛的欧盟委员会国际合作与发展委员内文·米米察。

1月，国务委员杨洁篪赴比利时布鲁塞尔与欧盟外交与安全政策高级代表兼欧盟委员会副主席凯瑟琳·阿什顿共同主持第四轮中欧高级别战略对话。

各级别政治对话和磋商持续开展。中欧各领域对话机制增至70个，一年内举行100多次交流活动，达成100多项合作协议或合作意向书。外交部长王毅分别于8月在缅甸内比都出席东亚合作系列外长会期间、9月在纽约出席联合国大会期间会见阿什顿高级代表。此外，第33次中欧人权对话、第九次中欧非洲事务磋商、第九次中欧中亚事务磋商、首次中欧中东事务磋商等相继举行。

经贸合作势头强劲。《中欧合作2020战略规划》启动执行率达到70%。欧盟是中国第一大贸易伙伴、进口来源地、累计最大技术引进来源地、累计第四大实际投资来源地。中国是欧盟第二大贸易伙伴、第一大进口来源地、第三大出口市场。中欧投资协定谈判举行三轮。10月，第28届中欧经贸混委会在布鲁塞尔举行。中欧就妥善解决欧盟对华无线通信设备反补贴问题达成共识。

各领域务实合作不断深化。欧盟军事委员会主席帕特里克·德鲁西耶上将访华。欧盟委员会税收、海关同盟、审计和反瞒骗委员谢梅塔，欧盟委员会气候行动委员赫泽高，欧盟委员会国际合作与发展委员米米察等相继访华。中欧网络工作小组第三次会议、第九次中欧财金对话、第九次中欧区域政策对话、中欧工业对话磋商机制第四次全体会议、中欧空间科技合作对话会第二次会议等顺利召开。

人文交流活跃。中欧高级别人文交流对话机制项下各类交流活动成功举行。11月，2014中欧文化高峰论坛在京举行。同月，第四届“中欧论坛”在布鲁塞尔举行。

新任中国驻欧盟使团团长杨燕怡大使于年初分别向欧洲理事会主席范龙佩、欧盟委员会主席巴罗佐递交国书。10月，习近平主席接受新任欧盟驻华代表团团长史伟递交国书。

习近平主席访问欧盟总部

3月31日至4月1日，国家主席习近平访问欧盟总部，实现中欧建交以来中国国家元首对欧盟总部的首次访问。习近平主席分别与欧洲理事会主席范龙佩、欧洲议会议长舒尔茨和欧盟委员会主席巴罗佐会谈会见，就新形势下深化中欧全面战略伙伴关系广泛深入交换意见，并在布鲁日欧洲学院发表重要演讲。

习近平主席表示，要从战略高度看待中欧关系，将中欧两大力量、两大市场、两大文明结合起来，共同打造中欧和平、增长、改革、文明四大伙伴关系，为中欧合作注入新动力，为世界发展繁荣作出更大贡献。中欧关系已经发展成为相互依存度很高的复合型关系，不仅事关中国和欧盟各自发展，还对世界政治经济格局发展产生重大影响。中方从战略高度看待和重视欧盟，坚定支持欧洲一体化建设，愿同欧盟不断扩大和深化全面战略伙伴关系。新形势下，中欧战略合作前景广阔。双方要全面落实《中欧合作2020战略规划》，开展在中欧、亚欧、全球三个层面的合作。

欧方表示，欧中关系具有战略性、前瞻性，发展势头良好。欧方感谢中方在欧洲困难时给予的支持，也支持中国发展繁荣，关注中国改革开放举措，愿做中国的全方位战略合作伙伴。欧方希望在《欧中合作2020战略规划》指导下，加快商谈欧中投资协定和自贸协定，提升贸易和投资水平，并结合双方优势特点，在城镇化、可持续发展、创新、人文等领域扩大合作。

双方共同发表《关于深化互利共赢的中欧全面战略伙伴关系的联合声明》。中国政府于4月2日发表第二份《对欧盟政策文件》。

15. 美洲国家组织

美洲国家组织成立于1948年，成员包括全美洲35个国家（2009年，美洲国家组织废除了1962年关于中止古巴成员国资格有关决议，但古巴拒绝重返该组织），是美洲最重要的政府间政治组织。总部设在华盛顿，现任秘书长何塞·米盖尔·因苏尔萨于2005年当选，2010年连任。截至2014年年底，该组织有70个常驻观察员。2004年5月，中国成为该组织第60个常驻观察员国。

中国与美洲国家组织的友好合作关系继续发展。2014年1月，因苏尔萨秘书长向外交部长王毅致新春贺函。5月，王毅外长与因苏尔萨秘书长就中国成为美洲国家组织观察员十周年互致贺电、贺函。6月，中国驻美国大使崔天凯出席该组织在巴拉圭举行的第44届年会。12月，双方签署《中华人民共和国政府和美洲国家组织秘书处关于建立中国—美洲国家组织合作基金的协议的第二补充议定书》，以及《中华人民共和国教育部和美洲国家组织秘书处关于人力资源开发和奖学金项目的谅解备忘录》。

2014年，中国—美洲国家组织合作基金先后资助涉及政治、社会发展、文化教育等领域的六个项目。

16. 拉美和加勒比国家共同体

拉美和加勒比国家共同体（简称“拉共体”）于2011年12月正式成立，由拉美和加勒比33国组成，是拉美和加勒比首个囊括该地区所有独立国家的综合性组织，旨在推进地区各领域一体化建设，整合、协调现有的区域和次区域一体化组织。拉共体诞生后，地区原最重要的政治磋商和协调机制里约集团完成转型并停止活动。拉共体实行轮值主席国制，议事规则为协商一致原则，在原“三驾马车”基础上设立“四驾马车”协助轮值主席国工作，拉共体现任轮值主席国、前任轮值主席国、候任轮值主席国和加勒比共同体轮值主席国一同组成“四驾马车”。

为深化中拉关系，推进整体合作，2012年8月，中国同拉共体“三驾马车”建立外长定期对话机制并举行多次对话。2014年1月，拉共体古巴峰会通过《关于支持建立中国—拉共体论坛（简称“中拉论坛”）的特别声明》。2014年7月，国家主席习近平在访问巴西期间出席中国—拉美和加勒比国家领导人会晤并集体会见拉共体“四驾马车”成员国领导人，双方宣布正式建立中拉论坛并决定尽早举行论坛首届部长级会议，为启动中拉整体合作进程奠定重要基础。

17. 南方共同市场

南方共同市场（简称“南共市”）于1991年成立，1995年1月正式启动，是南美最大的经济一体化组织和关税同盟、世界第五大经济体。成员包括阿根廷、巴西、乌拉圭、巴拉圭、委内瑞拉和玻利维亚。总部设在乌拉圭蒙得维的亚，现任高级总代表伊万·拉马略于2012年任职。2013年6月，厄瓜多尔正式向南共市递交“入市”申请。

中国同南共市关系良好，双方于1997年建立副部长级对话机制。截至2004年6月，双方外交、商务部门共举行五次对话。2012年6月，国务院总理温家宝在访问阿根廷期间与南共市国家领导人举行视频会议，就深化双方关系、加强经贸合作交换意见，并就发表《中华人民共和国与南方共同市场关于进一步加强经济、贸易合作联合声明》达成一致。同月，南共市第43届首脑会议正式发表该联合声明。2014年7月，南共市第46届峰会祝贺中国—拉美和加勒比国家领导人巴西利亚会晤成功举行，支持建立中国—拉共体论坛。

18. 拉美“太平洋联盟”

拉美“太平洋联盟”（简称“联盟”）成立于2011年，宗旨是实现区内货物、服务、资本和人员自由流通，促进成员国经济增长、社会发展、提升整体竞争力，搭建面向世界，特别是亚太地区的政治、经济和贸易一体化平台。截至2014年年底，该组织共有智利、哥伦比亚、墨西哥、秘鲁4个成员国，2个候选成员国（哥斯达黎加和巴拿马）及域内外30个观察员国。联盟现任轮值主席国为墨西哥。

中国于2013年7月成为联盟观察员国。2014年4月和6月，联盟分别在秘鲁和墨西哥举行与观察员国对话会，中国驻秘鲁、墨西哥大使分别出席。

19. 美洲开发银行

美洲开发银行（简称“美洲行”）成立于1959年，宗旨是促进拉美和加勒比经济社会发展。现有48个成员国，总部设在华盛顿。现任行长路易斯·阿尔贝托·莫雷诺于2005年当选。

中国重视发展与美洲行的友好合作关系。双方高层往来密切，自1991年以来，中方派团出席历届美洲行年会。1991年，中国人民银行成为美洲行观察员。2009年1月，中国人民银行代表中国成为美洲行正式成员。2013年1月，中国人民银行和美洲行共同成立规模20亿美元的“中国对拉美和加勒比地区联合融资基金”，以支持推动拉美和加勒比地区经济的可持续发展。2014年3月，中国人民银行行长助理郭庆平出席在巴西绍伊皮举行的美洲行第55届年会。9月，国务院副总理马凯会见来华出席夏季达沃斯论坛和第八届中拉企业家高峰会的莫雷诺行长。11月，莫雷诺行长来华出席亚太经合组织工商领导人峰会。

20. 拉丁美洲议会

拉丁美洲议会（简称“拉美议会”）成立于1964年，由拉美和加勒比23个国家和地区的议员组成，宗旨是促进拉美和加勒比国家的团结和地区一体化。总部位于巴拿马首都巴拿马城，现任议长埃利亚斯·阿列尔·卡斯蒂略·冈萨雷斯于2010年12月当选，2012年11月30日连任，任期至2015年。

中国重视发展与拉美议会的友好合作关系。2004年3月，中国全国人民代表大会成为拉美议会观察员。2014年12月，全国人大环境与资源保护委员会副主任委员龚建民出席拉美议会成立50周年庆典活动暨拉美议会第30届年会。

21. 亚欧会议

亚欧会议成立于1996年，是亚洲与欧洲之间的政府间论坛，旨在通过对话增进了解、加强合作，促进建立亚欧新型全面伙伴关系。亚欧会议现有53个成员，政治对话、经贸合作、社会文化及其他领域交流是其合作三大支柱。

2014年，中国继续全面深入参与亚欧会议各项活动，推动亚欧新型全面伙伴关系继续深化。

10月16～17日，第十届亚欧首脑会议在意大利米兰举行。会议主题为“构建负责任伙伴关系，促进可持续增长与安全”。与会各方讨论了互联互通与亚欧经济金融合作、应对全球性问题、国际和地区热点问题及亚欧会议未来发展方向等议题。会议吸收哈萨克斯坦、克罗地亚正式加入，并发表《第十届亚欧首脑会议主席声明》。

国务院总理李克强率团出席此次会议。李克强总理阐述了中方关于促进亚欧团结协作、积极深化务实合作、构建亚欧新型全面伙伴关系的立场和主张，以及对当前世界经济、国际热点、气候变化、反恐等问题的看法，就深化亚欧合作提出三项倡议：第一，举办亚欧互联互通对话会；第二，建立亚欧科技创新合作中心；第三，将残疾人合作列入亚欧合作框架。

中国于7月22～23日在上海举办亚欧互联互通智库研讨会。与会代表围绕“互联互通：深化亚欧合作新机遇”的主题进行讨论。5月，在湖南省长沙市举办“亚欧新型城镇化与水可持续管理”研讨会；9月，在北京举办“亚欧突发事件卫生应急管理”培训班；11月，在湖南省长沙市举办“亚欧食品安全合作推广周”。

2014年，中国亚欧会议高官张小康大使率团出席全部三次亚欧会议高官会。中国代表团还先后出席亚欧会议马尼拉“减灾与灾害管理”会议（6月）、亚欧会议“不同文化与宗教间对话”高级别会议（7月）、第11届亚欧财长会（9月）、第八届亚欧议会伙伴会议（10月）、第十届亚欧人民论坛（10月）、第14届亚欧工商论坛（10月）、第六届亚欧文化部长会（10月）、第三届亚欧会议核安全研讨会（11月）、第14届亚欧非正式人权研讨会（11月）、亚欧会议“被盗、隐匿资产追回问题”国际专家研讨会（11月）等。

中国继续积极支持和参与亚欧基金开展的活动。中国亚欧基金董事吕永寿大使出席了第31、32次董事会会议及执行董事会会议。

22. 东亚峰会

东亚峰会成立于2005年。截至2014年年底，东亚峰会共有18个参与国，包括东盟十国（文莱、柬埔寨、印度尼西亚、老挝、马来西亚、缅甸、菲律宾、新加坡、泰国、越南)、中国、日本、韩国、印度、澳大利亚、新西兰、美国和俄罗斯。

2014年11月13日，国务院总理李克强出席在缅甸内比都举行的第九届东亚峰会。李克强总理表示，地区国家应珍视东亚来之不易的良好局面，把握好政治安全和经济发展“两个轮子一起转”的大方向，促进地区安定，积极应对全球性挑战，深化经济社会等领域合作，为建设一个和平与繁荣的东亚地区而努力。在政治安全方面，中国始终是东亚地区的和平稳定力量，坚定不移走和平发展道路，愿与地区国家一道，建设亚洲利益共同体、责任共同体和命运共同体。东亚的长治久安需要有坚实的制度安排，中国正与东盟国家商讨签署“睦邻友好合作条约”，为双方世代和平共处提供制度框架和法律保障，并愿与更多地区国家探讨达成睦邻友好法律文件，推动实现东亚持久和平。关于南海问题，李克强总理强调处理该问题的“双轨思路”，表示有关具体争议由直接当事国在尊重历史事实和国际法基础上，通过谈判协商和平解决，南海和平稳定由中国和东盟国家共同加以维护。在发展合作方面，各方应深入推进地区一体化，实现融合发展、共同繁荣。重点推进六大领域合作：一是推动东亚贸易投资便利化；二是加快东亚互联互通；三是扩大东亚金融合作；四是加强东亚减贫合作；五是推进东亚海上合作；六是密切东亚人文交流。会议通过《东亚峰会打击走私野生动植物宣言》、《东亚峰会关于地区应对埃博拉疫情的声明》、《东亚峰会关于伊拉克与叙利亚恐怖主义/极端主义组织暴力行径的声明》、《东亚峰会灾害快速反应声明》四份成果文件。

2014年8月，中国推动东亚峰会第四届外长会通过《落实〈金边发展宣言〉行动计划》。同月，中国主办首届东亚峰会清洁能源论坛，并与美国、联合国人道主义事务协调办公室在四川成都联合举办东亚峰会地震应急救援演练。12月，中国社科院与东盟·东亚经济研究中心在北京联合举办“区域经济一体化与东亚峰会”国际研讨会。

23. 中日韩合作

1999年11月，中日韩三国领导人启动三方在东盟与中日韩（10+3）框架内的合作。2000年，三国领导人决定在10+3框架内定期举行会晤。2008年12月，三国领导人开始在10+3框架外举行中日韩领导人会议。

经过15年发展，中日韩合作已建立起较完备的合作体系，形成以领导人会议为核心，外交、经贸、科技、文化等19个部长级会议和50多个工作层机制为支撑，全方位、多层次、宽领域的合作格局。中日韩合作秘书处2011年在韩国首尔建立，致力于为三国合作提供优质、高效、专业的服务和支持。

中国高度重视并积极参与中日韩合作。2014年，中国主办第七届中日韩卫生部长会、第九次东北亚名人会、中日韩合作15周年研讨会暨首届中日韩人文交流论坛、首次中日韩林业合作司局级会议、首次中日韩网络政策对话、首次三国空气污染防治对话会、中日韩商界交流活动，出席第16次中日韩环境部长会议、第六次中日韩央行行长会议、第五届中日韩运输与物流部长会议、中日韩财长会议、第六次中日韩文化部长会议、第17次中日韩最高审计机关负责人会议、第九次外交高官磋商、第14次中日韩知识产权局局长政策对话会议、第八次中日韩拉美政策磋商、第16届中日韩友城大会、第二次中日韩三国灾害管理桌面演练等会议和活动。《中华人民共和国政府、日本国政府及大韩民国政府关于促进、便利和保护投资的协定》在三国完成各自法律程序后正式生效。中日韩自贸区举行三轮谈判，“亚洲校园”等重点合作项目稳步推进。中国青岛、日本新潟、韩国清州被评选为2015年度“东亚文化之都”。

24. 东盟与中日韩合作

东盟与中日韩（10+3）合作是东亚合作的主渠道。自1997年召开首届领导人会议以来，10+3在财金、粮食、能源、灾害管理、减贫等24个领域开展务实合作，建立65个对话机制，形成以领导人会议为核心，以部长会议、高官会、东盟常驻代表委员会与中日韩驻东盟大使会议和工作组会议为支撑的合作体系。10+3合作参与国包括东盟十国（文莱、柬埔寨、印度尼西亚、老挝、马来西亚、缅甸、菲律宾、新加坡、泰国、越南）、中国、日本和韩国。

2014年11月13日，第17次东盟与中日韩领导人会议在缅甸内比都举行，国务院总理李克强出席会议。李克强总理表示，东盟十国与中日韩三国地缘相近、经济互补、文化相通，17年来10+3合作从无到有，不断成长，有力地促进了东亚一体化进程。东亚国家的发展，与总体和平稳定的地区环境密切相关。地区国家应切实做到相互尊重、平等相待，摒弃“你输我赢”的零和思维，共同管控好矛盾与分歧，绝不能因为这些问题的干扰使东亚失去发展的历史机遇。坚定维护和平稳定的大环境，是地区各国的共同利益所在。中方愿牵头《第二东亚展望小组报告》评估中的落实东亚互联互通、贸易投资和扶贫等三项建议，并就加强10+3合作提出几点意见：推动东亚经济一体化进程，提升区域金融合作水平，密切地区互联互通，深化民生领域合作。东亚是各国共同的家园。东亚实现繁荣稳定是人民之福，东亚如动荡不安将是各国之痛。不管国际风云如何变幻，东亚人终究要在同一块大地上繁衍生息，在同一片田野上耕耘收获，只有真诚相待、互帮互助、同心合力，才能创造属于自己的美好生活。

2014年，10+3合作取得新进展。各方就“清迈倡议多边化（CMIM）协议修订稿操作指南”达成一致，“CMIM协议修订稿”正式生效，CMIM外汇储备库资金申请与国际货币基金组织贷款规划的脱钩比例从20%提高至30%。10+3宏观经济研究办公室升级为国际组织迈出实质步伐，有关升级协议正式签署。10+3大米紧急储备（APTERR）理事会正式任命首位APTERR秘书处总经理并通过《APTERR行政管理规章》等文件。

中国积极参加2014年10+3合作各层级会议。8月9日，外交部长王毅出席在缅甸内比都举行的第15次10+3外长会。会议回顾和展望了10+3合作，并就共同关心的地区和国际问题交换看法。6月、8月、10月，中方出席三次10+3高官会，会议就10+3合作回顾和未来发展等问题交换意见。

中方于4月在博鳌亚洲论坛期间举办“亚洲信用体系”分论坛，5月举办第六届东亚商务论坛、第二期10+3村官交流项目，6月举办亚洲信用体系高峰论坛，8月举办现代农业培训班，11月举办第三届10+3互联互通伙伴关系国际研讨会，12月举办第七届10+3媒体合作研讨会。

25. 大湄公河次区域经济合作

大湄公河次区域经济合作（简称“GMS”）成立于1992年，成员包括柬埔寨、中国、老挝、缅甸、泰国、越南，宗旨是加强经济联系，消除贫困，促进发展。亚洲开发银行是GMS机制的发起方、协调方和主要筹资方，并行使秘书处职能。最高决策机构为领导人会议，每三年举行一次，各成员国按照国名首字母顺序轮流主办，现已举行五次。日常决策机构是部长级会议，下设高官会、各领域工作组及专题论坛等。

中方重视并积极参与GMS合作。曾于2005年7月在云南昆明主办第二次领导人会议。国务院总理朱镕基、温家宝先后出席前三次领导人会议，国务委员戴秉国代表温家宝总理出席在缅甸举行的第四次领导人会议。2014年12月19～20日，国务院总理李克强出席在泰国曼谷举行的第五次领导人会议。中方参与并支持昆（明）曼（谷）公路、泛亚铁路、湄公河上游航道改善等基础设施项目，投资建成面向越南、老挝、缅甸跨境电力交易项目，推动贸易便利化、生物多样性保护走廊、旅游、农业等领域合作，帮助GMS其他成员国加强区域合作能力建设和人员培训。

26. 湄公河委员会第二届峰会

2014年4月5日，湄公河委员会第二届峰会在越南胡志明市举行。湄委会成员国越南、柬埔寨、老挝、泰国领导人，中国、缅甸等对话伙伴国和发展伙伴代表与会。峰会通过《胡志明宣言》。水利部长陈雷率中国代表团出席会议并发表讲话。

中方在峰会上指出，中国与湄公河沿岸各国是好伙伴、好邻居，谋求与周边国家同发展、共繁荣。中国重视湄委会的地位和作用，多年来与湄委会积极开展对话，推进形式多样的务实合作，取得丰富成果。

中方表示，将湄公河打造成“和平之河、合作之河、友谊之河”，是沿岸人民的共同愿望，符合各国的长远共同利益。中方愿以亲诚惠容理念为指引，以湄公河为纽带，本着互利合作、共同发展的原则，进一步深化战略沟通与互信，推进次区域经济一体化进程，共建“发展共同体”和“命运共同体”。中方愿在水电开发、防灾减灾、应对气候变化和能力建设等领域进一步与湄委会加强合作，推动实现湄公河流域的强劲、包容、可持续发展。

会议期间，陈雷部长分别与越南总理、柬埔寨首相、老挝总理、缅甸外交部长、泰国外交部常务秘书寒暄，并会见了湄公河委员会首席执行官古特曼。

27. 博鳌亚洲论坛

博鳌亚洲论坛（简称“论坛”）成立于2001年，是非官方、非营利的国际会议组织，旨在为亚洲各国提供一个共商发展大计的场所，推动亚洲各国同其他国家的相互了解与合作。论坛自成立以来，立足亚洲，面向世界，以服务新兴经济体及亚洲一体化为宗旨，在凝聚亚洲共识、促进亚洲发展、提升亚洲影响等方面发挥重要作用。

近年来，论坛年会规模不断扩大，国际认可度不断提升，能源资源和可持续发展及金融合作等专题性国际会议顺利举办，有力促进“一带一路”建设和亚洲区域合作，为推动亚洲和新兴经济体的发展及地区经济一体化作出积极贡献。论坛年会每年均邀请包括东道国中国领导人在内的多国国家元首和政府首脑出席，为各国开展首脑外交、深化交流合作创造良好契机。

博鳌亚洲论坛2014年年会于4月8～11日举行，主题为“亚洲的新未来：寻找和释放新的发展动力”。国务院总理李克强出席年会并发表题为《共同创造亚洲发展新未来》的主旨演讲，全面介绍中国经济发展的形势、思路和举措，提振了外界对中国发展的信心；同时，提出打造亚洲利益共同体、命运共同体和责任共同体的倡议，为亚洲未来发展和一体化勾画了美好愿景。

28. 东盟地区论坛

2014年8月10日，第21届东盟地区论坛（ARF）外长会在缅甸内比都举行。会议讨论地区和国际形势，听取本年度ARF在救灾、防扩散、反恐、海上安全等优先合作领域进展情况，通过《ARF加强海空搜救合作的声明》、《ARF海上溢油事故预防、准备、应对和恢复合作的声明》等文件。会议批准了下年度ARF合作项目，其中包括中国提出的五个项目："海上航道安全研讨会"、"预防性外交培训班"、"网络安全能力建设研讨会"、"减灾及应急救援培训班"和"ARF第四次救灾演习"。

外交部长王毅出席第21届ARF外长会。王毅外长在讲话中指出，近年来亚洲保持了和平稳定和较快发展。在全球化深入发展的今天，要维护亚洲长治久安，需要与时俱进，树立21世纪安全理念。中方倡导各方践行共同、综合、合作、可持续的亚洲安全观，努力走出一条共建、共享、共赢的安全之路，得到了亚洲国家的广泛认同和支持。亚洲安全观倡导协商对话，而不是武力威胁；倡导开放包容，而不是互相排斥；倡导合作共赢，而不是零和博弈。各方应深化安全对话，促进共同安全；加强非传统安全合作，推进综合安全；促进大国良性互动，突出合作安全；探索构建新安全架构，保障可持续安全。ARF今后的发展应突出信任，坚持以建立信任措施为核心，通过预防性外交凝聚共识；突出务实，深化救灾、反恐、打击跨国犯罪、维护海上安全、网络安全等非传统安全合作；突出包容，与时俱进，不断提高ARF的有效性和生命力。

王毅外长并阐述中方在南海问题上的原则立场，强调当前南海局势总体是稳定的。中国和东盟完全有能力、也有智慧维护好南海的和平稳定。中国和东盟国家达成共识，要继续全面有效落实《南海各方行为宣言》，争取在协商一致基础上早日达成"南海行为准则"。域外国家可以有合理的关切，但中方反对任何人到这个地区来指手画脚。

会前，王毅外长与ARF其他成员外长共同出席2015年ARF第四次救灾演习筹备工作启动仪式。

2014年2月，中国与缅甸、日本在成都共同举办第13届ARF救灾会间会。3月，中国与文莱、新加坡、美国在青岛共同举办海上溢油区域合作研讨会，与文莱、美国、日本在夏威夷共同举办海洋环境安全研讨会，与文莱、美国、新西兰在惠灵顿共同举办预防性外交培训资源圆桌会议。10月，中国与泰国、美国、新西兰在北京共同举办预防性外交培训班。11月，中国与马来西亚、新西兰在北京共同举办救灾与应急救援培训班。12月，中国与印度尼西亚在北京共同举办海上航道安全研讨会。

2014年，ARF还举办了高官会、安全政策会议、两次建立信任措施与预防性外交会间辅助会议、三次国防官员对话会、第六届海上安全会间会、第12届反恐与打击跨国犯罪会间会、第六届防扩散与裁军会间会、第18届国防院校长会、第八届专家名人会、网络建立信任措施研讨会、第二届《联合国海洋法公约》研讨会、预防性外交和调解培训班、第二届外空研讨会等活动，中国均派团参加。

29. 东亚—拉美合作论坛

东亚—拉美合作论坛（简称“亚拉论坛”）于1999年正式成立，是目前唯一跨东亚和拉美两区域的官方多边合作论坛，旨在增进两区域之间的了解，促进政治、经济对话及各领域合作，推动东亚和拉美国家之间建立更为密切的关系。截至2014年年底，亚拉论坛共有36个成员国。

中国一直积极参与东亚—拉美合作论坛活动，支持加强两区域间的交流与合作，并担任论坛2013～2015年社会、政治合作与可持续发展工作组东亚方共同主席。2014年8月，中方出席在泰国曼谷举行的亚拉论坛第15次高官会、系列工作会议和亚拉论坛成员国展，并与厄瓜多尔共同主持论坛社会、经济合作与可持续发展工作组会议。中方还参加在韩国首尔举行的论坛网络秘书处第四次研讨会。2014年，中国在亚拉论坛框架下先后举办了第二届亚拉论坛青年外交官研修班、第五届中国国际友好城市大会、第二届亚拉论坛—法律论坛等项目。

30. 亚洲合作对话

“亚洲合作对话”（ACD）由泰国于2002年倡议成立，是面向亚洲的官方对话与合作机制。ACD成立以来，为促进亚洲国家间相互理解、培育亚洲意识、增进亚洲团结发挥了积极作用。现有33个成员国，即中国、日本、韩国、蒙古、俄罗斯、文莱、柬埔寨、印度尼西亚、老挝、马来西亚、缅甸、菲律宾、新加坡、泰国、越南、印度、巴基斯坦、孟加拉国、斯里兰卡、阿富汗、不丹、哈萨克斯坦、吉尔吉斯斯坦、塔吉克斯坦、乌兹别克斯坦、沙特、伊朗、土耳其、阿联酋、科威特、阿曼、卡塔尔和巴林。

2014年1月，外交部大使陈明明正式担任中国ACD高官。5月，“亚洲合作对话丝绸之路务实合作论坛”在甘肃兰州举行。包括中国在内的28个ACD成员国高级官员和代表出席，各方围绕ACD和丝绸之路经济带及21世纪海上丝绸之路的关系、如何推进成员国在互联互通、能源、环保和人文等领域合作展开深入研讨并提出政策建议。

9月，陈明明大使出席在泰国曼谷举行的区域互联互通高层论坛，与泰方举行双边磋商，并会见ACD临时秘书处秘书长班迪。同月，ACD外长早餐会期间，与会各方就第13次外长会筹备和ACD未来发展方向等议题交换看法。

31. 太平洋岛国论坛

太平洋岛国论坛（简称“论坛”）成立于1971年，是太平洋岛国地区最具影响力的政府间地区组织，成员包括澳大利亚、新西兰及14个太平洋岛国。论坛宗旨是加强论坛成员在政治安全、经贸及其他发展问题上的合作与协商。论坛秘书处设在斐济首都苏瓦。中国等17个国家是论坛正式对话伙伴。

中国重视发展与太平洋岛国论坛关系。2014年，中国与太平洋岛国论坛关系取得新进展。4月，中国—太平洋岛国论坛对话会特使杜起文在斐济会见太平洋岛国论坛秘书长图伊洛马·内洛尼·斯莱德，就中国与论坛关系等交换意见。7月29日至8月1日，杜起文特使作为中国政府代表出席在帕劳科罗尔举行的第26届太平洋岛国论坛会后对话会，着重阐述中国对太平洋岛国政策以及中方为加强与岛国合作、支持岛国发展所采取的举措，介绍中国应对气候变化政策和对2015年后发展议程的基本立场，强调中国政府支持岛国实现可持续发展的努力，在南南合作框架内向岛国提供力所能及的援助，帮助岛国增强自主发展能力，分享亚太发展的成果。8月，外交部长王毅致电祝贺梅格·泰勒女士当选论坛秘书长。11月，论坛秘书处新闻官梅丽森尼·图伊武尼瓦伊率领太平洋岛国联合新闻团访华。

32. 第三届小岛屿发展中国家国际会议

2014年9月1～4日，第三届小岛屿发展中国家国际会议在萨摩亚首都阿皮亚召开。会议由联合国秘书长潘基文倡议召开，旨在通过建立真诚、持久的伙伴关系，推动小岛国可持续发展。共有来自76个国家和地区的代表出席，其中包括16位国家元首和政府首脑。小岛国发展中国家国际会议每十年举行一届，前两届会议分别于1994、2004年在巴巴多斯和毛里求斯举行，通过了《巴巴多斯行动纲领》和《毛里求斯战略》。本届会议通过了《加速小岛屿发展中国家可持续发展实施路径》（又称《萨摩亚路径》）。

国家主席习近平特使、外交部副部长张业遂出席会议并作主旨发言，提出深化与小岛国伙伴关系、携手应对发展挑战的四点倡议。一是共同应对气候变化，解决小岛国在资金、技术、能力建设上面临的特殊困难。二是2015年后发展议程制定进程应充分照顾小岛国的关切，保护海洋生态环境。三是切实履行发展援助承诺，帮助小岛国增强自我发展能力。四是建立更为合理的国际治理体系，提升小岛国等发展中国家的国际话语权。

张业遂特使还介绍了中国近年来推进生态文明建设、支持小岛国经济社会发展的举措，表示中国将继续加强与小岛国的务实合作，为小岛国提供力所能及的帮助，以实际行动做小岛国真诚、持久、可靠的伙伴。

33. 77国集团成立50周年纪念峰会

2014年6月14～15日，77国集团成立50周年纪念峰会在玻利维亚圣克鲁斯市举行，主题为“建立世界新秩序，促进幸福生活”。阿根廷、古巴、委内瑞拉、伊朗等近20位国家领导人及第68届联合国大会主席阿什、联合国秘书长潘基文等共约2500人出席峰会。峰会全面总结了77国集团成立50周年来的合作成就与经验，表达了77国集团在国际经济发展领域继续加强团结协作的共同愿望，通过了《为了世界新秩序和美好生活》宣言。

国家主席习近平特使、全国人大常委会副委员长陈竺出席峰会并作主旨发言。陈竺特使表示，77国集团在国际经济发展领域已成为发展中国家的独特声音，为推动建立公正合理的国际政治经济新秩序、维护发展中国家的共同权益、推进国际发展合作发挥了中流砥柱的作用。面对深刻变化的国际形势，77国集团应继续高举和平与发展的旗帜，团结协作拧成一股绳，唱响发展主旋律，推进可持续发展和共同发展，提升在国际事务中的话语权和决策权，创造有利的国际发展环境。陈竺特使强调，中国是发展中国家的一员，与77国集团成员同呼吸，共命运，是77国集团的亲密战友和伙伴。中国将继续加强与77国集团各成员全方位合作，促进共同发展与繁荣。

77国集团成立于1964年，是发展中国家在多边经济发展领域最重要的协调机制，玻利维亚是77国集团2014年主席国。中国虽不是77国集团成员，但一贯支持其正义主张和合理要求，并与其保持良好合作关系。自20世纪90年代以来，双方形成了“77国集团加中国”的有效合作模式，在国际发展合作、气候变化等领域中积极协调立场和行动。

第五章

中国外交中的国际安全、军控与防扩散工作

（一）概述

2014年，国际安全形势总体保持稳定，但局部动荡加剧，地缘政治矛盾牵动国际军控、裁军与防扩散进程。主要国家围绕外空、网络安全等“新疆域”议题的规则制定加大角力。伊朗核、叙利亚化学武器等热点问题处理进程一波三折。埃博拉疫情、网络安全、恐怖主义等非传统安全威胁广受关注。日内瓦裁军谈判会议等传统多边裁军机制仍陷僵局，改革现有多边裁军机制的呼声渐高。

中国继续以建设性姿态参与国际安全、军控与防扩散进程，在国际安全治理领域发出“中国声音”，先后提出核安全观、核领域全球治理等理念，致力于维护国际军控与防扩散法律体系，认真履行有关国际义务，推动和平对话解决有关热点问题，加强防扩散出口管制，积极开展对外交流与合作，为维护国际和平、安全与稳定作出新的贡献。

（二）中国参与联合国框架内的国际安全与军控工作

1. 联合国大会第一委员会

第69届联合国大会第一委员会（裁军与国际安全委员会）会议于2014年10月6日至11月5日在纽约联合国总部举行。会议举行一般性辩论，并就裁军机制、核武器、常规武器、其他大规模杀伤性武器、地区裁军与安全、外空、其他裁军措施与国际安全七个问题举行专题辩论。会议审议通过57项决议和6项决定。

中国代表团以积极和建设性姿态参与会议各项工作。在一般性辩论中，中国代表团介绍中国总体国家安全观、亚洲安全观等重要安全理念，阐述中国对当前国际安全形势及核裁军、外空、信息安全、裁军机制等问题的看法，强调应循序渐进推动核裁军进程，消除核扩散风险；尽早制定相关国际规则，确保全球公共空间造福人类；积极推进常规军控进程，完善相关法律机制；坚定维护现有多边裁军机制，重振日内瓦裁军谈判会议（简称“裁谈会”）和联合国裁军审议委员会（简称“裁审会”）工作。中方并指出，中国是核领域全球治理的重要建设者，化学武器销毁进程的重要贡献者，安全“新疆域”规则制定的积极推动者，以及维护常规、生物军控进程的积极践行者。

在裁军机制专题讨论中，中国代表团阐述对多边裁军机制陷入僵局的看法，强调要坚定维护多边裁军机制权威，并就重振现有多边裁军机制工作提出具体建议。

在核裁军专题讨论中，中国代表团全面阐述对核裁军问题的立场，并就推进核裁军进程提出一系列具体主张。

在常规武器专题讨论中，中国代表团介绍中国在扫雷援助、打击轻小武器非法贸易、致命性自主武器系统、武器贸易条约和军事透明等问题上的立场和举措。

在外空专题讨论中，中国代表团强调确保外空和平利用、防止外空武器化和军备竞赛符合各国共同利益，介绍中国、俄罗斯于2014年联合向裁谈会提交的《防止在外空放置武器、对外空物体使用或威胁使用武力条约》的新草案，并阐述中国对防止外空军备竞赛、不首先在外空部署武器以及外空透明和建立信任措施问题的立场。

在其他裁军措施与国际安全议题下，中国代表团阐述对信息和网络空间安全问题的立场和举措，指出构建和平、安全、开放、合作的网络空间应坚持“和平、主权、共治、普惠”四个原则，强调联合国应在网络空间秩序建设方面发挥主渠道作用。

此外，在联大审议“国际原子能机构报告”议题时，中国代表团对国际原子能机构一年来的工作表示肯定，介绍中国与机构30年的合作，并对机构下一步工作提出具体建议。

中国是“《全面禁止核试验条约》”、“蒙古的国际安全与无核武器地位”、“外空活动中的透明和建立信任磋商”、“防止外空军备竞赛”、“不首先在外空部署武器”、“从国际安全角度看信息与电信领域的发展”、“联合国裁军培训班”和“联合国亚太和平与裁军中心”等八项决议草案的共提国。

第69届联大一委期间，中国代表团就爱尔兰、日本、新议程联盟分别提出的核裁军决议案、不结盟运动提出的联大核裁军问题高级别会议后续行动决议案的投票立场作综合解释性发言，就《武器贸易条约》决议案作投票后解释性发言。

2. 日内瓦裁军谈判会议

日内瓦裁军谈判会议（简称“裁谈会”）是国际上唯一的多边裁军谈判机构，冷战后曾谈判制定《禁止化学武器公约》、《全面禁止核试验条约》等重要多边军控条约。现有65个成员国。由于各方在会议应优先处理的裁军、军控议题上存在不同关切，裁谈会已十多年未能开展实质性工作。

2014年，裁谈会成员继续就裁谈会工作计划问题进行讨论，但尚未达成一致。中国一贯高度重视裁谈会的作用，支持裁谈会尽早达成工作计划，早日就《禁止生产核武器及其他核爆炸装置用裂变材料条约》（简称“禁产条约”）、防止外空军备竞赛、核裁军、无核国家安全保证等议题开展实质性工作。希望各方继续努力，推动早日达成工作计划。

2014年，中国代表团继续以建设性姿态积极参加裁谈会全年工作，就核裁军、“禁产条约”谈判、防止外空军备竞赛等问题阐述相关立场和主张。

3. 联合国裁军审议委员会

2014年联合国裁军审议委员会（简称“裁审会”）于4月7～25日在纽约联合国总部举行。2014年是本轮裁审会审议周期的最后一年。会议继续审议“关于实现核裁军与防止核武器扩散目标的建议”和“常规武器领域建立切实可行的建立信任措施”两项议题。由于各方在裁审会工作方法、核裁军与核不扩散等问题上分歧严重，会议未达成实质性成果，仅通过程序性报告。

中国代表团以建设性姿态参加2014年裁审会工作。在一般性辩论和各议题讨论中，中国代表团阐述对国际安全形势、多边军控进程以及核裁军、核不扩散、常规武器军控等问题的看法，介绍中国有关政策举措和努力。

4. 联合国常规武器登记册

联合国常规武器登记册系联合国大会根据其第46/36L号决议于1992年设立。该决议呼吁所有会员国每年提交其上一日历年涉及作战坦克、装甲战斗车、大口径火炮、作战飞机、攻击直升机、军舰、导弹及发射架七大类常规武器的转让情况，并请各国自愿提供有关军事财产、国内生产采购、轻小武器转让等情况。自1994年开始，联合国每三年成立政府专家组对登记册的继续运作和进一步发展进行审议。

联合国常规武器登记册作为常规武器转让领域的一项透明机制，在增进国家间互信方面发挥了积极作用。中国政府一贯高度重视，并以积极和建设性姿态参加登记册相关工作，包括历次联合国政府专家组，对登记册的健康运作和发展作出了重要贡献。2014年，中国政府向登记册提交相关登记数据。

5. 联合国军费开支标准报告制度

根据联合国大会第35/142B号决议，联合国于1981年设立军费透明制度。该制度是联合国框架内的军事透明机制之一，各国自愿参加，以表格形式向联合国报告最近一个财政年度的军事开支。根据联合国大会第62/13号决议，联合国秘书长于2010年成立政府专家组，审议该制度的运作情况和未来发展。专家组在召开三次会议的基础上，向第66届联大提交相关报告。报告对进一步提高制度的普遍性和有效性提出改进措施和建议，并对制度表格进行修改。

中国于2007年参加联合国军费开支标准报告制度，并从2008年起在报告中说明军事开支的主要用途，所提供的信息更加丰富。

2014年，中国向联合国提交2013年度军事开支报告，继续以注释方式主动说明中国军事开支占国内生产总值比重。这再次表明中国政府高度重视军事透明问题，致力于增进与世界各国军事互信的积极态度。

6.《武器贸易条约》

2004年以来，英国、欧盟等推动在联合国框架内谈判一项全面的《武器贸易条约》（下称“条约”），以建立统一的国际武器转让原则和标准。

经过多年谈判，各国未能就条约草案达成协商一致。2013年4月2日，英国等推动联合国大会投票表决通过条约。条约于当年6月3日在纽约联合国总部开放签署，于2014年12月24日正式生效。截至2014年年底，共有125国签署条约，55国批准条约。

中国赞成国际社会采取必要措施，规范国际武器贸易行为，打击非法武器转让和贩运。中国本着积极、建设性的姿态参加条约谈判工作。中方对条约实质内容没有困难，但对未遵循多边谈判协商一致原则、而以联大表决方式通过条约存在“程序关切”。因此，中方在表决时投下弃权票。

（三）中国履行国际军控和防扩散法律文书的工作

1.《不扩散核武器条约》

《不扩散核武器条约》（NPT）于1968年达成，1970年生效。1995年召开的NPT审议大会决定条约无限期有效。NPT主要目的是推动核裁军、防止核武器扩散及促进和平利用核能。NPT现有190个成员国。印度、巴基斯坦、以色列迄未加入，朝鲜于2003年宣布退约。中国于1992年加入。

NPT规定每五年召开一次审议大会，审议条约实施情况，其间召开三次筹备会。第八次审议大会于2010年5月在纽约举行，会议通过最后文件，就推进核裁军、加强核不扩散机制及促进和平利用核能提出64项行动计划。第九次审议大会将于2015年4月27日至5月22日在纽约联合国总部召开，其第三次筹备会于2014年4月举行。

2014年，中国坚定致力于维护和加强NPT的普遍性、权威性和有效性，忠实履行条约义务，积极落实NPT第八次审议大会最后文件，建设性参与新一轮审议进程。2014年4月14～15日，中国主办中、美、俄、英、法五个核武器国家（简称“五核国”）北京会议，为推动五核国加强战略互信、共同落实NPT审议成果作出重要贡献。外交部副部长李保东出席会议，就加强核领域全球治理提出五点主张。中国代表团在上述NPT第九次审议大会第三次筹备会上进一步阐述中国对核领域全球治理的看法。

在核不扩散领域，中国继续从维护国际核不扩散机制、维护国际和地区和平与安全出发，推动和平解决有关地区核问题。中国坚定支持建立无核武器区的国际努力，于2014年5月签署《中亚无核武器区条约》议定书，积极参与《东南亚无核武器区条约》议定书磋商进程，并将继续推动中东无核及其他大规模杀伤性武器区国际会议早日得以举行。

在核裁军领域，中国一贯主张并积极倡导全面禁止和彻底销毁核武器，坚定奉行自卫防御的核战略，恪守在任何时候、任何情况下不首先使用核武器、无条件不对无核武器国家和无核武器区使用或威胁使用核武器的承诺。中国积极支持国际核裁军努力，为推进相关国际进程的发展作出应有贡献。

同时，中国高度重视和平利用核能问题，为推动国际和本地区和平利用核能事业的发展作出积极贡献。中国积极支持和参与国际原子能机构的技术合作活动，按时、足额缴纳技术合作基金，为技术合作项目的顺利开展提供力所能及的帮助，并积极参与和平利用核能国际合作。

2. 国际原子能机构

国际原子能机构（下称“机构”）于1957年10月正式成立，总部设在奥地利维也纳。机构的主要职责包括促进和平利用核能、保障监督以及加强核能安全与核安全。截至2014年年底，机构共有162个成员国。中国于1984年加入。

中国重视机构作用，与机构在各领域开展多层次、全方位合作，积极参与机构理事会、大会等决策机制工作。2014年9月24日，为庆祝中国加入机构30周年，国务院总理李克强向机构第58届大会致贺信，赞赏中国与机构30年合作取得的丰硕成果，希望继续同机构扩展合作范围，提升合作水平，携手应对挑战，共同推进人类和平利用核能事业。9月25日，机构总干事天野之弥复函李克强总理，称赞中国为机构工作作出的巨大贡献，表示愿与中国进一步加强合作，实现互利共赢。10月15～19日，天野之弥应邀来华出席“中国加入机构30周年”系列纪念活动。国务院副总理马凯及外交部、国防科工局负责人与其会见。

2014年11月，中国代表团在第69届联大“国际原子能机构的报告”议题下发言，肯定机构工作成效，同时指出，今后机构应重点做好以下几方面工作：第一，深化核能与核技术合作，满足成员国和平利用核能的需求，加大对发展中国家援助力度。第二，加强核能安全与核安全。在核能安全方面，要求并帮助日方加速福岛核事故后续处理，密切关注评估处理进度和效果并及时向国际社会通报；在核安全方面，做好在核安全领域发挥主导作用的充分准备，为构建公正、合理、共赢的核安全体系发挥作用。第三，稳妥改进保障监督体系，以确保客观公正为根本，在此基础上努力提高保障监督的有效性和效率。第四，客观公正地参与处理热点问题，为推动通过对话协商和平解决有关地区问题发挥建设性作用。

3.《全面禁止核试验条约》

《全面禁止核试验条约》（下称“条约”）于1996年达成并开放签署。条约禁止任何核武器试验爆炸及任何其他核爆炸，是实现全面禁止和彻底销毁核武器过程中的一个重要步骤。迄今已有183国签约，163国批约。条约生效所必需的44国中，已有36国批约。

为确保条约得到遵守，条约规定设立以国际监测系统为主体的核查机制。国际监测系统由运用地震、水声、次声、放射性核素4种技术的321个台站和16个实验室组成。截至2014年年底，已建成88%台站，其中83%通过核证验收。条约组织筹备委员会临时技术秘书处（PTS）于2014年11月在约旦举行第二次“现场视察综合外场演练”（简称“IFE14演练”），全面检验筹委会对核爆等违约行为进行现场视察的能力。

中国于1996年9月24日签署条约，是筹委会首批成员国之一。中国坚定支持条约宗旨和原则，在核武器国家中进行核试验次数最少，并一直恪守“暂停试”承诺。中国积极支持条约早日生效，以建设性姿态参与历次促进条约生效大会，并投票支持历届联大有关条约的决议，数次参与共提。

中国积极支持并以建设性姿态全面参与筹委会工作。2014年，中国参与筹委会会议及相关工作组会议，派专家参与PTS主办的各类技术研讨会，在中国主办“国际监测系统台站运行与维护地区培训班”，派高级代表和专家参加在约旦举行的“IFE14演练”。

中国政府高度重视履约筹备工作，为此成立专门机构。截至2014年年底，中国境内已建成四个基本地震台站、四个辅助地震台站、三个放射性核素台站、一个核素实验室以及中国国家数据中心。

4.《禁止生物武器公约》

该公约全称《禁止细菌（生物）及毒素武器的发展、生产及储存以及销毁这类武器的公约》（下称“公约”）于1971年达成，1975年生效。中国于1984年加入该公约。

2014年，公约总体执行情况良好。缔约国总数为171个。95个国家和欧盟建立国家履约联络点。67个国家提交建立信任措施宣布。公约履约支持机构运行平稳，得到缔约国普遍支持。

中国继续致力于公约的全面、有效实施。中国外交部军控司充分发挥作为国家履约联络点的作用，保持同公约履约支持机构和其他缔约国的联络，协调国内相关部门的履约工作，推动国内履约工作顺利进行。

2014年3月，中国按时向履约支持机构提交建立信任措施宣布资料，更新有关生物防御计划、高封闭实验室、立法及规章、疫苗生产设施的宣布。

中国继续以积极务实态度参与并促进多边生物军控进程。2014年8月4～8日，公约2014年专家会在日内瓦举行，会议议题为生物科技发展、加强国家履约、国际合作及违约情况下的国际援助。各国代表介绍了相关领域经验和做法，并提出建议。中国代表团积极参与各项议题讨论，通过一般性辩论、工作文件、专题发言等形式，全面介绍中国在相关议题上的政策、措施和建议。

2014年12月1～5日，公约2014年缔约国会议在日内瓦举行，各方在专家会基础上继续讨论生物科技发展、国际合作等议题。会议经协商一致达成最后报告，针对各项议题提出工作建议并将提交2016年公约八审会审议。中国代表团以积极和建设性姿态与会，介绍中国在相关议题上的主张，提出加强国际合作、及时评估生物科技发展、循序渐进加强国家履约，强调平衡推进公约各项目标，提高公约普遍性和有效性，展示了中国积极、严格履约的形象，并推动会议达成较为全面、平衡的最后报告。与会各方高度关注西非埃博拉疫情，中国代表团通过多种形式介绍中国四轮援助非洲抗击埃博拉疫情的努力及经验，并提交“中国援助西非抗击埃博拉疫情的努力”工作文件。

5.《禁止化学武器公约》

该公约全称《关于禁止发展、生产、储存和使用化学武器及销毁此种武器的公约》（下称“公约”）于1992年达成，1997年生效。中国于1997年批准公约，是公约原始缔约国。

2014年，履约工作总体平稳推进。化学武器销毁继续取得进展，已销毁世界全部库存化武的84.95%。公约核查机制行之有效，禁止化学武器组织（简称“禁化武组织”）技术秘书处对缔约国进行的现场核查已超过5545次。叙利亚化学武器战剂和关键前体于2014年6月23日全部运出叙境，并于8月18日完成销毁；叙境内化武生产设施销毁工作亦已于年内启动。禁化武组织在处理叙利亚化武问题上发挥的独特作用，受到国际社会普遍关注和公认。

2014年，中国与有关各方一道，继续积极推动和参与叙利亚化武问题的解决。上半年，中国政府先后派出两艘海军舰只参与20批叙化武海运多边联合护航任务，并派遣2名中国专家作为联合国禁化武组织赴叙利亚事实调查组成员赴叙实地调查。

中国高度重视公约履约工作。2014年，中国继续全面、忠实履行公约各项义务，按时向禁化武组织提交各类工业宣布和日本遗弃在华化学武器

（简称“日遗化武”）的后续宣布，接受了禁化武组织38次现场视察。中国认真履行公约规定的防扩散义务，不断加强出口管制能力建设，依照相关出口管制法规严格审查化学品进出口。中国政府高度重视公约在香港、澳门特别行政区和台湾地区的适用问题。香港特区履约工作全面顺利开展，澳门特区履约准备工作正在有条不紊地进行。在坚持一个中国原则前提下，中国政府一直积极、务实寻求妥善解决公约适用于台湾的问题。

2014年4月22～25日，中国与禁化武组织联合在北京举办亚洲地区化工安全与安保研讨会，来自东南亚、南亚和美国共16个国家和地区的近70名代表与会。5月26～30日，中国与禁化武组织联合在北京举办援助与化武防护高级国际培训班。来自阿富汗、印度、缅甸等17个国家的22名学员参加了培训。

2014年4月22～25日，禁化武组织执理会主席奥莱克桑德·霍林访华。外交部部长助理郑泽光会见霍林，重申中国政府对公约和禁化武组织工作的一贯支持，并就叙利亚化武、处理日遗化武等问题与其交换意见。霍林高度评价中国履约工作及在禁化武组织中发挥的重要作用，表示理解、支持中方在日遗化武问题上的关切。霍林并赴吉林省哈尔巴岭日遗化武销毁设施考察。

2014年12月1～5日，公约第19届缔约国大会在荷兰海牙举行。中国代表团与会，在发言中阐述中国政府在叙利亚化武销毁、日遗化武销毁、国际合作等问题上的立场和主张，并对日遗化武销毁进度再次迟于执理会决定所设期限及销毁造成的环境安全问题表示严重关切，敦促日方加大投入，创新工作方法，按双方共同提交的销毁计划尽早完成销毁。香港特区代表作为中国代表团成员向大会介绍特区履约情况。

中国政府高度重视处理日遗化武问题，对日本未能在公约规定期限内完成日遗化武销毁表示严重关切。2014年，中国、日本与禁化武组织技术秘书处就日遗化武问题举行了两轮三方磋商，讨论了日遗化武销毁进展、下步工作计划、核查安排等。中国政府根据公约和禁化武组织执理会有关决定，按时提交“处理日遗化武进展报告”，并接待禁化武组织对日遗化武双边作业、托管库、销毁工作的现场视察9次。在中国协助下，日本派团完成18次日遗化武现场探测、挖掘、鉴别和回收双边作业，共挖掘回收2090枚日遗化武。石家庄、武汉日遗化武移动式销毁设施启动销毁作业；哈尔巴岭销毁设施启动试销毁作业。日遗化武销毁虽取得一定进展，但整体进程仍严重滞后于中日双方共同向执理会提交的销毁计划。中国敦促日方切实履行公约义务，加大投入，尽早全面、彻底销毁日遗化武。

6.《特定常规武器公约》

该公约全称《禁止或限制使用某些可被认为具有过分伤害力或滥杀滥伤作用的常规武器公约》(下称"公约")于1983年生效，截至2014年年底共有118个缔约国。公约现有《关于无法检测的碎片的议定书》、《禁止或限制使用地雷、诱杀装置和其他装置的议定书》、《禁止或限制使用燃烧武器的议定书》、《关于激光致盲武器的议定书》和《战争遗留爆炸物议定书》五个附加议定书。2001年公约第二次审议大会通过第一条修正案，将公约及其附加议定书的适用范围扩大至包括非国际武装冲突。

中国批准了公约及所附五个议定书以及第一条修正案。

2014年11月13～14日，公约2014年度缔约国大会在日内瓦举行。中国代表团在发言中高度评价公约在解决常规武器滥用引发的人道主义问题方面发挥的重要作用，介绍中国在常规军控问题上的立场、相关履约工作和开展国际人道主义扫雷援助的情况。关于"简易爆炸装置"问题，中方表示，支持国际社会本着务实态度在公约框架下继续就此问题进行讨论，相关讨论应充分考虑各国和各地区具体情况，循序渐进地进行，避免损害国家安全或阻碍正常商业往来，尤其要防范相关信息被极端组织和犯罪分子利用。关于"无人自主作战系统"问题，中方表示，对在公约框架下进行讨论持开放态度，并愿与各方就该问题的定义、范围、法律适用等进行全面讨论，以逐步凝聚共识。与此同时，讨论进程遵循公约的宗旨和目标，充分照顾发展中国家关切，确保各方平等、普遍参与。

(1)地雷问题

国际上关于地雷问题的法律文书，除《特定常规武器公约》所附《地雷议定书》外，还有《渥太华禁雷公约》。前者主要对地雷的使用和转让进行限制，而后者要求立即、全面禁止杀伤人员地雷。中国不是《渥太华禁雷公约》缔约国。

2014年11月12日，经修订的《地雷议定书》第16次缔约国会议在日内瓦举行。中国代表团在发言中积极评价经修订的《地雷议定书》的履约工作进展，介绍了过去一年来中国在履约宣传培训、国际扫雷援助与合作等方面的履约情况。中国代表团特别介绍了中国关于爆炸物管理的法律法规和举措，表示愿意积极参与有关防止非国家实体滥用"简易爆炸装置"的国际进程。

2014年6月23～27日，《渥太华禁雷公约》第三次审议大会在莫桑比克马普托举行，中国派观察员代表团与会。中方在发言中表示，中国认同公约的宗旨和目标，赞赏公约体现的人道主义精神，将继续加强与公约缔约国和有关国际组织的合作与交流，积极致力于国际人道主义扫雷援助事业，为早日彻底解决地雷造成的人道主义问题作出应有贡献。中国代表团还详细介绍中国的地雷政策、在地雷清除、受害者援助和国际合作援助等领域所作的努力和取得的成绩。

（2）国际人道主义扫雷援助

中国政府高度重视地雷引发的人道主义关切，积极参与国际扫雷援助活动，帮助有关国家摆脱雷患困扰。自1998年来，中国政府建立了长期的、机制化的国际扫雷援助规划，通过捐款、援助扫雷器材、举办扫雷技术培训班等方式，向近40个亚、非、拉国家提供了共计8000万元人民币的扫雷援助，培训500余名专业扫雷技术人员。

2014年，中国政府在华为阿富汗、柬埔寨举办人道主义扫雷培训班，共培训50余名专业扫雷人员。中国政府还向老挝提供地雷受害者援助。中国积极与地雷受害国保持交流与合作。2014年10月，柬埔寨地雷行动机构秘书长迥本龙访华，就中柬扫雷领域合作及东盟地雷行动中心建设等问题与中方深入交换看法，并赴徐州工程兵学院和南京解放军理工大学观摩扫雷培训班、参观中国探扫雷装备。

（3）战争遗留爆炸物

《特定常规武器公约》所附《战争遗留爆炸物议定书》（五号议定书）于2003年达成，2006年生效，截至2014年年底有85个缔约国。

2014年11月10～11日，《战争遗留爆炸物议定书》第八次缔约方会议在日内瓦举行。中国代表团在发言中积极评价议定书生效以来的履约工作，希各方继续在履约机制建设等方面取得新的进展，不断推进议定书普遍性和有效性。中方并介绍中国在战争遗留爆炸物清除销毁、受害者援助、国际交流合作、爆炸物管理等方面所做的工作和取得的成绩。

（4）集束弹药问题

近年来，集束弹药问题成为人道主义军控领域热点。《特定常规武器公约》政府专家组自2007年成立以来，就集束弹药问题进行密集谈判。2011年公约四审会期间，各方未就公约框架下的集束弹药议定书达成一致。中国代表团积极参加《特定常规武器公约》集束弹药问题政府专家组工作。

《特定常规武器公约》框架外，挪威、墨西哥等国发起“奥斯陆进程”，并于2008年年底达成《集束弹药公约》，公约于2010年8月1日正式生效。

截至2014年年底共114国签署，86国批准。公约禁止发展、生产、使用、储存和转让集束弹药。公约第五次缔约国会议于2014年9月2～5日在哥斯达黎加圣何塞召开。中国派观察员代表团出席会议并介绍中方对集束弹药问题的一贯立场。

（四）中国在防扩散方面的工作

1. 积极参与国际防扩散努力

中国政府坚决反对扩散大规模杀伤性武器及其运载工具，一贯以高度负责的态度处理防扩散问题，积极参与国际防扩散努力。

中国政府支持联合国在防扩散领域发挥的重要作用，认真执行安理会有关决议，并以建设性态度参与安理会1540（防扩散问题）委员会工作。

中国关注地区热点扩散问题的发展，积极致力于地区防扩散努力。中国支持并积极参与朝核、伊朗核问题的政治和外交解决进程。2014年6月，中国派团出席第十届北约年度防扩散研讨会，与各方就防扩散问题交换意见。10月，中国接待安理会1540委员会主席访华，双方就加强防扩散合作交换看法。同月，中国派团赴韩国出席1540决议地区研讨会，与亚太国家就该决议落实情况交换意见。11月，中国派团出席“核供应国集团”第35次咨询组和技术专家组会，与各方探讨核两用物项转让相关技术问题。

2. 开展防扩散国际合作

中国重视防扩散国际交流与合作，与美国、欧盟等保持对话和交流。为增进中美防扩散互信与合作，双方在2014年7月举行的第六轮中美战略与经济对话上决定成立“中美防扩散联合工作组”。工作组于11月在京举行首次会议，就防扩散形势、工作组相关设置等交换意见，并决定加强在一线执法等领域合作。

中欧不断深化防扩散交流与合作。2014年9月和11月，中欧出口管制交流和中欧防扩散出口管制研讨会分别在布鲁塞尔和哈尔滨举行。双方就防扩散出口管制相关政策、法规和实践进行交流，并探讨未来合作规划。

（五）中国与有关国家开展战略安全、军控和防扩散对话

中国与十余个国家建立副部级或司级战略安全、军控与防扩散磋商机制，对增进相互理解与合作发挥了重要作用。2014年，中国继续开展战略安全、军控、网络安全等领域的对外交流与合作。

2014年4月16日，中国外交部军控司与英国外交部国防与国际安全司举行军控与防扩散磋商，主要就核裁军、伊朗核、朝核、叙利亚化武、《不扩散核武器条约》审议进程、无核武器区、《武器贸易条约》等问题深入交换看法。

2014年4月16日，中国外交部军控司与法国外交部战略、安全与裁军司举行军控与防扩散磋商，主要就伊朗核、朝核、“禁产条约”、外空、防扩散出口管制、《武器贸易条约》等问题深入交换意见。

第六章

中国外交中的条约法律工作

（一）中国对外缔结条约情况

1. 中国对外缔结条约概况

中国一贯重视发展与世界各国的友好关系，积极参与全球性、区域性的双边和多边活动。2014年，中国在政治、经贸、领事、文化、海关、能源环保、交通、医疗卫生、反恐、投资及税收等领域对外缔结了大量双边条约，为促进中国与各国共同发展、维护地区及世界和平、加强与国际组织合作提供了法律保障。

2014年，中国新参加多边国际公约六项，分别是：3月18日国务院核准《亚洲及太平洋地区承认高等教育资历公约》，4月24日全国人大常委会批准《试听表演北京公约》，5月16日全国人大常委会批准加入《京都议定书多哈修正案》，9月3日国务院决定加入《建立国际反腐败学院的协定》，11月28日国务院批准《北太平洋公海渔业资源养护和管理公约》，12月28日全国人大常委会批准《上海合作组织反恐怖主义公约》。

2. 涉及香港和澳门特区的条约法律事务

2014年，中央人民政府严格按照“一国两制”方针和《中华人民共和国香港特别行政区基本法》、《中华人民共和国澳门特别行政区基本法》处理涉及香港特区和澳门特区的条约法律事务，为香港特区和澳门特区在有关领域参与国际合作、开展对外交往提供支持。

（1）双边协定方面

中央人民政府授权香港特区政府分别与墨西哥、阿拉伯联合酋长国、沙特阿拉伯谈判投资保护协定，与乌拉圭、瓦努阿图谈判民航协定，与挪威谈判税务资料交换协定，与美国、挪威签署税务资料交换协定，与蒙古、伊朗、尼日利亚签署移交被判刑人协定，与荷兰修订移交逃犯协定；授权澳门特区政府与美国、印度尼西亚、斯洛伐克谈判税收信息交换协定，与日本、阿根廷、英国、根西岛、爱尔兰签署税收信息交换协定，与蒙古谈判刑事司法协助协定、移交被判刑人协定，与尼日利亚谈判移交被判刑人协定。

（2）多边条约

中央人民政府办理了《上海合作组织成员国政府间科技合作协议》、《联合国气候变化框架公约京都议定书多哈修正案》等42项多边条约和修正案适用于香港特区的有关手续；办理了《关于汞的水俣公约》、《政府间陆港协定》等35项多边条约适用于澳门特区的有关手续。

（二）中国在联合国机构的法律工作

1. 第69届联大法律议题

（1）概述

2014年10月6日至11月14日，第69届联合国大会共审议31项法律议题，通过了19项决议。联大全会审议了国际法院的报告、国际刑事法院的报告、海洋和海洋法等议题。联大第六委员会审议了消除国际恐怖主义的措施、普遍管辖权的原则和适用、国内和国际法治、国际法委员会第66届会议工作报告等议题。联大第四委员会审议的法律议题主要涉及和平利用外空的国际合作。

中国代表团全面参加了上述议题的审议和决议草案的磋商，在消除国际恐怖主义的措施、国内和国际法治、普遍管辖权原则的范围和适用、联合国宪章和加强联合国作用特别委员会报告、国际法委员会第66届会议报告等议题下发言，阐述中国政府的立场主张，介绍中国的有关实践。

（2）关于“消除国际恐怖主义的措施”

中国代表团重申反对一切形式的恐怖主义，坚定支持依法打击恐怖犯罪活动，坚定支持国际社会消除恐怖主义的努力，强调打击恐怖主义应坚持零容忍立场、严格遵守国际法、发挥联合国主导作用、加强综合施策。中国代表团指出，“东突”恐怖势力是中国面临的现实恐怖威胁，中国政府正加紧制定《反恐怖主义法》，严惩暴力恐怖犯罪，维护国家和社会稳定。同时，中国政府高度重视国际反恐合作，积极参与和推进双多边领域的合作，支持地区国家反恐努力。

（3）关于“国内和国际法治”

中国代表团表示，中国始终是国际法治的坚定维护者和积极建设者，长期致力于为国际法治提供公共产品。2014年6月，国家主席习近平在和平共处五项原则发表60周年纪念大会上强调指出，各国应共同推动国际关系法治化，反对假借“法治”之名行侵害他国正当权益、破坏和平稳定之实。在外交部与中国国际法学会共同举办的“和平共处五项原则与国际法的发展”国际法研讨会上，各方围绕五项原则的历史贡献和时代内涵深入探讨，提出要以五项原则体现的“主权观”、“和平观”、“共赢观”和“正义观”统领和指导国际关系。关于国际法治，中国政府高度重视法治在完善国家治理体系、保障人民权利方面的重要作用，主张各国有权选择适合自身国情的法治道路。结合司法救助分议题，中国代表团指出，中国政府正按照“依法治国”的方略全面推进法治建设，为此致力于建立完善诉讼救助制度、推进刑事被害人救助制度、探索建立执行救助制度，并全面协调司法救助和法律援助制度。

（4）关于“普遍管辖权原则的范围和适用”

中国代表团认为，普遍管辖权是一个涉及政治、法律和外交的综合性问题，对国际关系和国际秩序的发展有重要影响。在目标和性质方面，普遍管辖权是一种补充性管辖权，应严格区分其与其他管辖权的界限；在适用前提条件方面，普遍管辖权的行使应遵循现有国际法原则和规则，包括不得侵犯他国主权、干涉他国内政或侵犯国家、国家官员、外交和领事人员享有的豁免权等。中国代表团强调，普遍管辖权应审慎使用，避免被滥用。

（5）关于“和平利用外空的国际合作”

中国代表团赞赏和平利用外层空间委员会在规范空间活动、维护空间秩序、促进空间合作等方面的重要作用，表示中国政府秉持平等互利、和平利用、共同发展原则，积极加强国际合作，努力使空间技术惠及更多国家和人民。中国代表团介绍了中国近期主要航天成就，包括“嫦娥三号”实现月球表面软着陆、成功发射高分二号卫星，以及在载人航天、卫星遥感、北斗导航等领域取得的诸多进展，并强调外空是全人类的共同财富，应确保外空和平利用，防止外空武器化和军备竞赛。

（6）关于“《联合国宪章》和加强联合国作用特别委员会报告”

中国代表团支持联合国作用特别委员会（下称“特委会”）根据联大授权开展职权范围内的工作，并表示2015年是《联合国宪章》签署70周年，国际社会应牢记二战带来的深重灾难，在特委会等平台上坚决捍卫宪章宗旨和原则，巩固战后国际秩序，实现持久和平与共同繁荣。在“援助受制裁影响的第三国”议题下，中国代表团主张安理会应慎用制裁措施，应以穷尽其他和平手段为前提，最大程度降低不利影响。

（7）关于“1949年日内瓦四公约附加议定书现况”

中国代表团表示，1949年日内瓦四公约及其附加议定书是国际人道法的核心法律文书，在保护战争与武装冲突受害者方面具有重要作用，中国政府赞赏国际红十字会为推动公约及其附加议定书的广泛传播和有效执行所作努力，呼吁各方严格遵守议定书的规定。中国代表团表示，中国作为首批加入日内瓦四公约附加议定书的国家之一，在研究、传播和履行附加议定书方面采取了诸多有益措施。

（8）关于“考虑有效措施加强外交和领事使团和代表的保护、安保和安全”

中国代表团认为，外交和领事使团及其代表作为国家的代表，肩负着重要职责，加强保护是确保其正常履行职责的重要保障。中国代表团对近年来针对外交和领事使团及其代表的违法犯罪行为表示关注和谴责，提出各国应进一步加强预防保护措施、不断完善事后追责惩戒措施。中国政府一贯高度重视并采取切实措施落实有关安全保护，同时坚持外交和领事代表有尊重驻在国法律法规的义务。

（9）关于"国际法委员会第66届会议工作报告"

中国代表团赞赏国际法委员会自上届会议一年来取得的工作进展，重点就国家官员的外国刑事管辖豁免、驱逐外国人、发生灾害时的人员保护、保护大气层等问题阐述了立场。

在国家官员的外国刑事管辖豁免问题上，中国代表团表示"国家官员"的定义应作广义理解，应依据一国的宪法体制、法律法规和实际情况进行个案判断，而不宜由法院地国进行主观认定。

在保护大气层问题上，中国代表团指出，该项工作应对有关政治法律谈判进程形成建设性的有益补充，不应另起炉灶或贬抑现有条约机制，一味追求大一统的大气层保护立法反而效果难料。

在发生灾害时的人员保护问题上，中国代表团表示，条款草案须在加强救灾国际合作与尊重国家主权之间取得平衡，保障受灾国在救灾中充分发挥首要作用。

在驱逐外国人问题上，中国代表团表示，必须维护作为国家固有的主权权利的驱逐权，同时依据国际法和国内法，采取适当措施保障被驱逐的外国人的基本人权。

在习惯国际法的识别问题上，中国代表团认为，一要均衡考察"一般实践"与"法律确信"，二者缺一不可；二要平衡处理能代表世界各主要文明和法系的"普遍性"实践和个别领域有重要影响的国家的"特殊性"实践；三要统筹兼顾国家的"行动性"实践和政策白皮书、外交表态等"宣示性"实践。

在引渡或起诉的义务问题上，中国代表团表示"引渡或起诉的义务"针对的犯罪多种多样，运作机制也有很大不同，须以具体条约的规定为准，尚未形成一项习惯国际法规则。

2. 联合国国际法委员会第66届会议

联合国国际法委员会第66届会议于2014年5月5日至6月6日、7月7日至8月8日分两期在联合国日内瓦办事处举行。中国籍委员黄惠康博士出席会议并参与各专题讨论，在习惯国际法的识别、国家官员的外国刑事管辖豁免等专题下重点发言。

会议由俄罗斯籍委员基里尔·格沃尔吉安担任主席，日本籍委员村濑信也和西班牙籍委员康塞普西翁·埃斯科瓦尔·埃尔南德斯分别担任第一、第二副主席，巴西籍委员吉尔贝托·贝尔涅·萨博亚任起草委员会主席，南非籍委员迪类·特拉迪任报告员。会议主要情况如下：

关于“驱逐外国人”专题，委员会二读通过了31项条款草案及其评注，建议联合国大会通过一项决议，表明注意到该条款草案，并考虑在以后根据该条款草案拟订一项公约。

“灾害中的人员保护”专题特别报告员向委员会提交了第七次报告，新增保护救灾人员、设备和货物等条款。委员会一读通过特别报告员提出的21项条款草案及评注。

关于“引渡或起诉的义务”专题，委员会重新组建了工作组。根据工作组建议，委员会通过本专题的最后报告，决定结束对本专题的审议。

“与条约解释相关的嗣后协定和嗣后惯例”专题特别报告员提交第二次报告，提出六项结论草案。经起草委员会审议，委员会暂时通过了五项结论草案及其评注。

关于“保护大气层”专题，特别报告员提出第一次报告，阐述总体目标，确定相关基本概念，提出拟采用的观点和处理方法，并提出三条指南草案。委员会经全体会议审议，决定2015年继续讨论指南草案转交起草委员会一事。

关于“国家官员的外国刑事管辖豁免”专题，委员会审议并通过了特别报告员第三次报告中所提出的关于国家官员定义的第二条（五）项草案和关于享有属事豁免的人员的第五条草案。

关于“习惯国际法的识别”专题，特别报告员提交第二次报告，载有11项结论草案。经起草委员会审议，暂时通过其中八项结论草案。

“与武装冲突有关的环境保护”专题特别报告员提交初步报告，综述各国代表在联合国大会第六委员会发表的意见、各国和各国际组织的实践、本专题的范围和研究方法等。

“条约的暂时适用”专题特别报告员提出第二次报告，对条约暂时适用的法律效果作出分析。

关于“最惠国待遇条款”专题，委员会重新组建研究组，开始审议研究组主席编写的最后报告草稿，准备将该报告提交2015年委员会第67届会议审议。

本次会议上，委员会决定在工作方案中列入“危害人类罪”专题，并任命美国籍委员肖恩·墨菲为特别报告员，同时决定将“强行法”专题列入长期工作方案。

3. 联合国和平利用外层空间委员会

联合国和平利用外层空间委员会（简称“联合国外空委”）下设科学和技术委员会、法律小组委员会，是国际社会就和平利用外层空间事务进行交流与合作的主要平台。2014年，中国代表团出席了外空委第57届会议、科技小组委员会第51届会议和法律小组委员会第53届会议。

（1）第57届外空委会议情况

2014年6月11～20日，联合国外空委第57届会议在维也纳举行。中国代表团在一般性发言、科技小组委员会报告、法律小组委员会报告、外空委未来作用等议题下作专门发言，并就“中国的外空政策、立法和国际合作”、“中国的月球探测计划”、“中国载人空间站与国际合作”、“中国空间法研究”等作技术报告。其间，中国代表团还向联合国外空司捐赠了“玉兔”号月球车原比例模型，并举办了“嫦娥”系列工程图片展。

中国代表团在发言中介绍了自上届会议一年来中国空间活动进展和国际合作项目，重申中国和平利用外空的一贯立场。中国代表团强调外空委应加强和提升其作为外空立法推动者、机制协调者、能力建设者的重要作用，并明确提出法律小组委员会应以强化现有外空条约体系有效性为核心，从三方面重点推进：一是推动外空条约的普遍接受；二是强化外空条约的实施；三是加强各国空间法能力建设。

（2）第51届科技小组委员会会议情况

2014年2月10～21日，联合国外空委科技小组委员会第51届会议在维也纳举行，主要讨论外空活动长期可持续性、空间碎片、在外空使用核动力源、近地天体等17个议题。

中国代表团在一般性交换意见、外空活动长期可持续性、空间碎片、空间天气、联合国空间应用项目、借助空间技术的灾害管理支持、卫星导航与遥感等八个议题下发言，全面阐述了2013年中国航天的重要进展，并就“嫦娥三号的进展与成就”、“新亚太区域中心的教育计划”等六个专题作技术报告。

（3）第53届法律小组委员会会议情况

2014年3月24日至4月4日，联合国外空委法律小组委员会第53届会议在维也纳举行。会议首次审议了“关于不具法律约束力的联合国外空法律文书的一般信息交流”、联合国五项外空条约的现状和适用、外空国际合作机制、和平利用外空有关的国家立法、小卫星法律问题等议题。

中国代表团在一般性交换意见、外空国际合作机制、关于不具有法律约束力的联合国外空法律文书的一般信息交流、空间法能力建设等议题下发言，宣介中国空间事业发展和外空法治建设，并就中国发射许可和登记等两项部门规章、联合国空间法研讨会筹备情况作技术报告。

（三）中国在打击跨国犯罪领域的法律工作

1.《联合国打击跨国有组织犯罪公约》

2014年10月6～10日，《联合国打击跨国有组织犯罪公约》（下称“公约”）第七次缔约国大会在维也纳召开。中国代表团全面介绍中国通过立法、执法、司法等措施履行公约的情况，深入参与国际合作、履约审议机制、打击贩卖人口等各项议题的讨论，阐明中国立场，呼吁各国以更加积极、灵活、务实的态度合作打击跨国有组织犯罪，积极引导公约机制朝健康有序的方向发展。

2.《联合国反腐败公约》

《联合国反腐败公约》（下称“公约”）实施情况审议组第五次会议和续会分别于2014年6月和10月在维也纳召开。会议根据审议第一周期受审议国的履约审议情况，交流公约实施中的挑战、经验和良好做法，评估履约审议机制运行情况。

2014年9月，公约预防腐败和资产追回工作组会议在维也纳召开，就公约实施过程中的预防腐败和资产追回等问题进行了讨论。

2014年10月，公约“国际合作政府间专家会”第三次会议在维也纳召开，讨论各国为侦查腐败犯罪开展民事和行政诉讼国际合作，以及为查明、冻结、没收公约所指犯罪产生的资产提供国际合作的情况。

中国代表团深入参加上述会议各项议题的讨论，积极宣介中国在反腐倡廉方面取得的新进展，与各国广泛交流履行公约义务的经验和做法，主张国际社会加强合作，共同打击腐败。

根据公约设立的履约审议机制规则，中国政府于2014年6月向公约秘书处提交了包含香港、澳门特区在内的中国履约情况自评清单。有关审议国已全面启动对中国的履约审议工作。

（四）中国在国际人权条约领域的工作

1. 履行国际人权条约

2014年1月，中国政府向儿童权利委员会提交了关于委员会审议中国执行《儿童权利公约》第三、四次合并报告及执行《〈儿童权利公约〉关于儿童卷入武装冲突问题的任择议定书》首次报告所作结论性意见的评论。

2014年10月23日，消除对妇女歧视委员会审议中国执行《消除对妇女一切形式歧视公约》第七、八次合并报告。中国代表团参加审议。审议中，中国代表团本着积极、自信、包容、开放的态度与委员会开展了建设性对话。11月7日，委员会公布结论性意见，中国报告顺利通过审议。

2. 参与人权条约机构体系进程

2014年1～4月，人权条约各缔约国举行多轮密集磋商。4月9日，第68届联合国大会以协商一致方式通过了第268号决议“加强和增进人权条约机构体系有效运作”。该决议是2013年2月起，根据第66届联合国大会第254号决议设立的联大加强和增进人权条约机构体系有效运作政府间进程的成果，标志通过联大政府间渠道进行的加强和增进人权条约机构体系进程完成谈判。决议规定了加强和增进人权条约机构体系有效运作的若干工作方法。中国政府深度参与上述工作，就改善人权条约机构体系阐述中国政府的立场和主张，并发挥了建设性作用。

（五）中国在国际私法领域的工作——海牙国际私法会议

2014年2月，中国政府专家出席海牙国际私法会议外国民事保护令承认与执行专家组会议，就家事人身保护裁定的司法实践与各方开展交流；2月和10月，中国代表团参加“判决项目”工作组第二次和第三次会议，参与工作组讨论，推动工作组就部分管辖权条款达成初步共识；5月，包括港澳特区代表在内的中国代表团参加《送达公约》、《取证公约》和《国际司法救助公约》特别委员会会议，介绍中国履约经验和实践，全面阐述相关立场和考虑，积极参与会议结论文件的讨论。

4月，中国专家出席在北京举办的“跨境家庭法问题和儿童福利：亚太区域视角国际学术会议”；8月，海牙国际私法会议秘书长伯纳斯科尼访华，中国外交部、最高人民法院和司法部的主管官员分别会见；10月，中国代表团出席在中国香港特区举办的第九届电子附加证明书论坛。

（六）中国与外国的司法协助和法律合作

1. 涉及香港和澳门特区的条约法律事务

中央人民政府严格根据《中华人民共和国香港特别行政区基本法》和《中华人民共和国澳门特别行政区基本法》和“一国两制”方针处理涉及香港特区和澳门特区的条约和法律事务，为两特区在有关领域参与国际合作、开展对外交往提供支持。

（1）双边协定方面

2014年，中央人民政府授权香港特区政府分别与尼日利亚签署移交被判刑人协定，与荷兰签署修订移交逃犯协定的议定书，与蒙古签署移交被判刑人协定，与伊朗签署移交被判刑人协定。

（2）国际公约方面

在《国际诱拐儿童民事方面公约》方面，为澳门特区声明，接受伊拉克加入公约。

2. 与外国缔结双边司法协助条约状况

中国主张各国在司法领域加强国际合作，共同打击跨国犯罪，并积极推动与各国谈判缔结双边司法协助条约和引渡条约，以进一步夯实司法合作法律基础，保障中国和其他国家之间人员和经贸的正常往来。

2014年，中国与外国签署了五项双边司法协助条约：《中国和比利时刑事司法协助条约》、《中国和埃塞俄比亚民商事司法协助条约》、《中国和埃塞俄比亚引渡条约》、《中国和塔吉克斯坦引渡条约》、《中国和斯里兰卡刑事司法协助条约》。

2014年生效的双边司法协助条约共有五项:《中国和巴西民商事司法协助条约》、《中国和巴西引渡条约》、《中国和波黑民商事司法协助条约》、《中国和波黑刑事司法协助条约》、《中国和波黑引渡条约》。

截至2014年年底，中国已与64个国家缔结各类司法协助类条约共129项。其中，民、刑事司法协助条约71项（64项已生效），引渡条约39项（30项已生效），移管被判刑人条约12项（9项已生效），打击三股势力协定7项（6项已生效）。

3. 中美执法合作

中美执法合作联合联络小组（简称“JLG”）引领下的执法合作继续成为中美双边合作的重要内容和亮点之一。2014年7月，第六轮中美战略与经济对话框架下战略对话成果清单载明，双方决定继续在相互尊重、平等互利的基础上，就共同关心的问题深化和加强执法合作，特别是通过中美JLG渠道加强合作。

12月3～5日，中美JLG第12次会议在北京举行。双方结合有关成功个案，回顾和评价了JLG第11次会议以来的执法合作总体情况，就双方关注的执法和司法合作问题交换意见，听取下设的追逃、禁毒、知识产权刑事执法、遣返、网络犯罪、反腐败、刑事司法协助工作组汇报，并就2015年重点合作领域和具体工作作出规划。

4. 中加司法和执法合作

2014年9月22～23日，中国和加拿大司法和执法合作第五轮磋商在北京举行。双方围绕加强追逃和追赃两方面司法、执法合作深入交换意见。双方一致同意，在磋商机制下设立司法协助工作组和遣返逃犯及其他非法入境者工作组。双方还同意尽快完成中加分享和返还被追缴资产协定的签署准备工作。

（七）中国在国际海洋法领域的工作

1. 多边海洋法事务

（1）《联合国海洋法公约》第24次缔约国会议

2014年6月9～13日，《联合国海洋法公约》（下称“公约”）第24次缔约国会议在纽约联合国总部举行。其间还举行了公约生效20周年特别纪念活动。会议讨论了国际海洋法法庭、国际海底管理局、大陆架界限委员会工作有关情况，以及联合国秘书长关于海洋和海洋法问题新进展的报告。中国代表团在会上发言中阐述中国构建和维护和谐海洋秩序的主张，强调应尊重所有国家合法利用海洋的权利和自由，统筹兼顾对海洋的合理利用与科学保护，平衡处理沿海国利益和国际社会整体利益，以实现海洋的可持续发展。针对个别国家在会上提及南海问题，中国代表团严正阐明中国在相关问题上的原则立场，匡正视听。

（2）联合国海洋和海洋法问题非正式磋商进程第15次会议

2014年5月27～30日，联合国海洋和海洋法问题非正式磋商进程第15次会议在纽约联合国总部举行。会议重点讨论了“海产品在全球粮食安全中的作用”问题，就海产品对全球粮食安全的重要性、海产品生产面临的压力、机遇和挑战等取得诸多共识。中国代表团在会上介绍了中国促进可持续渔业和水产养殖、保障粮食安全的积极努力和相关经验，呼吁加强发展中国家的能力建设。

（3）全球海洋环境报告和评估经常性进程

2014年3月31日，全球海洋环境报告与评估经常性进程（下称“进程”）特设全体工作组第五次会议在纽约联合国总部举行。会议重点讨论了首份全球综合海洋评估报告撰写工作最新进展及面临的主要问题，通过了工作组向第69届联大提出的建议和下一步工作指南。中国代表团在会上积极评价“进程”相关工作，包括报告撰写进展、主席团工作及支持“进程”的相关区域研讨会，表示中国支持“进程”工作，将继续积极考虑为“进程”提供帮助，包括承办研讨会、培训班和提名专家参与撰写或审议等，推动实现“进程”既定目标。

（4）国家管辖范围以外区域海洋生物多样性养护和可持续利用问题

2014年4月1～4日、6月16～19日，国家管辖范围以外区域海洋生物多样性养护和可持续利用（简称“BBNJ”）问题特设工作组第七次、第八次会议先后在纽约联合国总部举行，重点讨论在《联合国海洋法公约》框架下就BBNJ问题制订新的执行协定的范围、要素和可行性问题，以便向联大提出建议，由其在第69届大会结束前就是否制订执行协定相关问题作出决定。中国代表团积极参与上述有关问题及深海基因资源、海洋保护区、能力建设等具体议题的讨论，并阐述中国政府有关立场和关切。

（5）第69届联大关于海洋和海洋法议题的审议

第69届联大于2014年12月9日审议了海洋和海洋法议题，表决通过“海洋和海洋法决议”，并协商一致通过“可持续渔业决议”。海洋和海洋法决议涉及大陆架界限委员会、国际海底管理局和国际海洋法法庭工作、国家管辖范围以外区域海洋生物多样性、非正式磋商进程、全球海洋环境报告与评估经常性进程和能力建设等问题。可持续渔业决议涉及打击非法、未报告、未管制捕鱼，强化对渔业活动的监测、控制和管理，促进渔业养护和管理的次区域、区域合作，倡导负责任渔业等问题。

中国常驻联合国代表刘结一大使在发言中全面阐述了中国对海洋和海洋法各相关领域的主张，积极评价大陆架界限委员会、国际海底管理局和国际海洋法法庭工作，呼吁各方继续推进改善委员会工作条件，主张在国家管辖范围以外区域海洋生物多样性问题上，应充分顾及各国特别是发展中国家合理利用海洋生物资源的需要，循序渐进推进相关工作。中国愿与各国一道共同促进国际渔业制度的发展和完善，合理规范渔业行为，为实现海洋生物资源的可持续利用作出积极努力。国际社会应加强合作，共同应对挑战，共享海洋机遇和财富，共谋海洋永续发展。

（6）国际海底管理局第20届会议

2014年7月14～25日，国际海底管理局（简称“海管局”）第20届会议在牙买加金斯敦举行。会议重点讨论了多金属结核勘探合同延期、开发规章、反垄断和环境管理计划等问题，审议了秘书长报告，举行了海管局成立20周年纪念会议，核准了七项国际海底矿区申请，并进行了理事会17名成员改选。中国代表团积极参加各相关议题的讨论，并在秘书长报告议题下发言，全面阐述中国对国际海底形势和合同延期、环境保护等重大问题的立场和看法，受到各国高度重视。

（7）多边渔业

中国重视渔业资源的养护和可持续利用，积极参与国际渔业组织的活动。2014年，中国政府派团参加了印度洋金枪鱼委员会、养护大西洋金枪鱼委员会等国际渔业组织年会，并积极参加北太平洋渔业委员会第六次筹备会议。在多边渔业问题上，中国的总体立场是：多边渔业合作的目标是养护渔业资源，规范渔业行为，实现渔业的可持续发展和利用，确保各国，特别是发展中国家人民享有渔业资源。

（8）极地事务

第37届《南极条约》协商会议

2014年4月27日至5月7日，第37届《南极条约》协商会议在巴西首都巴西利亚举行。会议重点讨论了环保委员会工作、南极活动安全和运行、旅游和非政府组织活动、南极视察和生物勘探等议题。会上，中国代表团介绍了拟在南极维多利亚地建设新考察站的全面环境评估报告、建立昆仑站南极特别管理区相关讨论情况，并就南极视察问题表达了加强能力建设等方面的关切。会议高度赞赏中国在建站和环境评估工作中的合作精神。俄罗斯等国感谢中国"雪龙号"科考船为协助俄"绍卡利斯基号"船从南极海域脱困所作努力。中国代表团还与多个国家代表团举行会谈，积极推动相关领域的国际合作。

南极海洋生物资源养护委员会

2014年10月19～31日，南极海洋生物资源养护委员会第33届年会在澳大利亚霍巴特举行。会议重点讨论了海洋保护区、养护措施、遵约评估及打击非法捕鱼等问题，对各国遵守养护措施的情况进行评估并提出建议。在南极海洋保护区问题上，中国代表团强调设立保护区应在遵循国际法、具备充分科学依据的基础上以循序渐进的方式进行，平衡处理对有关资源的保护和合理利用。中国继续就捕捞南极磷虾提出申请并获得委员会批准。

北极事务

2014年3月25～27日、10月21～23日，北极理事会高官会春季会议、秋季会议先后在加拿大黄刀举行。两次会议重点就北极经济理事会建设进展、北极商业开发利用、科研及环保项目合作、理事会观察员地位以及加强理事会机制建设等问题进行讨论。中国代表团作为正式观察员与会，与北极八国、土著人组织、观察员国家等与会各方深入开展交流，积极宣介中国北极政策立场，展现中国为理事会作贡献的意愿和能力，推动中国与理事会有关各方的交流与合作。各方普遍欢迎中国参与北极事务，期待中国在北极跨区域问题方面多作贡献。

10月31日至11月2日，第二届北极圈论坛大会在冰岛首都雷克雅未克举行。会议议题涵盖北极科研、环境、法律、航运、渔业、能源开发、经济前景、安全和区域合作等众多领域。中国代表团在大会全会上发言指出，当前中国与北欧国家的北极合作不断推进，呈现多层次、宽领域的特点；未来中国愿与所有北极国家一道发挥政治引领作用，完善北极合作的机制保障，并激发民间机构互动合作的推动作用。

2. 双边海洋法和极地事务对话

（1）中国—丹麦北极事务会谈

2014年2月18日，中丹首次北极事务正式会谈在北京举行。双方就北极政策等问题进行了深入友好的交流，并就进一步加强中丹北极合作等问题达成共识。

（2）中国—韩国第18次海洋法磋商暨外交部条法司长磋商

2014年3月13日，中韩第18次海洋法磋商暨外交部条法司长磋商在首尔举行。双方就共同关心的海洋法和国际法问题坦诚、深入地交换了意见，达成广泛共识，并商定下一次磋商将于2015年适当时候在华举行。

（3）中国—美国第五轮海洋法和极地事务对话

2014年3月27～28日，第五轮中美海洋法和极地事务对话在中国青岛举行。中美外交和涉海部门的有关专家就当前海洋和极地领域的多个法律问题进行了深入、友好的交流。双方一致认为，对话积极务实，富有成果。对话被纳入2014年中美战略与经济对话框架下战略对话成果清单。

（4）中国—英国第四轮海洋法磋商

2014年10月13日，中英第四轮海洋法磋商在北京举行。双方就当前海洋法各领域的最新发展及前沿问题深入交换意见，促进两国在多边海洋法领域的务实合作。

（5）中国—法国第二轮海洋法和极地事务对话

2014年10月17日，中法第二轮海洋法和极地事务对话在北京举行。双方就海洋法领域有关多边平台的工作以及加强在极地事务有关问题上的协调与合作等深入交换意见。

（6）中国—阿根廷第三轮海洋法和极地事务对话

2014年12月3～4日，中阿（根廷）第三轮海洋法和极地事务对话在阿根廷布宜诺斯艾利斯举行。双方就多边海洋法问题、南极合作及有关渔业资源养护等问题深入交换意见，促进双方在相关领域的合作。

3. 打击海盗国际法律合作

2014年5月和11月，根据安理会决议成立的索马里海盗问题联络小组第16次、第17次全会分别在纽约和迪拜举行。第16次会议决定将原先的法律工作组转化为“联络小组法律论坛”，由毛里求斯和葡萄牙担任共同主席。第17次会议讨论通过了论坛的规划、职能和工作方法，论坛将沟通各国打击海盗相关的法律信息、继续研究起诉海盗、司法协助、商船使用私人保安等面临的挑战，并对索马里及地区国家法律能力建设提供指导和协助。论坛将主要通过“反海盗法律论坛”网站开展工作，仅在必要时召集会议。中国代表团积极参与会议，与各方代表就打击海盗国际法律合作问题广泛交换意见。

（八）中国在国际环境法领域的工作

1. 气候变化问题

2014年12月1～14日，《联合国气候变化框架公约》（下称“公约”）第20次缔约方会议暨《京都议定书》（下称“议定书”）第十次缔约方会议在秘鲁利马举行。其间，还举行了公约下加强行动德班平台特设工作组（简称“德班平台”）第二阶段会议第七次续会以及公约附属履行机构和附属科技咨询机构第41次会议。上述会议统称联合国气候变化利马会议。

利马会议通过了关于推进德班平台的决定，并冠名为“利马气候行动倡议”。一是强调2015年气候变化新协议应体现“共同但有区别的责任”原则和“各自能力”原则，并考虑到各国不同国情；二是进一步讨论2015年新协议要素，形成综合各方意见的协议要素草案，供各方继续谈判；三是就各国需要提交的关于2020年后行动目标的“国家自主决定贡献”的信息要素等达成共识。利马会议成果对外传递了各方致力于在巴黎会议如期达成气候变化新协议的积极信号，但各方围绕减缓、适应、资金等主要问题的分歧依旧，谈判仍任重道远。

来自188个缔约方和观察员国、700多个政府间国际组织和非政府组织及400多家媒体共约1.1万多人参会。部分国家领导人、联合国秘书长及各国部长级代表出席了高级别会议。

中国派出由国家发展和改革委员会、外交部、科技部、财政部、环境保护部、农业部、交通运输部、国家林业局、气象局、民用航空局、国务院新闻办公室、中共中央对外联络部及香港和澳门特别行政区有关部门和相关研究机构组成的代表团出席会议。国家发展和改革委员会副主任解振华任代表团团长，外交部副部长刘振民任代表团第一副团长。

中国代表团全面、积极、深入参与了各个议题的磋商，主动引导谈判走向，强化与发展中国家的协调和与发达国家的对话，成功将“共同但有区别的责任原则”确定为2015年新协议谈判的指导原则，为推动利马会议取得成功发挥了积极、建设性作用。

2. 联合国环境署关于汞的国际法律文书的谈判

2014年11月3～7日，关于拟定一项汞问题国际法律文书的政府间谈判委员会第六次会议在泰国曼谷举行。来自122个国家、13个国际组织及29个非政府组织的500多名代表与会。本次会议是在2013年10月召开的《关于汞的水俣公约》（下称“公约”）全权代表大会之后举行的首次政府间谈判会议，旨在为公约的生效和首次缔约方大会的召开作准备。会议主要讨论了缔约方大会和专家组议事规则、资金机制、汞的进出口程序、豁免登记、缔约方报告等问题。

由环境保护部、外交部、工业和信息化部组成的中国代表团出席本次会议。中国代表团在大会发言表示，中国政府高度重视汞污染治理，在汞污染防治方面采取了积极行动。中国代表团介绍了公约国内批约进展，呼吁全面开展缔约方大会筹备工作，优先讨论和解决发展中国家关心的资金和技术援助问题，得到发展中国家的积极响应。

3. 生物多样性和生物安全

2014年10月6～17日，《生物多样性公约》第12次缔约方大会在韩国平昌举行。会议以“生物多样性促进可持续发展”为主题，讨论并通过了36项决定，由评估为支持落实《2011—2020年生物多样性战略计划》所取得的进展、资源调动、将生物多样性纳入可持续发展目标等决定构成的“平昌路线图”成为会议标志性成果，再次突显国际社会保护生物多样性的决心。环境保护部副部长吴晓青率由环境保护部、外交部、农业部、质量监督检验检疫总局、国家林业局、海洋局、中医药管理局、中国科学院、香港特区政府人员组成的中国代表团与会。中国代表团建设性参与各项议题讨论，在执行《2011—2020年生物多样性战略计划》中期进展评估、资金、提高公约结构和进程的效率、海洋和沿海生物多样性等议题的谈判中发挥了积极作用。中国代表团还举办了履约20年成就展以及“中国实施爱知目标进展”等多个边会，全面宣传中国履约成就。

《〈生物多样性公约〉关于获取遗传资源和公正和公平分享其利用所产生惠益的名古屋议定书》于2014年10月12日生效。2014年10月13～17日，《名古屋议定书》第一次缔约方大会在韩国平昌举行。会议审议了获取与惠益分享信息交换所、能力建设与意识提升、监测与报告、示范合同条款、遵约机制等议题并形成相关决议。中国尚未加入议定书，由环境保护部、外交部、农业部、质量监督检验检疫总局、国家林业局、中国科学院等部门人员组成的中国代表团以观察员身份与会。中国代表团参与了全部议题的讨论，为会议取得积极成果作出了贡献。

2014年9月29日至10月3日，《卡塔赫纳生物安全议定书》第七次缔约方会议在韩国平昌举行，会议审议了风险评估和风险管理、社会经济因素以及改性活生物体的处理、运输、包装和标识等议题。由环境保护部、外交部、农业部、质量检验检疫总局、国家林业局、中国科学院、香港特区政府等部门人员组成的中国代表团与会，参加了各项议题的讨论。

4.《濒危野生动植物种国际贸易公约》

2014年7月7～11日，《濒危野生动植物种国际贸易公约》第65次常委会在瑞士日内瓦举行，会议讨论了大象、犀牛、亚洲虎、类人猿、鲨鱼、红木等物种议题以及执法、海上引进、与其他组织的合作、特别报告等综合议题，其决定进一步强化了对有关濒危物种的保护。由国家林业局、外交部、农业部、工业和信息化部、香港特区政府人员组成的中国代表团与会。

5.《关于消耗臭氧层物质的蒙特利尔议定书》

2014年11月17～21日，《关于消耗臭氧层物质的蒙特利尔议定书》第26次缔约方会议在法国巴黎举行。会议分为准备会议和高级别会议两部分，重点讨论了将氢氟碳化物纳入议定书的修正案提案、多边基金2015～2017年增资、消耗臭氧层物质替代品信息、消耗臭氧层物质必要和关键用途豁免等议题。会议审议通过了22项决定。

由环境保护部、外交部、农业部、食品药品监管总局组成的中国代表团出席会议。中国代表团团长、环境保护部副部长翟青在高级别会议上发言，介绍了中国在保护臭氧层及履行议定书方面，特别是近年来实施含氢氯氟烃淘汰行业管理计划所取得的成绩和进展。中国代表团积极、建设性地参加了会议各项议题的讨论和磋商，与相关国家充分沟通和协调立场，为会议通过有关决定作出积极贡献。

（九）中国在网络领域的条法外交工作

1. 举办中欧网络工作小组第三次会议

2014年11月，中欧网络工作小组（下称“工作小组”）第三次会议在北京召开。中方代表团由外交部、全国人大常委会、国务院法制办公室、国家互联网信息办公室、公安部、工业和信息化部、商务部、国家密码管理局、国家认证认可监督管理委员会等部门组成。欧方代表团成员来自欧洲委员会和欧盟驻华使团。英国、奥地利、瑞典、西班牙、荷兰、波兰、德国、爱沙尼亚、丹麦、塞浦路斯和法国等欧盟成员国作为观察员出席了会议。

双方就网络立法和管理、国际网络空间问题、网络经济和网络犯罪政策等进行了深入和建设性对话。双方认可工作小组自2012年在中欧领导人峰会框架下建立以来所取得的进步，并承诺基于务实和循序渐进的精神，充分发挥工作小组的作用，有效推进中欧网络工作小组取得进展。双方同意推进专家层面开展更多务实合作，表达在网络相关国际进程中加强沟通的意愿。双方商定工作小组第四次会议将于2015年在布鲁塞尔召开。

2. 参与亚非法律协商组织讨论网络空间国际法问题

2014年9月，亚非法律协商组织（简称“AALCO”）第53届年会在伊朗举行。法协39个成员国出席会议，越南、俄罗斯等9个观察员国以及红十字国际委员会、联合国难民署等机构派代表与会。根据中国代表团建议，AALCO从本届年会起增加“网络空间的国际法问题”议题。

中国代表团围绕网络主权与网络自由、和平利用网络空间、打击网络犯罪国际合作、网络空间国际法规则的适用问题发言，介绍了网络空间面临的国际法挑战，阐释了中方原则立场，呼吁法协成员国重视有关问题，加强沟通协调，在国际规则制定中发挥积极作用，维护共同利益，携手构建和平、安全、开放、合作的网络空间。

3. 参加红十字国际委员会有关网络战和国际人道法讨论

2014年7月，红十字国际委员会和中国军控与裁军协会在北京合办网络行动圆桌会议，主题为“国际人道法适用于武装冲突背景下之网络行动”。国际红会官员及京内外30余名国际法学者与会。中国与会人员积极参与议题讨论，并就网络行动可否构成使用武力、网络攻击如何归责于国家、国际人道法适用于网络战等问题阐述了主张。

2014年12月，红十字国际委员会在日内瓦举办“网络战和国际人道法”政府专家会议。会议邀请中、美、俄、英、法、荷、日、印度、巴西九国政府专家参加。此系首次由主要网络大国参与的网络战和国际人道法领域的国际会议。各方围绕国际人道法适用网络战面临的挑战、网络匿名性、攻击的概念、区分原则及触发国际人道法适用的网络行动等议题展开讨论。中国代表团积极参与了上述议题的讨论。

4. 参加联合国框架下打击网络犯罪领域相关工作

2014年5月，联合国预防犯罪和刑事司法委员会（简称“CCPCJ”）第23届会议在维也纳举行，网络犯罪成为会议关注的话题之一。中国代表团在全会一般性发言中强调，应制订打击网络犯罪全球性法律文书，继续推进联合国网络犯罪问题政府专家组工作。中国专家在“刑事事项国际合作”主题讨论中就网络犯罪问题作主旨发言，强调打击网络犯罪需要全球协同应对，各国应携手推进联合国网络犯罪问题政府专家组的工作，并制定全球法律文书。中国代表团还在相关议题下阐述在网络犯罪问题上的立场，强调联合国特别是CCPCJ应在打击网络犯罪的全球合作方面发挥重要作用。上述发言获得广大发展中国家积极呼应。

此外，为推动联合国网络犯罪问题政府专家组工作，2014年12月，中国政府向联合国预防犯罪和刑事司法基金捐款20万美元，指定捐款用于网络犯罪问题专家组的工作。

（十）其他条约法律工作

1. 国际刑事法院

国际刑事法院根据2002年7月1日生效的《国际刑事法院罗马规约》（下称“规约”）设立，旨在对犯有灭绝种族罪、危害人类罪、战争罪和侵略罪的个人追究刑事责任。截至2014年年底，规约共有122个缔约国。2010年规约审查会议通过的有关侵略罪、战争罪条款的两个修正案均未生效。

截至2014年年底，国际刑事法院共处理九项情势（民主刚果情势、乌干达情势、中非共和国两项情势、马里情势、苏丹达尔富尔情势、利比亚情势、肯尼亚情势和科特迪瓦情势），涉及八个国家和21个在审案件，检察官另对八个国家的情势进行初步审查。此外，检察官办公室以事实和法律条件不具备为由，终止了对韩国和科摩罗两项情势的初步审查，因证据不足撤销了肯尼亚情势中对总统肯雅塔的起诉，并拟暂时冻结对苏丹达尔富尔情势的调查。检察官办公室还将性犯罪和基于性别的犯罪列为未来工作重点。

2014年12月8～17日，《国际刑事法院罗马规约》第13届缔约国大会在纽约召开，中国以观察员身份与会发言，阐述对国际刑事法院的原则立场和关切，指出国际刑事法院当务之急是通过司法实践取信于各缔约国和国际社会，强调在侵略罪修正案问题上，任何国际立法都要符合《联合国宪章》的规定，并希望法院通过实现司法正义促进一国政治稳定、社会和谐和民族和解进程。本届会议选举塞内加尔司法部长卡巴为大会主席，任期至2017年。会议还选举产生六名新任法官，任期九年。

2. 国际法院

国际法院于1946年2月成立，设在荷兰海牙。国际法院是联合国的主要司法机构，职能包括就国家间争端行使诉讼管辖权，就有关机构提交的法律问题发表咨询意见。

截至2014年年底，国际法院处理的案件共161件，其中约84%是国家间的诉讼案件，16%是联合国机关或专门机构要求发表咨询意见的案件。在诉讼案件中，半数以上涉及领土和边界纠纷，还有一些涉及国家管辖权问题、外交和领事关系法以及非法使用武力等问题。此外，法院还处理了十几起国家为保护私人或商业利益而提起的诉讼案件。法院处理的咨询案件主要涉及与国际组织行使职能有关的法律问题。近年来，国际法院在解决国际争端方面的作用明显增强，审理的案件数量呈上升趋势，其判决和咨询意见越来越受到各国重视。

中国是《国际法院规约》缔约国，一直积极参加法院工作。新中国成立后，先后有倪征𣈶、史久镛、薛捍勤出任国际法院法官。

2014年11月，第69届联合国大会和安理会选举产生五名法官，分别是美国的琼·多诺霍（女）、俄罗斯的基里尔·格沃尔吉安、澳大利亚的詹姆斯·克劳福德、摩洛哥的穆罕默德·本诺纳和牙买加的帕特里克·罗宾逊。

3. 亚非法律协商组织

2014年9月15～18日，亚非法律协商组织（简称“亚非法协”）第53届年会在伊朗首都德黑兰举行，包括中国在内的39个成员国出席。俄罗斯联邦、红十字国际委员会、联合国难民署、联合国开发计划署等作为观察员与会。

本届年会讨论了海洋法问题、网络空间国际法、难民的地位与待遇问题、环境与可持续发展问题、国际贸易组织问题等多项议题，并就国际法委员会相关议题及反对暴力极端主义和恐怖主义举行了两场特别会议。

中国代表团在一般性发言中高度赞赏亚非法协成立以来所取得的成就，肯定其在促进成员国就国际法问题交流、协调方面发挥的重要作用，重申重视和支持亚非法协的工作。中国代表团介绍了中国作为国际法治的坚定维护者和积极建设者，为推动国际关系法治化所作的积极贡献，强调国际社会已成为“命运共同体”，按国际法办事已成为国际社会的普遍共识。各国应该共同推动国际关系法治化。推动各方在国际关系中遵守国际法和公认的国际关系基本原则，用统一适用的规则来明是非、促和平、谋发展。中国代表团就促进亚非法协发展、增强成员国国际法能力提出看法和建议。

中国代表团积极参与各议题讨论并阐述中国政府相关立场、主张和所做工作。在中国代表团积极倡议下，本届年会决定将“网络空间的国际法问题”列为亚非法协常设议题。在该议题的讨论中，中国代表团充分阐述了亚非法协增加讨论该议题的重大意义，并着重就网络空间的国家主权与网络自由、和平利用网络空间与网络空间军事化、打击网络犯罪国际合作以及网络空间国际法规则的制订和适用阐述了中方立场和主张。

本届年会决定由中国政府于2015年在北京主办亚非法协第54届年会。

第七章

中国外交中的边界与海洋工作

（一）概述

中国与14个陆地邻国接壤，陆地国界线总长2.2万多公里，是世界上陆地国界线最长、邻国最多、边界情况最为复杂的国家之一。中国海域辽阔，拥有1.8万多公里的大陆海岸线和6500多个岛屿，与8个国家在海上相邻或相向。目前，中国已与12个陆上邻国彻底解决历史遗留的边界问题，划定并勘定国界线约2万公里，与越南划定了北部湾海域界线。

边界与海洋工作关系国家主权、安全和发展利益，是中国外交的重要组成部分。中国政府高度重视边界与海洋问题，从维护双边友好关系和地区和平与稳定出发，主张根据国际法基本原则，在尊重历史事实及平等的基础上通过友好协商，公平合理地解决与周边国家的领土与海洋权益争端。

2014年，中国政府坚持睦邻友好、互利合作的周边外交政策，积极开展陆地边界和周边海洋外交工作。中国与印度举行边界问题特别代表会晤及边境事务磋商和协调工作机制会晤，保持边界谈判势头。扎实推进同有关国家边界联检工作，维护陆地国界线清晰稳定。加强和完善边界管理，大力推进跨境经济合作和边境基础设施互联互通建设，服务沿边地区经济发展和对外开放。加强对话，努力推动海上共同开发与合作。坚决捍卫国家领土主权和海洋权益，妥善处理同有关国家的领土与海洋权益争端，维护与有关国家友好合作关系与周边和平稳定。

（二）陆地边界工作

1. 中印边界问题特别代表会晤

2014年2月，中方特别代表、国务委员杨洁篪与印方特别代表、国家安全顾问梅农在印度新德里举行中印边界问题特别代表第17次会晤，双方就中印边界问题、双边关系及共同关心的国际地区问题深入交换意见。2014年11月，杨洁篪国务委员致函祝贺印国家安全顾问多瓦尔担任第五任中印边界问题印方特别代表。2014年，中印边境事务磋商和协调工作机制共举行四次会议，就边境事务进行密集沟通，及时妥善解决双方边防部队在中印边界西段个别地区的相持事件，并就保持边境地区的和平与安宁达成诸多重要共识。

2. 中俄国界第一次联合检查

2014年5月，中国和俄罗斯国界第一次联合检查委员会第六次会议在莫斯科举行。双方对2013年完成的联检工作进行总结，就2014年外业工作、在联检工作用图上表示国界线的方法以及有关岛屿和沙洲归属问题深入交换意见。2014年11月，联合检查委员会第七次会议在莫斯科举行。双方审核了全年外业工作成果，并对2015年内业工作作出具体部署。

3. 中哈国界第一次联合检查筹备工作

2014年12月，中国和哈萨克斯坦国界第一次联合检查筹备工作第一轮磋商在北京举行。双方就中哈国界联检的原则、内容、规划等深入交换意见。双方表示，尽快启动联检工作对确保中哈国界清晰稳定、促进两国友好合作具有重要意义。双方同意加强合作与协调，共同稳妥推进第一次联检工作。

（三）边界管理与合作开发

1. 中俄边界联合委员会会议

2014年6月和12月，中国和俄罗斯边界联合委员会第14次和第15次会议分别在莫斯科和北京举行。双方全面回顾和总结《中俄国界管理制度协定》的执行情况，并就两国边界管控与边境地区执法合作、边境口岸管理和跨境基础设施建设、跨界水及界河工程、边境地区经济合作等问题广泛、深入交换意见并达成一系列共识。

2. 中俄合理利用和保护跨界水联合委员会会议

2014年1月23～25日，中国和俄罗斯合理利用和保护跨界水联合委员会（下称“联委会”）第六次会议在三亚举行。双方高度评价联委会2013年工作成果，对2014年工作作出部署，并就跨界水领域相关问题深入交换意见并达成诸多共识。

3. 中哈利用和保护跨界河流联合委员会会议

2014年11月2～6日，中国和哈萨克斯坦利用和保护跨界河流联合委员会（下称“联委会”）第12次会议在阿拉木图举行。双方高度评价联委会在进一步推动中哈利用和保护跨界河流方面的积极作用，并就两国跨界河流领域有关问题深入交换意见。

4. 中越陆地边界联合委员会会议

2014年12月28～30日，中越陆地边界联合委员会（下称“联委会”）第五次会议在北京举行。双方回顾和总结了联委会2014年工作，就边界管控与边境地区执法合作、界务工程、跨境基础设施建设、边境口岸开放等问题深入交换意见并达成共识。

5. 中哈吉俄塔五国边境裁军联合监督小组会议

2014年5月和11月，中国同哈萨克斯坦、吉尔吉斯斯坦、俄罗斯、塔吉克斯坦边境裁军联合监督小组（简称“联监组”）第28次和第29次会议分别在哈萨克斯坦阿斯塔纳和北京举行。中方同四国组成的联方高度评价联监组为促进五国军事领域信任、交流与合作以及维护边境地区安全稳定所发挥的积极作用，充分肯定有关协定的执行情况，制定联监组2015年工作计划，并就进一步完善相关工作达成一致。

6. 中蒙边境口岸磋商

2014年3月13日，外交部副部长刘振民与蒙古政府办公厅主任兼口岸委员会主任赛汗比列格在北京就中蒙边境口岸事务举行磋商。双方就中蒙边境口岸的建设管理、建立双边口岸合作机制等问题深入交换意见，为进一步提高口岸通关能力、充分发挥口岸经济的辐射和带动效应创造了有利条件。

7. 中朝新建圈河—元汀界河公路大桥协定

2014年6月27日，中国驻朝鲜大使刘洪才和朝鲜外务省副相朴明国分别代表两国政府在朝鲜首都平壤签署《中华人民共和国政府和朝鲜民主主义人民共和国政府关于共同建设、管理和维护新建圈河—元汀界河公路大桥的协定》。协定的签署为两国共同建设又一条主要跨境通道奠定了法律基础。

（四）中国与周边国家间海洋权益问题

1. 中日海洋事务高级别磋商

2014年9月23～24日，中国和日本海洋事务高级别磋商第二轮磋商在青岛举行。双方就东海有关问题及海上合作交换意见，并原则同意重新启动中日防务部门海上联络机制磋商。

2. 中越海上共同开发磋商工作组磋商

2014年1月8～9日，中国和越南海上共同开发磋商工作组第一轮磋商在北京举行。双方就中越海上共同开发指导原则等问题深入交换意见。4月16～17日，中越海上共同开发磋商工作组第二轮磋商在河内举行。10月9～10日，中国和越南海上共同开发磋商工作组第三轮磋商在南宁举行。

3. 中越北部湾湾口外海域工作组磋商

2014年2月19～20日，中国和越南北部湾湾口外海域工作组第五轮磋商在河内举行。双方同意加快北部湾湾口外海域共同考察技术专家小组的工作进度，争取尽快敲定共同考察具体方案。12月10～11日，中越北部湾湾口外海域工作组第六轮磋商在北京举行，双方同意于2015年上半年举行共同考察技术专家小组磋商，争取尽早启动海上实地作业。

4. 中越海上低敏感领域合作专家工作组磋商

2014年2月19日，中国和越南海上低敏感领域合作专家工作组第五轮磋商在河内举行。双方就中越北部湾海洋与岛屿环境综合管理合作研究及长江三角洲与红河三角洲全新世沉积演化对比研究项目的实施计划达成一致。7月9～10日，中越海上低敏感领域合作专家工作组第六轮磋商在北京举行。双方就长江三角洲与红河三角洲全新世沉积演化对比研究项目具体技术方案达成一致。双方一致同意开展北部湾海洋与岛屿环境综合管理合作研究具体工作。

5. 第24届“处理南海潜在冲突研讨会”

2014年10月13～15日，第24届“处理南海潜在冲突研讨会”（下称“研讨会”）在印度尼西亚巴厘岛举行。来自中国、东盟十国和中国台北的72名代表以个人身份参加。会议高度评价研讨会24年来在增进互信、促进合作及预防和管理南海潜在冲突方面发挥的积极作用，听取研讨会框架下合作项目有关进展情况及问题的报告。中方与会人员就中方牵头实施的“海洋数据库”项目及两岸联合承办的“东南亚教育与培训网络”项目作了报告。

6. 应对菲律宾提起南海争议国际仲裁

2014年3月30日，菲律宾向仲裁庭正式提交“诉状”。6月3日，仲裁庭确定12月15日为中国提交“辩诉状”最后期限。中国外交部发言人多次明确表示，中国不接受、不参与菲所提仲裁的立场不会改变。12月7日，中国外交部受权发表《中华人民共和国政府关于菲律宾共和国所提南海仲裁案管辖权问题的立场文件》，系统阐述仲裁庭对菲所提仲裁案没有管辖权的法律依据和中国不接受、不参与菲所提仲裁的国际法依据。中方敦促菲方纠正错误做法，回到双边谈判解决争议的正确轨道上来。

7. 落实《南海各方行为宣言》和推进“南海行为准则”磋商

2014年3月18日，落实《南海各方行为宣言》（下称“《宣言》”）第十次联合工作组会议在新加坡举行。中国与东盟国家积极提出新合作项目和倡议，作为2013～2014年工作计划的补充。4月21日，落实《宣言》第七次高官会在泰国帕提亚举行。会议充分肯定了《宣言》的重要意义，并就如何进一步提高落实《宣言》工作效率、拓展海上务实合作等多领域工作交换意见。6月24～25日，落实《宣言》第11次联合工作组会在印度尼西亚巴厘岛举行。会议通过中泰共同提交的第一份共识文件，并就航行安全与海上联合搜救等领域务实合作进行探讨。10月26～29日，落实《宣言》第12次联合工作组会和第八次高官会在泰国曼谷举行。中国和东盟国家制定2014～2015年落实《宣言》工作计划，并同意将第一份共识文件、建立中国—东盟国家“海上联合搜救热线平台”和“应对海上紧急事态高官热线”作为“南海行为准则”磋商的“早期收获”。

第八章

中国外交中的新闻和公共外交工作

（一）概述

2014年，外交部以国家领导人出访和出席国际会议、党的十八届四中全会、“两会”等国内重要政治活动以及中国举办亚洲相互协作与信任措施会议第四次峰会（简称“亚信峰会”）、亚太经合组织第22次领导人非正式会议、博鳌亚洲论坛年会、中阿合作论坛部长级会议、世界和平论坛、和平共处五项原则发表60周年纪念大会、南京青奥会、夏季达沃斯论坛年会等重大外交活动为契机，精心设计新闻和公共外交工作，向国际社会全面介绍中国和平发展道路、互利共赢的对外开放战略和独立自主的和平外交政策，深入宣介解读中国梦、中国全面深化改革、全面推进依法治国政策举措。通过例行记者会，专题吹风会，媒体通气会，外交部网站群，“外交小灵通”微博、微信、微视，“外交服务站”广播，网络访谈等方式及时发布权威消息，回应民众关切。通过“蓝厅论坛”、“公众开放日”等活动，与国内外各界就中国外交进行沟通交流，践行“外交为民”理念。加强与外国驻华记者沟通交流，为其全面、客观报道中国提供外交信息，针对国内外媒体关注的问题，介绍中国的外交政策和对重大国际、地区问题的立场主张。

（二）阐述外交政策

1. 介绍国家领导人出访和出席国际会议情况

2014年，中国领导人以“主场外交”、出访和出席国际会议为契机，通过接受采访、发表署名文章、共见记者等方式开展丰富多彩、亮点纷呈的公共外交活动。外交部等有关部委多次向中外记者吹风，介绍相关情况，宣介中国政策主张。

2月6～8日，国家主席习近平赴俄罗斯索契出席第22届冬季奥林匹克运动会开幕式。1月21日，外交部举行中外媒体吹风会，外交部副部长程国平、国家体育总局副局长杨树安介绍此访有关背景情况、索契冬奥会和中国体育代表团有关情况，并回答记者提问。2月9日，外交部长王毅向随访中国媒体介绍此访成果和意义。

3月22日至4月1日，国家主席习近平出席第三届核安全峰会并访问荷兰、法国、德国、比利时和联合国教科文组织总部、欧盟总部。3月17日，外交部举行中外媒体吹风会，外交部副部长李保东、王超介绍此访背景情况、主要活动、重要意义及中国与有关国家经贸关系等，并回答记者提问。会议期间，设立中国代表团新闻中心，安排吹风会、采访等公共外交活动，宣介中国与会政策。邀请工业和信息化部部长苗圩、中国军控与裁军协会秘书长陈凯、中国核工业集团董事长孙勤、外交部负责人、荷兰核安全峰会中国代表团新闻中心负责人举行专题吹风会或接受采访。4月1日，外交部长王毅向随团记者介绍习近平主席欧洲之行的成果和意义。

5月20～21日，国家主席习近平出席亚信峰会。5月15日，外交部举行中外媒体吹风会，外交部副部长程国平介绍峰会以及峰会期间一些国家元首对中国进行国事访问有关情况，并回答记者提问。5月18日，外交部在亚信峰会新闻中心举行中外媒体吹风会，外交部副部长程国平介绍峰会的最新情况并回答记者提问。

7月3～4日，国家主席习近平对韩国进行国事访问。7月1日，外交部举行中外媒体吹风会，外交部副部长刘振民介绍此访有关情况，并回答记者提问。7月4日，外交部长王毅向随行记者介绍此访成果和重要意义。

7月15～23日，国家主席习近平出席金砖国家领导人第六次会晤，对巴西、阿根廷、委内瑞拉、古巴进行国事访问并出席中拉领导人会晤。7月7日，外交部举行中外媒体吹风会，外交部副部长李保东介绍此访有关情况，并回答记者提问。7月23日，外交部长王毅向随访记者介绍此访成果和意义。

8月21～22日，国家主席习近平对蒙古进行国事访问。8月18日，外交部举行中外媒体吹风会，外交部部长助理刘建超介绍此访有关情况，并回答记者提问。8月22日，外交部长王毅向随行记者介绍此访有关情况和重要意义。

9月11～19日，国家主席习近平出席上海合作组织成员国元首理事会第14次会议并对塔吉克斯坦、马尔代夫、斯里兰卡、印度进行国事访问。9月9日，外交部举行中外媒体吹风会，外交部副部长程国平、部长助理刘建超介绍此访背景情况、重要意义、主要活动等，并回答记者提问。9月19日，外交部长王毅向随行记者介绍此访情况和重要意义。

11月9～11日，国家主席习近平出席亚太经合组织第22次领导人非正式会议及相关活动。11月8日，亚太经合组织第26届部长级会议在北京闭幕，会议联合主席外交部长王毅和商务部长高虎城会后共同会见记者，介绍会议情况和成果，并回答记者提问。11月13日，王毅外长向记者介绍亚太经合组织第22次领导人非正式会议及相关活动成果。

11月15～23日，国家主席习近平出席二十国集团领导人第九次峰会，对澳大利亚、新西兰、斐济进行国事访问并同建交太平洋岛国领导人会晤。11月13日，外交部举行中外媒体吹风会，外交部部长助理郑泽光等有关负责人介绍此访有关情况，并回答记者提问。11月23日，外交部长王毅向随行记者介绍此访成果和意义。

5月4～11日，国务院总理李克强访问埃塞俄比亚和非盟总部、尼日利亚、安哥拉、肯尼亚。4月30日，外交部举行中外媒体吹风会，外交部副部长张明、商务部部长助理张向晨介绍此访有关背景情况、主要活动、中非经贸合作等，并回答记者提问。

6月16～21日，国务院总理李克强赴英国举行中英总理年度会晤并对英国和希腊进行正式访问。6月12日，外交部举行中外媒体吹风会，外交部副部长王超、商务部副部长高燕介绍此访有关背景情况和主要活动，并回答记者提问。

10月9～18日，国务院总理李克强访问德国、俄罗斯、意大利、联合国粮农组织总部，主持第三轮中德政府磋商、举行中俄总理第19次定期会晤并出席第十届亚欧首脑会议。10月8日，外交部举行中外媒体吹风会，外交部副部长李保东、王超、程国平介绍此访有关情况，并回答记者提问。

11月12～14日，国务院总理李克强出席东亚领导人系列会议并对缅甸进行正式访问。11月6日，外交部举行中外媒体吹风会，外交部副部长刘振民、财政部副部长史耀斌、商务部部长助理童道驰介绍此访有关情况，并回答记者提问。

12月14～20日，国务院总理李克强访问哈萨克斯坦并举行中哈总理第二次定期会晤、出席上海合作组织成员国政府首脑（总理）理事会第13次会议、出席第三次中国—中东欧国家领导人会晤并访问塞尔维亚、赴泰国出席大湄公河次区域经济合作领导人会议。12月12日，外交部举行中外媒体吹风会，外交部副部长王超、程国平，商务部部长助理王受文介绍此访有关情况，并回答记者提问。

7月10～11日，中美在北京举行第六轮中美战略与经济对话和第五轮中美人文交流高层磋商。7月10日，外交部举行中外媒体吹风会，财政部副部长朱光耀、教育部副部长郝平、外交部部长助理郑泽光介绍有关情况。会议期间，邀请科技部部长万钢、财政部部长楼继伟、商务部部长助理张向晨、中国人民银行行长周小川、国家发展和改革委员会副主任解振华举行中外媒体吹风会，介绍有关情况。7月11日，国家主席习近平特别代表、国务院副总理汪洋，国务委员杨洁篪与美国总统奥巴马特别代表、国务卿克里，财政部长雅各布·卢举行联合记者会，介绍对话成果。

2. 举行例行记者会

2014年，外交部发言人共举行201场记者会，就中外媒体关注的问题发布消息，阐明中国政府立场。全年主动发布消息280余条。通过例行记者会、吹风会、主动表态、电话答问等方式回答记者提问5000余个。

2014年，外交部接待了来自20多个国家和地区100余批3500多人次旁听记者会，其中包括政府官员、社会团体、媒体人士和港澳台同胞等各界人士，增进了国内外公众对中国外交的了解和认识。

（三）外国记者工作

1. 外国常驻记者概况

截至2014年年底，外国媒体驻华新闻机构共计321家，来自50个国家的682名外国记者在华常驻。其中，常驻北京225家机构530名记者；常驻上海78家机构134名记者；常驻广州11家机构11名记者；常驻重庆2家机构2名记者；常驻沈阳3家机构3名记者；常驻大连1家机构1名记者；常驻深圳1家机构1名记者。

2. 安排国家领导人会见及接受外国媒体采访

2014年，外交部新闻司负责落实国家领导人会见外国记者和接受外国媒体采访5次；在外国主流媒体发表文章20篇；安排国家领导与外国领导共见记者活动30次。其中包括：

2月8日，国家主席习近平在俄罗斯索契接受俄罗斯电视台专访，就索契冬奥会、中俄关系、中国全面深化改革和发展前景等答问。

3月23日，国家主席习近平在荷兰《新鹿特丹商业报》发表题为《打开欧洲之门　携手共创繁荣》的署名文章，就推动国际核安全、中欧关系、中荷关系等阐述立场主张。

3月25日，国家主席习近平在法国《费加罗报》发表题为《特殊的朋友　共赢的伙伴》的署名文章，回顾中法关系发展历程，展望中法关系发展前景。

3月26日，国家主席习近平在法国巴黎同法总统奥朗德举行会谈后共同会见记者，介绍会谈达成的重要共识和成果。

3月28日，国家主席习近平在德国《法兰克福汇报》发表题为《中德携手合作　造福中欧和世界》的署名文章，就深化中德合作阐述立场主张。

3月28日，国家主席习近平在德国柏林同德总理默克尔举行会谈后共同会见记者，介绍会谈达成的重要共识和成果。

3月29日，国家主席习近平在比利时《晚报》发表题为《中欧友谊和合作：让生活越来越好》的署名文章，就促进中欧友谊和合作阐述立场主张。

5月20日，国家主席习近平同俄罗斯总统普京举行会谈后共同会见记者，介绍会谈成果。

5月21日，国家主席习近平同亚信倡议国哈萨克斯坦总统纳扎尔巴耶夫，亚信上届主席国土耳其总统特别代表、外长达乌特奥卢共同会见记者，介绍亚信峰会达成的共识，倡导共同、综合、合作、可持续的亚洲安全观。

7月3日，国家主席习近平在韩国《朝鲜日报》、《中央日报》、《东亚日报》发表题为《风好正扬帆》的署名文章，就中韩关系阐述看法主张。

7月3日，国家主席习近平在韩国首尔同韩总统朴槿惠举行会谈后共同会见记者，介绍会谈成果。

7月14日，国家主席习近平接受巴西《经济价值报》、阿根廷《国民报》、委内瑞拉国家通讯社和古巴拉丁美洲通讯社联合采访，就金砖国家合作、中国同四国双边关系、中拉关系、国际关系民主化、中国改革发展、中国外交政策及国际作用等阐述看法主张。

7月17日，国家主席习近平在巴西巴西利亚同巴总统罗塞芙举行会谈后共同会见记者，介绍会谈成果。

7月18日，国家主席习近平在阿根廷布宜诺斯艾利斯同阿总统克里斯蒂娜举行会谈后共同会见记者，介绍会谈成果。

7月20日，国家主席习近平在委内瑞拉加拉加斯同委总统马杜罗举行会谈后共同会见记者，介绍会谈成果。

8月21日，国家主席习近平在蒙古《日报》、《今日报》、《世纪新闻报》、《民族邮报》、蒙古新闻网网站发表题为《策马奔向中蒙关系更好的明天》的署名文章，就中蒙关系阐述立场主张。

8月21日，国家主席习近平在蒙古乌兰巴托同蒙总统额勒贝格道尔吉举行会谈后共同会见记者，介绍会谈成果。

9月10日，国家主席习近平在塔吉克斯坦《人民报》和“霍瓦尔”国家通讯社发表题为《让中塔友好像雄鹰展翅》的署名文章，就中塔关系阐述立场主张。

9月12日，国家主席习近平在塔吉克斯坦杜尚别同出席上海合作组织成员国元首理事会第14次会议的其他成员国元首共同会见记者。

9月13日，国家主席习近平在塔吉克斯坦杜尚别同塔总统拉赫蒙举行会谈后共同会见记者，介绍会谈成果。

9月14日，国家主席习近平在马尔代夫《今晚报》和太阳在线网发表题为《真诚的朋友，发展的伙伴》的署名文章，就中马关系等阐述立场主张。

9月15日，国家主席习近平在马尔代夫马累同马总统亚明举行会谈后共同会见记者，介绍会谈成果。

9月16日，国家主席习近平在斯里兰卡《每日新闻报》发表题为《做同舟共济的逐梦伙伴》的署名文章，就中斯关系阐述立场主张。

9月17日，国家主席习近平在印度《印度教徒报》和《觉醒日报》发表题为《携手共创繁荣振兴的亚洲世纪》的署名文章，就中印关系阐述立场主张。

9月18日，国家主席习近平在印度新德里同印总理莫迪举行会谈后共同会见记者，介绍会谈成果。

11月11日，国家主席习近平在亚太经合组织第22次领导人非正式会议结束后举行记者会，介绍会议情况和成果。

11月12日，国家主席习近平在北京同美国总统奥巴马会谈后共同会见记者，介绍两国元首会晤具体成果，并回答记者提问。

11月14日，国家主席习近平在澳大利亚《澳金融评论报》发表题为《开创中澳关系更加精彩新篇章》的署名文章，就中澳关系阐述看法和主张。

11月17日，国家主席习近平在澳大利亚堪培拉同澳总理阿博特举行会谈后共同会见记者，介绍会谈成果。

11月19日，国家主席习近平在新西兰《新西兰先驱报》发表题为《共同描绘中新关系更加美好的未来》的署名文章，就中新关系阐述看法和主张。

11月20日，国家主席习近平在新西兰惠灵顿同新总理约翰·基举行会谈后共同会见记者，介绍会谈成果。

11月21日，国家主席习近平在斐济《斐济时报》和《斐济太阳报》发表题为《永远做太平洋岛国人民的真诚朋友》的署名文章，就中斐关系、中国与太平洋岛国关系阐述看法和主张。

4月17日，国务院总理李克强在北京会见美国新闻集团总裁汤姆森。

5月4日，国务院总理李克强在埃塞俄比亚亚的斯亚贝巴同埃总理海尔马里亚姆举行会谈后共同会见记者，介绍会谈成果。

5月7日，国务院总理李克强在尼日利亚阿布贾同尼总统乔纳森举行会谈后共同会见记者，介绍会谈成果并回答记者提问。

5月9日，国务院总理李克强在安哥拉罗安达同安总统多斯桑托斯举行会谈后共同会见记者，介绍会谈成果并回答记者提问。

5月10日，国务院总理李克强在肯尼亚内罗毕同肯总统肯雅塔举行会谈后共同会见记者，介绍会谈成果并回答记者提问。

5月11日，国务院总理李克强在肯尼亚内罗毕同肯总统肯雅塔、乌干达总统穆塞韦尼、卢旺达总统卡加梅、南苏丹总统基尔等东非地区国家领导人共同会见记者，介绍中非合作建设肯尼亚蒙巴萨—内罗毕铁路情况。

6月17日，国务院总理李克强在英国伦敦同英首相卡梅伦举行会谈后共同会见记者，介绍中英总理年度会晤成果，并回答记者提问。

6月18日，国务院总理李克强在希腊《每日报》发表署名文章《期待访问希腊》，就中希关系等阐述看法。

6月19日，国务院总理李克强在希腊雅典同希总理萨马拉斯举行会谈后共同会见记者，介绍会谈成果并回答记者提问。

10月8日，国务院总理李克强在德国《世界报》发表题为《让开放创新引领中德合作》的署名文章，就中德关系等阐述看法和主张。

10月10日，国务院总理李克强在《俄罗斯报》发表题为《让中俄友好合作之路越走越宽》的署名文章，就中俄关系等阐述看法和主张。

10月10日，国务院总理李克强在德国柏林同德总理默克尔举行第三轮中德政府磋商后共同会见记者，介绍会晤成果并回答记者提问。

10月13日，国务院总理李克强在俄罗斯莫斯科同俄总理梅德韦杰夫举行中俄总理第19次定期会晤后共同会见记者，介绍会晤成果并回答记者提问。

10月13日，国务院总理李克强在意大利《24小时太阳报》发表题为《中意友谊之树常青》的署名文章。

10月14日，国务院总理李克强在意大利罗马同意总理伦齐举行会谈后共同会见记者，介绍会谈成果。

11月11日，国务院总理李克强在缅甸《今日民主报》等东盟十国主流媒体发表题为《携手开创中国—东盟关系美好未来》的署名文章。

11月12日，国务院总理李克强在缅甸《今日民主报》、《金凤凰》周刊发表题为《让中缅友好合作之树常青》的署名文章。

12月13日，国务院总理李克强在《哈萨克斯坦真理报》发表题为《让中哈合作驰骋在希望的田野上》的署名文章，就中哈合作阐述看法和主张。

12月14日，国务院总理李克强在哈萨克斯坦阿斯塔纳同哈总理马西莫夫举行中哈总理第二次定期会晤后共同会见记者，介绍会晤成果。

12月15日，国务院总理李克强接受中东欧国家主流媒体联合书面采访，阐述推动中国—中东欧国家合作的政策主张。

12月16日，国务院总理李克强在塞尔维亚贝尔格莱德出席第三次中国—中东欧国家领导人会晤后同东道主塞尔维亚总理武契奇共同会见记者，介绍会晤成果，就中国—中东欧国家合作阐述立场主张。

12月17日，国务院总理李克强在塞尔维亚贝尔格莱德同塞总理武契奇、匈牙利总理欧尔班、马其顿总理格鲁埃夫斯基举行集体会见后共同会见记者，介绍合作建设匈塞铁路、构建中欧陆海快线有关情况。

12月19日，国务院总理李克强在泰国曼谷会见中外记者，介绍此访和中泰铁路合作有关情况。

3. 安排外国媒体采访外交部领导

2014年，外交部新闻司负责安排外交部领导接受外国媒体采访、与外国政要共同会见记者等24次。主要包括：

1月16日，外交部长王毅与来华访问的蒙古外交部长包勒德共同会见记者。

4月23日，外交部长王毅接受巴西《圣保罗页报》驻京记者马赛龙书面采访。

6月5日，外交部长王毅和中阿合作论坛第六届部长级会议阿方主席摩洛哥外交与合作大臣梅祖阿尔、阿盟秘书长阿拉比在会议闭幕式后举行联合记者会。

6月8日，外交部长王毅在访问印度前接受《印度教徒报》驻京记者阿南特书面采访，9日在访印结束前接受CNN–IBN电视台采访。

10月31日，外交部长王毅和阿富汗外长奥斯马尼在阿富汗问题伊斯坦布尔进程第四次外长会闭幕后共同会见记者。

12月25日，外交部长王毅接受埃及《金字塔报》书面采访。

5月13日，外交部副部长程国平会见中亚五国联合记者团。

10月2日，外交部副部长程国平就中俄建交65周年接受俄通社–塔斯社书面采访。

1月14日，外交部副部长张明会见蒙古新闻团。

1月21日，外交部副部长张明接受苏丹电视台采访。

7月15日，外交部副部长张明就巴以局势接受半岛电视台采访。

5月20日，外交部部长助理郑泽光会见美国“百人会”记者团。

11月13日，外交部部长助理郑泽光会见太平洋岛国联合新闻团。

4月11日，外交部部长助理刘建超会见英国BBC总裁霍尔。

4月23日，外交部部长助理刘建超会见非洲国家联合新闻团。

5月14日，外交部部长助理刘建超集体会见20家韩国驻京媒体负责人。

6月4日，外交部部长助理刘建超会见阿拉伯国家联合新闻团。

6月18日，外交部部长助理刘建超会见韩国新闻团。

6月20日，外交部部长助理刘建超集体会见17家日本驻京媒体负责人。

8月11日，外交部部长助理刘建超会见蒙古新闻团。

9月1日，外交部部长助理刘建超会见巴基斯坦和斯里兰卡联合新闻团。

9月3日，外交部部长助理刘建超会见德国媒体代表团。

9月9日，外交部部长助理刘建超会见印度新闻团。

9月22日，外交部部长助理刘建超分别会见来华访问的日本NHK理事森永公纪和朝日电视台社长吉田慎一。

4. 外国记者赴各地采访情况

2014年，外交部新闻司共组织外国驻华记者赴各地采访33次，参加记者3000余人次，主要有：

1月16～17日，赴辽宁沈阳、抚顺进行中日历史问题专题采访。

2月4日，采访北京圆明园庙会，并在中国饮食博物馆进行包饺子等民俗体验活动。

2月19～20日，赴江苏南京采访南京大屠杀纪念馆、拉贝纪念馆，采访日本问题研究专家。

2月26日，赴北京“尚8”文化创意园区采访了解北京文化创意产业发展情况。

3月4日，赴北京中关村生命科学园采访了解北京生物医药产业。

3月20～21日，采访吉林省档案馆“慰安妇”档案。

4月26～28日，采访中国—东盟商品交易中心、中国（义乌）文化产品交易会及义乌经济社会发展情况。

4月28日，赴吉林长春和黑龙江哈尔滨，采访吉林省档案馆、东北沦陷陈列馆、日本侵华731部队罪证遗址、安重根义士纪念馆。

5月23日，赴陕西西安采访第18届中国东西部合作与投资贸易洽谈会暨丝绸之路国际博览会。

5月29日，赴北京市大兴区采访北京公安武警综合实战演练。

6月5日，赴北京市顺义区北京盈创再生资源有限公司采访。

6月6～10日，赴云南省采访第二届中国—南亚博览会暨第22届昆明进出口商品交易会。

6月28～29日，采访国家主席习近平出席和平共处五项原则发表60周年纪念大会。

7月9日，采访第六轮中美战略与经济对话和第五轮中美人文交流高层磋商相关活动。

7月9～13日，采访生态文明贵阳国际论坛2014年年会及贵州生态文明建设情况。

7月28～31日，采访内蒙古满洲里、额尔古纳和海拉尔经济社会发展情况。

8月4日，赴江苏南京采访南京青奥会筹备情况。

8月11～13日，赴四川采访蓉欧国际快速铁路相关情况。

8月28日，赴天津参加“达沃斯采访季暨京津冀协同发展采访活动”。

9月3日，赴湖南芷江采访侵华日军洽降及中国战区受降情况。

9月3～4日，采访“2014中国共产党与世界对话会”。

9月8日，赴福建厦门采访第18届中国国际投资贸易洽谈会。

9月22日，赴广东采访简政放权情况。

9月30日，采访国家领导人向人民英雄纪念碑敬献花篮仪式。

11月4日，赴北京怀柔区采访新农村建设。

11月4日，赴北京怀柔区参观采访慕田峪长城。

11月5日，赴北京市南锣鼓巷、五道营等历史文化街区采访北京文化风韵。

11月6日，赴北汽集团采访北京制造业。

11月6日，赴北京中关村国家自主创新示范区及中关村软件园采访北京自主创新产业。

11月7日，采访北京古皇城中轴线景点。

11月8日，体验中国杂技艺术。

11月14日，采访中国首批援助利比里亚埃博拉治疗中心医疗队、第二批援塞拉利昂移动实验室检测队、援助非洲抗击埃博拉疫情（简称“援非抗疫”）高级专员团、中国派出的联合国埃博拉应急特派团团长高级顾问等援非抗疫人员出发仪式。

11月16～21日，赴广东深圳采访第16届中国国际高新技术成果交易会。

（四）对外新闻交往

2014年，外交部新闻司接待来自欧美、亚太和非洲的14批外国记者访华，组织1个中国新闻团与有关国家新闻主管部门举行对话磋商。

1. 新闻团互访

1月12～18日，接待蒙古新闻团访华。

4月20～28日，接待非洲国家联合新闻团访华。

5月12～21日，接待中亚五国联合记者团。

5月13日，接待俄罗斯记者团访华。

6月2～9日，接待阿拉伯国家联合新闻团访华。

6月16～21日，接待韩国新闻团访华。

7月6～13日，接待拉美国家联合新闻团访华。

8月10～16日，接待蒙古新闻团访华。

8月30日至9月6日，接待巴基斯坦和斯里兰卡联合新闻团访华。

9月8～14日，接待印度新闻团访华。

9月13～23日，接待波罗的海三国记者团。

9月14～21日，接待香港明天更好基金组织所邀请的美国代表团访问北京、宁夏。

9月17～23日，接待中亚五国联合记者团访华。

11月16～25日，接待太平洋岛国联合新闻团访华。

2. 对口磋商

1月13日，外交部新闻司与蒙古外交部政策规划研究局在北京举行中蒙外交部首次新闻磋商。

（五）公共外交

1. 公共外交概况

2014年，外交部和中国驻外外交机构开展内容丰富、形式多样的公共外交活动，面向国际社会全面介绍中国的和平发展道路、互利共赢的对外开放战略和独立自主的和平外交政策，推动国际社会全面、客观看待中国；积极向国内公众介绍中国的外交政策和外交工作，争取社会各界理解和支持。

2014年，外交部举办的公共外交活动有：

5月8日，举办第九届“蓝厅论坛”，外交部副部长程国平出席并发表题为《亚信：亚洲对话、信任与协作的重要平台》的主旨演讲。外国驻华使节、国际组织驻华代表、商界代表、有关专家学者以及中外媒体记者等近300人出席。论坛由外交部主办，中国公共外交协会协办，中国公共外交协会副会长马振岗、中国国际问题研究基金会名誉理事长张德广主持。与会者就亚信发展前景、中国提出亚洲安全观等议题进行研讨。

6月12日，举办第二届中韩公共外交论坛。外交部长王毅、韩国外交部长尹炳世分别向论坛致贺信，外交部部长助理刘建超、韩国驻华大使权宁世出席开幕式。中国公共外交协会会长李肇星、韩国国际交流财团理事长柳现锡等出席并致辞。中韩政府、学界、媒体、企业、非政府组织和公众代表共250余人围绕两国公共外交合作进行深入研讨。

10月19日，举办第六届“大爱无国界”国际义卖活动，主题为“为贫困山区孩子送去‘心’希望”。活动由王毅外长夫人钱韦女士主持，王毅外长、外交部扶贫工作名誉大使乐爱妹女士及110多位驻华使馆、国际组织驻华机构代表及9家国内外企业和个人出席活动。马达加斯加驻华大使维克托·希克尼纳代表驻华使团致辞。本次活动所筹善款通过中国慈善总会，资助贵州省小儿先天性心脏病手术项目。

10月29日，举办第十届“蓝厅论坛”，王毅外长发表题为《北京APEC：中国准备好了！》的主旨演讲，并就国家主席习近平出席亚太经合组织第22次领导人非正式会议情况、中国主办东道主伙伴对话会以及中国为办会所做工作等回答中外记者提问。外国驻华使节、国际组织驻华代表、商界代表、中外专家学者以及中外媒体记者等约300人出席。论坛由外交部主办，中国公共外交协会、中国太平洋经济合作全国委员会协办。与会者围绕亚太经济形势、经济新增长点、经济一体化、互联互通以及亚太经合组织作用与愿景等进行讨论。

此外，外交部各级外交官积极开展外交政策宣讲，通过接受媒体采访、在国内外报刊发表文章等方式，介绍中国国情和外交政策举措，争取更多理解和支持。2014年，驻外外交机构各级外交官发表文章700余篇，接受媒体采访1300余次，发表演讲1400余次，举办各类公共外交活动1.5万余次，为增进国际社会对中国了解和认知起到积极作用。

2. 外交部公众信息网体系建设

外交部网站群旨在及时、准确、全面发布中国外交信息，为国内外公众了解中国外交政策和外交工作提供服务。外交部网站群主要包括外交部网站、驻外使领馆网站及相关子网站等260个站点。2014年，外交部网站群共发布消息逾78万条，计逾15亿字，配图70多万张，日均点击量800余万次。外交部网站英文版全新改版上线。

3. 积极开展新媒体公共外交

外交部高度重视并积极运用新媒体开展公共外交工作。继在微博、微信开通“外交小灵通”账号之后，于2014年5月2日在微视开通同名官方账号，形成“三微一体”的新媒体宣介格局，王毅外长专门发表视频贺词。作为外交部发布中国外交政策、提供领事服务、与网民交流互动的重要平台，2014年，“外交小灵通”微博账号共发布信息近7000条，处理领事救助200余起，粉丝总数突破1100万；微信账号共发布消息1000余条，微视账号共发布短视频15条。同时，外交部各司局、各驻外使领馆日益重视新媒体公共外交，共开通各类社交媒体账号53个，以“外交小灵通”为核心的“外交微群”不断壮大。

第九章

中国外交中的领事工作

（一）概述

2014年，随着中国“走出去”、“引进来”战略的不断深化实施，以及“一带一路”倡议和互联互通建设的推进，中外人员跨境流动持续增长，内地居民出境人次首次破亿，企业“走出去”规模不断扩大，中国海外利益全方位、多层次快速拓展。同时，涉中国公民和企业的安全事件增多，呈现多点集中爆发态势，领事保护与服务刚性需求呈井喷式增长。与此同时，领事工作与经济建设、国家安全、社会稳定、外交大局、百姓民生以及信息技术等方面的关联日益紧密，已成为中国外交新的增长极。

党的十八届四中全会《中共中央关于全面推进依法治国若干重大问题的决定》明确提出要维护我国公民、法人在海外的正当权益，依法维护海外侨胞权益。5月，国务院总理李克强在安哥拉召开海外民生工程座谈会，明确指出:“今天的外交工作不仅要‘顶天’，服务国家大局；也要‘立地’，服务中国在海外的企业和公民。”领事工作的重要性被提升到一个前所未有的新高度。

全力打造海外民生工程。正式启用“外交部全球领事保护与服务应急呼叫中心”12308热线，全年无休为中国公民提供24小时热线救助与咨询。妥善处置马航MH370客机失联事件、安全接返在越南的中国公民、撤离在利比亚和伊拉克的中方人员等广受民众关注的重大领事保护案件。继续与地方外办和教育部留学服务中心等部门合作，举办面向企业、高校和普通民众的领保宣介活动，开通“领事直通车”微信，借助媒体进行深度宣传，多渠道发布安全知识和出行提醒，大力开展预防性领事保护工作。

积极构建中外人员往来新秩序。2014年，中国与46个国家完成磋商和领事类协定谈判，与16个国家就设立领事机构事宜达成一致，中国驻巴塔、扎门乌德、威廉斯塔德、登巴萨、埃尔比勒总领事馆开馆，与韩国签订《中韩领事协定》。与23个国家缔结互免或简化签证手续协议，与美国就互为对方商务、旅游、留学人员颁发多年多次签证达成一致，与斐济签署互免持普通护照人员签证协定。中国护照“含金量”显著提升，“说走就走”的旅行愿景正逐步实现。

全面推进“电子领事”平台建设，提升管理与服务水平。实现全国签发含指纹信息的因公电子护照，全部驻外使领馆签发含指纹信息的普通电子护照，巴黎、香港和纽约护照制证中心全部启用。改版后的“中国领事服务网”正式上线，新增的“出国及海外中国公民自愿登记”等四大系统陆续启用，成为“一站式”领事资讯平台。领事认证综合管理系统中的业务子系统和电话语音咨询系统正式上线。亚太经合组织商务旅行卡网上申请与审批系统研发成功，中国成为少数实现网上申办旅行卡的亚太经合组织经济体之一。

继续推进新时期领事理论和实践研究。出版反映新中国领事工作历程的《中国领事工作》（上、下册），全书约80万字，是新中国成立以来最全面、系统介绍中国领事理论与实践的专著。8月，外交部领事司和中国公共外交协会在北京联合举办“机遇 挑战 改革——新形势下海外民生工程建设研讨会”，来自相关领域的专家学者、中央有关单位、“两会”提案代表、地方外办、企业和媒体代表参加，外交部部长助理刘建超发表主旨讲话，全面介绍打造海外民生工程、为海外利益织牢“安全网”面临的形势、困难与挑战，并提出下步工作思路。

（二）领事保护

2014年，在“走出去”中国公民持续大幅增加和国际形势深刻复杂演变的背景下，境外中国公民和机构面临的安全形势更加复杂严峻，涉华重大领事保护案件全球多点同时爆发态势愈加明显，领事保护工作任务十分繁重。党的十八届四中全会《中共中央关于全面推进依法治国若干重大问题的决定》指出，要强化涉外法律服务，维护中国公民、法人在海外的正当权益，依法维护海外侨胞权益。2014年，在党中央、国务院坚强领导下，外交部一方面狠抓应急处置工作，妥善处理了一系列重大领事保护案件，另一方面继续加强预防性领事保护工作，不断完善“境外中国公民和机构安全保护工作机制”，稳妥推进领事保护立法，全面开展提升中国公民出境旅游文明素质工作，积极推动有关地方政府建立海外公共安全培训基地。9月2日，“外交部全球领事保护与服务应急呼叫中心”12308热线正式启动，为海外中国公民开辟了一条24小时领事保护与服务的绿色通道。

2014年发生的重大领事保护案件主要有：

1. 妥善应对马来西亚航空公司MH370客机失联事件

3月8日，吉隆坡飞往北京的马航MH370航班起飞后不久与航空管制部门失去联系，包括154名中国公民在内的机上239人下落不明。

党和国家领导人高度重视，多次作出重要指示和批示，并亲自做马来西亚、澳大利亚领导人工作。外交部充分发挥“境外中国公民和机构安全保护工作部际联席会议”机制作用，牵头协调各相关单位先后调动18艘舰船、13架飞机，并动用21颗卫星，全力以赴开展搜救工作。同时，与马方密切沟通，积极做好家属安抚工作。

2. 安全接返在越南的中国公民

5月9日，越南多地发生针对外国企业的打砸抢烧暴力事件，造成五名中国公民死亡，多人受伤。

党和国家领导人作出重要指示。外交部第一时间启动应急机制，全力开展对越交涉，紧急派出跨部门工作组赴越开展工作，协调中国民用航空局、交通运输部等部门派出三架包机、四艘客轮，安全撤回3860名在越受冲击的中国公民。

3. 协助在利比亚的中国公民安全撤离

5月中旬以来，利比亚安全局势持续恶化，中国在利人员和企业生命财产安全面临严重威胁。

党和国家领导人作出重要指示。外交部第一时间启动应急机制，及时发布安全风险预警，并积极协助1700余名中国公民安全、有序撤离回国。

4. 处理十名中国工人在喀麦隆遭劫持案

5月16日，一家中资公司喀麦隆项目部十名中国员工遭当地恐怖分子劫持。

外交部与喀麦隆、尼日利亚和乍得相关部门保持密切沟通，敦促其在保证中方人员安全的前提下全力开展营救工作。经不懈努力，10月11日，十名中国员工安全获释。

5. 处理三名中国工人在土耳其遭劫持案

8月24日，一家中资公司土耳其电厂项目工地遭当地武装人员袭击，三名中国工人被劫持。

事件发生后，外交部会同有关部门积极开展营救工作。10月10日，三人安全获救。

6. 处理南非重大交通事故致中国游客伤亡案

10月1日，一个由20名中国游客组成的旅行团在南非发生车祸，造成三人遇难，三人重伤，部分人员轻伤。

外交部指导驻南非使领馆第一时间派员赴现场核实了解情况，敦促南非方面全力抢救伤员，妥善处理遇难人员善后事宜，并积极为家属赴南处理后续事宜提供协助。

（三）领事磋商与会谈

领事磋商与会谈是解决双边重大领事问题、促进领事关系发展的重要途径。2014年，中国与21个国家举行领事磋商（会谈、对话），继续扩大领事领域务实合作，共谋未来发展。

2月27日，外交部副部长谢杭生在北京与加拿大外交贸易发展部国务部长琳恩·叶利奇就中加关系和领事合作等事宜交换意见。

3月19日，中国与法国在北京举行首轮领事磋商。双方就加强领事合作、便利人员往来、维护本国公民合法权益等问题交换意见。

3月28日，外交部副部长谢杭生在北京与加拿大公民资格和移民事务部副部长阿妮塔·比古兹就中加领事和移民领域合作等事宜交换意见。

4月17日，外交部领事司负责人在北京与荷兰外交部领事司负责人就加强中荷领事合作、便利双边人员往来事宜交换意见。

4月22日，中国与哈萨克斯坦在阿斯塔纳举行第15轮领事磋商。双方就加强中哈领事关系与合作、便利人员往来等事宜交换意见。

4月28日，中国与澳大利亚在成都举行第12轮领事磋商。双方就发展领事关系、便利人员往来、维护公民合法权益、增设领事机构等事宜交换意见。

4月29日，外交部副部长谢杭生在北京与英国外交与联邦事务部政务次官西蒙兹就加强中英领事关系、便利人员往来等事宜交换意见。

5月22日，中国与美国在北京举行第八轮领事磋商。双方就加强中美领事关系、便利人员往来以及保护本国公民合法权益等事宜交换意见。同日，外交部副部长谢杭生在北京与美国国务院代理助理国务卿米歇尔·邦德就发展双边领事关系、加强便利人员往来和保障双方公民合法权益等事宜交换意见。

5月29日，中国与摩尔多瓦在广西桂林举行第三轮领事磋商。双方就加强领事关系与合作、便利人员往来等事宜交换意见。

6月10日，中国与巴基斯坦在北京举行第五轮领事磋商。双方就深化领事关系与合作、加强公民合法权益保护、进一步便利人员往来等事宜交换意见。

6月12日，中国与波兰在华沙举行第十轮领事磋商。双方就发展领事关系、便利人员往来等事宜交换意见。

6月24日，中国与朝鲜在平壤举行第12轮领事磋商。双方就深化领事关系与合作、加强双方公民合法权益保护、领事条约执行情况等事宜深入交换意见。

6月25日，外交部副部长张明访问赤道几内亚，出席中国驻巴塔总领事馆开馆仪式。

6月26日，外交部领事司与韩国外交部东北亚局在浙江宁波举行中韩外交部门第五轮渔业问题会谈。

7月3日，外交部副部长谢杭生访问蒙古，出席中国驻扎门乌德总领事馆开馆仪式。

7月29日，外交部部长助理刘建超与英国内政国务大臣布罗肯赛尔就发展双边关系及领事和移民领域合作、推动人员往来便利化等事宜交换意见。

8月21日，中国与丹麦在哥本哈根举行领事会晤。双方就两国领事部门服务职能和经验、便利人员往来等事宜交换意见。

8月26日，中国与英国在伦敦举行《〈关于便利人员合法往来和打击非法移民活动谅解备忘录〉之实施细则》第七轮评估暨中英领事会谈。双方就移民领域合作、双边领事关系、便利两国人员往来、合作打击非法移民活动等事宜交换意见。

9月2日，中国与瑞士在北京举行第八轮领事（移民）对话。双方就深化领事关系与合作、便利人员往来、保护双方公民合法权益等事宜交换意见。

9月5日，中国与德国在北京举行第二轮领事磋商。双方就深化领事关系与合作、便利人员往来、保护双方公民合法权益等事宜交换意见。

9月23日，中国与蒙古在北京举行第16轮领事磋商。双方就深化领事关系与合作，进一步便利人员往来、加强公民合法权益保护等事宜交换意见。

9月26日，中国与法国在北京举行领事会晤。双方就推动中法、中欧人员往来便利化等事宜交换意见。

10月13日，中国与韩国在北京举行第16轮领事磋商。双方就进一步深化领事关系与合作，便利人员往来、加强公民合法权益保护、规范渔业纠纷执法等事宜交换意见。

10月15日，中国与捷克在布拉格举行首轮领事磋商。双方就便利人员往来、维护公民合法权益等事宜交换意见。

10月17日，中国与俄罗斯在莫斯科举行第18轮领事磋商。双方就加强领事关系与合作、便利人员往来、公民权益保护、增设领事机构等事宜交换意见。

10月21日，中国与法国在巴黎举行第二轮领事磋商。双方就双边领事关系与合作、便利人员往来、公民权益保护等事宜交换意见。

11月23日，中国与印度尼西亚在登巴萨举行第八轮领事磋商。双方就进一步便利人员往来、保护公民和企业合法权益等事宜交换意见。

11月26日，中国与老挝在昆明举行第九轮领事磋商。双方就深化领事关系与合作、保障双方公民合法权益、领事条约执行情况等事宜交换意见。

12月8日，外交部部长助理钱洪山访问印度尼西亚，出席中国驻登巴萨总领事馆开馆仪式。

12月15日，外交部部长助理刘建超与英国驻华大使吴思田就进一步加强中英领事关系与合作交换意见。

12月18日，外交部领事司与韩国外交部东北亚局在上海举行中韩外交部门第六轮渔业问题会谈。

（四）领事类协定

领事类协定是发展中外领事关系的重要法律基石。2014年，中国本着互利共赢原则同1个国家签署双边领事协定，同23个国家缔结签证协定（协议、谅解备忘录、安排），有力促进了中外领事合作关系及双边人员往来。

2014年签署的双边领事协定

序号	协定名称	签署日期
1	中华人民共和国和大韩民国领事协定	2014.7.3

2014年缔结的签证协定（协议、谅解备忘录、安排）

序号	协定名称	生效日期
1	中华人民共和国政府和委内瑞拉玻利瓦尔共和国政府关于互免持外交、公务、公务普通护照人员签证的协定	2014.1.8
2	中华人民共和国政府和尼日利亚联邦共和国政府关于互免持外交、公务（官员）护照人员签证的协定	2014.2.1
3	中华人民共和国政府和巴哈马国政府关于互免签证的协定	2014.2.14
4	中华人民共和国政府和摩洛哥王国政府关于互免持外交、公务护照人员签证的协定	2014.3.6
5	中华人民共和国政府与多民族玻利维亚国政府关于发放有关签证的协定	2014.3.12
6	中华人民共和国外交部和比利时王国外交部《关于简化双方常驻人员家属签证的协定》	2014.3.24
7	中华人民共和国政府和多米尼克国政府关于互免持外交、公务（官员）护照人员签证的协定	2014.3.29

续表

序号	协定名称	生效日期
8	中华人民共和国政府和俄罗斯联邦政府关于便利公民往来的协议	2014.4.26
9	中华人民共和国政府和塞内加尔共和国政府关于互免持外交、公务护照人员签证的协定	2014.5.3
10	中华人民共和国政府和苏里南共和国政府关于互免持外交、公务护照人员签证的协定	2014.5.6
11	中华人民共和国政府和巴巴多斯政府关于互免持外交、公务（官员）护照人员签证的协定	2014.8.2
12	中华人民共和国政府和刚果共和国政府关于互免持外交、公务护照人员签证的协定	2014.8.7
13	中华人民共和国政府和巴西联邦共和国政府关于简化商务人员签证手续的协定	2014.8.15
14	中华人民共和国政府和肯尼亚共和国政府关于互免持外交、公务（官员）护照人员签证的协定	2014.8.17
15	中华人民共和国政府和毛里求斯共和国政府关于简化航空公司机组人员签证手续的协定	2014.10.12
16	中华人民共和国政府和科威特国政府关于互免持外交、公务、特别和公务普通护照人员签证的协定	2014.10.17
17	中华人民共和国政府和美利坚合众国政府关于互为对方商务、旅游人员颁发十年多次有效签证的互惠安排	2014.11.11
18	中华人民共和国政府和美利坚合众国政府关于互为对方留学人员颁发五年多次有效签证的互惠安排	2014.11.11
19	中华人民共和国政府和津巴布韦共和国政府关于互免持外交、公务护照人员签证的谅解备忘录	2014.11.12
20	中华人民共和国政府和奥地利联邦政府关于简化航空公司机组人员签证手续的协定	2014.11.22
21	中华人民共和国政府和布隆迪共和国政府关于互免持外交、公务或公务普通护照人员签证的协定	2014.11.25
22	中华人民共和国政府和吉布提共和国政府关于互免持外交、公务护照人员签证的协定	2014.12.4
23	中华人民共和国政府和大韩民国政府关于互免持外交、公务（官员）护照人员签证的协定	2014.12.25

（五）领事机构

领事机构是加强中外领事关系的重要平台。2014年，中国政府在对等互惠基础上，通过友好协商，与16个国家就设立19个领事机构达成一致。

2014年中外双方同意新设的领事机构

序号	机构或馆长名称	达成一致日期
1	中国驻伊兹密尔总领事馆	2014.1.23
2	中国驻贝尔法斯特总领事馆	2014.2.21
3	英国驻武汉总领事馆	2014.2.21
4	蒙古驻呼伦贝尔领事馆	2014.2.24
5	泰国驻青岛总领事馆	2014.3.14
6	尼日利亚驻广州总领事馆	2014.3.21
7	中国驻杜塞尔多夫总领事馆	2014.3.28
8	莫桑比克驻澳门总领事馆	2014.3.31
9	中国驻埃尔比勒总领事馆	2014.5.4
10	中国驻哥打基纳巴卢总领事馆	2014.5.29
11	中国驻槟城总领事馆	2014.5.29
12	马来西亚驻南宁总领事馆	2014.5.29
13	刚果共和国驻广州总领事馆	2014.6.4
14	爱尔兰驻香港总领事馆	2014.6.6
15	新西兰驻成都总领事馆	2014.6.11
16	马耳他驻上海总领事馆	2014.6.30
17	中国驻拉合尔总领事馆	2014.7.9
18	多米尼克驻香港总领事馆	2014.8.8
19	安哥拉驻广州总领事馆	2014.9.17

（六）领事证件

领事证件是一项基础性领事业务。2014年，中国政府积极打造电子领事平台，创新工作模式，提升证件管理与服务水平，充分发挥证件工作在促进中外人员交往方面的基础性作用。

护照方面。2014年，外交部继续加强对各因公护照签发机关、各护照申办单位以及中国驻外使领馆的指导，国内发照机关签发因公护照逾26万本，驻外使领馆为海外中国公民办理护照等国际旅行证件16万本。进一步引进高新技术，提升护照的技术含量，实现全国签发含指纹信息的因公电子护照、所有驻外使领馆签发含指纹信息的普通电子护照。

签证方面。2014年，中国驻外签证机关为外国人来华颁发近800万份签证，并积极为在华举行的亚洲相互协作与信任措施会议第四次峰会、亚太经合组织第22次领导人非正式会议、第二届夏季青年奥林匹克运动会、第四届中国—亚欧博览会等大型国际活动参会、参赛和参观人员提供方便快捷的签证服务。中国与美国达成互为对方商务、旅游人员颁发十年多次有效签证的互惠安排和互为对方留学人员颁发五年多次有效签证的互惠安排。截至2014年年底，中国与93个国家缔结各类互免签证协定，与39个国家签订53份简化签证手续协定或安排。给予香港特区护照持有人免办签证或落地签证待遇的国家和地区达151个，给予澳门特区护照持有人免办签证或落地签证待遇的国家和地区为112个。

助力中国公民和企业“走出去”。与有关国家沟通、交涉，推动解决中国公民和企业签证难问题。及时发布外国签证政策重大调整信息，整理并及时更新《有关国家和地区有条件的单方面允许中国公民免签入境和办理落地签证情况一览表》和《有关国家为在当地居住、学习及就业的外国人颁发的具有签证功能证件名单》。提升APEC商务旅行卡管理和服务水平，成功启动网上申请与审批系统和邮寄发卡业务，全年共受理中方申请14379例，同比增长9.1%；审批外方申请57310例，同比增长20.0%。参与旅行卡国际合作，推动各经济体就延长旅行卡有效期达成原则一致。

公证认证和婚姻登记工作。随着中外人员和文书往来的日趋频繁，领事认证量不断增长。2014年，外交部办理领事认证55万余份，外交部委托的地方外办办理领事认证67万余份。中国驻外使领馆全年办理领事认证约

45万份，办理公证约20万份，办理婚姻登记1.1万余对。成功举办第十期授权地方外办领事认证业务培训班，积极同各国驻华使馆沟通，协助众多公民和企业加急办理人道主义、海外招投标等紧急事项文书的领事认证。2014年全年发布领事认证信息30余条，接听咨询热线电话近3万次。在报刊杂志发表多篇文章，取得了宣介政策、方便民众、释疑解惑的良好效果。

（七）涉及外国驻华领事机构事务和涉外案件

1. 外国驻华领事机构事务

2014年，中国政府认真履行国际义务，严格依据《维也纳领事关系公约》、双边领事条约和中国相关法律法规，不断提高对外国驻华领事机构管理和服务的能力和水平，为外国驻华领馆人员在华工作和生活提供必要协助和便利。地方政府重视发挥外国驻华领馆的桥梁作用，借助领馆渠道推动本地区与领馆派遣国有关地方的经贸、文化、旅游等各领域交流与合作，促进地方对外开放和经济发展，以及中国与有关国家双边关系的健康发展。

2014年，外交部共为70位外国新任驻华总领事颁发《领事证书》，为两位名誉领事颁发《名誉领事证书》，并为1700余名新任领馆人员及其随任家属颁发身份证件。

2. 涉外案件处理

中国政府依法保护在华外国人和机构的正当权益，中国司法机关依法公正审理涉及外国公民的案件。外交部就中方依据相关国际公约和双边领事条约承担的义务与相关部门加强沟通，协调依法做好领事通报，并为外国驻华使领馆官员领事探视等执行领事职务的行为提供必要协助，及时回应外方合理关切，维护中方依法治国良好形象。

在自然灾害等重大突发事件发生后，外交部注意做好相关涉外工作，及时了解涉及外国公民和机构情况，回复外国驻华使领馆的问询，并视情予以必要协助。经确认，2014年在云南鲁甸、普洱地震和四川康定地震中，无外国公民伤亡。

（八）移民合作

2014年，中国政府继续本着建设性态度参与移民领域对话，与有关各方密切合作，共同防范和打击非法出入境等跨国犯罪活动，为国际间人员交流健康有序发展发挥了积极作用。

5月26日，外交部副部长李保东会见国际移民组织总干事斯温，就加强移民领域合作交换意见。

12月3～4日，中美执法合作联络小组会议第12次会议在北京举行。

附录一

2014年中国外交重要活动

一月

2～3日　国务委员杨洁篪在北京同柬埔寨副首相兼外交国际合作部大臣贺南洪共同主持中柬政府间协调委员会首次会议。

6～11日　外交部长王毅访问埃塞俄比亚、吉布提、加纳和塞内加尔。

12～15日　保加利亚总统普列夫内利埃夫对中国进行国事访问。

13～22日　秘鲁国会主席弗雷迪·罗兰多·奥塔罗拉访问中国。

16～21日　蒙古外交部长包勒德对中国进行正式访问。

17日　外交部长王毅和海湾合作委员会轮值主席国科威特第一副首相兼外交大臣萨巴赫·哈立德·哈马德·萨巴赫在北京共同主持中国—海湾合作委员会第三

轮战略对话。

19～23日　白俄罗斯总理米亚斯尼科维奇对中国进行正式访问。

22～24日　外交部长王毅出席在瑞士蒙特勒举行的叙利亚问题第二次日内瓦会议并赴达沃斯出席世界经济论坛2014年年会。

23～28日　法国国民议会议长巴尔托洛内访问中国。

25～28日　国务委员杨洁篪访问比利时、德国，并与欧盟外交与安全政策高级代表阿什顿共同主持第四轮中欧高级别战略对话。

二月

6～8日　国家主席习近平赴俄罗斯索契出席第22届冬季奥运会开幕式。

10～11日　中印边界问题中方特别代表、国务委员杨洁篪与印方特别代表、印度国家安全顾问梅农在新德里举行中印边界问题特别代表第17次会晤。

10～13日　斯里兰卡总统特使、外交部长加米尼·拉克什曼·佩里斯访问中国。

11～13日　匈牙利总理欧尔班对中国进行正式访问。

14～15日　美国国务卿克里访问中国。

18～22日　巴基斯坦总统侯赛因对中国进行国事访问。

19～22日　塞内加尔总统萨勒对中国进行国事访问。

21～24日　法国外交和国际发展部长法比尤斯对中国进行工作访问。

21～26日　瑞典外交大臣比尔特来华出席在上海举行的第13届“斯德哥尔摩中国论坛”。

22～23日　外交部长王毅对阿富汗、伊拉克进行正式访问。

24～28日　坦桑尼亚外交与国际合作部长伯纳德·卡米柳斯·门贝对中国进行正式访问。

24日至3月1日　特立尼达和多巴哥总理卡姆拉·佩萨德–比塞萨尔对中国进行正式访问。

25日至3月1日　国务委员杨洁篪访问法国、英国和荷兰。

三月

13～16日　沙特王储兼副首相、国防大臣萨勒曼·本·阿卜杜勒阿齐兹·阿勒沙特亲王对中国进行正式访问。

18日　第三次中印战略经济对话在北京举行。

18～20日　新西兰总理约翰·基对中国进行工作访问。

19～20日　哈萨克斯坦外交部长伊德里索夫对中国进行正式访问。

20～26日　罗马尼亚第一副总理兼地区发展和公共行政部长德拉格内亚对中国进行正式访问。

22日至4月1日　国家主席习近平出席第三届核安全峰会，对荷兰、法国、德国、比利时进行国事访问，并访问联合国教科文组织总部、欧盟总部。

31日至4月4日　苏丹国民议会议长法提赫·伊扎丁访问中国。

四月

2日　中国政府发表第二份《中国对欧盟政策文件》。

3～4日　拉美和加勒比国家共同体“四驾马车”代表哥斯达黎加外交部长何塞·恩里克·卡斯蒂略、古巴外交部副部长阿维拉多·莫雷诺·费尔南德斯和厄瓜多尔外交部副部长莱昂纳多·阿里萨加·施麦格尔访问中国。

7～9日　中国—东盟文化交流年开幕活动在北京举行。

8～10日　以色列总统西蒙·佩雷斯对中国进行国事访问。

8～11日　博鳌亚洲论坛2014年年会在海南博鳌举行。国务院总理李克强出席年会并在开幕式上发表主旨演讲。澳大利亚、哈萨克斯坦、韩国、老挝、纳米比亚、巴基斯坦、东帝汶、俄罗斯、越南等国领导人参加年会。其间，纳米比亚总理根哥布、东帝汶总理夏纳纳、老挝总理通邢·塔马冯、澳大利亚总理阿博特对中国进行正式访问。

8～12日　缅甸联邦议会议长兼人民院议长瑞曼访问中国。

9日　国务院副总理、中俄能源合作委员会中方主席张高丽同俄罗斯副总理、委员会俄方主席德沃尔科维奇在北京举行中俄能源合作委员会双方主席会晤。

12～14日　德国外交部长施泰因迈尔访问中国，并与外交部长王毅共同主持第四轮中德外长级战略对话。

13～20日　巴西众议长恩里克·爱德华多·阿尔维斯访问中国。

14～15日　中、法、俄、英、美五核国会议在北京举行。

15日　俄罗斯外交部长拉夫罗夫对中国进行正式访问。

19～26日　外交部长王毅对古巴、委内瑞拉、阿根廷、巴西进行正式访问。

24～28日　丹麦女王玛格丽特二世对中国进行国事访问。

28～30日　捷克外交部长扎奥拉莱克对中国进行正式访问。

五月

4～11日　国务院总理李克强对埃塞俄比亚、尼日利亚、安哥拉、肯尼亚和非盟总部进行正式访问，并出席在尼日利亚举行的第24届世界经济论坛非洲峰会。

5～7日　吉尔吉斯斯坦议长热恩别科夫访问中国。

11～13日　土库曼斯坦总统别尔德穆哈梅多夫对中国进行国事访问。

12～13日　美国总统特别代表、财政部长雅各布·卢访问中国。

12～16日　巴基斯坦参议院主席布哈里访问中国。

12～18日　葡萄牙总统席尔瓦对中国进行国事访问。

16～19日　法国外交与国际发展部长法比尤斯对中国进行工作访问。

18～23日　萨摩亚议长拉乌利·施密特访问中国。

20～21日　亚洲相互协作与信任措施会议第四次峰会在上海举行。国家主席习近平主持峰会并发表主旨讲话。包括亚信成员国、观察员、峰会客人在内的46个国家和国际组织领导人、负责人或代表与会。其间，哈萨克斯坦总统纳扎尔巴耶夫、吉尔吉斯斯坦总统阿塔姆巴耶夫、俄罗斯总统普京、伊朗总统哈桑·鲁哈尼对中国进行国事访问。

20～29日　汤加副首相兼基础设施大臣萨米乌·瓦伊普卢访问中国。

21～24日　国家副主席李源潮赴俄罗斯出席第18届圣彼得堡国际经济论坛并致辞。

25～31日　拉脱维亚议长索尔薇塔·阿博尔京娜访问中国并出席第三届中国（北京）国际服务贸易交易会高峰会。

25～31日　安道尔外交大臣萨沃亚对中国进行正式访问。

26～27日　外交部长王毅对韩国进行正式访问。

27日至6月1日　马来西亚总理穆罕默德·纳吉布对中国进行正式访问。

六月

3日　国家主席习近平出席在北京举行的2014年国际工程科技大会并发表主旨演讲。

5日　中国—阿拉伯国家合作论坛第六届部长级会议在北京举行。国家主席习近平出席会议开幕式。阿拉伯联盟首脑理事会轮值主席国科威特首相贾比尔、13位阿拉伯国家外交部长（外交大臣）、7位阿拉伯国家政府部长、阿盟秘书长阿拉比等阿方代表出席会议。其间，科威特首相贾比尔对中国进行正式访问。

6～10日 第二届中国—南亚博览会在云南昆明举行。国务院副总理汪洋出席开幕式并致辞。尼泊尔总理柯伊拉腊、孟加拉国总理哈西娜、马尔代夫副总统贾米尔、老挝副总理凌沙瓦、斯里兰卡副议长维拉科迪、南盟秘书长塔帕等政要与会。其间，孟加拉国总理哈西娜对中国进行正式访问。

8～9日 国家主席习近平特使、外交部长王毅访问印度。

10～12日 意大利总理伦齐对中国进行正式访问。

10～19日 中共中央政治局常委、中央书记处书记刘云山对丹麦、芬兰、爱尔兰、葡萄牙进行正式访问。

11～14日 新加坡外交部长尚穆根对中国进行正式访问。

16～21日 国务院总理李克强对英国和希腊进行正式访问。

17～18日 国务委员杨洁篪赴越南出席中越双边合作指导委员会团长会晤。

18～19日 太湖世界文化论坛第三届年会在上海举行，国务院副总理刘延东出席开幕式并发表主旨讲话。刚果（布）总统萨苏出席年会。其间，萨苏总统对中国进行国事访问。

18～26日 国家副主席李源潮对赞比亚和坦桑尼亚进行正式访问。

20～26日 外交部副部长张明作为中国政府特使出席非盟第23届首脑会议并访问多哥和赤道几内亚。

21～22日 第三届世界和平论坛在北京举行，国务委员杨洁篪出席开幕式并致辞。

22～24日 国务委员杨洁篪在俄罗斯萨马拉与俄总统驻伏尔加河沿岸联邦区全权代表巴比奇主持召开中国长江中上游地区和俄罗斯伏尔加河沿岸联邦区领导人座谈会。

24～26日 外交部长王毅对蒙古进行正式访问。

25日 中国驻赤道几内亚巴塔总领事馆开馆。

26日至7月2日 冰岛外交部长斯韦英松对中国进行工作访问。

28～29日 和平共处五项原则发表60周年纪念活动在北京举行。国家主席习近平、缅甸联邦共和国总统登盛、印度共和国副总统安萨里共同出席28日举行的纪念大会。其间，缅甸总统登盛对中国进行国事访问，印度副总统安萨里对中国进行正式访问。

29～30日　国务院副总理汪洋与俄罗斯副总理罗戈津在哈尔滨共同出席首届中俄博览会开幕式，并举行中俄总理定期会晤委员会双方主席会晤。

30日至7月2日　阿塞拜疆外交部长马梅德亚罗夫对中国进行正式访问。

七月

2日　中国派出驻索马里大使馆复馆小组。

3日　中国驻蒙古扎门乌德总领事馆开馆。

3～4日　国家主席习近平对韩国进行国事访问。

6～8日　德国总理默克尔对中国进行正式访问。

8日　首轮中国和巴基斯坦海上合作对话在北京举行。

9～10日　第六轮中美战略与经济对话和第五轮中美人文交流高层磋商在北京举行。国家主席习近平出席本轮对话和磋商联合开幕式。美国总统奥巴马发来书面致辞。国务院副总理刘延东与美国务卿克里共同主持第五轮中美人文交流高层磋商。习近平主席特别代表国务院副总理汪洋、国务委员杨洁篪和奥巴马总统特别代表美国务卿克里、财政部长雅各布·卢共同主持第六轮中美战略与经济对话。

10～12日　生态文明贵阳国际论坛2014年年会在贵州贵阳召开，国家副主席李源潮出席开幕式并致辞。埃塞俄比亚总统穆拉图、马耳他总理穆斯卡特、瓦努阿图副总理哈姆·利尼、瑞士联邦议会联邦院议长格尔曼等政要出席。其间，埃塞俄比亚总统穆拉图对中国进行国事访问，瑞士联邦议会联邦院议长格尔曼对中国进行正式访问。

11日　中泰第二轮战略对话在北京举行。

13～24日　国家主席习近平赴巴西出席金砖国家领导人第六次会晤，对巴西、阿根廷、委内瑞拉、古巴进行国事访问并出席中拉领导人会晤。

17～19日　老挝人民革命党中央政治局委员、副总理兼中联部部长、外交部长通伦访问中国。

19日　国家发展和改革委员会主任徐绍史同阿根廷外交和宗教事务部长埃克托尔·蒂梅尔曼在阿共同主持召开首次中阿经济合作与协调战略对话。

28～29日　新加坡副总理兼国家安全统筹部长及内政部长张志贤来华出席第二届“中新社会治理高层论坛”。

28～30日　加拿大外交部长约翰·贝尔德对中国进行正式访问。

30日至8月2日　外交部长王毅在塔吉克斯坦首都杜尚别出席上海合作

组织成员国外长理事会例行会议并对塔进行正式访问。

八月

3～4日　外交部长王毅对埃及和阿拉伯联盟总部进行正式访问。

8～11日　外交部长王毅赴缅甸出席东亚合作系列外长会并访问缅甸。

16～28日　第二届夏季青年奥林匹克运动会在南京举行。国家主席习近平出席开幕式。布隆迪、马尔代夫、新加坡、摩纳哥、黑山、斐济、瓦努阿图等国领导人，联合国秘书长潘基文和国际奥委会主席巴赫等出席开幕式。国务院总理李克强出席闭幕式。安提瓜和巴布达、马达加斯加、吉布提、克罗地亚等国领导人和国际奥委会主席巴赫出席闭幕式。其间，安提瓜和巴布达总理布朗对中国进行正式访问。

18～22日　南苏丹外交与国际合作部长巴拿巴·马瑞尔·本杰明访问中国。

19～20日　乌兹别克斯坦总统卡里莫夫对中国进行国事访问。

21～22日　国家主席习近平对蒙古进行国事访问。

24～28日　津巴布韦总统穆加贝对中国进行国事访问。

26～27日　国务院副总理、中国和土库曼斯坦合作委员会中方主席张高丽赴土与土副总理、中土合作委员会土方主席霍贾穆哈梅多夫共同主持中土合作委员会第三次会议。

26～27日　越南共产党中央总书记特使、越共中央政治局委员、书记处常务书记黎鸿英访问中国。

26～28日　苏丹外交部长阿里·艾哈迈德·库尔提访问中国。

28～30日　国务委员杨洁篪对新加坡进行正式访问。

28日至9月1日　国务院副总理张高丽赴捷克出席第二次中国—中东欧国家地方领导人会议，赴俄罗斯同俄副总理德沃尔科维奇举行中俄能源合作委员会第11次会议。

8月31日至9月2日　罗马尼亚总理蓬塔对中国进行正式访问。

九月

1～4日　第三届小岛屿发展中国家国际会议在萨摩亚首都阿皮亚召开，国家主席习近平特使、外交部副部长张业遂出席会议。

1～6日　第四届中国—亚欧博览会在新疆乌鲁木齐举行。国务院副总理汪洋出席开幕式。哈萨克斯坦总理马西莫夫、吉尔吉斯斯坦总理奥托尔巴耶夫、格鲁吉亚副议长基吉古里与会。

2～4日　柬埔寨国王西哈莫尼访问中国。

4～8日　外交部长王毅对新西兰、澳大利亚进行正式访问并与澳外交部长毕晓普共同举行第二轮中澳外交与战略对话。

7～9日　美国总统国家安全事务助理赖斯访问中国。

9日　国务院副总理、中俄投资合作委员会中方主席张高丽与俄罗斯第一副总理、委员会俄方主席舒瓦洛夫在北京举行中俄投资合作委员会第一次会议。

9～10日　第八届夏季达沃斯论坛在天津举行。国务院总理李克强出席开幕式并发表特别致辞。马里总统凯塔、丹麦首相托宁-施密特、阿尔巴尼亚总理拉马、塞尔维亚总理武契奇、俄罗斯副总理德沃尔科维奇等与会。

9～10日　印度总理特使、国家安全顾问多瓦尔访问中国。

10日　中国—阿拉伯国家友好年暨第三届阿拉伯艺术节在北京开幕。

11～16日　国务院副总理马凯在英国与英财政大臣奥斯本共同主持第六次中英经济财金对话；在法国与法财政和公共账目部部长萨班共同主持第二次中法高级别经济财金对话。

11～19日　国家主席习近平赴塔吉克斯坦杜尚别出席上合组织成员国元首理事会第14次会议，并对塔吉克斯坦、马尔代夫、斯里兰卡、印度进行国事访问。

16～19日　第11届中国—东盟博览会在广西南宁举行。国务院副总理张高丽出席开幕式并致辞。新加坡总理李显龙、柬埔寨首相洪森、老挝国家副主席本扬、缅甸副总统年吞、泰国副总理兼外交部长塔纳萨、越南副总理兼外交部长范平明与会。

21～23日　俄罗斯联邦委员会主席马特维延科访问中国，并出席中国全国人大与俄联邦委员会合作委员会第八次会议。

23日　国家主席习近平特使、国务院副总理张高丽出席在美国纽约举行的联合国气候峰会。

24～27日　西班牙首相拉霍伊对中国进行正式访问。

24～29日　国务院副总理张高丽对罗马尼亚、白俄罗斯进行正式访问。

24～29日　尼泊尔副总统贾阿来华出席首届中国西藏旅游文化国际博览会。

24日至10月2日　外交部长王毅赴纽约出席第69届联合国大会，对墨西哥进行正式访问并访问美国。

25日　中国驻荷兰威廉斯塔德总领事馆开馆。

十月

6～8日　缅甸副总统赛茂康来华出席在广西举行的第45届世界体操锦标赛开幕式。

7～8日　国务委员杨洁篪访问马来西亚。

9～14日　国务院副总理、中俄总理定期会晤委员会中方主席汪洋赴俄罗斯索契同俄副总理、委员会俄方主席罗戈津举行中俄总理定期会晤委员会第18次会议。

9～17日　国务院总理李克强主持第三轮中德政府磋商并正式访问德国、正式访问俄罗斯并举行中俄总理第19次定期会晤、正式访问意大利、访问联合国粮农组织、出席第十届亚欧首脑会议。

12日　中国驻索马里大使馆复馆。

13～17日　密克罗尼西亚联邦副总统阿利克对中国进行正式访问。

17～21日　国务委员杨洁篪访问美国。

18～20日　法国外交和国际发展部长法比尤斯对中国进行工作访问。

19日　外交部长王毅夫妇出席外交部主办的第六届“大爱无国界”国际义卖活动。

21～26日　坦桑尼亚总统基奎特对中国进行国事访问。

23～29日　巴哈马参议长莎伦·威尔逊访问中国。

24～27日　捷克总统泽曼对中国进行国事访问并出席在四川成都举行的第15届中国西部国际博览会开幕式暨第七届中国西部国际合作论坛。

26～27日　国务委员杨洁篪赴越南同越副总理兼外长范平明主持中越双边合作指导委员会第七次会议并访越。

26～28日　新加坡副总理张志贤访问中国。其间，国务院副总理张高丽与张志贤在苏州共同主持中新双边合作机制年度会议。

27～28日　蒙古国家大呼拉尔主席恩赫包勒德访问中国。

28～31日　泰国副总理兼国防部长巴威访问中国。

31日　阿富汗问题伊斯坦布尔进程第四次外长会在北京举行。国务院总理李克强和阿富汗总统加尼共同出席开幕式并致辞。外交部长王毅和阿富汗外交部长奥斯马尼共同主持会议。其间，阿富汗总统加尼对中国进行国事访问。

十一月

1～2日　中巴（基斯坦）阿（富汗）三方合作打击“东伊运”副外长级反恐磋商机制首次会议在北京召开，外交部副部长程国平同巴基斯坦外秘乔杜里、阿富汗高级和平委员会秘书长马苏姆共同主持。

1～9日　全国政协主席俞正声对阿尔及利亚、摩洛哥、巴林、约旦进行正式友好访问。

2～3日　外交部长王毅访问印度尼西亚。

3～4日　卡塔尔埃米尔塔米姆·本·哈马德·阿勒萨尼对中国进行国事访问。

7日　国务委员杨洁篪在北京与日本国家安保局长谷内正太郎举行会谈，双方正式确认并对外发表关于处理和改善中日关系的四点原则共识。

7～8日　亚太经合组织第26届部长级会议在北京召开，外交部长王毅和商务部长高虎城联合主持。

8日　“加强互联互通伙伴关系”东道主伙伴对话会在北京举行，国家主席习近平出席并发表重要讲话。

10～11日　亚太经合组织第22次领导人非正式会议在北京举行。国家主席习近平主持会议，亚太经合组织其他20个成员经济体领导人和代表与会。其间，美国总统奥巴马、墨西哥总统恩里克·培尼亚·涅托对中国进行国事访问。加拿大总理哈珀对中国进行正式访问。智利总统米歇尔·巴切莱特、秘鲁总统奥扬塔·乌马拉对中国进行工作访问。

13～14日　国务院总理李克强出席在缅甸内比都举行的第17次中国—东盟（10+1）领导人会议、第17次东盟与中日韩（10+3）领导人会议和第九届东亚峰会，并对缅甸进行正式访问。

15～16日　国家主席习近平赴澳大利亚布里斯班出席二十国集团领导人第九次峰会，对澳大利亚、新西兰、斐济进行国事访问并同建交太平洋岛国领导人会晤。

15～23日　国家主席习近平特使、中共中央政治局委员、中央政法委书记孟建柱访问伊朗、土耳其和埃及。

18～22日　国务院副总理汪洋访问芬兰、斯洛文尼亚。

20～26日　全国人大常委会委员长张德江对秘鲁、哥伦比亚、墨西哥进行正式友好访问。

24日　外交部长王毅出席在维也纳举行的伊朗核问题六国与伊外长会。

24～28日　荷兰王后马克西玛作为联合国秘书长包容性金融特别代表

访问中国。

24～29日　玻利维亚参议长欧亨尼奥·罗哈斯·阿帕萨访问中国并出席2014中国国际友好城市大会。

27～28日　国务院副总理刘延东主持召开2014中欧文化高峰论坛，并会见来华出席论坛的欧盟委员会国际合作与发展委员米米察。

28～29日　中央外事工作会议在北京召开。中共中央总书记、国家主席、中央军委主席习近平在会上发表重要讲话。中共中央政治局常委、国务院总理李克强主持会议。中共中央政治局常委张德江、俞正声、刘云山、王岐山、张高丽出席会议。

30日至12月6日　马来西亚副总理穆希丁对中国进行正式访问。

十二月

1～3日　中国环境与发展国际合作委员会2014年年会在北京举行。国务院副总理张高丽出席开幕式并发表主旨讲话。

1～5日　佛得角外交部长托伦蒂诺对中国进行正式访问。

3～5日　南非总统祖马对中国进行国事访问。

7日　外交部受权公开发表《中华人民共和国政府关于菲律宾共和国所提南海仲裁案管辖权问题的立场文件》。

7～15日　爱尔兰总统迈克尔·希金斯对中国进行国事访问。

8日　中欧第33次人权对话在比利时布鲁塞尔举行。

8日　中国驻印度尼西亚登巴萨总领事馆开馆。

12日　“非洲钱币——纪念周恩来总理访问非洲50周年”开幕式在北京举行。

14～20日　国务院总理李克强对哈萨克斯坦进行正式访问并举行中哈总理第二次定期会晤，出席上海合作组织成员国政府首脑理事会第13次会议，出席第三次中国—中东欧国家领导人会晤并对塞尔维亚进行正式访问，出席在泰国曼谷举行的大湄公河次区域经济合作第五次领导人会议。

16～17日　国家副主席李源潮赴缅甸出席中国—东盟文化年闭幕式。

17～21日　韩国国会议长郑义和访问中国。

22～23日　泰国总理巴育对中国进行正式访问。

22～25日　埃及总统阿卜杜勒法塔赫·塞西对中国进行国事访问。

25～27日　全国政协主席俞正声对越南进行正式访问。

25～30日　外交部长王毅对尼泊尔、孟加拉国进行正式访问。

29日　国家主席习近平特使、国务委员杨洁篪访问吉尔吉斯斯坦。

30日 中国驻伊拉克埃尔比勒总领事馆开馆。

30～31日 杨洁篪国务委员赴柬埔寨同柬副首相兼外交国际合作部大臣贺南洪共同主持中柬政府间协调委员会第二次会议并访问柬埔寨。

附录二

2014年中国外交重要文献

重要讲话、文章和专访

国家主席习近平在俄罗斯索契接受俄罗斯电视台专访（2014年2月7日）

国家主席习近平在荷兰《新鹿特丹商业报》发表署名文章《打开欧洲之门，携手共创繁荣》（2014年3月23日）

国家主席习近平在荷兰海牙核安全峰会上的讲话（2014年3月24日）

国家主席习近平在中荷经贸合作论坛开幕式上的致辞（2014年3月25日）

国家主席习近平在法国《费加罗报》发表署名文章《特殊的朋友，共赢的伙伴》（2014年3月25日）

国家主席习近平在联合国教科文组织总部的演讲（2014年3月27日）

国家主席习近平在德国《法兰克福汇报》发表署名文章《中德携手合作造福中欧和世界》（2014年3月28日）

国家主席习近平在德国科尔伯基金会的演讲（2014年3月28日）

国家主席习近平在中法建交50周年纪念大会上的讲话（2014年3月27日）

国务院副总理刘延东在俄罗斯圣彼得堡国立大学的演讲（2014年3月28日）

国家主席习近平在中德工商界晚宴上的演讲（2014年3月29日）

国家主席习近平在比利时《晚报》发表署名文章《中欧友谊和合作：让生活越来越好》（2014年3月29日）

国家主席习近平在布鲁日欧洲学院的演讲（2014年4月1日）

国务院总理李克强在博鳌亚洲论坛2014年年会开幕式上的主旨演讲（2014年4月10日）

国务委员杨洁篪在博鳌亚洲论坛2014年年会“丝绸之路的复兴：对话亚洲领导人”分论坛上的演讲（2014年4月10日）

国务院总理李克强在非盟会议中心的演讲（2014年5月5日）

国务院总理李克强在世界经济论坛非洲峰会上的致辞（2014年5月8日）

国家主席习近平在亚洲相互协作与信任措施会议第四次峰会上的主旨讲话（2014年5月21日）

国家副主席李源潮在俄罗斯第18届圣彼得堡国际经济论坛上的演讲（2014年5月23日）

国务委员杨洁篪在非洲驻华使团庆祝“非洲日”招待会上的致辞（2014年5月23日）

国家主席习近平在2014年国际工程科技大会上的主旨演讲（2014年6月3日）

国家主席习近平在中国—阿拉伯国家合作论坛第六届部长级会议开幕式上的讲话（2014年6月5日）

外交部长王毅在中国—阿拉伯国家合作论坛第六届部长级会议上的主旨发言（2014年6月5日）

国务院副总理汪洋在第二届中国—南亚博览会开幕式上的致辞（2014年6月6日）

国务院总理李克强在希腊主流媒体发表署名文章《期待访问希腊》（2014年6月18日）

国务院副总理刘延东在太湖世界文化论坛第三届年会开幕式上的主旨讲话（2014年6月18日）

国务院总理李克强在英国智库的演讲（2014年6月18日）

国务院总理李克强在中希（腊）海洋合作论坛上的演讲（2014年6月

20日）

国家主席习近平在和平共处五项原则发表60周年纪念大会上的讲话（2014年6月28日）

国家主席习近平在韩国媒体发表署名文章《风好正扬帆》（2014年7月3日）

国家主席习近平在韩国国立首尔大学的演讲（2014年7月4日）

国家主席习近平在第六轮中美战略与经济对话和第五轮中美人文交流高层磋商联合开幕式上的致辞（2014年7月9日）

国家主席习近平特别代表、国务院副总理汪洋在第六轮中美战略与经济对话联合记者会上的致辞（2014年7月10日）

国家副主席李源潮在生态文明贵阳国际论坛2014年年会的致辞（2014年7月11日）

国家主席习近平接受拉美四国媒体联合采访（2014年7月14日）

国家主席习近平在金砖国家领导人第六次会晤上的讲话（2014年7月15日）

国家主席习近平在巴西国会的演讲（2014年7月16日）

国家主席习近平在中国—拉美和加勒比国家领导人会晤上的主旨讲话（2014年7月17日）

国务委员杨洁篪在2014年亚太经合组织第三次高官会开幕式上的讲话（2014年8月20日）

国家主席习近平在蒙古媒体发表署名文章《策马奔向中蒙关系更好的明天》（2014年8月21日）

国家主席习近平在蒙古国家大呼拉尔的演讲（2014年8月22日）

国务院副总理张高丽在第二次中国—中东欧国家地方领导人会议上的讲话（2014年8月28日）

国务院副总理张高丽在中俄东线天然气管道俄罗斯境内段开工仪式上的致辞（2014年9月1日）

国务院副总理张高丽在亚太经合组织第11届能源部长会议开幕式上的致辞（2014年9月1日）

国务院副总理汪洋在第四届中国—亚欧博览会开幕式上的致辞（2014年9月2日）

国务院副总理马凯在亚太经合组织第21次中小企业部长会议开幕式上的致辞（2014年9月5日）

国家主席习近平在塔吉克斯坦媒体发表署名文章《让中塔友好像雄鹰展翅》（2014年9月10日）

国家主席习近平在上海合作组织成员国元首理事会第14次会议上的讲话（2014年9月12日）

国家主席习近平在马尔代夫媒体发表署名文章《真诚的朋友，发展的伙伴》（2014年9月14日）

国家主席习近平在斯里兰卡媒体发表署名文章《同舟共济的逐梦伙伴》（2014年9月16日）

国务院副总理张高丽在第11届中国—东盟博览会和中国—东盟商务与投资峰会上的致辞（2014年9月16日）

国家主席习近平在印度媒体发表署名文章《携手共创繁荣振兴的亚洲世纪》（2014年9月17日）

国家主席习近平在印度世界事务委员会的演讲（2014年9月18日）

全国人大常委会委员长张德江在中俄建交65周年暨中俄友协成立65周年招待会上的致辞（2014年9月23日）

国务院副总理张高丽在联合国气候峰会全会上的讲话（2014年9月23日）

外交部长王毅在联合国安理会反恐峰会上的发言（2014年9月24日）

外交部长王毅在联合国埃博拉疫情防控高级别会议上的发言（2014年9月25日）

外交部长王毅在联合国维和行动问题高级别会议上的发言（2014年9月26日）

外交部长王毅在第69届联合国大会一般性辩论上的发言（2014年9月27日）

国务院总理李克强在德国《世界报》发表署名文章《让开放创新引领中德合作》（2014年10月8日）

国务院总理李克强在第七届中德经济技术合作论坛上的演讲（2014年10月10日）

国务院总理李克强在俄罗斯《俄罗斯报》发表署名文章《让中俄友好合作之路越走越宽》（2014年10月10日）

国务院总理李克强在中欧论坛汉堡峰会第六届会议上的主旨演讲（2014年10月11日）

国务院总理李克强接受俄罗斯全俄电视广播公司专访（2014年10月12日）

国务院总理李克强在第三届莫斯科国际创新发展论坛上的演讲（2014年10月14日）

国务院总理李克强在联合国粮农组织的演讲（2014年10月15日）

国务院总理李克强在第十届亚欧首脑会议第一次全会上的发言（2014年10月16日）

外交部长王毅在第十届“蓝厅论坛”发表主旨演讲《北京APEC：中国准备好了！》（2014年10月29日）

国务院总理李克强在阿富汗问题伊斯坦布尔进程第四次外长会开幕式上的讲话（2014年10月31日）

外交部长王毅在亚太经合组织第26届部长级会议上的开幕辞（2014年11月7日）

国家主席习近平在“加强互联互通伙伴关系”东道主伙伴对话会上的讲话（2014年11月8日）

国家主席习近平在亚太经合组织工商领导人峰会开幕式上的演讲（2014年11月9日）

国家主席习近平在亚太经合组织第22次领导人非正式会议欢迎宴会上的致辞（2014年11月10日）

国家主席习近平在亚太经合组织第22次领导人非正式会议上的开幕辞（2014年11月11日）

国家主席习近平在亚太经合组织第22次领导人非正式会议上的闭幕辞（2014年11月11日）

国务院总理李克强在第九届东亚峰会上的发言（2014年11月13日）

国务院总理李克强在第17次中国—东盟（10+1）领导人会议上的讲话（2014年11月13日）

国务院总理李克强在第17次东盟与中日韩（10+3）领导人会议上的讲话（2014年11月13日）

国家主席习近平在澳大利亚媒体发表署名文章《开创中澳关系更加精彩新篇章》（2014年11月14日）

国家主席习近平在二十国集团领导人第九次峰会第一阶段会议上的发言（2014年11月15日）

国家主席习近平在澳大利亚联邦议会的演讲（2014年11月17日）

国家主席习近平在新西兰媒体发表署名文章《共同描绘中新关系更加美好的未来》（2014年11月19日）

国务院副总理马凯在首届世界互联网大会开幕式上的致辞（2014年11月19日）

国家主席习近平在斐济媒体发表署名文章《永远做太平洋岛国人民的真诚朋友》（2014年11月21日）

国务院副总理汪洋在中国—斯洛文尼亚经贸论坛上的演讲（2014年11

月21日）

国务院总理李克强在《哈萨克斯坦真理报》发表署名文章《让中哈合作驰骋在希望的田野上》（2014年12月13日）

国务院总理李克强在上海合作组织成员国政府首脑理事会第13次会议上的讲话（2014年12月15日）

国务院总理李克强在第三次中国—中东欧国家领导人会晤时的讲话（2014年12月16日）

国务院总理李克强在大湄公河次区域经济合作第五次领导人会议上的讲话（2014年12月20日）

声明、宣言和公报

中华人民共和国和保加利亚共和国建立全面友好合作伙伴关系的联合公报（2014年1月13日）

中华人民共和国和海湾阿拉伯国家合作委员会第三轮战略对话新闻公报（2014年1月17日）

中华人民共和国政府和匈牙利政府关于在新形势下深化双边合作的联合声明（2014年2月13日）

中美气候变化联合声明（2014年2月15日）

中华人民共和国和巴基斯坦伊斯兰共和国关于深化中巴战略与经济合作的联合声明（2014年2月19日）

中华人民共和国和阿尔及利亚民主人民共和国关于建立全面战略伙伴关系的联合公报（2014年2月24日）

中华人民共和国和沙特阿拉伯王国联合公报（2014年3月16日）

中华人民共和国和荷兰王国关于建立开放务实的全面合作伙伴关系的联合声明（2014年3月23日）

中华人民共和国和法兰西共和国联合声明——开创紧密持久的中法全面战略伙伴关系新时代（2014年3月26日）

中华人民共和国和德意志联邦共和国关于建立中德全方位战略伙伴关系的联合声明（2014年3月28日）

关于深化互利共赢的中欧全面战略伙伴关系的联合声明（2014年3月31日）

中华人民共和国和比利时王国关于深化全方位友好合作伙伴关系的联合声明（2014年3月31日）

中华人民共和国和老挝人民民主共和国联合新闻公报（2014年4月

11日）

中华人民共和国和东帝汶民主共和国关于建立睦邻友好、互信互利的全面合作伙伴关系联合声明（2014年4月14日）

中捷外交部新闻公报（2014年4月29日）

关于全面深化中国非盟友好合作的联合声明（2014年5月5日）

中华人民共和国和埃塞俄比亚联邦民主共和国联合声明（2014年5月6日）

中华人民共和国和尼日利亚联邦共和国联合声明（2014年5月8日）

中华人民共和国政府和肯尼亚共和国政府联合声明（2014年5月11日）

中华人民共和国和土库曼斯坦关于发展和深化战略伙伴关系的联合宣言（2014年5月12日）

中华人民共和国和吉尔吉斯共和国关于进一步深化战略伙伴关系的联合宣言（2014年5月18日）

中华人民共和国和哈萨克斯坦共和国联合宣言（2014年5月19日）

中俄关于全面战略协作伙伴关系新阶段的联合声明（2014年5月20日）

亚洲相互协作与信任措施会议第四次峰会上海宣言（2014年5月21日）

中华人民共和国和马来西亚建立外交关系40周年联合公报（2014年5月31日）

中国—阿拉伯国家合作论坛第六届部长级会议北京宣言（2014年6月5日）

中华人民共和国与孟加拉人民共和国关于深化更加紧密的全面合作伙伴关系的联合声明（2014年6月10日）

中华人民共和国政府和大不列颠及北爱尔兰联合王国政府联合声明（2014年6月17日）

中英气候变化联合声明（2014年6月17日）

中华人民共和国和希腊共和国关于深化全面战略伙伴关系的联合声明（2014年6月20日）

中华人民共和国和大韩民国联合声明（2014年7月3日）

中华人民共和国和大韩民国联合声明和声明附件（2014年7月3日）

金砖国家领导人第六次会晤福塔莱萨宣言（2014年7月15日）

中国—拉美和加勒比国家领导人巴西利亚会晤联合声明（2014年7月17日）

中国和巴西关于进一步深化中巴全面战略伙伴关系的联合声明（2014年7月17日）

中华人民共和国和阿根廷共和国关于建立全面战略伙伴关系的联合声

明（2014年7月18日）

中华人民共和国和委内瑞拉玻利瓦尔共和国关于建立全面战略伙伴关系的联合声明（2014年7月21日）

中华人民共和国和乌兹别克斯坦共和国联合宣言（2014年8月19日）

中华人民共和国和蒙古关于建立和发展全面战略伙伴关系的联合宣言（2014年8月21日）

上海合作组织成员国元首理事会会议新闻公报（2014年9月12日）

上海合作组织成员国元首杜尚别宣言（2014年9月12日）

中华人民共和国和塔吉克斯坦共和国关于进一步发展和深化战略伙伴关系的联合宣言（2014年9月13日）

中华人民共和国和马尔代夫共和国联合新闻公报（2014年9月15日）

中华人民共和国和印度共和国关于构建更加紧密的发展伙伴关系的联合声明（2014年9月19日）

中俄总理第19次定期会晤联合公报（2014年10月13日）

中华人民共和国政府和意大利共和国政府联合声明（2014年10月14日）

中华人民共和国与阿富汗伊斯兰共和国关于深化战略合作伙伴关系的联合声明（2014年10月29日）

中华人民共和国和卡塔尔国关于建立战略伙伴关系的联合声明（2014年11月3日）

加强互联互通伙伴关系对话会联合新闻公报（2014年11月8日）

亚太经合组织第22次领导人非正式会议宣言（2014年11月11日）

亚太经合组织成立25周年声明（2014年11月11日）

中美气候变化联合声明（2014年11月12日）

中华人民共和国与缅甸联邦共和国关于深化两国全面战略合作的联合声明（2014年11月14日）

金砖国家领导人布里斯班非正式会晤新闻稿（2014年11月15日）

二十国集团领导人布里斯班峰会公报（2014年11月16日）

中华人民共和国和新西兰关于建立全面战略伙伴关系的联合声明（2014年11月20日）

中哈总理第二次定期会晤联合公报（2014年12月14日）

上海合作组织成员国政府首脑（总理）理事会第13次会议联合公报（2014年12月15日）

中华人民共和国政府与泰王国政府联合新闻公报（2014年12月23日）

其　他

中法关系中长期规划（2014年3月26日）

深化互利共赢的中欧全面战略伙伴关系——中国对欧盟政策文件（2014年4月2日）

中国和非洲联盟加强中非减贫合作纲要（2014年5月5日）

中国—阿拉伯国家合作论坛2014—2016年行动执行计划（2014年6月5日）

中国—阿拉伯国家合作论坛2014—2024年发展规划（2014年6月5日）

"981"钻井平台作业：越南的挑衅和中国的立场（2014年6月8日）

中意（大利）关于加强经济合作的三年行动计划（2014—2016年）（2014年6月12日）

第六轮中美战略与经济对话框架下战略对话具体成果清单（2014年7月10日）

中华人民共和国和乌兹别克斯坦共和国战略伙伴关系发展规划（2014—2018年）（2014年8月19日）

第69届联合国大会中方立场文件（2014年9月5日）

中华人民共和国和塔吉克斯坦共和国2015—2020年合作纲要（2014年9月13日）

中华人民共和国政府与墨西哥合众国政府两国常设委员会第六次会议纪要（2014年9月29日）

中德（国）合作行动纲要（2014年10月10日）

中加（拿大）联合成果清单（2014年11月9日）

北京纲领：构建融合、创新、互联的亚太（2014年11月11日）

中美元首北京会晤主要共识和成果（2014年11月12日）

中华人民共和国和墨西哥合众国关于推进全面战略伙伴关系的行动纲要（2014年11月13日）

国家主席习近平访问新西兰成果清单（2014年11月20日）

中华人民共和国和南非共和国5—10年合作战略规划2015—2024（2014年12月4日）

中华人民共和国政府关于菲律宾共和国所提南海仲裁案管辖权问题的立场文件（2014年12月7日）

中国—中东欧国家合作贝尔格莱德纲要（2014年12月16日）

附录三

（一）2014年中华人民共和国外交部组织机构表

办　公　厅
政策规划司
亚　洲　司
西亚北非司
非　洲　司
欧　亚　司
欧　洲　司
北美大洋洲司
拉丁美洲和加勒比司
国　际　司
国际经济司
军　控　司
条约法律司

边界与海洋事务司
新　闻　司
礼　宾　司
领　事　司（领事保护中心）
香港澳门台湾事务司
翻　译　室
外事管理司
涉外安全事务司
干　部　司
离退休干部局
行　政　司
财　务　司
一　　　局
部　纪　委
机关党委（国外工作局）
档　案　馆
外交部机关及驻外机构服务中心

（二）中华人民共和国外交部领导成员名单

（截至2015年1月）

王　毅	外交部长
张业遂	外交部副部长
李保东	外交部副部长
王　超	外交部副部长
程国平	外交部副部长
谢杭生	外交部领导成员
刘振民	外交部副部长
张　明	外交部副部长
郑泽光	外交部部长助理
刘建超	外交部部长助理
钱洪山	外交部部长助理

（三）同中国建交的国家、建交日期和2014年中国驻外使节一览表

（以建交先后为序）

序号	国名	建交日期	中国在任使节
1	俄罗斯联邦[1]	1949年10月3日	李辉
2	保加利亚共和国	1949年10月4日	魏敬华
3	罗马尼亚	1949年10月5日	霍玉珍（女）
4	匈牙利	1949年10月6日	肖千
5	朝鲜民主主义人民共和国	1949年10月6日	刘洪才
6	捷克共和国[2]	1949年10月6日	于庆泰 马克卿（女） （2月以后）
7	斯洛伐克共和国	1949年10月6日	潘伟芳
8	波兰共和国	1949年10月7日	徐坚
9	蒙古	1949年10月16日	王小龙
10	阿尔巴尼亚共和国	1949年11月23日	叶皓
11	越南社会主义共和国	1950年1月18日	孔铉佑 洪小勇 （5月以后）
12	印度共和国	1950年4月1日	魏苇 乐玉成 （9月以后）
13	印度尼西亚共和国	1950年4月13日	刘建超 谢锋 （6月以后）
14	瑞典王国	1950年5月9日	陈育明
15	丹麦王国	1950年5月11日	刘碧伟
16	缅甸联邦共和国	1950年6月8日	杨厚兰
17	瑞士联邦	1950年9月14日	许镜湖（女）
18	列支敦士登公国[3]	1950年9月14日	毛静秋（女）（兼）

续表

序号	国名	建交日期	中国在任使节
19	芬兰共和国	1950年10月28日	黄兴 于庆泰 （2月以后）
20	巴基斯坦伊斯兰共和国	1951年5月21日	孙卫东
21	挪威王国	1954年10月5日	赵军
22	塞尔维亚共和国[④]	1955年1月2日	张万学 李满长 （7月以后）
23	阿富汗伊斯兰共和国	1955年1月20日	邓锡军
24	尼泊尔	1955年8月1日	吴春太
25	阿拉伯埃及共和国	1956年5月30日	宋爱国
26	阿拉伯叙利亚共和国	1956年8月1日	张迅 王克俭 （4月以后）
27	也门共和国	1956年9月24日	常华 田琦 （12月以后）
28	斯里兰卡民主社会主义共和国	1957年2月7日	吴江浩
29	柬埔寨王国	1958年7月19日	布建国（女）
30	伊拉克共和国	1958年8月25日	王勇
31	摩洛哥王国	1958年11月1日	孙树忠
32	阿尔及利亚民主人民共和国	1958年12月20日	刘玉和 杨广玉 （6月以后）
33	苏丹共和国	1959年2月4日	罗小光 李连和 （11月以后）
34	几内亚共和国	1959年10月4日	卞建强
35	加纳共和国	1960年7月5日	龚建忠 孙保红（女） （3月以后）
36	古巴共和国	1960年9月28日	张拓
37	马里共和国	1960年10月25日	曹忠明 陆慧英（女） （12月以后）

续表

序号	国名	建交日期	中国在任使节
38	索马里联邦共和国[5]	1960年12月14日	韦宏添 （10月以后）
39	刚果民主共和国	1961年2月20日	王英武 王同庆 （12月以后）
40	老挝人民民主共和国	1961年4月25日	关华兵
41	乌干达共和国	1962年10月18日	赵亚力
42	肯尼亚共和国	1963年12月14日	刘显法
43	布隆迪共和国	1963年12月21日	郁序忠
44	突尼斯共和国	1964年1月10日	边燕花（女）
45	法兰西共和国	1964年1月27日	翟隽
46	刚果共和国	1964年2月22日	关键
47	坦桑尼亚联合共和国	1964年4月26日	吕友清
48	中非共和国	1964年9月29日	孙海潮 马福林 （12月以后）
49	赞比亚共和国	1964年10月29日	周欲晓 杨优明 （7月以后）
50	贝宁共和国	1964年11月12日	陶卫光 刁鸣生 （12月以后）
51	毛里塔尼亚伊斯兰共和国	1965年7月19日	陈公来 武东 （6月以后）
52	加拿大	1970年10月13日	章均赛 罗照辉 （5月以后）
53	赤道几内亚共和国	1970年10月15日	赵宏声
54	意大利共和国	1970年11月6日	李瑞宇
55	埃塞俄比亚联邦民主共和国	1970年11月24日	解晓岩
56	智利共和国	1970年12月15日	杨万明 李宝荣 （9月以后）

续表

序号	国名	建交日期	中国在任使节
57	尼日利亚联邦共和国	1971年2月10日	邓波清 顾小杰 （3月以后）
58	科威特国	1971年3月22日	崔建春
59	喀麦隆共和国	1971年3月26日	沃瑞棣
60	圣马力诺共和国[⑥]	1971年5月6日	李瑞宇（兼）
61	奥地利共和国	1971年5月28日	赵彬
62	塞拉利昂共和国	1971年7月29日	赵彦博
63	土耳其共和国	1971年8月4日	宫小生 郁红阳 （7月以后）
64	伊朗伊斯兰共和国	1971年8月16日	郁红阳 庞森（5月以后）
65	比利时王国	1971年10月25日	廖力强 曲星 （12月以后）
66	秘鲁共和国	1971年11月2日	黄敏慧（女）
67	黎巴嫩共和国	1971年11月9日	姜江
68	卢旺达共和国	1971年11月12日	沈永祥
69	塞内加尔共和国	1971年12月7日	夏煌
70	冰岛共和国	1971年12月8日	张卫东 （9月以后）
71	塞浦路斯共和国	1971年12月14日	刘昕生
72	马耳他共和国	1972年1月31日	蔡金彪
73	墨西哥合众国	1972年2月14日	邱小琪
74	阿根廷共和国	1972年2月19日	殷恒民 杨万明 （9月以后）
75	大不列颠及北爱尔兰联合王国	1972年3月13日	刘晓明
76	毛里求斯共和国	1972年4月15日	李立
77	荷兰王国	1972年5月18日	陈旭
78	希腊共和国	1972年6月5日	邹肖力
79	圭亚那共和国	1972年6月27日	张利民
80	多哥共和国	1972年9月19日	刘豫锡
81	日本国	1972年9月29日	程永华
82	德意志联邦共和国	1972年10月11日	史明德

续表

序号	国名	建交日期	中国在任使节
83	马尔代夫共和国[⑦]	1972年10月14日	王福康
84	马达加斯加共和国	1972年11月6日	杨民
85	卢森堡大公国	1972年11月16日	曾宪柒
86	牙买加	1972年11月21日	董晓军
87	乍得共和国	1972年11月28日	胡志强
88	澳大利亚联邦	1972年12月21日	马朝旭
89	新西兰	1972年12月22日	王鲁彤
90	西班牙王国	1973年3月9日	朱邦造 吕凡 （12月以后）
91	几内亚比绍共和国	1974年3月15日	王华
92	加蓬共和国	1974年4月20日	孙继文
93	马来西亚	1974年5月31日	黄惠康
94	特立尼达和多巴哥共和国	1974年6月20日	黄星原
95	委内瑞拉玻利瓦尔共和国	1974年6月28日	赵荣宪
96	尼日尔共和国	1974年7月20日	石虎
97	巴西联邦共和国	1974年8月15日	李金章
98	博茨瓦纳共和国	1975年1月6日	郑竹强
99	菲律宾共和国	1975年6月9日	马克卿（女） 赵鉴华 （2月以后）
100	莫桑比克共和国	1975年6月25日	李春华
101	泰王国	1975年7月1日	宁赋魁
102	孟加拉人民共和国	1975年10月4日	李军
103	斐济共和国	1975年11月5日	黄勇
104	萨摩亚独立国	1975年11月6日	李燕端（女）
105	科摩罗联盟	1975年11月13日	王乐友 肖明 （6月以后）
106	佛得角共和国	1976年4月25日	苏健
107	苏里南共和国	1976年5月28日	杨子刚
108	塞舌尔共和国	1976年6月30日	史忠俊 殷立贤（女） （10月以后）

续表

序号	国名	建交日期	中国在任使节
109	巴布亚新几内亚独立国	1976年10月12日	仇伯华 李瑞佑 （3月以后）
110	利比里亚共和国	1977年2月17日	张越
111	约旦哈希姆王国	1977年4月7日	高育生
112	巴巴多斯	1977年5月30日	王克（女）
113	阿曼苏丹国	1978年5月25日	吴久洪 于福龙 （10月以后）
114	利比亚国	1978年8月9日	李志国
115	美利坚合众国	1979年1月1日	崔天凯
116	吉布提共和国	1979年1月8日	符华强
117	葡萄牙共和国	1979年2月8日	黄松甫
118	爱尔兰共和国	1979年6月22日	罗林泉 徐建国 （3月以后）
119	厄瓜多尔共和国	1980年1月2日	王士雄
120	哥伦比亚共和国	1980年2月7日	汪晓源
121	津巴布韦共和国	1980年4月18日	林琳
122	瓦努阿图共和国	1982年3月26日	谢波华
123	安提瓜和巴布达	1983年1月1日	任共平
124	安哥拉共和国	1983年1月12日	高克祥
125	科特迪瓦共和国	1983年3月2日	张国庆
126	莱索托王国	1983年4月30日	胡定贤
127	阿拉伯联合酋长国	1984年11月1日	黄杰民 常华 （12月以后）
128	多民族玻利维亚国[⑧]	1985年7月9日	李东 吴元山 （12月以后）
129	格林纳达	1985年10月1日	欧渤芊（女）
130	乌拉圭东岸共和国	1988年2月3日	严邦华
131	卡塔尔国	1988年7月9日	高有祯
132	巴勒斯坦国[⑨]	1988年11月20日	刘爱忠
133	巴林王国	1989年4月18日	李琛
134	密克罗尼西亚联邦	1989年9月11日	张连云

续表

序号	国名	建交日期	中国在任使节
135	纳米比亚共和国	1990年3月22日	忻顺康
136	沙特阿拉伯王国	1990年7月21日	李成文
137	新加坡共和国	1990年10月3日	段洁龙
138	爱沙尼亚共和国	1991年9月11日	曲喆
139	拉脱维亚共和国	1991年9月12日	杨国强
140	立陶宛共和国	1991年9月14日	刘增文
141	文莱达鲁萨兰国	1991年9月30日	郑祥林
142	乌兹别克斯坦共和国	1992年1月2日	张霄 孙立杰 （2月以后）
143	哈萨克斯坦共和国	1992年1月3日	乐玉成 张汉晖 （11月以后）
144	乌克兰	1992年1月4日	张喜云
145	塔吉克斯坦共和国	1992年1月4日	范先荣
146	吉尔吉斯共和国	1992年1月5日	齐大愚
147	土库曼斯坦	1992年1月6日	肖清华
148	白俄罗斯共和国	1992年1月20日	崔启明
149	以色列国	1992年1月24日	高燕平（女）
150	摩尔多瓦共和国	1992年1月30日	佟明涛
151	阿塞拜疆共和国	1992年4月2日	宏九印
152	亚美尼亚共和国	1992年4月6日	田长春 田二龙 （11月以后）
153	斯洛文尼亚共和国	1992年5月12日	张宪一
154	克罗地亚共和国	1992年5月13日	邓英（女）
155	格鲁吉亚	1992年6月9日	岳斌
156	大韩民国	1992年8月24日	张鑫森 邱国洪 （2月以后）
157	厄立特里亚国	1993年5月24日	牛强 邱学军 （12月以后）
158	马其顿共和国	1993年10月12日	崔志伟 温振顺 （5月以后）

续表

序号	国名	建交日期	中国在任使节
159	安道尔公国[10]	1994年6月29日	朱邦造(兼) 吕凡（兼） （12月以后）
160	摩纳哥公国[11]	1995年1月16日	翟隽（兼）
161	波斯尼亚和黑塞哥维那	1995年4月3日	董春风
162	巴哈马国	1997年5月23日	苑桂森
163	库克群岛[12]	1997年7月25日	王鲁彤（兼）
164	南非共和国	1998年1月1日	田学军
165	汤加王国	1998年11月2日	黄华光
166	东帝汶民主共和国	2002年5月20日	田广凤
167	多米尼克国	2004年3月23日	李江宁
168	黑山[13]	2006年7月6日	智昭林 崔志伟 （6月以后）
169	哥斯达黎加共和国	2007年6月1日	宋彦斌
170	纽埃[14]	2007年12月12日	王鲁彤（兼）
171	马拉维共和国	2007年12月28日	潘和钧 张清洋 （7月以后）
172	南苏丹共和国	2011年7月9日	马强

注：

① 1949年10月3日系中国与前苏联建交日。1991年12月27日，国务委员兼外交部长钱其琛致电俄罗斯外交部长，宣布中国承认俄罗斯联邦政府并决定中国驻前苏联大使改任驻俄罗斯大使。

② 1949年10月6日系中国与原捷克斯洛伐克建交日。1992年12月31日捷斯联邦解体，1993年1月1日捷克共和国和斯洛伐克共和国成为独立主权国家，中国政府分别予以承认并与两国建立大使级外交关系。

③ 中国驻苏黎世总领事兼任驻列支敦士登公国总领事。

④ 1955年1月2日系中国与前南斯拉夫社会主义联邦共和国建交日。2003年2月4日，南斯拉夫联盟共和国将国名改为塞尔维亚和黑山。2006年6月3日，黑山共和国独立，塞尔维亚共和国继承塞黑国际法主体地位。6月14日，中国外交部照会塞外交部，宣布中国驻塞尔维亚和黑山特命全权大使转任驻塞尔维亚共和国特命全权大使，驻塞黑使馆同时更名。

⑤ 由于索马里国内原因，中国驻索马里外交人员曾于1991年撤离。2014年10

月，中国驻索马里使馆复馆。

⑥ 中国驻意大利大使兼任驻圣马力诺大使。

⑦ 中国于2011年11月在马尔代夫共和国设立大使馆。中国驻斯里兰卡大使不再兼任驻马尔代夫大使。

⑧ 2009年3月，玻利维亚共和国将国名改为多民族玻利维亚国。

⑨ 1995年12月，中国在加沙设立驻巴勒斯坦民族权力机构办事处，2004年5月迁至拉马拉，2013年10月更名为驻巴勒斯坦国办事处。2008年6月，中国驻突尼斯大使不再兼任驻巴勒斯坦国大使，由驻巴办主任（大使衔）全权负责同巴勒斯坦交往事宜。

⑩ 中国驻西班牙大使兼任驻安道尔公国大使。

⑪ 中国同摩纳哥公国自1995年1月16日起建立领事关系，中国驻马赛总领事兼任驻摩纳哥总领事。2006年2月升格为大使级外交关系，中国驻法国大使兼任驻摩纳哥大使。

⑫ 中国驻新西兰大使兼任驻库克群岛大使。

⑬ 2007年10月19日，黑山共和国将国名改为黑山。

⑭ 中国驻新西兰大使兼任驻纽埃大使。

（四）中华人民共和国常驻联合国、驻其他国际组织代表团（处）名称、驻地和2014年常驻代表（团长）一览表

名称	驻地	常驻代表
中华人民共和国常驻联合国代表团	纽约	刘结一大使
中华人民共和国常驻联合国日内瓦办事处和瑞士其他国际组织代表团	日内瓦	吴海龙大使
中华人民共和国常驻联合国维也纳办事处和其他国际组织代表团	维也纳	成竞业大使
中华人民共和国驻欧盟使团	布鲁塞尔	杨燕怡大使（女）
中华人民共和国常驻美洲国家组织观察员办事处①	华盛顿	崔天凯大使（兼）
中华人民共和国常驻禁止化学武器组织代表团②	海牙	陈旭大使（兼）
中华人民共和国常驻联合国环境规划署代表处③	内罗毕	刘显法大使（兼）
中华人民共和国常驻联合国人居署代表处④	内罗毕	刘显法大使（兼）
中华人民共和国常驻国际海底管理局代表处⑤	金斯敦	董晓军大使（兼）
中华人民共和国常驻世界贸易组织代表团	日内瓦	俞建华大使
中华人民共和国常驻联合国教育、科学及文化组织代表团	巴黎	尤少忠大使
中华人民共和国常驻联合国粮农机构代表处	罗马	夏敬源（代表）
中华人民共和国常驻国际民用航空组织代表处	蒙特利尔	马涛（代表）
中华人民共和国常驻联合国亚洲及太平洋经济社会委员会代表处	曼谷	黎弘（代表）
中华人民共和国驻东盟使团	雅加达	杨秀萍大使（女）

注：

① 中国驻美国大使兼任中国常驻美洲国家组织观察员。

② 中国驻荷兰大使兼任中国常驻禁止化学武器组织代表。

③ 中国驻肯尼亚大使兼任中国常驻联合国环境规划署代表。

④ 中国驻肯尼亚大使兼任中国常驻联合国人居署代表。

⑤ 中国驻牙买加大使兼任中国常驻国际海底管理局代表。

（五）中国与外国互设领事机构一览表

（按国名英文字母顺序排列）

1. 中国在外国设立领事机构一览表

（1）总领事馆

序号	国名	驻地	协议日期	开馆日期	领区	2014年在任馆长
1	澳大利亚	悉尼	1978.9.18	1979.3.19	新南威尔士州	李华新
2	澳大利亚	墨尔本	1986.6.23	1986.9.11	维多利亚州、塔斯马尼亚州	宋昱旻
3	澳大利亚	珀斯	1994.4.15	1994.10.18	西澳大利亚州	黄亲国
4	澳大利亚	布里斯班	2006.9.22	2007.3.24	昆士兰州	赵永琛
5	奥地利	萨尔茨堡	1994.6.24	未开馆	萨尔茨堡、克恩顿州、蒂罗尔州、弗拉尔贝格州	无
6	比利时	安特卫普	1985.6.3	未开馆	安特卫普省、东佛兰德省、西佛兰德省	无
7	玻利维亚	圣克鲁斯	2013.12.23（升格）	1992.5.6	圣克鲁斯省	王仁明
8	巴西	圣保罗	1984.8.15	1985.11.4	圣保罗州、巴拉那州、圣卡塔林纳州、南里约格郎德州	陈曦
9	巴西	里约热内卢	1991.8.5	1992.6.15	里约热内卢州、米纳斯吉拉斯州、圣埃斯皮里托州、巴伊亚州	宋扬
10	巴西	累西腓	2013.11.27	未开馆	伯南布哥州、帕拉伊巴州、北里奥格朗德州、塞阿拉州、皮奥伊州、马拉尼昂州、阿拉戈斯州、塞尔希培州	王西安
11	加拿大	温哥华	1973.10.24	1974.11.17	不列颠哥伦比亚省、育空地区	刘菲

续表

序号	国名	驻地	协议日期	开馆日期	领区	2014年在任馆长
12	加拿大	多伦多	1980.8.25	1984.12.20	安大略省、曼尼托巴省	房利
13	加拿大	卡尔加里	1997.11.28	1998.10.2	阿尔伯塔省、萨斯喀彻温省、西北地区	王新平
14	加拿大	蒙特利尔	2010.3.22	2011.6.22	魁北克省、新不伦瑞克省	赵江平
15	智利	伊基克	1985.4.29	1997.12.30 2011.5.25（复馆）	第一大区、第二大区、第十五大区	李娇云
16	朝鲜	清津	1986.9.15	1987.7.1	咸境北道、咸境南道、两江道、罗先特别市	李杰
17	厄瓜多尔	瓜亚基尔	1984.5.17	1984.9.10	瓜亚斯省、马纳维省、洛斯里奥斯省、埃尔奥罗省	雷同立
18	埃及	亚历山大	1967.7.4	1968.2.5	塞得港省、亚历山大省、伊斯梅利亚省、苏伊士省	陈小明
19	赤道几内亚	巴塔	2013.5.13	2014.6.27	海岸省、中南省、基埃—恩特姆省及维勒—恩萨斯省	顾稼丰
20	法国	马赛	1980.10.17	1985.12.19	阿列日省、阿韦龙省、塔恩—加龙省、热尔省、洛特省、上比利牛斯省、塔恩省、上加龙省、奥德省、洛泽尔省、东比利牛斯省、上普罗旺斯阿尔卑斯省、沃克吕兹省、滨海阿尔卑斯省、上阿尔卑斯省、上科西嘉省、南科西嘉省、罗讷河口省、加尔省、埃罗省、瓦尔省	余劲松
21	法国	斯特拉斯堡	1997.3.21	1998.4.28	阿尔萨斯、洛林、弗朗斯贡地、香槟阿登四个大区的14个省	张国斌

续表

序号	国名	驻地	协议日期	开馆日期	领区	2014年在任馆长
22	法国	里昂	2006.9.13	2009.12.2	罗讷省、安省、阿尔代什省、德龙省、伊泽尔省、卢瓦尔省、上萨瓦省、萨瓦省、多姆山省、阿列省、康塔尔省、上卢瓦尔省	殷立贤
23	法国	圣但尼	2007.6.25	2010.2.6	留尼汪省	张国保
24	德国	汉堡	1979.10.24	1984.5.14	汉堡州、不来梅州、下萨克森州、石勒苏益格—荷尔斯泰因州	杨惠群
25	德国	慕尼黑	1995.7.13	1997.6.7	巴伐利亚州	朱万金
26	德国	法兰克福	2003.12.1	2005.6.23	黑森州、巴登—符腾堡州、莱茵兰—普法耳茨州、萨尔州	梁建全
27	德国	杜塞尔多夫	2014.3.28	未开馆	北莱茵—威斯特法伦州	冯海阳
28	印度	孟买	1991.12.13	1992.12.8	孟买市、马哈拉斯特拉邦、卡纳塔克邦	郑曦原
29	印度	加尔各答	2006.11.21	2008.9.7	西孟加拉邦、奥里萨邦、查提斯加尔邦、贾坎德邦、比哈尔邦	王雪峰
30	印度尼西亚	泗水	2005.2.28	2006.11.9	东爪哇省、中爪哇省、日惹特区、北马鲁古省、马鲁古省	于红
31	印度尼西亚	棉兰	2009.11.30	2011.9.8	北苏门答腊省、南苏门答腊省、西苏门答腊省、占碑省、朋古鲁省、廖内省、廖内群岛、邦加和勿里洞省、楠榜省及亚齐特区	朱洪海
32	印度尼西亚	登巴萨	2013.9.27	2014.12.8	巴厘省、西努沙登加拉省、东努沙登加拉省	胡银全
33	伊拉克	埃尔比勒	2014.5.4	2014.12.30	埃尔比勒省、苏莱曼尼亚省和代胡克省	谭邦林

续表

序号	国名	驻地	协议日期	开馆日期	领区	2014年在任馆长
34	意大利	米兰	1979.11.6	1985.6.11	伦巴第大区、艾米利亚—罗马涅大区、皮埃蒙特大区、威尼托大区	廖菊华
35	意大利	佛罗伦萨	1997.11.3	1998.6.1	托斯卡纳大区、翁布里亚大区、马尔盖大区、利古里亚大区	王辅国
36	日本	大阪	1975.8.15	1976.3.8	大阪府、京都府、兵库县、奈良县、和歌山县、滋贺县、三重县、爱媛县、香川县、高知县、德岛县、岛根县、鸟取县、广岛县、冈山县	刘毅仁
37	日本	札幌	1980.2.1	1980.9.10	北海道、青森县、秋田县、岩手县	滕安军
38	日本	福冈	1984.12.26	1985.5.4	福冈县、佐贺县、大分县、熊本县、鹿儿岛县、宫崎县、冲绳县、山口县	李天然
39	日本	长崎	1984.12.26	1985.5.4	长崎县	邓伟
40	日本	名古屋	2005.9.26	2007.7.17	爱知县、三重县、岐阜县、福井县、石川县、富山县	葛广彪
41	日本	新潟	2009.6.25	2010.6.24	新潟县、山形县、福岛县、宫城县	何平
42	哈萨克斯坦	阿拉木图	2007.8.18	2008.12.23	阿拉木图市、南哈萨克斯坦州、江布尔州、东哈萨克斯坦州、阿拉木图州	杜德文
43	吉尔吉斯斯坦	奥什	2011.9.14	2013.5.3	巴特肯州、贾拉拉巴德州、奥什州、奥什市	吴颖钦
44	老挝	沙湾拿吉	1991.12.25	未开馆	沙湾拿吉、沙拉湾、占巴塞、色贡、阿速坡、甘蒙	无

续表

序号	国名	驻地	协议日期	开馆日期	领区	2014年在任馆长
45	老挝	琅勃拉邦	2012.8.14	2013.12.25	琅勃拉邦省、丰沙里省、乌多姆塞省、琅南塔省、波乔省、华潘省	李可武
46	列支敦士登	瓦杜兹	1950.9.14	1988.9.15	全国	毛静秋（兼）
47	马来西亚	古晋	1993.10.18	1994.8.3	沙捞越州	刘全
48	马来西亚	哥打基纳巴卢	2014.5.29	未开馆	沙巴州和纳闽联邦辖区	陈佩洁
49	马来西亚	槟城	2014.5.29	未开馆	槟榔屿州、玻璃市州、霹雳州和吉打州	吴骏
50	墨西哥	蒂华纳	1984.10.10	1985.8.15	北下加利福尼亚州、南下加利福尼亚州、奇瓦瓦州、索诺拉州	王坚
51	蒙古	扎门乌德	2012.12.27	2014.7.3	东戈壁省、南戈壁省、中戈壁省、苏赫巴托省赫和东方省	李向阳
52	缅甸	曼德勒	1993.8.19	1994.8.22	曼德勒省、克钦邦、掸邦	王愚
53	荷兰	威廉斯塔德	2013.6.11	2014.9.25	由库拉索、阿鲁巴、圣马丁、圣俄斯塔休斯、博纳尔、萨巴组成的荷兰王国加勒比地区	陈绮曼
54	新西兰	奥克兰	1991.5.9	1992.6.15	奥克兰区、怀卡托区、北部区	牛清报
55	新西兰	克赖斯特彻奇	2010.6.14	2011.12.2	坎特伯雷、莫尔伯勒、尼尔森、奥塔戈、塔斯曼、西岸和南部地区	金智健

续表

序号	国名	驻地	协议日期	开馆日期	领区	2014年在任馆长
56	尼日利亚	拉各斯	2003.8.27	2003.9.3	拉各斯州、奥约州、奥贡州、奥雄州、埃基提州、翁多州、科吉州、埃多州、三角州、贝耶尔萨州、阿南布拉州、依莫州、河流州、埃努古州、阿比亚州、阿夸依邦州、纳萨拉瓦州、贝努埃州、埃邦州、十字河州、塔拉巴州	刘侃
57	巴基斯坦	卡拉奇	1966.5.16	1966.8.5	卡拉奇省、信德省、俾路支省	马亚欧
58	巴基斯坦	拉合尔	2014.7.9	未开馆	除拉瓦尔品第外的旁遮普省35个县	郁伯仁
59	菲律宾	宿务	1994.12.8	1995.10.2	伊洛伊洛省、西内格罗省、保和省、宿务省、东内格罗省、锡基霍尔省、东萨马省、莱特省、北萨马省、西萨马省、南莱特省	张卫国
60	菲律宾	达沃	1996.11.26	未开馆	巴西兰省、苏禄省、塔威塔威省、北三宝颜省、南三宝颜省、北阿古桑省、南阿古桑省、布基农省、卡米昆省、西米萨米斯省、东米萨米斯省、北苏里高省、南苏里高省、北达沃省、南达沃省、东达沃省、南哥打巴托省、北哥打巴托省、北拉瑙省、南拉瑙省、马京达瑙省、苏丹库达拉省	无
61	波兰	革但斯克	1954.4.7	1958.12.1	滨海省、西滨海省、库亚瓦—滨海省、瓦尔米亚—马祖尔省	刘垣垣

续表

序号	国名	驻地	协议日期	开馆日期	领区	2014年在任馆长
62	韩国	釜山	1992.12.30	1993.9.6	釜山市、大邱市、蔚山市、庆尚南道、庆尚北道	阎凤兰
63	韩国	光州	2008.10.20	2009.6.18	光州广域市、全罗南道、全罗北道	王宪民
64	韩国	济州	2012.1.4	2012.7.14	济州特别自治道	张欣
65	罗马尼亚	康斯坦察	1978.8.21	1985.12.16	康斯坦察市、康斯坦察县、图尔恰县、加拉茨县、布勒依拉县	宿彦文
66	俄罗斯	圣彼得堡	1985.6.13	1986.12.10	圣彼得堡市、列宁格勒州、卡累利阿自治共和国、摩尔曼斯克州、普斯科夫州、阿尔汉格尔斯克州、诺夫哥罗德州	季雁池
67	俄罗斯	哈巴罗夫斯克	1990.9.25	1992.9.9	哈巴罗夫斯克边疆区、滨海边疆区、萨哈林州、阿穆尔州、犹太自治州	苏方遒
68	俄罗斯	叶卡捷琳堡	2004.10.14	2009.9.25	克拉斯诺亚尔斯克边疆区、新西伯利亚州、鄂木斯克州、斯维尔德洛夫斯克州、秋明州、车里雅宾斯克州	田永祥
69	俄罗斯	伊尔库茨克	2006.12.22	2009.12.18	伊尔库茨克州、布里亚特共和国、后贝加尔边疆区、哈卡西共和国、图瓦共和国	郭志军
70	沙特阿拉伯	吉达	1992.2.16	1993.4.25	吉达市、塔伊夫市、麦加省、麦地那省	安瓦尔
71	南非	约翰内斯堡	1997.12.30	1999.2.3	豪登省、自由州省	孙大立
72	南非	开普敦	1997.12.30	1999.2.9	西开普省、东开普省、北开普省	梁梳根
73	南非	德班	1997.12.30	1999.2.9	夸祖鲁、纳塔尔省	刁鸣生

续表

序号	国名	驻地	协议日期	开馆日期	领区	2014年在任馆长
74	西班牙	巴塞罗那	1984.11.15	1987.4.6	巴塞罗那省、赫罗那省、莱里达省、塔拉戈纳省	屈生武
75	瑞典	哥德堡	1996.7.3	1997.4.7	韦尔姆兰、斯科耐、延雪平、哈兰德、克鲁努贝里、布莱金厄、西约特兰省	张卫华
76	瑞士	苏黎世	1987.1.8	1988.9.15	苏黎世州、沙夫豪森州、图尔高州、圣加伦州、内罗登阿本策尔半州、外罗登阿本策尔半州、格劳宾登州、格拉鲁斯州、施维茨州、楚格州、阿尔高州、卢塞恩州	毛静秋
77	坦桑尼亚	桑给巴尔	1964.5.24	1999.1.11	桑给巴尔地区	谢云亮
78	泰国	清迈	1988.7.22	1991.4.10	清迈府、清莱府、夜丰颂府、南奔府、南邦府、碧瑶府、难府、帕府、程逸府、彭世洛府、素可泰府、达府	巢小良
79	泰国	宋卡	1993.8.16	1994.7.27	宋卡府、春蓬府、拉廊府、素叻他尼府、攀牙府、普吉府、甲米府、洛坤府、董里府、博他伦府、沙敦府、北大年府、也拉府、陶公府	张晋雄

续表

序号	国名	驻地	协议日期	开馆日期	领区	2014年在任馆长
80	泰国	孔敬	2012.4.17	2012.10.23	孔敬府、呵叻府、乌隆府、廊开府、那空帕侬府、沙功那空府、乌汶府、四色菊府、素林府、武里南府、穆达汉府、玛哈沙拉堪府、猜也蓬府、黎府、加拉信府、汶甘府、益梭通府、黎逸府、依布兰普府、安那乍楞府	李名刚
81	土耳其	伊斯坦布尔	1984.10.2	1985.7.26	伊斯坦布尔省、特基尔达省、科贾埃利省、布尔萨省、巴勒开西尔省、查纳卡累省、马尼萨省、埃迪尔内省、克尔克拉雷利省和亚洛瓦省	顾景奇
82	土耳其	伊兹密尔	2014.1.23	未开馆	伊兹密尔省、乌沙克省、艾登省、代尼兹利省、厄斯帕尔塔省、穆拉省、布尔杜尔省和安塔利亚省	苏高潮
83	乌克兰	敖德萨	2005.6.14	2011.11.29	敖德萨州、尼古拉耶夫州、赫尔松州等	曹云龙
84	阿拉伯联合酋长国	迪拜	1988.3.14	1989.2.14	迪拜、沙迦、阿治曼、乌姆盖万、哈伊马角、富查伊拉	唐卫斌
85	英国	曼彻斯特	1984.4.17	1986.6.30	大曼彻斯特郡、泰恩和威尔郡、兰开夏郡、北约克郡、南约克郡、默西塞德郡、西约克郡、达勒姆郡、德比郡	潘云东
86	英国	爱丁堡	1996.9.2	1997.11.4	苏格兰	潘新春
87	英国	贝尔法斯特	2014.2.21	未开馆	北爱尔兰	王淑英

续表

序号	国名	驻地	协议日期	开馆日期	领区	2014年在任馆长
88	美国	休斯敦	1979.8.24	1979.11.20	得克萨斯州、路易斯安那州、亚拉巴马州、阿肯色州、佛罗里达州、佐治亚州、密西西比州、俄克拉何马州及联邦领地波多黎各	李强民
89	美国	旧金山	1979.8.24	1979.12.13	加利福尼亚州北部48个县、俄勒冈州、华盛顿州、阿拉斯加州、内华达州	袁南生
90	美国	纽约	1981.6.16	1981.12.12	康涅狄格州、缅因州、马萨诸塞州、新罕布什尔州、新泽西州、纽约州、俄亥俄州、宾夕法尼亚州、罗德岛州、佛蒙特州	孙国祥
91	美国	芝加哥	1981.6.16	1985.7.26	科罗拉多州、伊利诺伊州、印第安纳州、艾奥瓦州、堪萨斯州、密歇根州、明尼苏达州、密苏里州、威斯康星州	赵卫平
92	美国	洛杉矶	1981.6.16	1988.3.2	夏威夷州及美属太平洋岛屿、亚利桑那州、新墨西哥州、加利福尼亚州南部10个县	刘健
93	越南	胡志明市	1992.11.22	1993.5.28	尚未商定	柴文睿
94	也门	亚丁	1990.5.26	1990.6.1	亚丁、拉赫杰、阿比洋、夏布瓦、哈达拉毛、马哈拉拉	潘志南

（2）领事馆

序号	国名	驻地	开馆日期	领区	2014年在任馆长
1	喀麦隆	杜阿拉	1993.12.21	滨海省（含杜阿拉）、西南省、西部省、西北省	关若洵

续表

序号	国名	驻地	开馆日期	领区	2014年在任馆长
2	哥伦比亚	巴兰基亚	1990.6.26	大西洋省、马格达莱纳省、玻利瓦尔省	魏廷保
3	法国	帕皮提	2007.9.13	法属波利尼西亚	龙凌
4	马达加斯加	塔马塔夫	1996.5.17	塔马塔夫省（含塔马塔夫市）和迪耶果—苏瓦雷斯省	朱开宪
5	菲律宾	拉瓦格	2007.4.11	科迪勒拉行政区（阿拉布省、阿巴尧省、本格特省、伊夫肴省、卡林巴省、高山省）、第一地区（北伊罗戈省、南伊罗戈省、拉允隆省、班诗兰省）和第二地区（巴坦省、卡加延省、伊莎贝拉省、新比斯开省、基里诺省）	赵桥梁

（3）领事办公室

序号	国名	驻地	所属馆	开馆年份
1	埃及	塞得港	驻亚历山大总领事馆	1978
2	老挝	孟赛	驻老挝大使馆	未开馆
3	俄罗斯	符拉迪沃斯托克	驻哈巴罗夫斯克总领事馆	2005
4	泰国	普吉	驻宋卡总领事馆	2014

注：

表内数据截至2014年12月31日，如与往年数据不同，以本表数据为准。

2. 外国在中国内地设立领事机构一览表

（1）总领事馆

序号	国名	驻地	领区	协议日期
1	安哥拉	广州	广东、福建、海南、广西	2014.9.17
2	阿根廷	上海	上海、江苏、浙江、安徽	1995.10.4
3	阿根廷	广州	广东、福建、海南、广西	1988.5.16
4	澳大利亚	上海	上海、江苏、浙江、安徽、江西、湖北	1978.9.18
5	澳大利亚	广州	广东、广西、海南、福建、湖南	1992.5.27
6	澳大利亚	成都	四川、贵州、云南、重庆	2012.11.8

续表

序号	国名	驻地	领区	协议日期
7	奥地利	上海	上海、江苏、浙江、安徽	1994.6.24
8	奥地利	广州	广东、海南、湖南、云南、贵州、广西	2007.4.6
9	孟加拉国	昆明	云南、广西、重庆、四川、贵州	2011.9.20
10	白俄罗斯	上海	上海、江苏、安徽、江西、浙江、福建	2008.8.5
11	比利时	上海	上海、江苏、浙江、安徽	1985.6.3
12	比利时	广州	广东、云南、海南、福建、广西	2005.10.10
13	玻利维亚	广州	广东	1987.10.16
14	巴西	上海	上海、江苏、浙江、安徽、山东	2002. 9.30
15	巴西	广州	广东、海南、福建、广西、贵州、云南、湖南	1991.12.23
16	保加利亚	上海	上海、江苏、浙江、安徽、江西、福建	2005.1.25
17	柬埔寨	广州	广东、福建、海南	1997.12.25
18	柬埔寨	上海	上海、江苏、浙江、安徽	1999.5.28
19	柬埔寨	昆明	云南、四川、贵州	2003.9.23
20	柬埔寨	重庆	重庆、湖北、湖南、陕西	2004.7.30
21	柬埔寨	南宁	广西	2005.7.29
22	加拿大	上海	上海、江苏、浙江、安徽、湖北	1980.8.25
23	加拿大	广州	广东、广西、福建、海南、江西、湖南	1980.8.25
24	加拿大	重庆	重庆、四川、贵州、云南	2011.11.29
25	智利	上海	上海、江苏、浙江、安徽	1985.4.29
26	哥伦比亚	上海	上海、江苏、浙江、安徽、福建、江西	2011.12.22
27	哥伦比亚	广州	广东、海南、云南、贵州、广西	2013.7.15
28	刚果共和国	广州	广东、福建、海南、广西	2014.6.4
29	科特迪瓦	广州	广东、福建、海南、江西、广西	2013.10.16
30	古巴	上海	上海、江苏、浙江	1989.6.8
31	古巴	广州	广东、广西、海南	2006.11.8
32	捷克	上海	上海、江苏、浙江、安徽	1987.3.7
33	丹麦	上海	上海、江苏、浙江、安徽、江西	1994.3.25
34	丹麦	广州	广东、广西、福建、海南	1998.8.4
35	丹麦	重庆	重庆、四川、贵州、云南	2012.11.6
36	朝鲜	沈阳	辽宁、吉林、黑龙江	1986.2.13
37	厄瓜多尔	上海	上海、江苏、浙江、安徽	1984.5.17
38	厄瓜多尔	广州	广东	2009.3.17
39	埃及	上海	上海、江苏、浙江、安徽	1983.3.11

续表

序号	国名	驻地	领区	协议日期
40	爱沙尼亚	上海	上海、安徽、福建、江苏、江西、浙江	2010.9.6
41	埃塞俄比亚	广州	广东、湖南、福建、江西、海南、广西	2009.5.31
42	埃塞俄比亚	重庆	重庆、四川、贵州	2011.9.20
43	埃塞俄比亚	上海	上海、江苏、浙江、安徽	2012.3.31
44	斐济	上海	上海、江苏、浙江、安徽	2011.7.11
45	芬兰	上海	上海、江苏、浙江、安徽、江西	1995.7.6
46	芬兰	广州	广东、福建、海南、广西、云南	2004.11.1（2012.8暂时闭馆）
47	法国	上海	上海、江苏、浙江、安徽	1980.10.17
48	法国	广州	广东、广西、福建、海南	1991.4.29
49	法国	武汉	湖北、湖南、江西	1998.4.3
50	法国	成都	四川、云南、贵州、重庆	2005.7.18
51	法国	沈阳	辽宁、吉林、黑龙江	2007.8.22
52	德国	上海	上海、江苏、浙江、安徽	1979.10.24
53	德国	广州	广东、广西、福建、海南	1995.7.13
54	德国	成都	四川、贵州、云南、重庆	2003.12.1
55	德国	沈阳	辽宁、吉林、黑龙江	2011.11.28
56	希腊	上海	上海、山东、江苏、浙江、安徽、江西	2004.2.11
57	希腊	广州	广东、福建、海南、广西	2006.8.14
58	匈牙利	上海	上海、浙江、江苏、安徽、福建	2004.4.7
59	匈牙利	重庆	重庆、四川、云南、贵州、陕西、甘肃	2010.1.25
60	冰岛	上海	上海、江苏、浙江	2009.9.18（2011.4暂时闭馆）
61	印度	上海	上海、江苏、浙江	1991.12.13
62	印度	广州	广东、福建、湖南、海南、云南、四川、广西	2006.11.21
63	印度尼西亚	广州	广东、广西、福建、海南	2002.3.24
64	印度尼西亚	上海	上海、江苏、浙江、安徽、江西	2002.3.24
65	伊朗	上海	上海、江苏、浙江、安徽	1988.9.26

续表

序号	国名	驻地	领区	协议日期
66	伊朗	广州	广东、福建、湖南、广西	2011.2.28
67	爱尔兰	上海	上海、江苏、浙江、安徽、江西	2000.1.19
68	以色列	上海	上海、江苏、浙江、安徽	1993.10.8
69	以色列	广州	广东、福建、海南、广西	2008.9.8
70	以色列	成都	四川、重庆、贵州、云南	2013.8.23
71	意大利	上海	上海、江苏、浙江、安徽	1979.11.6
72	意大利	广州	广东、广西、福建、海南、湖南、江西	1997.11.3
73	意大利	重庆	重庆、四川、云南、贵州	2013.3.18
74	日本	上海	上海、江苏、浙江、安徽、江西	1975.8.15
75	日本	广州	广东、海南、福建、广西	1980.2.1
76	日本	沈阳	辽宁、黑龙江、吉林	1985.12.3
77	日本	重庆	重庆、四川、贵州、云南、陕西	2004.12.3
78	日本	青岛	山东	2008.12.18
79	哈萨克斯坦	上海	上海、江苏、安徽、浙江、江西、福建	2005.3.25
80	科威特	上海	上海、浙江、江苏、安徽	2008.1.2
81	科威特	广州	广东、福建、海南、广西	2008.1.2
82	吉尔吉斯斯坦	广州	广东、福建、江西、湖南、海南、广西	2011.9.14
83	老挝	昆明	云南	1991.12.25
84	老挝	南宁	广西	2009.9.2
85	老挝	上海	上海、江苏、浙江、安徽	2012.8.14
86	老挝	广州	广东、江西、海南、福建	2013.8.21
87	卢森堡	上海	上海、江苏、浙江、安徽、福建	2006.1.23
88	马来西亚	广州	广东、福建、海南、江西、湖南	1993.10.18
89	马来西亚	上海	上海、江苏、浙江、安徽	1999.9.20
90	马来西亚	昆明	云南、四川、重庆	1999.11.4
91	马来西亚	南宁	广西、贵州	2014.5.29
92	马里	广州	广东、福建、广西、海南	2011.6.8
93	马耳他	上海	上海、江苏、浙江、安徽	2014.6.30
94	墨西哥	上海	上海、江苏、浙江、安徽	1984.10.10
95	墨西哥	广州	广东、海南、福建、湖南、江西、广西	2005.8.31
96	蒙古	呼和浩特	内蒙古呼和浩特市、包头市、乌海市、赤峰市、通辽市、鄂尔多斯市、巴彦淖尔市、乌兰察布市、阿拉善盟	1989.3.30
97	缅甸	昆明	云南、贵州、四川、重庆	1993.8.19

续表

序号	国名	驻地	领区	协议日期
98	缅甸	南宁	广西、广东、湖南	2009.10.15
99	尼泊尔	拉萨	未定	1958.1.17
100	荷兰	上海	上海、江苏、浙江、安徽	1994.8.23
101	荷兰	广州	广东、广西、福建、海南	1997.4.1
102	荷兰	重庆	重庆、四川、陕西	2013.6.11
103	新西兰	上海	上海、江苏、浙江、安徽	1991.5.9
104	新西兰	广州	广东、广西、海南、湖南、福建	2007.3.24
105	新西兰	成都	四川、云南、贵州、重庆	2014.6.11
106	尼日利亚	上海	上海、浙江、江苏、安徽、福建	2007.10.8
107	尼日利亚	广州	广东、海南、广西	2014.3.21
108	挪威	上海	上海、江苏、浙江、安徽、江西	1996.6.28
109	挪威	广州	广东、福建、海南、广西	2007.12.25
110	巴基斯坦	上海	上海、江苏、浙江、安徽	1996.12.1
111	巴基斯坦	成都	四川、贵州、云南、重庆	2006.11.24
112	巴基斯坦	广州	广东、福建、海南、广西、湖南	2007.12.11
113	秘鲁	上海	上海、江苏、浙江、安徽、福建、江西	2002.2.20
114	秘鲁	广州	广东、广西、贵州、海南、云南、湖南	2006.4.13
115	菲律宾	厦门	福建、江西	1994.12.8
116	菲律宾	广州	广东、海南、湖南、广西	1996.11.26
117	菲律宾	上海	上海、江苏、浙江、安徽、湖北	2001.10.30
118	菲律宾	重庆	重庆、贵州、云南	2008.8.21
119	菲律宾	成都	四川	2008.11.25
120	波兰	上海	上海、江苏、浙江、安徽、福建	1954.4.1
121	波兰	广州	广东、广西、海南	1987.11.11
122	葡萄牙	上海	上海、浙江、江苏、安徽、江西	2005.5.23
123	韩国	上海	上海、江苏、浙江、安徽	1992.12.30
124	韩国	广州	广东、广西、福建、海南	2000.10.8
125	韩国	青岛	山东	1993.12.22
126	韩国	沈阳	辽宁、黑龙江、吉林	1999.1.28
127	韩国	成都	四川、云南、贵州、重庆	2004.1.21
128	韩国	西安	陕西、甘肃、宁夏	2006.6.13
129	韩国	武汉	湖北、湖南、江西、河南	2009.9.17
130	罗马尼亚	上海	上海、江苏、浙江、安徽	1984.10.10
131	俄罗斯	上海	上海、江苏、浙江、安徽	1985.6.13
132	俄罗斯	沈阳	辽宁、吉林、黑龙江	1990.9.25

续表

序号	国名	驻地	领区	协议日期
133	俄罗斯	广州	广东、福建、海南、云南、江西、广西	2005.10.6
134	沙特阿拉伯	上海	上海、江苏、浙江、福建	1992.8.14
135	塞尔维亚	上海	上海、江苏、浙江、安徽、江西、福建	1998.2.11
136	塞舌尔	上海	上海、江苏、浙江、安徽	2013.5.6
137	新加坡	上海	上海、江苏、浙江、安徽	1991.10.25
138	新加坡	厦门	福建、江西	1995.10.25
139	新加坡	广州	广东、海南、湖南、贵州、云南、广西	2006.4.13
140	新加坡	成都	四川、陕西、重庆	2011.2.28
141	斯洛伐克	上海	上海、江苏、浙江、福建、安徽、江西	2004.7.30
142	南非	上海	上海、山东、江苏、浙江、安徽、福建、广东	1997.12.30
143	西班牙	上海	上海、江苏、浙江、安徽、江西	1984.11.15
144	西班牙	广州	广东、福建、湖南、广西、海南、贵州、云南	2007.4.5
145	斯里兰卡	上海	上海、福建、湖南、江苏、浙江、安徽	2008.4.18
146	斯里兰卡	广州	广东、福建、江西、海南、广西	2012.1.12
147	瑞典	上海	上海、江苏、浙江、安徽	1996.7.3
148	瑞典	广州	广东、广西、福建、海南	2002.9.10（2009.11暂时闭馆）
149	瑞士	上海	上海、江苏、浙江、安徽	1995.2.15
150	瑞士	广州	广东、福建、海南、广西、湖南、江西	2005.8.5
151	泰国	广州	广东、海南	1988.7.22
152	泰国	昆明	云南、贵州、湖南	1993.8.26
153	泰国	上海	上海、江苏、浙江、安徽	1996.3.25
154	泰国	成都	四川、重庆	2006.5.17
155	泰国	厦门	福建、江西	2006.5.17
156	泰国	西安	陕西、甘肃、宁夏	2008.5.20
157	泰国	南宁	广西	2008.5.20
158	泰国	青岛	山东	2014.3.14
159	土耳其	上海	上海、江苏、浙江、安徽	1996.4.15
160	土耳其	广州	广东、福建、海南、广西	2011.5.23
161	乌干达	广州	广东、福建、广西、海南	2011.7.5
162	乌克兰	上海	上海、江苏、浙江、安徽、福建、江西	2000.3.2
163	乌克兰	广州	广东、贵州、海南、湖南、广西	2011.6.20

续表

序号	国名	驻地	领区	协议日期
164	阿拉伯联合酋长国	上海	上海、浙江、江苏、安徽、福建	2008.9.19
165	英国	上海	上海、江苏、浙江、安徽	1984.4.17
166	英国	广州	广东、福建、海南、湖南、广西、江西	1996.9.2
167	英国	重庆	重庆、四川、贵州、云南	1999.4.14
168	英国	武汉	湖北	2014.2.21
169	美国	上海	上海、江苏、浙江、安徽	1979.1.31
170	美国	广州	广东、广西、福建、海南	1979.1.31
171	美国	沈阳	辽宁、吉林、黑龙江	1980.9.17
172	美国	成都	四川、云南、贵州、西藏、重庆	1980.9.17
173	美国	武汉	河南、湖北、湖南、江西	1980.9.17
174	乌拉圭	上海	上海、江苏、浙江、安徽	2002.8.26
175	乌兹别克斯坦	上海	上海、浙江、江苏、安徽、江西、湖南、福建	2005.7.12
176	瓦努阿图	上海	上海、江苏、浙江、安徽	2000.10.12
177	委内瑞拉	上海	上海、浙江、江苏	2005.7.5
178	越南	广州	广东	1992.11.22
179	越南	南宁	广西	2003.10.16
180	越南	昆明	云南	2003.10.16
181	越南	上海	上海、江苏、浙江	2010.6.11

（2）领事馆

序号	国名	驻地	领区	协议日期
1	蒙古	二连浩特	内蒙古锡林郭勒盟	1996.7.22
2	蒙古	呼伦贝尔	内蒙古呼伦贝尔市、兴安盟	2014.2.24
3	斯洛文尼亚	上海	上海、江苏、浙江、安徽	2010.6.17
4	斯里兰卡	成都	四川、云南、贵州、陕西、重庆	2009.9.28
5	苏丹	广州	广东、江西、福建、湖南、贵州、云南、浙江、广西	2009.3.24

（3）领事代理处

国名	驻地	领区	协议日期
蒙古	上海	上海、江苏、浙江	2008.3.31

（4）领事办公室

序号	国名	驻地	名称	协议日期
1	朝鲜	丹东	朝鲜驻沈阳总领事馆领事办公室	2008.11.18
2	日本	大连	日本驻沈阳总领事馆 常驻大连办公室	1993.1.1
3	老挝	景洪	老挝驻昆明总领事馆 常驻景洪办公室	1998.4.29
4	韩国	大连	韩国驻沈阳总领事馆常驻大连领事办公室	2011.8.9
5	俄罗斯	哈尔滨	俄罗斯驻沈阳总领事馆常驻哈尔滨办公室	1993.4.16
6	也门	上海	也门驻华大使馆驻上海领事办公室	2006.1.5
7	也门	广州	也门驻华大使馆驻广州领事办公室	2006.1.5

（5）名誉领事

序号	国名	驻地	领区	协议日期 委派日期
1	几内亚	上海	上海	2002.2.25 尚未委派
2	牙买加	上海	上海、浙江、江苏、安徽	1999.11.15 尚未委派
3	马尔代夫	上海	上海	2004.9.30 2006.10委派
4	摩纳哥	上海	上海、江苏、浙江、安徽	2000.5.22 2002.1委派
5	摩纳哥	北京	北京	2007.2.13 2008.8委派
6	尼泊尔	上海	上海	2002.7.10 2003.1委派
7	尼日尔	广州	未定	2001.9.21 尚未委派
8	巴布亚 新几内亚	上海	上海	2005.7.15 2006.8.委派
9	坦桑尼亚	广州	未定	2001.3.8 尚未委派

注：

表内数据截至2014年12月31日，如与往年数据不同，以本表数据为准。

3. 外国在中国香港设立领事机构一览表

（1）总领事馆

序号	国名	领区	保留（设立）总领事馆协议日期
1	安哥拉	香港	2005.6.28
2	安提瓜和巴布达	香港、澳门	1998.6.19
3	阿根廷	香港、 澳门（扩领）	1997.1.31 1999.6.17
4	澳大利亚	香港 （可在澳门执行职务）	1996.9.26 1999.9.8
5	奥地利	香港 （可在澳门执行职务）	1997.6.20
6	巴哈马	香港 （可在澳门执行职务）	1999.1.15
7	孟加拉国	香港 （可在澳门执行职务）	1997.1.29
8	比利时	香港 （可在澳门执行职务）	1997.2.3
9	巴西	香港、 澳门（扩领）	1996.11.8 1999.12.15
10	文莱	香港、澳门	2006.7.14
11	保加利亚	香港	1997.5.5
12	柬埔寨	香港、 澳门（扩领）	1999.7.8 2002.2.22
13	加拿大	香港 （可在澳门执行职务）	1996.9.19
14	智利	香港 （可在澳门执行职务）	1996.11.6 1998.5.6
15	哥伦比亚	香港 （可在澳门执行职务）	1996.10.21 1999.12.17
16	捷克	香港 （可在澳门执行职务）	1997.6.27
17	丹麦	香港 （可在澳门执行职务）	1997.6.6
18	多米尼克	香港	2014.8.8
19	朝鲜	香港	1999.6.1

续表

序号	国名	领区	保留（设立）总领事馆协议日期
20	厄瓜多尔	香港	1997.3.21
21	埃及	香港、 澳门（扩领）	1996.11.11 2000.3.31
22	芬兰	香港 （可在澳门执行职务）	1996.12.9
23	法国	香港 （可在澳门执行职务）	1997.5.15
24	德国	香港 （可在澳门执行职务）	1997.6.23
25	希腊	香港 （可在澳门执行职务）	1997.3.18 1999.11.18
26	匈牙利	香港、澳门	1998.5.19
27	印度	香港 （可在澳门执行职务）	1996.11.29
28	印度尼西亚	香港、 澳门（扩领）	1996.12.6 2008.3.17
29	伊朗	香港、 澳门（扩领）	1999.7.5 2005.11.28
30	爱尔兰	香港、澳门	2014.6.6
31	以色列	香港 （可在澳门执行职务）	1997.2.4
32	意大利	香港 （可在澳门执行职务）	1997.6.5
33	日本	香港 （可在澳门执行职务）	1997.3.29
34	哈萨克斯坦	香港、澳门	2003.7.2
35	科威特	香港、 澳门（扩领）	1999.6.30 2007.2.27
36	老挝	香港、澳门	1999.4.30
37	马来西亚	香港 （可在澳门执行职务）	1997.5.14
38	墨西哥	香港、 澳门（扩领）	1996.11.22 1999.10.29
39	蒙古	香港、澳门	2011.2.24

续表

序号	国名	领区	保留（设立）总领事馆协议日期
40	缅甸	香港、 澳门（扩领）	1997.4.25 2000.6.2
41	尼泊尔	香港、 澳门（扩领）	1997.5.20 2001.2.6
42	荷兰	香港 （可在澳门执行职务）	1996.11.12
43	新西兰	香港 （可在澳门执行职务）	1997.1.22
44	尼日利亚	香港 （可在澳门执行职务）	1997.4.28
45	挪威	香港 （可在澳门执行职务）	1997.2.5
46	巴基斯坦	香港 （可在澳门执行职务）	1996.12.1 1999.6.28
47	秘鲁	香港、 澳门（扩领）	1997.6.23 1999.11.26
48	菲律宾	香港	1996.11.26
49	波兰	香港 （可在澳门执行职务）	1997.5.19
50	卡塔尔	香港 （可在澳门执行职务）	2013.7.10
51	韩国	香港 （可在澳门执行职务）	1997.4.24
52	罗马尼亚	香港、澳门	2003.8.11
53	俄罗斯	香港 （可在澳门执行职务）	1997.6.27
54	沙特阿拉伯	香港、澳门	1998.4.29
55	新加坡	香港、 澳门（扩领）	1997.2.5 2008.1.21
56	南非	香港、 澳门（扩领）	1997.12.30 1999.6.7
57	西班牙	香港 （可在澳门执行职务）	1997.6.18
58	瑞典	香港 （可在澳门执行职务）	1996.11.3

续表

序号	国名	领区	保留（设立）总领事馆协议日期
59	瑞士	香港 （可在澳门执行职务）	1997.4.11
60	泰国	香港 （可在澳门执行职务）	1997.4.2
61	土耳其	香港 （可在澳门执行职务）	1997.5.8
62	阿拉伯联合酋长国	香港	1998.10.29
63	英国	香港 （可在澳门执行职务）	1996.9.26 1999.10.29
64	美国	香港 （可在澳门执行职务）	1997.3.25
65	乌拉圭	香港 （可在澳门执行职务）	1997.1.29
66	委内瑞拉	香港、 澳门（扩领）	1996.11.13 1999.10.11
67	越南	香港、 澳门（扩领）	1996.12.19 2003.5.16
68	津巴布韦	香港、澳门	2008.5.31

（2）名誉领事

序号	国名	领区	保留（委派）名誉领事协议日期
1	阿尔巴尼亚	香港	2003.11.4
2	巴哈马	香港	2008.12.23
3	巴林	香港	2001.4.5
4	巴巴多斯	香港	1997.4.30
5	贝宁	香港	1997.2.28
6	不丹	香港	2004.4.27
7	博茨瓦纳	香港	2006.3.10
8	布隆迪	香港	2006.2.10
9	喀麦隆	香港	1997.6.2
10	中非	香港	2001.9.28
11	刚果共和国	香港	1997.2.26
12	科特迪瓦	香港、 澳门（扩领）	1997.6.2 2013.6.8

续表

序号	国名	领区	保留（委派）名誉领事协议日期
13	克罗地亚	香港	2002.5.15
14	古巴	香港	1996.12.31
15	塞浦路斯	香港、 澳门（扩领）	1997.2.3 2010.5.7
16	吉布提	香港	1997.1.22
17	刚果民主共和国	香港	1999.12.29
18	赤道几内亚	香港	1997.4.8
19	厄立特里亚	香港、澳门	2005.8.10
20	爱沙尼亚	香港	1998.12.11
21	埃塞俄比亚	香港、澳门	2002.6.18
22	斐济	香港	1997.6.20
23	加蓬	香港	1996.8.22
24	加纳	香港	1997.5.5
25	格林纳达	香港	2006.7.27
26	几内亚	香港	1997.5.5
27	匈牙利	香港、澳门	2010.6.8
28	冰岛	香港、 澳门（扩领）	1996.12.17 2009.9.14
29	牙买加	香港	1997.5.29
30	约旦	香港	1997.2.3
31	肯尼亚	香港、澳门	2003.12.9
32	拉脱维亚	香港	2002.8.12
33	莱索托	香港	2001.9.5
34	利比里亚	香港	2004.9.7
35	列支敦士登	香港	2012.6.20
36	立陶宛	香港、 澳门（扩领）	1997.5.29 2008.9.3
37	卢森堡	香港	1997.4.23
38	马达加斯加	香港	1997.5.28
39	马尔代夫	香港、 澳门（扩领）	1997.4.15 2009.5.21
40	马里	香港	1997.4.22
41	马耳他	香港	1997.4.9
42	毛里求斯	香港	1997.4.14
43	密克罗尼西亚联邦	香港	2011.6.17
44	摩纳哥	香港	1997.5.6

续表

序号	国名	领区	保留（委派）名誉领事协议日期
45	摩洛哥	香港、 澳门（扩领）	1996.12.25 2011.6.24
46	莫桑比克	香港	1997.5.7
47	纳米比亚	香港、 澳门（扩领）	1997.1.30 2000.8.18
48	尼日尔	香港	1999.3.1
49	挪威	香港、澳门	2003.9.10
50	阿曼	香港	1997.4.4
51	巴布亚新几内亚	香港	1996.7.16
52	葡萄牙	香港	2005.1.7
53	卢旺达	香港、澳门	2000.7.26
54	萨摩亚	香港	2004.7.22
55	圣马力诺	香港、 澳门（扩领）	2005.7.5 2010.7.1
56	塞内加尔	香港	2009.6.17
57	塞舌尔	香港、 澳门（扩领）	1997.1.3 2009.3.6
58	斯洛伐克	香港、 澳门（扩领）	1997.6.19 2011.9.30
59	斯洛文尼亚	香港、 澳门（扩领）	1997.6.20 2006.1.12
60	斯里兰卡	香港、 澳门（扩领）	1997.5.21 2004.8.4
61	苏丹	香港、 澳门（扩领）	2005.12.19 2009.3.10
62	苏里南	香港	1997.2.17
63	坦桑尼亚	香港、澳门	1998.4.8
64	多哥	香港	1996.12.19
65	汤加	香港	2003.1.22
66	特立尼达和多巴哥	香港	1997.3.24
67	突尼斯	香港	1997.5.2
68	乌干达	香港	1999.1.8
69	乌克兰	香港	2003.8.20
70	乌拉圭	香港、 澳门（扩领）	2002.12.23 2003.8.8
71	瓦努阿图	香港	1997.1.9

续表

序号	国名	领区	保留（委派）名誉领事协议日期
72	也门	香港	2005.10.24

注：

表内数据截至2014年12月31日，如与往年数据不同，以本表数据为准。

4. 外国在中国澳门设立领事机构一览表

（1）总领事馆

序号	国名	领区	保留（设立）领事馆协议日期
1	安哥拉	澳门	2006.7.26
2	菲律宾	澳门	2000.9.25
3	莫桑比克	澳门	2014.3.31
4	葡萄牙	澳门、 香港（扩领）	1999.7.28 2003.10.15

（2）名誉领事

序号	国名	领区	保留（委派）名誉领事协议日期
1	不丹	澳门	2000.1.12
2	佛得角	澳门	2000.10.11
3	爱沙尼亚	澳门	1999.8.25
4	法国	澳门	1999.12.14
5	格林纳达	澳门	2005.4.26
6	几内亚	澳门	1999.5.24
7	几内亚比绍	澳门	1999.11.22
8	马里	澳门	1999.3.18
9	尼日尔	澳门	2002.7.3
10	秘鲁	澳门	1999.11.26
11	苏里南	澳门	1999.11.16
12	英国	澳门	1999.10.29

注：

表内数据截至2014年12月31日，如与往年数据不同，以本表数据为准。

（六）中国与外国互免签证协议（协定）或安排一览表

（按协议国国名英文字母顺序排列，截至2014年12月31日）

序号	协议国	互免签证的证件类别	生效日期
1	阿尔巴尼亚	外交、公务（特别）护照	1956.8.25
2	阿根廷	外交、公务（官员）护照	1993.8.14
3	亚美尼亚	外交、公务、公务普通、加注“公务”字样普通护照	1994.8.3
4	阿塞拜疆	外交、公务、公务普通护照	1994.2.10
		团体旅游	1994.5.1
5	巴哈马	外交护照、公务（官员）、公务普通、普通护照	2014.2.12
6	孟加拉国	外交、公务（官员）、公务普通护照，加注“政府公务”或“免费”字样普通护照	1989.12.18
7	巴巴多斯	外交、公务(官员)、公务普通护照	2014.8.2
8	白俄罗斯	外交、公务护照；团体旅游	1993.3.1
9	贝宁	外交、公务、公务普通护照，附有“公务证明”普通护照	1993.11.6
10	玻利维亚	外交、公务（官员）护照	1987.11.15
		公务普通护照	2008.1.18
11	波斯尼亚和黑塞哥维那[①]	外交、公务、公务普通护照，加注“公务”字样普通护照	1980.1.9
12	巴西	外交、公务（官员）护照	2004.8.10
13	文莱	外交、公务（官员）护照	2005.6.18
14	保加利亚	外交、公务护照	2012.4.14
15	布隆迪	外交、公务、公务普通护照	2014.11.25
16	柬埔寨	外交、公务护照	2006.9.14
17	智利	外交、公务（官员）护照	1986.5.7
18	哥伦比亚	外交护照	1987.11.14
		公务（官员）护照	1991.11.14
19	刚果共和国	外交、公务、公务普通护照	2014.8.7
20	哥斯达黎加	外交、公务护照	2008.1.15
21	克罗地亚	外交、公务（官员）护照	1995.4.9

续表

序号	协议国	互免签证的证件类别	生效日期
22	古巴	外交、公务（官员）、公务普通护照	1988.12.23
23	塞浦路斯	外交、公务护照	1991.10.2
24	吉布提	外交、公务、公务普通护照	2014.12.4
25	多米尼克	外交、公务(官员)、公务普通护照	2014.3.29
26	朝鲜民主主义人民共和国	外交、公务护照	1956.10.1
		公务普通、公务团体护照	1965.1.1
27	厄瓜多尔	外交、公务（官员）护照	1987.7.11
		公务普通（特别）护照	1988.12.25
28	埃及	外交、公务（特别）护照	2007.1.27
29	赤道几内亚	外交、公务（官员）护照	2006.1.1
30	格鲁吉亚	外交、公务、公务普通护照；团体旅游	1994.2.3
31	格林纳达	外交、公务（官员）护照	2010.1.17
32	圭亚那	外交、公务（官员）、公务普通护照	1998.8.19
33	匈牙利	外交、公务护照	1992.5.28
34	印度尼西亚	外交、公务护照	2005.11.14
35	伊朗	外交、公务护照	1989.7.12
36	牙买加	外交、公务（官员）护照	1995.6.8
37	约旦	外交、公务（特别）护照	1993.3.11
38	哈萨克斯坦	外交、公务护照	1994.2.1
39	肯尼亚	外交、公务（官员）护照	2014.8.17
40	科威特	外交、公务（特别）、公务普通护照	2014.10.17
41	吉尔吉斯斯坦	外交、公务护照	2003.6.14
42	老挝	外交、公务、公务普通、加注有效公务签证的普通护照	1989.11.6
43	立陶宛	外交、公务护照、海员证（随船）	1992.9.14
44	马其顿	外交、公务、公务普通护照，标有“公务”字样普通护照	1994.7.19
45	马来西亚	外交、公务（官员）护照	2011.5.18
46	马尔代夫	外交、公务护照	1984.11.27
47	马耳他	外交、公务护照	2008.3.6
48	毛里求斯	外交、公务、公务普通、普通护照	2013.10.31
49	墨西哥	外交、公务（官员）护照	1998.1.1
50	摩尔多瓦	外交、公务、公务普通、加注“公务”字样普通护照；团体旅游	1993.1.1
51	蒙古	外交、公务、公务普通护照	1989.4.30

续表

序号	协议国	互免签证的证件类别	生效日期
52	黑山	外交、公务护照	2013.3.1
53	摩洛哥	外交、公务护照	2014.3.6
54	缅甸	外交、公务（官员）护照	1998.3.5
55	尼泊尔	外交、公务（官员）护照	2006.10.16
56	尼日利亚	外交、公务和公务普通护照	2014.2.1
57	阿曼	外交、公务（特别）护照	2010.4.16
58	巴基斯坦	外交、公务（官员）护照	1987.8.16
		公务普通护照	1988.4.30
59	秘鲁	外交、公务（特别）护照	2004.5.12
60	菲律宾	外交、公务（官员）护照（限临时访问人员）	2005.2.28
61	波兰	外交、公务护照，海员证，机组人员证件	1992.7.27
62	大韩民国	外交护照	2013.8.10
		公务（官用）护照	2014.12.25
63	罗马尼亚	外交、公务护照	1981.9.16
64	俄罗斯	团体旅游	2000.12.1
		外交护照、公务护照，随车、飞机、船执行公务的国际列车组车组人员、机组人员、持海员证船员	2014.4.26
65	萨摩亚	外交、公务（官员）护照	2011.2.18
66	圣马力诺	外交、公务、普通护照	1985.7.22
67	塞内加尔	外交、公务、公务普通	2014.5.3
68	塞尔维亚①	外交、公务、公务普通、加注“公务”字样普通护照	1980.1.9
69	塞舌尔	外交、公务、公务普通、普通护照	2013.6.26
70	新加坡	外交、公务、公务普通护照	2011.4.17
71	斯洛伐克②	外交、公务（特别）护照	1956.6.1
72	斯洛文尼亚	外交、公务护照	1994.7.1
73	南非	外交护照	2010.11.27
74	南苏丹	外交、公务、特别护照	2011.7.9
75	斯里兰卡	外交、公务（官员）、公务普通护照	2013.4.18
76	苏丹	外交、公务、特别、官员护照	1995.10.26
77	苏里南	外交、公务护照	2014.5.6
78	塔吉克斯坦	外交、公务、公务普通、加注“公务”字样普通护照	1993.6.1
79	坦桑尼亚	外交、公务护照	2005.7.11
80	泰国	外交、公务（官员）护照	2003.10.18

续表

序号	协议国	互免签证的证件类别	生效日期
81	汤加	外交、公务(官员)、公务普通护照	2012.11.10
82	特立尼达和多巴哥	外交、公务(官员)护照	2006.11.23
83	突尼斯	外交、公务（特别）护照	2006.9.29
84	土耳其	外交、公务(特别)、公务普通护照	1989.12.24
85	土库曼斯坦	外交、公务、公务普通、加注“公务”字样普通护照；团体旅游	1993.2.1
86	乌克兰	外交、公务护照、海员证	2002.3.31
87	阿拉伯联合酋长国	外交护照	2012.3.21
88	英国[③]	外交、部分公务护照	2007.10.25
89	乌拉圭	常驻对方国家使领馆人员所持外交、公务（官员）护照	1988.11.7
		外交护照	1994.1.1
90	乌兹别克斯坦	外交护照	2010.7.9
91	委内瑞拉	外交、公务、公务普通护照	2014.1.8
92	越南	外交、公务、公务普通护照	1992.3.15
93	津巴布韦	外交、公务护照	2014.11.12

注：

① 目前适用中国与前南斯拉夫社会主义联邦共和国有关协议。

② 目前适用中国与前捷克斯洛伐克共和国有关协议。

③ 根据2007年10月签订的《<中华人民共和国政府和大不列颠北爱尔兰联合王国政府关于便利人员合法往来和打击非法移民活动谅解备忘录>之实施细则》，中英双方持外交护照和部分持公务护照人员享受免签待遇。

④ 持用协议规定的证件免签入境并不等于可以无限期在协议国停留或居住。根据协议规定，持有关证件免签入境后，一般只允许停留不超过30天。如需停留30天以上，应尽快向当地主管机关申请办理居留手续。

⑤ 2007年实施《中华人民共和国护照法》以后，中方开始颁发公务普通护照，取代因公普通护照。

⑥ 表内数据如与往年数据不同，以本表数据为准。

（七）2014年中国参加的多边条约一览表

序号	条约名称	签订日期/地点/保存机关	生效日期	中国采取行动情况	备注（是否适用港澳）
1	经修正的亚洲及太平洋地区承认高等教育资历公约	2011.11.26 东京 （联合国教科文组织保存）		2011.11.26 签署 2014.3.18 核准	适用澳门、香港特区 声明：澳门地区不受第4章7条，第5章1条，第3、6章和第8章4条约束
2	视听表演北京公约	2012.6.26 通过 北京	未生效	2012.6.27 签署 2014.4.24 批准 声明：不受条约第11条1和2款的约束	暂不适用香港特区
3	京都议定书多哈修正案	2012.12.8 多哈	未生效	2014.5.30 交接受书 2014.6.2 复照确认	适用香港、澳门特区

续表

序号	条约名称	签订日期/地点/保存机关	生效日期	中国采取行动情况	备注（是否适用港澳）
4	建立国际反腐败学院的协定	2010.9.2 维也纳	2011.3.8	2014.9.3 加入 2014.9.15 递交加入书 2014.11.15 对中国生效	适用香港和澳门特区 声明：不受协定第19条“争议解决”约束
5	北太平洋公海渔业资源养护和管理公约	2013.3.8 首尔		2013.3.8 签署 2014.11.28 核准	暂不适用香港及澳门特区
6	上海合作组织反恐怖主义公约	2009.6.16 叶卡捷琳堡	2012.1.14	2009.6.16 签署 2014.12.28 批准	暂不适用香港特区

（八）2014年中国与外国签订的主要双边条约一览表

序号	条约名称	签订日期	签订地点
1	中华人民共和国政府与法兰西共和国政府关于行政和公职领域的合作协定	2014.1.9	北京
2	中华人民共和国政府和保加利亚共和国政府海运协定	2014.1.13	北京
3	中华人民共和国政府和塞浦路斯共和国政府2014年至2018年文化合作执行计划	2014.1.25	尼科西亚
4	中华人民共和国政府和列支敦士登公国政府关于税收情报交换的协定及议定书	2014.1.27	瓦杜兹
5	中华人民共和国政府和黑山政府关于加强基础设施领域合作协定修改补充协议	2014.2.14	波德戈里察
6	中华人民共和国政府和塞内加尔共和国政府关于互免持外交、公务护照人员签证的协定	2014.2.20	北京
7	中华人民共和国政府和英国政府关于中国在贝尔法斯特、英国在武汉设立总领事馆的换文	2014.2.20 2014.2.21	北京
8	中华人民共和国政府和阿根廷共和国政府关于海关行政互助与合作的协定	2014.2.24	布宜诺斯艾利斯
9	中华人民共和国政府和德意志联邦共和国政府对所得和财产避免双重征税和防止偷漏税的协定及议定书	2014.3.28	柏林
10	中华人民共和国政府和德意志联邦共和国政府关于中国在杜塞尔多夫设立总领事馆的换文	2014.3.28	柏林
11	中华人民共和国政府和埃塞俄比亚联邦民主共和国政府文化合作协定2014年至2017年执行计划	2014.5.4	亚的斯亚贝巴
12	中华人民共和国和土库曼斯坦友好合作条约	2014.5.12	北京
13	中华人民共和国和哈萨克斯坦共和国联合宣言	2014.5.19	上海
14	中华人民共和国政府和巴巴多斯政府关于互免持外交、公务（官员）护照人员签证的协定	2014.5.27	布里奇顿
15	中华人民共和国政府和新西兰政府关于新西兰在成都设立总领事馆的换文	2014.5.29 2014.6.11	北京
16	中国—阿拉伯国家合作论坛2014年至2024年发展规划	2014.6.5	北京

续表

序号	条约名称	签订日期	签订地点
17	中国—阿拉伯国家合作论坛2014年至2016年行动执行计划	2014.6.5	北京
18	中华人民共和国政府与土耳其共和国政府关于海关事务的合作互助协定	2014.6.11	北京
19	中华人民共和国政府和刚果共和国政府文化合作协定2014年至2016年执行计划	2014.6.12	北京
20	中华人民共和国政府和刚果共和国政府关于互免持外交、公务护照人员签证的协定	2014.6.12	北京
21	《中华人民共和国政府和奥地利共和国政府关于对所得和财产避免双重征税和防止偷漏税的协定》谅解备忘录	2014.6.16	维也纳
22	中华人民共和国政府和大不列颠及北爱尔兰联合王国政府关于民用核能合作的联合声明	2014.6.17	伦敦
23	中华人民共和国政府和希腊共和国政府关于互设文化中心的协定	2014.6.19	雅典
24	中华人民共和国政府和马耳他共和国政府关于马耳他在上海设立总领事馆的换文	2014.6.23 2014.6.30	北京
25	中华人民共和国和大韩民国领事协定	2014.7.1	首尔
26	中华人民共和国政府与大韩民国政府关于合作拍摄电影的协议	2014.7.3	首尔
27	中华人民共和国政府和马耳他共和国政府中期合作规划谅解备忘录（2014—2019）	2014.7.9	北京
28	中华人民共和国政府和美利坚合众国政府教育交流合作协定	2014.7.10	北京
29	中华人民共和国政府与阿根廷共和国政府关于产业投资合作的补充协议	2014.7.18	布宜诺斯艾利斯
30	中华人民共和国政府与阿根廷共和国政府关于基础设施领域合作的补充协议	2014.7.18	布宜诺斯艾利斯
31	中华人民共和国政府与阿根廷政府经济和投资合作框架协议	2014.7.18	布宜诺斯艾利斯
32	中华人民共和国政府和蒙古国政府关于中华人民共和国和蒙古国1949年至2012年间缔结的双边条约效力的议定书	2014.8.21	乌兰巴托
33	中华人民共和国政府和津巴布韦共和国政府关于互免持外交、公务护照人员签证的谅解备忘录	2014.8.25	北京

续表

序号	条约名称	签订日期	签订地点
34	中华人民共和国政府和罗马尼亚政府和平利用核能合作协定	2014.9.1	北京
35	1997年6月27日《中华人民共和国政府和俄罗斯联邦政府关于建立中俄总理定期会晤机制及其组织原则的协定》的议定书	2014.9.9	北京
36	中华人民共和国政府和毛里塔尼亚伊斯兰共和国政府文化协定2014年至2018年执行计划	2014.9.10	北京
37	中华人民共和国政府和也门共和国政府文化合作协定2014年至2017年执行计划	2014.9.10	北京
38	中华人民共和国政府和约旦哈希姆王国政府文化合作协定2015年至2018年执行计划	2014.9.10	北京
39	中华人民共和国政府和伊拉克共和国政府文化合作协定2014年至2016年执行计划	2014.9.10	北京
40	中华人民共和国政府和突尼斯共和国政府文化协定2014年至2018年执行计划	2014.9.10	北京
41	中华人民共和国政府、塔吉克斯坦共和国政府、阿富汗伊斯兰共和国政府关于建立边境联合管控机制的合作谅解备忘录	2014.9.12	杜尚别
42	中华人民共和国政府和马尔代夫共和国政府关于成立经济贸易合作联合委员会的协定	2014.9.15	马累
43	中华人民共和国政府和芬兰共和国政府社会保障协定	2014.9.22	赫尔辛基
44	中华人民共和国政府与东南亚国家联盟政府关于加强卫生与植物卫生合作的谅解备忘录	2014.9.25	内比都
45	中华人民共和国政府和吉尔吉斯共和国政府关于实施吉尔吉斯共和国比什凯克市政道路修复和改造项目的议定书	2014.9.29	比什凯克
46	中华人民共和国政府和俄罗斯联邦政府对所得避免双重征税和防止偷漏税的协定及议定书	2014.10.13	莫斯科
47	中华人民共和国政府和奥地利联邦政府关于简化航空公司机组人员签证手续的协定	2014.10.22	北京
48	中华人民共和国外交部与新加坡共和国外交部关于中新两国中、高级官员交流培训项目的框架协议	2014.10.27	苏州
49	中华人民共和国政府和新加坡共和国政府知识产权领域合作谅解备忘录	2014.10.27	苏州
50	中华人民共和国政府和南非共和国政府民用核能项目合作框架协议	2014.11.7	北京

续表

序号	条约名称	签订日期	签订地点
51	中华人民共和国政府和巴基斯坦伊斯兰共和国政府关于中巴经济走廊能源项目合作的协议	2014.11.8	北京
52	中华人民共和国政府和秘鲁共和国政府关于建立经济合作战略对话机制的谅解备忘录	2014.11.12	北京
53	关于修订《中华人民共和国政府和加拿大政府航空运输协定》的议定书	2014.11.13	珠海

（九）2014年中国与各建交国双边贸易总值表

（按国名英文字母顺序排列）

金额单位：万美元

国家	进出口		出口		进口	
（地区）	金额	同比 %	金额	同比 %	金额	同比 %
亚洲						
阿富汗	41093.1	21.6	39356	19.9	1737.2	81.0
亚美尼亚	29174.5	51.2	12280.8	2.5	16893.6	131.0
阿塞拜疆	94231.8	–14.5	64525.5	–25.7	29706.2	27.2
巴林	141574.6	–8.3	123178.1	–0.6	18396.5	–39.7
孟加拉国	1254615.5	21.7	1178446.1	21.4	76169.4	26.4
文莱	193653.1	8.0	174681.4	2.5	18971.7	111.3
柬埔寨	375725.2	–0.4	327447.4	–4.0	48277.8	32.7
朝鲜民主主义人民共和国	638956.4	–2.6	352135.5	–3.0	286820.9	–2.0
格鲁吉亚	96112.8	4.9	90796.8	5.3	5315.9	–2.4
印度	7059357.2	7.9	5422213.2	12.0	1637143.9	–3.5
印度尼西亚	6358094.1	–7.0	3905949.5	5.8	2452144.6	–22.0
伊朗	5185115.8	31.5	2434456	73.4	2750659.8	8.3
伊拉克	2850437.7	14.6	774378.9	12.3	2076058.9	15.4
以色列	1088007.6	0.5	773925.6	1.2	314082	–1.3
日本	31243837.7	0.0	14944178.7	–0.5	16299658.9	0.4
约旦	362793	0.7	336472.6	–2.0	26320.4	54.9
哈萨克斯坦	2243857.8	–21.5	1271235.3	1.3	972622.6	–39.4
科威特	1343600.9	9.6	342872.5	28.2	1000728.5	4.4
吉尔吉斯斯坦	529835.3	3.1	524270.1	3.3	5565.2	–10.7
老挝	361678.3	32.4	184239.8	7.0	177438.4	75.7
黎巴嫩	263057.6	3.7	260512.6	4.6	2545	–44.2
马来西亚	10202000.7	–3.8	4635858.3	0.9	5566142.4	–7.5
马尔代夫	10439	6.7	10400.9	6.8	38	–9.0
蒙古	730924.6	22.7	221639.5	–9.5	509285.1	45.1

续表

国家（地区）	进出口		出口		进口	
	金额	同比%	金额	同比%	金额	同比%
缅甸	2497160.7	144.9	936859.7	27.7	1560300.9	446.2
尼泊尔	233054.6	3.4	228360.3	3.3	4694.2	8.5
阿曼	2585762.9	12.7	206497.7	8.6	2379265.2	13.1
巴基斯坦	1600327.3	12.6	1324746	20.2	275581.3	−13.8
巴勒斯坦	7562.1	−16.8	7553.5	−16.7	8.6	−53.6
菲律宾	4445665.7	16.8	2347442.5	18.2	2098223.2	15.4
卡塔尔	1058279.3	4.0	225400.4	31.7	832878.8	−1.6
大韩民国	29049243.9	5.9	10034032.9	10.1	19015211	3.9
沙特阿拉伯	6910685.8	−4.3	2058245.4	9.8	4852440.4	−9.2
新加坡	7974086.6	5.0	4891450.4	6.7	3082636.2	2.4
斯里兰卡	404185.1	11.7	379315.8	10.4	24869.3	35.8
叙利亚	98643.4	42.0	98432.6	42.6	210.7	−55.2
塔吉克斯坦	251674.2	28.5	246904.5	32.1	4769.7	−46.3
泰国	7267273.7	2.0	3429583.4	4.8	3837690.3	−0.4
东帝汶	6044.8	26.5	6034.8	27.4	10	−74.9
土耳其	2301563.4	3.5	1930658.7	8.8	370904.7	−17.4
土库曼斯坦	1047046.9	4.4	95431.1	−16.1	951615.8	7.0
阿拉伯联合酋长国	5480627.5	18.5	3904057.4	16.8	1576570.1	22.9
乌兹别克斯坦	427563.1	−6.1	267834.2	2.5	159728.9	−17.6
越南	8363976.3	27.7	6373632.5	31.2	1990343.7	17.8
也门	513843.8	−1.2	220118.3	2.9	293725.5	−4.1
非洲						
阿尔及利亚	871025.6	6.4	739552.8	22.8	131472.8	−39.3
安哥拉	3707262.1	3.2	597510.8	50.7	3109751.3	−2.7
贝宁	375757.7	17.5	349092.8	16.7	26665	29.4
博茨瓦纳	39231.6	14.7	17618.6	18.8	21613	11.5
布隆迪	5574.5	−7.5	5160.2	1.3	414.3	−55.5
喀麦隆	256631.3	36.4	187745.5	24.0	68885.8	88.1
佛得角	5122.6	−17.4	5122.3	−17.4	0.3	1787.5
中非	3648.5	−27.2	721.2	−23.8	2927.3	−28.0
乍得	42601.3	−10.4	31767.1	−14.6	10834.2	4.7
科摩罗	4069.4	36.2	4068.5	36.3	0.9	14.8
刚果共和国	646352.3	−0.4	98450.3	26.3	547902.1	−4.1

续表

国家（地区）	进出口		出口		进口	
	金额	同比%	金额	同比%	金额	同比%
科特迪瓦	143584.1	18.4	121980.9	27.6	21603.2	–16.0
吉布提	112977.4	10.9	112809	10.7	168.5	515.5
刚果民主共和国	418031.5	13.2	136158.2	43.5	281873.3	2.7
埃及	1161966.2	13.8	1046018.3	25.1	115947.9	–37.4
赤道几内亚	357163.4	26.3	35251.5	–1.4	321911.9	30.3
厄立特里亚	41476.7	119.6	8814.4	–36.1	32662.3	541.3
埃塞俄比亚	341250.6	56.2	292256.3	56.4	48994.3	55.2
加蓬	203832.7	53.1	43084.7	–0.4	160748.1	78.9
加纳	558698.6	8.5	413456.6	4.8	145242	20.7
几内亚	114272.4	15.2	110138.1	21.4	4134.3	–50.8
几内亚比绍	6710.9	133.7	1715.3	44.3	4995.6	196.9
肯尼亚	500748.4	53.1	493044.9	53.2	7703.5	45.9
莱索托	10084.1	–2.3	8876	–1.2	1208.1	–9.9
利比里亚	200689.7	–19.7	171061	–26.8	29628.7	80.2
利比亚	289907	–40.5	215763.7	–23.9	74143.3	–63.6
马达加斯加	87070.8	6.6	75255.5	17.0	11815.3	–32.1
马拉维	19126	–24.2	15711.7	–26.5	3414.3	–11.1
马里	39272.6	–8.1	29706.9	8.2	9565.7	–37.3
毛里塔尼亚	193190	–17.0	75684.7	26.5	117505.4	–32.0
毛里求斯	75943.5	14.8	74523.5	14.9	1420	10.2
摩洛哥	348235.2	–8.4	296411	–9.4	51824.2	–2.5
莫桑比克	361842.1	118.7	196896.6	64.2	164945.5	262.6
纳米比亚	86328.9	16.7	54572.7	13.2	31756.2	23.2
尼日尔	31809.8	59.2	23897.5	29.9	7912.3	398.4
尼日利亚	1810061.3	33.2	1544077.2	28.2	265984.2	72.0
卢旺达	20708.5	–14.6	11521.2	–14.1	9187.4	–15.3
塞内加尔	169681.7	63.6	164982.1	65.4	4699.6	18.3
塞舌尔	4577.8	17.2	4558.2	17.9	19.7	–51.1
塞拉利昂	185162	15.4	16305.3	6.9	168856.7	16.2
索马里	23591.3	57.2	20607.6	54.1	2983.7	82.6
南非	6029191.4	–7.6	1570092.3	–6.7	4459099.1	–7.8
南苏丹	439703.2	72.9	6635.5	–11.6	433067.7	75.4
苏丹	345902.3	–23.1	192885.7	–19.6	153016.5	–27.1

续表

国家（地区）	进出口		出口		进口	
	金额	同比%	金额	同比%	金额	同比%
坦桑尼亚	432614.1	17.1	388969.1	23.8	43645	−21.0
多哥	265830.1	3.8	249186	2.0	16644.1	41.1
突尼斯	144769.7	0.5	123577.1	−2.2	21192.6	19.4
乌干达	59821.5	14.1	48664.6	7.6	11156.9	55.1
赞比亚	380607.6	0.8	72566.5	−0.6	308041.1	1.1
津巴布韦	124092.8	12.6	40388.4	−2.4	83704.4	21.7
欧洲						
阿尔巴尼亚	56891.6	1.7	37928.6	16.8	18963	−19.3
安道尔	223.5	−1.1	220.4	−1.8	3.1	108.8
奥地利	825215.9	16.7	239700.7	17.6	585515.2	16.3
白俄罗斯	184938.8	27.3	111056.4	27.3	73882.4	27.3
比利时	2727720.5	7.3	1721757	10.7	1005963.5	2.0
波斯尼亚和黑塞哥维那	32122.9	185.8	28398.4	210.9	3724.5	76.6
保加利亚	216554.2	4.4	117861.1	5.5	98693.2	3.1
克罗地亚	112793.6	−24.5	102728.3	−26.1	10065.3	−3.5
塞浦路斯	110022.2	7.4	103764.5	6.8	6257.7	18.5
捷克	1098122.5	16.2	799452.4	16.9	298670	14.2
丹麦	1060546.7	16.7	654926.9	14.7	405619.8	20.1
爱沙尼亚	137153.9	4.7	114609.3	3.3	22544.6	13.0
芬兰	915428.7	−6.0	509903.2	−12.6	405525.6	3.8
法国	5579680.1	10.9	2870815.4	7.5	2708864.7	14.8
德国	17775262.9	10.1	7271227.7	8.0	10504035.2	11.5
希腊	453100.2	24.0	418511.5	30.0	34588.7	−20.2
匈牙利	902446.3	7.3	576453.4	1.3	325992.9	20.1
冰岛	20346.7	−8.5	14375.9	−2.0	5970.8	−21.2
爱尔兰	653383.4	−2.1	280036.8	13.0	373346.7	−11.0
意大利	4804480.8	10.7	2875844.3	11.7	1928636.5	9.2
拉脱维亚	146366.7	−0.7	131677	−4.2	14689.6	48.1
列支敦士登	12195.4	−8.3	2138.3	20.6	10057.1	−12.7
立陶宛	181536.8	0.1	165817.8	−1.7	15719	23.6
卢森堡	225271.1	9.1	194875	7.8	30396.1	18.4
马其顿	16791.4	−2.1	7666.4	20.8	9125.1	−15.5
马耳他	378437.9	16.8	319295.7	27.0	59142.2	−18.5

续表

国家	进出口		出口		进口	
（地区）	金额	同比 %	金额	同比 %	金额	同比 %
摩尔多瓦	14008.1	6.3	11528.9	2.4	2479.2	29.6
摩纳哥	2450.1	–36.4	1289.1	–55.2	1161.1	19.4
黑山	21127.2	106.1	15706.6	81.8	5420.6	235.8
荷兰	7428258.8	5.9	6493139.2	7.7	935119.6	–4.9
挪威	719882.4	16.0	273157.5	–0.2	446724.9	28.8
波兰	1719366.3	16.1	1425702.2	13.4	293664.1	31.5
葡萄牙	480058.6	22.9	313683.6	25.1	166375	18.9
罗马尼亚	474969.7	17.8	322542.1	14.3	152427.6	26.0
俄罗斯	9528498.1	6.8	5367757.2	8.2	4160740.9	4.9
圣马力诺	581.2	48.0	283	41.9	298.2	54.4
塞尔维亚	53707.9	–17.5	42455.9	–1.7	11252	–48.7
斯洛伐克	620522.7	–5.2	282916.3	–8.3	337606.4	–2.4
斯洛文尼亚	232339	8.8	199175.8	8.7	33163.2	9.5
西班牙	2771428.3	11.3	2150824.5	13.6	620603.8	3.9
瑞典	1396208.4	1.3	716848.9	5.4	679359.4	–2.8
瑞士	4357906.4	–27.0	308820.6	–12.1	4049085.9	–28.0
乌克兰	859397.2	–22.7	510795.6	–34.9	348601.6	6.5
英国	8087243.4	15.3	5714343.4	12.2	2372900	23.5
美洲						
安提瓜和巴布达	17240.2	–29.9	17236.3	–29.8	3.8	–88.7
阿根廷	1293066.2	–12.8	768332.4	–12.2	524733.8	–13.8
巴哈马	74306.6	120.6	74287.8	120.6	18.8	56.3
巴巴多斯	8625	4.0	7144.8	1.8	1480.2	16.6
玻利维亚	120042.7	48.7	70555.9	32.8	49486.8	79.4
巴西	8657914.3	–4.0	3489356.5	–2.8	5168557.8	–4.8
加拿大	5521926.7	1.4	3000576	2.7	2521350.7	–0.1
智利	3406416.9	0.7	1302038.5	–0.6	2104378.4	1.6
哥伦比亚	1564410.7	49.8	804472.3	17.9	759938.5	109.9
哥斯达黎加	529595.3	–6.8	110961.3	19.7	418634	–12.0
古巴	139603.2	–25.8	106296.4	–22.7	33306.8	–34.4
多米尼克	3759.2	62.6	3702.5	61.2	56.6	279.5
厄瓜多尔	431034.1	15.2	324553.9	9.4	106480.2	37.3
格林纳达	1511.7	98.8	1511.2	99.6	0.5	–84.2

续表

国家（地区）	进出口		出口		进口	
	金额	同比%	金额	同比%	金额	同比%
圭亚那	20751.1	14.5	16728.9	4.5	4022.1	90.4
牙买加	56054	–11.1	52302.6	–16.6	3751.4	884.5
墨西哥	4344930	10.8	3225616.3	11.4	1119313.6	9.3
秘鲁	1430048	–2.0	610089.7	–1.4	819958.3	–2.5
苏里南	22951.9	13.6	17686.5	1.6	5265.4	87.5
特立尼达和多巴哥	52872.5	19.9	42799.1	33.2	10073.3	–15.7
美国	55511807.5	6.6	39608211.9	7.5	15903595.7	4.2
乌拉圭	508725.8	6.2	245815	5.8	262910.7	6.6
委内瑞拉	1697412.4	–11.5	565742.1	–6.7	1131670.4	–13.7
大洋洲						
澳大利亚	13690471.6	0.3	3915363.9	4.3	9775107.7	–1.2
库克群岛	2112.3	3.1	1942	–0.3	170.3	69.0
斐济	34019.1	12.0	28727.7	17.5	5291.5	–10.9
密克罗尼西亚联邦	1478.4	–0.9	934.1	89.2	544.2	–45.5
新西兰	1424721.6	15.0	474061.2	14.7	950660.4	15.2
巴布亚新几内亚	205124.2	51.9	63646.2	15.1	141478	77.4
萨摩亚	5606.2	2.9	5586.7	2.6	19.5	1679.9
汤加	2397.9	–37.7	2394.3	–37.8	3.5	38.7
瓦努阿图	18713.2	–51.1	18023.6	–52.6	689.6	207.3

注：

以上统计数字由海关总署提供，该数字未包括各建交国与中国香港特别行政区、中国澳门特别行政区和中国台湾省的贸易额。

（十）2014年中国接受各建交国留学生情况统计表

（按国名英文字母顺序排列）

国别	长期留学生人数	短期留学生人数	总数
亚洲			
阿富汗	405	52	457
亚美尼亚	165	42	207
阿塞拜疆	273	29	302
巴林	607	13	620
孟加拉国	2478	88	2566
文莱	31	56	87
柬埔寨	1230	216	1446
朝鲜民主主义人民共和国	1609	71	1680
格鲁吉亚	103	24	127
印度	13147	431	13578
印度尼西亚	10078	3611	13689
伊朗	1170	129	1299
伊拉克	455	172	627
以色列	261	176	437
日本	9411	5646	15057
约旦	844	30	874
哈萨克斯坦	10437	1327	11764
科威特	55	2	57
吉尔吉斯斯坦	2853	310	3163
老挝	4657	383	5040
黎巴嫩	121	39	160
马来西亚	4061	2584	6645
马尔代夫	161	37	198
蒙古	7178	742	7920
缅甸	1765	552	2317
尼泊尔	3404	170	3574
阿曼	42	22	64

续表

国别	长期留学生人数	短期留学生人数	总数
巴基斯坦	13099	261	13360
巴勒斯坦	250	30	280
菲律宾	1245	1684	2929
卡塔尔	12	2	14
大韩民国	48639	14284	62923
沙特阿拉伯	1765	98	1863
新加坡	2111	2920	5031
斯里兰卡	1364	344	1708
叙利亚	604	8	612
塔吉克斯坦	1777	238	2015
泰国	14517	6779	21296
东帝汶	57	9	66
土耳其	1755	326	2081
土库曼斯坦	1856	146	2002
阿拉伯联合酋长国	37	31	68
乌兹别克斯坦	1920	272	2192
越南	9403	1255	10658
也门	2265	119	2384
非洲			
阿尔及利亚	584	150	734
安哥拉	481	53	534
贝宁	455	73	528
博茨瓦纳	270	85	355
布隆迪	693	96	789
喀麦隆	1522	163	1685
佛得角	261	4	265
中非	142	11	153
乍得	215	30	245
科摩罗	183	14	197
刚果共和国	1180	121	1301
科特迪瓦	368	126	494
吉布提	290	33	323
刚果民主共和国	963	121	1084
埃及	705	133	838
赤道几内亚	599	62	661

续表

国别	长期留学生人数	短期留学生人数	总数
厄立特里亚	126	20	146
埃塞俄比亚	1057	504	1561
加蓬	251	24	275
加纳	3598	169	3767
几内亚	532	181	713
几内亚比绍	316	16	332
肯尼亚	1366	163	1529
莱索托	103	10	113
利比里亚	288	60	348
利比亚	225	5	230
马达加斯加	837	88	925
马拉维	261	37	298
马里	458	80	538
毛里塔尼亚	190	15	205
毛里求斯	1147	117	1264
摩洛哥	649	174	823
莫桑比克	264	16	280
纳米比亚	480	13	493
尼日尔	483	216	699
尼日利亚	2815	164	2979
卢旺达	847	32	879
塞内加尔	439	75	514
塞舌尔	76	6	82
塞拉利昂	358	77	435
索马里	1306	15	1321
南非	1325	458	1783
南苏丹	174	21	195
苏丹	1453	245	1698
坦桑尼亚	1875	116	1991
多哥	405	9	414
突尼斯	255	67	322
乌干达	805	87	892
赞比亚	1592	112	1704
津巴布韦	1346	83	1429

续表

国别	长期留学生人数	短期留学生人数	总数
欧洲			
阿尔巴尼亚	89	10	99
安道尔	1	6	7
奥地利	325	199	524
白俄罗斯	527	100	627
比利时	580	628	1208
波斯尼亚与黑塞哥维那	25	2	27
保加利亚	256	54	310
克罗地亚	88	3	91
塞浦路斯	37	4	41
捷克	359	99	458
丹麦	616	741	1357
爱沙尼亚	58	30	88
芬兰	358	237	595
法国	6939	3790	10729
德国	5187	3006	8193
希腊	142	257	399
匈牙利	360	47	407
冰岛	40	55	95
爱尔兰	341	269	610
意大利	3137	1774	4911
拉脱维亚	124	33	157
列支敦士登	2	1	3
立陶宛	166	48	214
卢森堡	22	6	28
马其顿	30	3	33
马耳他	4	2	6
摩尔多瓦	168	9	177
摩纳哥	0	2	2
黑山	19	3	22
荷兰	1087	872	1959
挪威	453	217	670
波兰	1090	392	1482
葡萄牙	410	210	620
罗马尼亚	399	76	475

续表

国别	长期留学生人数	短期留学生人数	总数
俄罗斯	12716	4486	17202
圣马力诺	2	1	3
塞尔维亚	124	41	165
斯洛伐克	153	12	165
斯洛文尼亚	67	27	94
西班牙	1709	808	2517
瑞典	1273	453	1726
瑞士	460	354	814
乌克兰	2043	202	2245
英国	2568	3352	5920
美洲			
安提瓜和巴布达	110	7	117
阿根廷	233	112	345
巴巴多斯	28	2	30
玻利维亚	186	10	196
巴西	1085	590	1675
加拿大	2129	1142	3271
智利	250	102	352
哥伦比亚	749	252	1001
哥斯达黎加	262	120	382
古巴	132	26	158
多米尼克	94	4	98
厄瓜多尔	307	65	372
格林纳达	68	5	73
圭亚那	77	6	83
牙买加	163	31	194
墨西哥	1312	575	1887
秘鲁	353	118	471
苏里南	53	5	58
特立尼达和多巴哥	32	0	32
美国	10661	13542	24203
乌拉圭	33	29	62
委内瑞拉	348	43	391
大洋洲			
澳大利亚	1538	3183	4721

续表

国别	长期留学生人数	短期留学生人数	总数
库克群岛	1	2	3
斐济	136	9	145
密克罗尼西亚联邦	35	2	37
新西兰	396	449	845
巴布亚新几内亚	197	13	210
萨摩亚	110	3	113
汤加	96	7	103
瓦努阿图	41	9	50

注：

本表由教育部提供，表中未包括各建交国在中国香港特别行政区、中国澳门特别行政区和中国台湾省就读的留学生人数。

后记

《中国外交》由外交部政策规划司主编、外交部各地区业务司撰稿、世界知识出版社出版发行，每年出版一卷，向国内外公开发行。

《中国外交》旨在准确、全面地阐述中国的外交政策和中国对国际形势的最新看法，系统、完整地介绍中国上年度对外关系及外交实践。

《中国外交》(2015年版)主要介绍2014年的中国外交，同时发行中文版和英文全译本。

《中国外交》(2015年版)共分九章。

第一章和第二章主要介绍中国对2014年国际形势的看法和中国的外交工作概况。

第三章主要介绍2014年中国与各建交国家的关系。

第四章主要介绍2014年中国与国际和地区组织的关系以及中国对有关问题的立场及观点。

第五章介绍2014年中国外交中的军控、裁军与防扩散工作。

第六章介绍2014年中国外交中的条约法律工作。

第七章介绍2014年中国外交中的边界与海洋工作。

第八章介绍2014年中国外交中的新闻工作和公共外交工作。

第九章介绍2014年中国外交中的领事工作。

最后为附录，收录了“2014年中国外交重要活动”、“2014年中国外交重要文献”目录以及“2014年中华人民共和国外交部组织机构表”、“中华人民共和国外交部领导成员名单”和2014年中国与各建交国有关情况的部分资料、数据等。

外交部政策规划司

2015年1月

图书在版编目(CIP)数据
中国外交：2015年版/中华人民共和国外交部政策规划司编．—北京：世界知识出版社，2015.4
ISBN 978-7-5012-4883-4
Ⅰ.①中… Ⅱ.①中… Ⅲ.①外交—概况—中国—2015 Ⅳ.①D82
中国版本图书馆CIP数据核字（2015）第056098号

中国外交 / 2015年版
Zhongguo Waijiao / 2015 Nian Ban

责任编辑 / 贾如梅　王晓娟
责任出版 / 王勇刚
责任校对 / 张　琨

出版发行 / 世界知识出版社
地址邮编 / 北京市东城区干面胡同51号（100010）
网　　址 / www.wap1934.com
电　　话 / 010-65265923（发行）　010-85119023（邮购）
经　　销 / 新华书店
印　　刷 / 河北新华第一印刷有限责任公司
开本印张 / 720×1020毫米　1/16　28½印张　511千字
版次印次 / 2015年5月第一版　2015年5月第一次印刷
标准书号 / ISBN 978-7-5012-4883-4
定　　价 / 58.00元（平装）